# 文化多様性と国際法

人権と開発を視点として

北村 泰三
西海 真樹　編著

日本比較法研究所
研究叢書
112

中央大学出版部

装幀　道吉　剛

# まえがき

　本書は，人権と開発という視点から現代の国際社会が直面している「文化多様性」(cultural diversity) にまつわる諸課題を考察することを目的としている。そこで，冒頭にあたって，本書の中心概念である文化多様性について国際法の視点から検討する意義を述べるとともに，本書の構成および刊行の経緯などについても簡単に触れておきたい。

　まず，本書の主題である文化多様性に関する研究の趣旨，目的について確認しておきたい。
　文化を原因とする人間集団間の争いは，時代をさかのぼって捉えれば近代国家が成立する以前から存在してきた。しかし，近代主権国家システムが確立して以後，基本的には文化と主権国家との間には濃密な関係が保持されてきた。もちろん主権国家内部にも異なる文化的背景を有する複数の民族が共存することは普通にみられるが，文化そのものが国際法の規律対象とされることはなく，各国の主権的事項に委ねられてきた。そのために，固有の異なる文化が衝突することによって深刻な国際問題が生じる機会は限られていた。しかし，人間の活動が容易に国境を越えるようになり，1990年代以後には急速に進んだグローバル化を背景として，人，物，金融（カネ），サービスそれに情報等の流れが活発化し，それに乗じて複数の異文化が直接的にふれあう機会が急速に増えるとともに，異なる文化は互いに融合と反発を繰り返し，紛争の火種を拡散することになった。それに伴い，文化が国際法上の議論として俎上にのぼることが多くなった。すなわち1990年代には元来西欧的特質を有する人権思想が，普遍的な人権基準として強調されるとともに，アジア諸国の指導者たちは，「文化相対主義」(cultural relativism) に基づき「アジア的価値」(Asian

Values）を主張して，西欧中心的な人権観に異議を主張した。それは，個人の自由を基礎とする西欧的人権観に対して，共同体的価値観重視の姿勢を表したものであって，主として国家間レヴェルの人権観の対立を反映していた。

　さらに，21世紀においてはグローバル化の進行によって複数の異なる文化集団が主権国家内に混合的に併存する状況が加速することによって，国家内部の文化集団が相互の間で対峙し，反発し，または融合する機会が日常化するようになった。1990年代には国際社会における文化の問題は，主権国家の間における価値観の衝突が問題であったのに対して，21世紀のそれは，主権国家の内における集団の文化を起因としまたは背景とする紛争とどのように向き合っていくかという問題，すなわち国家内部における異文化集団に対する「排除」（exclusion）か「包摂」（inclusion）かの選択の問題へと変質したと考えられる。言い換えれば，今日における文化の問題は，国家の内部における多数派を構成する文化的に優位な集団に対して不利な地位におかれている人種的，民族的，性的，その他の諸集団およびそれらの集団に属する個人の「文化を享有する権利」の問題と結びついていることが特徴となっている。とくに21世紀を迎えてからのイスラム原理主義と欧米諸国との間に生じた文化の衝突という現象は，憎悪に扇動されたテロとそれへの対抗措置によって象徴されるように社会に深刻な亀裂を生じさせた。さらに内戦状況が続くイスラム世界からの大量の難民が安全な避難先を求めてヨーロッパ諸国に殺到した結果，文化をめぐる問題は難民の流入先の国家においてイスラム文化に対する嫌悪を招くに至っている。そのような状況下で，偏狭かつ非寛容な自文化中心主義的な言動もいちじるしく蔓延している。

　日本でも以前と比較するならば，異文化に触れる機会が日常化するようになるとともに，周辺諸国を取り巻く政治的な摩擦も手伝って，ヘイトスピーチを連呼する街頭デモ等により異文化の排斥を掲げる動きが顕著になっている。非寛容な外国人排斥（ゼノフォビア）と自民族中心主義（エスノセントリズム）の思想と行動は，異文化に対する寛容と人権に基づく相互理解の可能性を妨げ，憎悪の連鎖を生むだけであり，差別のない個人の人権の享有を基盤とする

民主主義の基本理念を揺るがすのではないかという危機意識を抱かざるを得ない。

　他方で，多くの移民受入国では，文化の違いにかかわらずそれぞれの民族や人種，性，言語，習慣などに基づく文化は尊重されるべきであるという「多文化主義」（multi-culturalism）政策がとられてきた。従来，自国内における人種，少数民族問題等を抱えるこれらの国では，人種や民族間の融和と共生を図るために多文化主義に基づく文化政策をとってきたにもかかわらず，近年のグローバル化の流れは難民の急増，不法滞在（就労）外国人問題およびそれに加えてテロの脅威等を増幅させたことによって排外主義が高まり，多文化主義は脅威にさらされるようになった。こうした状況の下では多文化主義が目指した文化間の融和という目的を1国の枠を越えてより確実に実現するための共通枠組みが求められるといえよう。そうした時代的背景のなかで，国際的レヴェルでの文化多様性を確保し，推進するための法的取組みが着目されるのである。したがって，文化多様性とは，多文化主義と類似する概念であるが，強いて言えば，グローバル化が進行する現代国際社会において普遍的人権観と固有の文化との間の調和と併存を認める概念である。またそれは，単に主権国家内部における政策や方針というよりもむしろ，ユネスコや国連を中心として国際（法）的な意義づけが与えられてきた点に特色がある。

　次に，文化多様性の一応の意味も確認しておく必要がある。もとより，文化という言葉自体がかなり曖昧な意味で使われており，さらに多様性という言葉もこれを一層曖昧にしている。文化の意味からして，多義的であり確立した定義を示すことは困難であるが，文化とは字義的には，「人間が自然に手を加えて形成してきた物心両面の成果。衣食住をはじめ科学・技術・学問・道徳・宗教・政治など生活形成の様式と内容とを含む」（広辞苑）であるとか，「代々の世代にわたって学習され伝達される能力に基礎をおく人間の知識，信条，行動の統合的なパターン」または「人種，宗教または社会的集団の慣習的な信念，社会形態および具体的な特徴」（ウェブスター辞典）などと定義される。さらに本書で扱う「多様性」とは，さまざまな人種，民族，宗教，性，言語などの

社会的要素を共通に有する集団が併存し存在している状態を意味している。したがって，文化多様性とは，人が属する社会的諸集団がそれぞれの固有の文化を享有している状態またはその状態が尊重されることを求める原則であることを意味している。とくにそれは，一元的または支配的な文化またはそれに基づく価値観の強制や支配によって，不利な状況に追いやられている集団からの異議申立の意味を有しているともいえよう。また，文化多様性は，抑圧的な文化を容認または正当化したり，また抑圧的体制による普遍性への異議申立を許容したりするものでもない。文化多様性は，その意味で普遍的な価値との共存を前提としている。このような視点から，今日の社会の問題をとらえることによって，多数派と少数派，優越的な文化的集団と劣位におかれ差別されやすい立場におかれている集団との間のより公平で，調和のとれた社会の実現を期するために，国家およびその他の法主体がどのような義務を負っているかを捉えることができると考えられる。それぞれの文化に固有の価値観を尊重しつつ，普遍的な価値との調和をどのように確保するかが基本的な関心事である。

　文化多様性という用語は，現代社会において次第に認知されるようになったが，その「法的」な意味は曖昧なまま，種々の文脈で取り上げられているように思われる。国際法との関連で文化多様性の語が使用されるようになったのは比較的最近である。すなわち，2001年にユネスコが採択した「文化多様性に関する世界宣言（2001年）」を嚆矢として，2005年には同じくユネスコが「文化的表現の多様性の保護及び促進に関する条約」を採択した。同条約では，文化多様性を主として文化的表現の多様性の問題としてとらえることにより，自らの文化的表現の手段を閉ざされがちな人々の集団に対して「持続可能な開発」（sustainable development）という視点からこれを促進し保護することを求めることを目指している。加えて，国際人権法の文脈では文化的属性を異にする諸集団が自らの文化を享有する権利との関連で文化多様性が論じられている。その結果，これらの動きは，EUや国連などの国際組織の活動にも影響を与えており，その背後にある「人権」と「開発」という2つの視点は，文化多様性の問題を考察する際に互いに有機的かつ統合的に理解されるべきものと思

われる。以上のような問題意識を基礎として，本書では，文化多様性の意義を人権と開発という視点から包括的に分析することを狙いとしている。

　本書は，第Ⅰ部から第Ⅳ部によって構成されている。ここでは本書の各部の構成について簡潔に触れておきたい。
　第Ⅰ部では，3編の論考によって，主として国際人権法における文化享有権の視点から，文化多様性の問題にアプローチを試みている。各章では，社会権規約等の人権条約の解釈から導かれる文化享有権のなかに文化多様性の概念が取り込まれていることに着目し，国家は自国内に存在するすべての個人や集団を文化享有権の主体として認めることによって，とくに差別されがちな立場にいる人々に対して，文化を享有する権利を承認するよう義務づけられているところに着目する。かくして国際人権諸条約の分析を通じて文化多様性の意義を捉えるとともに，また文化多様性の尊重および確保の視点から差別禁止の意義をも考察している。
　第Ⅱ部では，「開発，環境と文化多様性」という視点から，4編の論文により，とくにユネスコが採択した文化多様性条約をめぐって分析を加えている。グローバリゼーションの時代を迎えて，2005年に文化多様性条約が採択された背景には，ハリウッドの映像産業からフランスなどのヨーロッパ諸国の映像・文化産業を文化的例外の名の下に擁護する主張があった。その意味で，同条約は，保護主義的な貿易規制のための議論をきっかけとして起草，採択されたとも指摘されているが，本条約はただ単にグローバル化に対抗する保護貿易的な主張を擁護することを目的としているのではない。むしろ，各国における開発政策の実施にあたって，文化と持続可能な開発を結合するよう求めることによって，これまで自らの文化的な表現とその発信手段が閉ざされてきた（その意味では差別されてきた）先住民族などの諸集団（とりわけ開発の恩恵から取り残されてきた貧困層，スラム住民らも含めて）に対しても自らの文化を保持し，表現し，発信する機会が保障されるよう求めていると理解される。第Ⅱ部の各論文では，こうした意味で「持続可能な開発」という視点から文化多様

性の意義を捉えることを狙いとしている。

　第Ⅲ部では,「ジェンダーと文化多様性」という視点から女性の権利および性的少数者としてのLGBTの権利(最近の国連用語では「性的指向・ジェンダー自認」[Sexual Identity and Gender Orientation/SOGI]ともいう)に関する3編の論文によって構成されている。これらの問題は,ジェンダー平等をめぐる問題として,既存の伝統的な文化や諸価値に対する異議申立という側面を含んでいると思われる。ジェンダー法の研究者は,共通の人権基準に基づいて各社会の文化の中に埋め込まれた差別観念を除去し,人権の再定義に取り組む中で,多様な文化とのすり合わせの必要性も認識してきた。その結果,既存の優越的な文化に埋め込まれた差別観から女性および性的マイノリティの人々を解放し,これらの人々の権利を確立するために,ジェンダー法学はこれまでも重要な役割を果たしてきた。第Ⅲ部の各章は,そのような前提においてジェンダーの視点から,女性およびLGBTの人々の選択の自由とそれを制約する法との対立関係について論じたものである。

　第Ⅳ部は,「司法と文化多様性」と題して,3編の論文から構成されている。これらの論文はアメリカ法,国際刑事裁判所および英国最高裁における法の解釈と適用問題という3者3様の内容であるが,普遍的(とされる)国際規範が地域または各国の司法機関によってどのように解釈・適用されているかを考察した論文である。グローバルな基準に対して,国家や地域における伝統,規範意識などを含む文化がどのように調節,調和ないし対抗するかという論点からの検討が行われている。


　本書の着想を得たのは,2010年前後にさかのぼる。すなわち,当時から,国際社会における異文化対立が危機的状況を呈していたことと,わが国においても国際人権基準に反する外国人排斥のヘイトスピーチ・デモや自民族中心主義的な言論に対して深刻な脅威を感ぜざるを得なかった。こうした状況の下で,本書の共編者でもある西海真樹教授がユネスコの文化多様性条約に関心を持ち始めて研究を進めており,2009年8月には,フランスからエレーヌ・リ

ュイーズ゠ファブリ（ルクセンブルク・マックスプランク研究所教授）を招いて「法と文化－文化多様性条約の射程」と題する講演会を日本比較法研究所で開催した（その内容は，エレーヌ・リュイーズ゠ファブリ（西海真樹・稲木徹訳）「法と文化―文化多様性条約の射程―」『比較法雑誌』44巻1号，2010年参照）。私自身も国際人権法における文化の扱いに関心を抱いていた（たとえば，北村「ヨーロッパ人権裁判所の判例にみる人権と多文化主義との相克」『世界法年報』29号，2010年参照）。続いて，2010年6月には，日本比較法研究所のプロジェクトとして，「多文化主義と人権」と題する国際共同ワークショップを開催した。そのおりには，韓国からパク・チャンウン（朴燦運・漢陽大学教授），英国から小保方智也（現在キール大学教授），ブライス・ディクソン（クィーンズ大学教授）を招いてミニ・シンポジウムを開催した。

　これらの予備的研究をきっかけとして，国際法と文化との間の今日的課題に関する幅広い研究体制を築きたいとの思いから，2012年秋に日本学術振興会の科学研究補助金プログラムに応募したところ，幸いにも2013年4月には採択が決定された。それ以後，中央大学国際関係法研究会のメンバーを中心として定期的に年に数回の研究会を開催してきた。したがって，本書は「文化多様性を包摂した国際人権基準の国内実施をめぐる課題と方法」（日本学術振興会科学研究補助金基盤研究（C）課題番号25380064，平成25年4月～平成29年3月，研究代表者・北村泰三）の研究成果の一部として刊行されるものである。他方，本研究課題に取り組み始めた時点では，文化多様性に関する国際法的な研究成果は，未開拓であり，先駆的なものを除いて決して豊富とは言えない状況であった。また文化多様性の尊重，確保という課題は，ジェンダーや民族的出自，先住民族性などの国際人権法的な論点と開発国際法上の論点が交錯するために複合的な共同研究を必要としている。そのような次第で，当初は研究会も暗中模索の状態であったが，メンバーの日頃の努力が実を結んで，文化多様性と国際法に関する先駆的かつ多面的研究成果を本書によって公表するに至ったことは大変に喜ばしいことである。

　他方で本書の執筆者間では，文化多様性の意味について統一的な理解を共有

しているわけではなく，最終的には執筆者各自の判断で各章は執筆されており，十分な相互批判の機会を経てはいない。編者の力量不足も手伝って，思わぬところで誤解や思い込みがあるのではないかとおそれる。また，本書全体としては文化多様性を包摂した法政策や国際人権基準の実施をどのように確保していくかという課題について未だ十分に掘り下げた検討がなされてはいない。これらの諸点については，読者の皆様のご教示とご叱正を乞うとともに，今後の課題としたい。

　本書の執筆者は，日本比較法研究所の「国際法過程の研究」に関する共同研究グループに所属するメンバー有志を中心としている。ただし，今回執筆陣に加わることは叶わなかったが，多くの人々からのご指導，ご助言を頂いた。とくに，本研究グループを通じてご指導を頂いた大内和臣（元中央大学教授），柳井俊二（国際海洋法裁判所裁判官），横田洋三（人権教育啓発推進センター理事長），折田正樹（国際情勢研究所長），武山眞行（中央大学名誉教授）らの多くの諸先達に対しては改めて感謝申し上げる次第である。中央大学の同僚である宮野洋一教授，目賀田周一郎教授および石山文彦教授らには研究会を通じてご助言を頂いたことに謝意を表したい。エレーヌ・リュィーズ＝ファブリ教授，小保方智也教授，チェリー・ルヌー（エクス・マルセイユ大学教授），ブライス・ディクソン教授らには講演およびディスカッションを通じて種々のご教示をうけたことに関しても同じく感謝したい。また，2016 年 6 月には石山文彦教授と執筆者のうち建石，谷口，佐々木，北村の 5 名が，比較法学会において「国際人権法における文化多様性の意義とその射程」と題するミニ・シンポジウムにおいて報告し，質疑する機会を設けていただいた。その際は，貴重なご意見を賜ることができたことについても御礼申し上げたい（『比較法研究』78 号，2017 年参照）。

　本書の原稿の点検および索引の作成などの煩瑣な作業に関しては，兼頭ゆみ子，佐々木亮，久保庭慧の 3 氏の協力を頂いた。この場を借りて謝意を表しておきたい。また本書は，中央大学の日本比較法研究所から研究叢書の 1 冊とし

て刊行できることを喜びとしたい。伊藤壽英研究所長をはじめとして同研究所のスタッフの方々には，さまざまな点でお世話になったことに感謝する。中央大学出版部の西田ひとみさんには原稿が出揃うのを辛抱強く待って頂き，その後も校正等において種々のお世話になったことに対しても深謝したい。

　今日の国際社会においては自文化・自民族中心主義への傾倒がますます危惧されているなかで，文化多様性に関する研究の重要性は確実に高まっている。本書を契機として，わが国においても文化多様性に関する法的議論がさらに広がっていくことを期待したい。

　なお本書の執筆者のうち北村，西海，建石の3名は，2015年12月に逝去された佐藤由須計先生（中央大学名誉教授）より学部ゼミまたは大学院の指導を通じて深い薫陶を受けた。本書を先生のご霊前に謹んで捧げるとともに，改めて先生の学恩に深く感謝申し上げる次第である。

2016年12月28日

編著者を代表して
北　村　泰　三

# 序　本書の概要

北 村 泰 三

　本書は,『文化多様性と国際法―人権と開発を視点として』という共通なテーマの下に各章の執筆者による独立した論考によって構成されている。各章は，それぞれの関心に従って共通テーマにアプローチする形をとっているので内容的にも，それこそ「多様性」に富んでいる。そのため読者が個々の論文の主題や内容を理解するためには，本書の全体に目を通して頂くことにはなるが，それでは読者にとって便宜とは言えない。そこで，本書の全般的な内容をできるだけ解りやすく提示することは編者の役目でもあると考え，冒頭において各論文の概要をとりまとめて示すこととした。以下の内容は，それぞれの著者がまとめた各章の要旨をもとに編者の1人である北村が取りまとめたものである。

　第Ⅰ部第1章「国際法・国際人権法における文化多様性」(北村泰三) は，主として国際人権法の視点から文化多様性の意義と国際人権法との関わりを捉えることを目的とする。本章の出発点として，近年のグローバル化による弊害として，その恩恵を受ける者と疎外され排除される者との間に矛盾や対立も生じている点に鑑みて，本章は，こうした憂慮されるべき状況において文化の違いにより差別される側の人々を社会的に包摂するためのダイナミックな理論的装置として文化多様性の概念に着目する。ユネスコの文化多様性条約では，著作物等による表現のコンテンツ保護を主要目的としており，その意味では貿易規制的な性質を有しているが，それに留まらず持続可能な開発の概念を文化多様性の推進装置として取り入れることによって少数者，先住民族，外国籍住民

等の社会的・文化的に異端視され，多数者側から排除されがちな人々の文化を認めている点に着目する。他方，人権条約上でも文化享有権が保障されており，国に対しては差別・排除されがちな人々の文化を尊重し，かつ文化の発展からの恩恵を確保すべき義務を定めている。したがって，我が国でも，アイヌ民族，沖縄・琉球住民および外国籍住民等に対する文化享有権の実施にあたって，こうした観点から人権条約を捉え直す必要があると指摘する。

第Ⅰ部第2章「文化的権利の保障と文化多様性」（稲木徹）は，国際人権機関による文化的権利の検討が近年進んでいることに着目し，文化的権利の内容を精査，把握することを目的とする。ここで検討の対象となるのは，社会権規約委員会一般的意見21，人権理事会独立専門家報告書および特別報告者報告書などであり，それらには文化多様性宣言および文化多様性条約の規範内容が反映されていると指摘する。本章は，これらの文書を参照しながら，文化的権利の全体像，人権および文化多様性との関係を分析したうえで，文化的権利の保障上の主な課題を検討する。筆者は，文化的権利は，根拠規定，該当する文化および主体が多様であることから，その権利の保障は総合的になされなければならず，人は多重的な文化に生きていることから，他の文化にも配慮しなければならないことを指摘する。また，国際人権法の視点から文化多様性の保護が求められることになるが，文化多様性の保障を自己目的化せず，文化的権利の保障における無差別や文化的慣行に従事する権利に対する尊重および保護という最低限の中核的義務の履行を優先したうえで，文化多様性の保護および促進を図るべきであるとする。なお，文化的権利に関する検討は近年進みつつあるが，まだ不十分であり，人権と文化多様性の関係についても見解の対立が残存しているため，今後，両者の関係は文化的権利を媒介として考察する必要があり，個別的な検討によって文化的権利の内実をさらに解明していかなければならないと論じている。

第Ⅰ部第3章「ヨーロッパ人権条約における多様性の尊重と人種・民族差別

の規制——差別事由の階層化と「評価の余地」理論を手掛かりとして——」（佐々木亮）は，ヨーロッパ人権条約の差別禁止規定を主たる検討対象として，人権保障上の差別禁止原則と多様性の概念の相関性を明らかにすることを主たる目的とする。人の越境移動の増加に伴い，ヨーロッパ人権裁判所は宗教的・民族的少数者に対する差別の問題に直面しており，判例中でも多様性の尊重や多元主義といった概念への言及が頻繁に見られる。しかし，これらの概念には，明確な定義が与えられていないため，同裁判所の審査を緩和し国家による個人の権利の制約を肯定する方向にも，審査を厳格化し国家による個人の権利の制約を否定する方向にも作用する。また，差別禁止原則の解釈においては，差別事由ごとに条約違反を審査する際の厳格度が異なるという帰結を生む（差別事由の階層化）。本章では，EU法とヨーロッパ人権条約双方において，様々な差別事由のなかでも人種・民族的出自が「階層」の最上位に位置付けられている点に注目し，「多元主義」や「多様性の尊重」概念の機能を考慮しながら，人権裁判所の条約解釈を考察する。さらに，EU法とヨーロッパ人権条約で類似した解釈が見られる点について，「評価の余地」理論に依拠しながら，2つの法体系の相互関係が法の発展に与える効果を検討する。

　第Ⅱ部第1章「文化多様性条約における持続可能な開発」（西海真樹）は，持続可能な開発の全体状況をふまえて，文化多様性条約において持続可能な開発がどのように捉えられているのかを，同条約の成立過程に照らして考察している。まず，持続可能な開発の全体状況を「全体としての持続可能な開発の展開と現状」および「持続可能な開発の文化的側面の展開と現状」という2つの観点から整理する。一方で，持続可能な開発は全体および文化的側面のいずれにおいても内容が豊富になり，着実に実定国際法に取り込まれてきたこと，他方で奇妙なことに両者の間には乖離があり，持続可能な開発の文化的側面はユネスコの文脈では大いに議論・発展してきたが，他のフォーラムでは必ずしも同様の関心をもって扱われてこなかったことを明らかにする。次いで，文化多様性条約において持続可能な開発がどのように捉えられてきたかについて，関

連する5つの前文・条項の成立過程とそれをふまえた解釈の観点から考察する。以上から、持続可能な開発全体と持続可能な開発の文化的側面との間の奇妙な乖離を埋めるためには、これまで文化の問題を扱ってこなかった持続可能な開発の研究者が、今後は文化と持続可能な開発との関係について、より自覚的にこれを考察対象に含めていくことが求められると結論する。

　第Ⅱ部第2章「公正な国際社会における文化の定位──エマニュエル・トゥルム＝ジュアネによる「承認の国際法」構想を手掛かりに──」（久保庭慧）では、グローバル化の進展に伴って、国際社会の有する多文化・多文明的性質は、何らかの社会的介入なくしては維持できなくなりつつあるという問題意識から出発する。この問題はしばしば「文化の多様性」の維持・促進の問題として国際社会の様々な局面において象徴的に言及されており、国際法学もまた、この問題への対応を迫られている。そうした中で本論では、近年、文化や文化的アイデンティティの保護に関する新しい国際法領域を打ち立てようとする試みが複数見られることに着目し、特にエマニュエル・トゥルム＝ジュアネ（Emmanuelle Tourme-Jouannet）による「承認の国際法」と呼ばれる法構想を取り上げ検討する。彼女は最近公表した著書において、国際社会における公正さの問題を、① 南北発展格差などの経済・社会的不公平を是正するための「開発」と、② 個人、人民、マイノリティ、特定の諸国のアイデンティティに対する、国際社会による「承認」という2つの観点から捉えており、これらの問題への対応が今後の国際法には求められていると主張している。本章では、彼女の著作を読み解き、文化の国際法への理論的示唆を得るという関心から、主として「承認」の側面に焦点を当てて、彼女の構想を概略的に確認した後、方法・内容双方の見地から同構想の意義と問題性を批判的に検討する。その上で、より広い見地から、彼女の構想が十分に包摂しえていないと思われる点を補足しうる可能性について、いわゆる「持続可能な開発」に関する近時の議論展開に依拠しながら考察する。

第Ⅱ部第3章「文化多様性条約における途上国への特恵待遇」(小寺智史)は，文化多様性条約に規定された「特恵待遇 (preferential treatment)」の内容および射程を検討している。文化多様性条約は，文化多様性を保護・促進するレジームの中核に位置づけられるが，同条約の実効性は，国際社会を構成する多種多様な諸国をいかに包括的に取り込み，普遍性を確保するかにかかっているとし，この点で注目されるのが，同条約に規定された途上国への特恵待遇であると指摘する。筆者によれば，同待遇は，相対的弱者である途上国に対して有利な待遇を付与することにより先進国と途上国のあいだに存在する発展格差を是正または緩和し，国家間に実質的平等を確保する「規範の多重性」の一形態とみなしうるとし，このような待遇は現在，およそすべての多数国間条約に導入されており，現代国際法の1つの特徴であるとする。文化多様性条約において途上国への特恵待遇を定める16条の規定は，きわめて曖昧であるために，特恵待遇の法的性格，対象，内容などを文言上特定することは困難であるとする。そこで本論文は，16条の起草過程および同条に関連する諸文書の分析を通じて，文化多様性条約における途上国への特恵待遇の内容および射程を明らかにし，文化多様性の保護・促進における同待遇の意義，さらには文化多様性と国際法の関係を明らかにすることを狙いとしている。

　第Ⅱ部第4章の「国際法における景観概念の近年の発展——文化多様性を支える包括的な概念として——」(兼頭ゆみ子)は，景観と文化との関係を国際環境法の視点から考察しようとする論文である。すなわち，従来の国際条約では景観という言葉は一般的に，景色，美観を表すものとして用いられるにすぎず，環境条約で環境にかかわる一要素として言及されるか，あるいは主に自然や文化財・遺跡等の保護を謳う諸条約において，保護すべき対象物に付随する美観的価値という意味で言及されてきた。他方，世界遺産条約に導入された文化的景観というカテゴリーや近年採択されたヨーロッパ景観条約において，景観は，人間と環境との相互作用がつくりだすものと定義されている。この定義に基づき，人間の景観に対する認識や価値ならびに景観の形成に関わる広範な

人間活動への考慮を促す考え方が存在する。この新たな景観概念は，人間と環境の調和的で持続可能な共存を模索するように景観政策を方向付けるものであり，かつ，有形・無形に景観に反映される人々の価値観，つまり文化そのものを重視するものであると指摘する。本章は，多国間条約および EU 法の 2 次法規における景観概念を整理し，この新たな景観概念の可能性と限界，景観に言及する諸条約間の相乗的作用について付言している。

第Ⅲ部第 1 章「生殖補助医療における『国際人権規範』と『文化の多様性』——ヨーロッパ人権裁判所メネッソン（Mennesson）対フランス判決における私生活および家族生活の尊重——」（建石真公子）は，「国際人権規範」，「文化」，「科学」の関係を検討する。民主主義社会では価値の多様性が重要であるが，生殖補助医療のような，社会における価値やモラルを基盤とした科学に対する法的統制が必要な分野では，科学の可能性が伝統的な家族や生命の尊重概念と対立する傾向があることから，誰がどのように決定しうるのかが難しい。他方，国際人権保障は，人権保障に関して，一国の民主主義に基づく政治過程の誤りを統制するために国際的な共通人権規範で監督するものである。本章が検討するヨーロッパ人権裁判所のメネッソン対フランス判決は，代理懐胎禁止のフランスにおいて，外国において代理懐胎で子を出生したカップルと出生した子との親子関係が争点であり，ヨーロッパ人権裁判所は依頼父親との親子関係を認め，これを認めないフランス法を条約違反とした。この判決は，価値の多様性における選択を，最終的に決定するのはヨーロッパ人権裁判所であること，また代理懐胎禁止法制の是非を問わず，子が親子関係を確立する権利を認めたこと，従来は広いとされてきた健康の分野における国の「評価の余地」を狭めたことなど，締約国に対するヨーロッパ人権条約の優位性を印象づけた。さらに，外国の裁判所の判決の効力に関して，国内の公序概念に基づき，国際的公序に例外を設けることの是非も，各国の間の価値の多様性の課題として浮かび上がらせた。国の多様性を維持すること，個人の多様性を保護すること，この 2 つが対立する局面において，国際人権保障は，国の民主的過程を尊重し

つつ，共通人権規範による人権保障をするという難しい役割を担っている。生殖補助医療における権利概念と同様，継続した対話が求められる。

　第Ⅲ部第2章「LGBT/SOGIの人権と文化多様性」（谷口洋幸）は，2011年に国連人権理事会が僅差で採択した「性的指向・性自認（SOGI）と人権」と題する決議を中心として，文化多様性の視点からLGBTの権利に関する諸問題を論じている。本決議以後，国連人権高等弁務官による世界規模での研究調査や複数の国連機関による連携などを通じて，SOGIないしLGBTに関連する人権施策は活発化している。他方，ロシアやイスラーム圏の諸国を中心に，この主題を国連が扱うことそのものに一貫した反対も表明されつづけている。反対派が依拠するのは，宗教や文化にもとづいた伝統的価値や固定的な家族観念の保持である。対立構図はほぼ固定化されており，対立の手法も巧妙化しており，両者の溝がうまる気配はない。この対立構図は，1990年代に一定の決着をみた人権の普遍性と相対性の対立を彷彿させる。また，SOGIという用語が選択された理由の中にも，国際社会においてこの主題を取り上げる際の文化や歴史の多様性への配慮があるとする。さらに，この主題について日本政府の立場を確認してみると，国際社会での立場と国内社会での立場に大きな矛盾があることも指摘される。このように筆者によれば，SOGIないしLGBTと人権という主題は，文化多様性の確保と普遍的人権保障の確執があらわれた好例であるとしている。

　第Ⅲ部第3章「文化多様性の尊重と女性の権利の保護——ヨーロッパのイスラム服装規制を例として——」（高崎理子）は，女性の人権を侵害する伝統的慣行が文化を口実に正当化されているとの指摘が数多くなされているため，伝統的文化と女性の権利に関しては対立関係にあるかのような印象を受けることがあるという問題を取り上げる。筆者によれば，確かに，生命や身体の安全が危機に瀕しているときに国家による不作為の口実として文化多様性を濫用することは許されず，女性の基本的自由を侵害するような文化まで尊重されるべき

ではない。しかし，たとえ異なる文化の目には女性差別的に映る慣行であっても，文化多様性保護の理念に基づいて一定の敬意を払うべき場合もあるとする。以上の問題意識に基づき，筆者は，文化が女性の権利と対置することが規定等の文言から認識される国際文書を概観する。次に，文化が女性の権利を侵害しているか否かが論点となったフランスにおけるヴェール問題を取り上げる。さらに，イスラムのヴェール着用禁止をめぐる3つのヨーロッパ人権裁判所判例を分析し，文化多様性の尊重と女性の権利との関係性について考察する。これらの考察に依拠して本来，人権の普遍性は文化多様性と対立するのではないと同時に，文化多様性の尊重と女性の人権の保護とは必ずしも常に対立関係にあるわけではなく，両立し，相互に補完し合う関係となり得ると指摘する。

第Ⅳ部第1章「『普遍的正義』か『地域的秩序』か？──『国際刑事裁判所 (ICC)』とアフリカ連合 (AU) の対立──」(妻木伸之) では，近年 ICC が活発に捜査・訴追活動を進めているなかで，アフリカ諸国がその訴追方針に対して批判や反発を招いている点に着目し，ICC における捜査，訴追の在るべき姿を考察している。本章の問題意識の出発点は，ICC の捜査・訴追をめぐるアフリカ連合との対立が，スーダン事態のバシール事件ならびにケニア事態のケニヤッタ事件およびルト事件といったいくつかの事件の捜査・訴追に深刻な影響を与えている点にある。本章は，このような事象に対し，以下のようなアプローチをとる。まず，ICC に関するアフリカ連合の総会決議にみられるアフリカ諸国の反発およびそれに対する ICC の対応の検討を通じ，両者の対立の現状および ICC による訴追の実施への影響について把握した上で，グローバルな国際社会全体における多様性とローカルな社会における多様性という2つの多様性の観点から，今後のコア・クライムの実効的な訴追・処罰を確保するために，何らかの示唆を引き出そうとしている。なお，これらを通じてみえてくるものは，アフリカ諸国の反発は，ICC による訴追・処罰そのものに対するものではなく，その訴追・処罰の「ありかた」に対するものである。

第Ⅳ部第2章「国内裁判所における国際人権訴訟の可能性——国際的な企業活動に関するアメリカの外国人不法行為法（ATS）判例を中心に——」（小沼史彦）は，アメリカ合衆国における人権規範の司法的適用の形態を論じたものである。周知のように同国では自由権規約の批准に際してその実体規定がnon-self-executingであると宣言しているために人権条約の実体規定を国内裁判所において援用することはできない。そこで合衆国においては外国人不法行為法（ATS）に基づく慣習国際法上の人権規範を適用した独特の裁判が行われていることが着目できる。この訴訟の特徴の1つは，慣習国際法違反を基に外国人が訴訟を提起できるという点である。ATSを用いた訴訟は，一方では，企業活動の阻害要因としてとらえられ，他方では，国際的な企業活動から人権を擁護したり，特定の地域住民の環境を保全したりという役割が期待されている。本章では，国際人権規範を実現する多様な裁判の1つとしてのATS訴訟の有用性と問題点について，「アメリカ法としてのATS」の観点から検討し，さらにATS訴訟が国際法にとってどのような意義を持つのかを，判例の検討を通して考察する。

第Ⅳ部第3章「ヨーロッパ人権条約と英国最高裁判所」（ブライス・ディクソン著，北村泰三訳）は，既に比較法雑誌48巻2号（2014年9月）に掲載されたものであるが，本書の刊行に併せて比較法研究所および著者の許諾を得て再録することとした。本論文の主題は，2010年に旧上院司法委員会が装いを改めて発足した英国最高裁判所によってヨーロッパ人権条約がどのように解釈，適用されておりまた今後に向けてどのように解釈していくべきかという点にある。ヨーロッパ人権条約は，今やヨーロッパにおける憲法裁判所的な地位を築いているが，人権裁判所の判例法と各国の国内裁判所による人権条約の解釈との間の整合性をどのように確保または調整するかという問題は，いずれのヨーロッパ諸国においても悩ましい問題である。英国では，1998年人権法によりヨーロッパ人権条約の実体条項を事実上の国内法化して以来，英国における同条約の重要性は増してきたが，他方で人権裁判所の判決は，既判力として

の拘束力は有するが，各国の国内裁判所は，自国が訴えの対象なっていないかぎり必ずしも同裁判所の判例法に拘束される訳ではない。しかし，著者の分析では英国最高裁はストラスブールの判例法を尊重してきており，国内判例法上，人権裁判所の判例法の解釈基準を「それ以上でもなく以下でもなく」適用することが任務であるとしてきた（これは「反射鏡（ミラー）原則」または（事件名をとって）「ウルラ原則」と呼ばれている。しかし，筆者は，同原則が最高裁の想像力の足かせとなっているので廃棄されるべきであり，最高裁判所はヨーロッパ人権裁判所の設定した水準よりも，より高度でかつ豊かな内容を人権法の解釈に際して採用することができると主張している。英国最高裁が従来の立場を急に変えることは期待できないが，ヨーロッパ的人権保障の枠組の下でも各国のコモン・ローの発展という形で多様性に富んだ人権保障のあるべき姿を追求することも可能であると論じている点が興味深い。この立場は，人権条約でも認められており，また「補完性の原則」にも完全に一致しているとする。なお，今回の出版に併せて 2016 年 6 月の国民投票の結果，英国の EU 離脱（Brexit）を選択したことが，人権条約と英国との将来についてどのような問題を提起するかについて補遺の形で寄せて頂いた。

# 目　　次

まえがき ………………………………………………………………… *i*

序　本書の概要 ………………………………………… 北村　泰三… *xi*

## 第Ⅰ部　人権と文化多様性

第1章　国際法・国際人権法における文化多様性 …… 北村　泰三… *3*

　はじめに　*3*
　Ⅰ　国際法における文化の定位　*5*
　Ⅱ　ユネスコ文化多様性条約と人権との関係　*10*
　Ⅲ　人権としての文化享有権　*19*
　Ⅳ　文化多様性をめぐる問題状況――我が国の問題を中心に　*24*
　Ⅴ　国際人権条約上の実施機関の役割　*34*
　おわりに　*40*

第2章　文化的権利の保障と文化多様性………………… 稲木　徹… *43*

　はじめに　*43*
　Ⅰ　文化的権利の全体像　*45*
　Ⅱ　人権および文化多様性との関係　*55*
　Ⅲ　文化的権利の保障上の主な課題　*61*
　おわりに　*71*

第3章 ヨーロッパ人権条約における多様性の尊重と
　　　人種・民族差別の規制
　　　　　──差別事由の階層化と「評価の余地」理論を
　　　　　　手掛かりとして── ································ 佐々木　亮… 73

　はじめに　73
　I　先行研究の検討と問題の所在　74
　II　EU法における差別事由の階層化　79
　III　ヨーロッパ人権条約における差別事由の階層化　82
　IV　差別事案における評価の余地の縮減と「共通基盤」の形成　90
　おわりに　95

# 第II部　開発，環境と文化多様性

第1章　文化多様性条約における持続可能な開発 …… 西海　真樹…101

　はじめに　101
　I　持続可能な開発の全体状況　104
　II　文化多様性条約における持続可能な開発　112
　おわりに　119

第2章　公正な国際社会における文化の定位
　　　　　──エマニュエル・トゥルム゠ジュアネによる
　　　　　　「承認の国際法」構想を手掛かりに── …… 久保庭　慧…123

　はじめに　123
　I　ジュアネの公正な国際社会構想と「承認の国際法」　126
　II　ジュアネの構想の評価　129
　III　ジュアネの公正な国際社会構想再訪──より統合的な
　　　理解に向けて　139
　おわりに　143

## 第3章　文化多様性条約における途上国への特恵待遇
　　　　　………………………………………………… 小寺　智史…145

　はじめに　*145*
　I　文化多様性条約の構造　*148*
　II　途上国に対する特恵待遇——文化多様性条約16条　*151*
　III　特恵待遇の解釈——16条に関する運用指針　*155*
　IV　特恵待遇の実施　*161*
　おわりに　*167*

## 第4章　国際法における景観概念の近年の発展
　　　　——文化多様性を支える包括的な概念として——
　　　　………………………………………………… 兼頭ゆみ子…169

　はじめに　*169*
　I　景色，美観としての景観　*170*
　II　人間と環境との相互作用の所産としての景観　*176*
　おわりに——新たな景観概念の可能性と限界　*186*

# 第III部　ジェンダーと文化多様性

## 第1章　生殖補助医療における「国際人権規範」と
　　　　「文化の多様性」
　　　　——ヨーロッパ人権裁判所メネッソン(Mennesson)対
　　　　フランス判決における私生活および
　　　　家族生活の尊重——……………………… 建石真公子…193

　はじめに　*193*
　I　ヨーロッパ人権条約と文化多様性における矛盾する要請　*198*
　II　フランスにおける代理懐胎禁止法制——1994年生命倫理法　*202*
　III　外国での代理懐胎により出生した子と依頼夫婦との
　　　親子関係に関するヨーロッパ人権裁判所
　　　メネッソン対フランス判決（2014年6月24日）　*210*

Ⅳ　メネッソン判決における評価の余地——国際人権規範と
　　　文化多様性　*216*
　　　お わ り に　*220*

第2章　LGBT/SOGI の人権と文化多様性……………　谷口　洋幸…*225*

　　　は じ め に　*225*
　　Ⅰ　SOGI 決議　*227*
　　Ⅱ　SOGI 決議以前　*229*
　　Ⅲ　SOGI 決議をめぐる攻防　*232*
　　Ⅳ　SOGI と日本　*236*
　　　お わ り に　*241*

第3章　文化多様性の尊重と女性の権利の保護
　　　　　——ヨーロッパのイスラム服装規制を例として——
　　　　……………………………………………………　髙崎　理子…*243*

　　　は じ め に　*243*
　　Ⅰ　女性の権利と文化との関係　*245*
　　Ⅱ　フランス国内のヴェール論争　*249*
　　Ⅲ　ヨーロッパ人権裁判所判例　*254*
　　Ⅳ　文化多様性と女性の文化的権利　*267*
　　　お わ り に　*269*

## 第Ⅳ部　司法と文化多様性

第1章　「普遍的正義」か「地域的秩序」か？
　　　　——「国際刑事裁判所（ICC）」と
　　　　　アフリカ連合（AU）の対立——　……………　妻木　伸之…*275*

　　　は じ め に　*275*
　　Ⅰ　アフリカに関する事態・事件をめぐる「国際刑事裁判所」と
　　　アフリカ連合の対立　*277*

Ⅱ　検討・考察——2つの「多様性」の観点から　*291*
　おわりに　*299*

## 第2章　国内裁判所における国際人権訴訟の可能性
　　　　——国際的な企業活動に関するアメリカの
　　　　　　外国人不法行為法（ATS）判例を中心に——…… 小沼　史彦…*301*

　はじめに　*301*
　Ⅰ　外国人不法行為法と国際人権訴訟　*302*
　Ⅱ　国際的な企業活動に対する ATS 訴訟　*305*
　Ⅲ　ATS 訴訟の合衆国法における制約　*315*
　Ⅳ　アメリカにおける人権訴訟の可能性　*320*
　おわりに　*325*

## 第3章　ヨーロッパ人権条約と英国最高裁判所
　　　　………………………………………………ブライス・ディクソン
　　　　　　　　　　　　　　　　　　　　　　　北村　泰三 訳…*329*

　はじめに　*329*
　Ⅰ　ヨーロッパ人権条約　*330*
　Ⅱ　最高裁判所を創設する以前の欧州人権条約に対する
　　　英国の裁判所の対応　*332*
　Ⅲ　英国最高裁判所　*338*
　Ⅳ　ヨーロッパ人権条約に対する最高裁判所の態度　*341*
　Ⅴ　1998年人権法に対する最高裁判所の対処法　*349*
　おわりに　*356*
　（補遺）Brexit が英国の人権保障にもたらす帰結　*357*

　索　　引
　　事項索引　*362*
　　判例索引　*371*

# 第Ⅰ部

# 人権と文化多様性

#  第 1 章

# 国際法・国際人権法における文化多様性

北　村　泰　三

## は じ め に

　現代の法，特に国際法，国際人権法との関連において文化多様性（cultural diversity）とはどのような意義を有しているのだろうか。本稿の目的は，文化多様性の意義を国際法および国際人権法の文脈において考えることにある。

　ユネスコが 2000 年に採択した「文化多様性に関する世界宣言」（以下，文化多様性宣言）[1]では，生物多様性が自然にとって必要であるのと同様に，文化多様性は，「交流，革新，創造の源として，人類に必要なものである。」としている。この意味で，文化多様性は「人類の共同遺産」であり，現在および将来の世代のためにその重要性が認識され，主張されるべきであるとしている（同宣言 1 条）。かくして文化多様性は，ある種の善的かつ肯定的な価値として意味づけられている。しかしながら，英語でいう「多様性」（diversity）という語は，元来はフランス語の *"diversité"* に由来する言葉であり，その原義はラテン語の *"diversitatem"* が意味する「正しいことへの反対」，「邪気」，「正反対」，「矛盾」，「対立」などの否定的または消極的な意義を含む言葉であるという。このように多様性の語は，今日では，積極的，肯定的な意味を有する言葉として理解されているが，本来は多数に対する抗議や異議の申立てという要素を含

---

[1]　UNESCO Universal Declaration on Cultural Diversity, adopted on 2 November 2001. p. 61. UNESCO Records of the General Conference 31 Session, 2001, Vol. 1, Resolutions, p. 61.

んでいる言葉である[2]。

　したがって，多様性という言葉の原義は，本来支配的な文化から排除 (exclude) されることによって生じる疎外と軋轢の要素を含んでいるとすれば，その言葉自体に今日の社会における文化多様性をめぐる問題の本質が隠れ潜んでいるように思われる。すなわち，21世紀のグローバル化社会においては，少数民族，先住民族，外国人，移民，難民（申請中の者を含む），LGBT などが背負っている多様な文化と彼らが生まれ，育ち，共生的に生存する社会から排除・差別されることにより生じる疎外感を克服し，彼ら／彼女らを社会的に包摂 (include) する取り組みが課題となっている。そこに，既存の支配的な文化に対する抵抗，抗議の意味と彼ら／彼女ら自身の独自の文化（生活のスタイル）に基づく法的主張とが垣間見えてくるであろう[3]。

　グローバル化を通じて脱国境化が進んだ現代社会において，それぞれの共同体が享有する文化の多様性を等しく尊重し，グローバル化によって不平等な扱いを受けている人々を保護することは「包摂的グローバル化」として捉えられている[4]。しかし，文化多様性という概念自体が，ユネスコ決議などにみられるように比較的近年の国際的法文書において用いられるようになった多義的かつ曖昧な概念であって，法的には十分に検討されていない。したがって，これ

---

2) Louis E. Wolcher, Cultural Diversity and Human Rights, *Cambrian Law Review*, Vol. 43 (2012), p. 46.
3) 国際法の視点から文化多様性または文化的権利を扱った主な研究書に以下のものがある。Paul Meerts, ed., *Culture and International Law* (Hague Academic Press, 2008). Jessica Almquist, Human Rights, *Culture and the Rule of Law* (Hart Publishing, 2005). Andrezej Jakubowski, *Cultural Rights as Collective Right: An International Law Perspective* (Brill, 2016). Lilian Richieri Hanania, eds., *Cultural Diversity in International al Law, The Effectiveness of the UNESCO Convention on the Protection and Promotion of the Diversity of Cultural Expressions*, (Routledge, 2014). 日本語文献としては，齋藤民徒「国際人権をめぐる法と文化」『国際人権』21号（2010年）44-49頁。
4) コフィ・アナン国連事務総長（当時）が2002年10月にイェール大学で行った講演に際して，「包摂的グローバル化」(inclusive globalization) の必要性について論じていた。at, http://www.un.org/press/en/2002/SGSM8412.doc.htm

を法的に分析することは今日の国際社会が直面している課題を考察する上で，重要な意義を有していると思われる。

そこで本稿では，国際法および特には国際人権法における文化多様性がはらむ全体的問題を見渡すことを念頭において，次のように順次検討を進める。Ⅰでは，国際法の歴史的な展開過程において文化にいかなる意義が与えられてきたかという視点から，近代国際法における西欧文化優位の思想という特徴とその変遷を簡潔に跡づける。その際には，文化相対主義および今日の文化多様性の意味についても簡潔に確認しておく。Ⅱでは，ユネスコの「文化的表現の多様性の保護に関する条約」（以下，文化多様性保護条約）[5]における文化多様性の意義を確認しておく。Ⅲでは，国際人権法の文脈において，文化多様性の核心的内容とされる文化享有権の意義および内容等について検討を行う。Ⅳでは，文化多様性をめぐる実際の問題状況について特に我が国における先住民族，外国人おびジェンダーの問題に留意することにより，検討を加える。Ⅴでは，国際人権条約上の実施機関の役割と文化享有権の限界を考察する。以上により，本稿では，今日の国際法および国際人権法の下では，先住民族，少数民族，外国籍住民，移住労働者，難民などが背負っている文化的多様性を保護するとともに，ジェンダーによる差別などのように人権を制約する文化の下で排除されている人々を社会的に包摂する措置をとることが求められていることを論じたい。

## Ⅰ 国際法における文化の定位

ここでは，国際法における「文化・文明」の位置をごく簡潔に跡づけること

---

5) Convention on the Protection and Promotion of the Diversity of Cultural Expressions, 2005 年 10 月 20 日採択，2006 年発効。締約国数 143 か国（2016 年 10 月 1 日現在）。日本，米国，中国，ロシアなどは締約国ではない。条文（英語）は以下を参照。at, http://portal.unesco.org/en/ev.php-URL_ID=31038&URL_DO=DO_TOPIC&URL_SECTION=201.html

によって，国際法においては未だ目新しい文化多様性という概念がどのようにして登場してきたのかを確認しておきたい。その際に，文化相対主義，多文化主義という概念と文化多様性との異動についてもできる限り明確にしておくこととする。

## 1　近代国際法における西欧文化の優位性と文化相対主義

　言うまでもなく，近代国際法の体系は，ウェストファリア体制以後，ヨーロッパ中心の文化・文明を基盤として成立したものである[6]。近代国際法が，世界に拡散する以前には，各文化圏を中心とする（擬似的）国際秩序が成立していたと考えられる[7]。各地域秩序の間は，相互の没交渉により，普遍的な国際秩序が成立する基盤がなかった。しかし，ヨーロッパ諸国が大航海時代を経て，世界に乗り出すとヨーロッパ諸国は，アメリカ新大陸やオーストラリアに対しては「発見」と「先占」の法理により入植を行い[8]，先住民族の土地や財産を暴力的手段によって掠奪，破壊し，インドのような古代からの文化を継承する地域に対してさえ，植民地化を強行していった[9]。またキリスト教徒に対する迫害のように自文化圏と同視可能な者に対して加えられた侵害に対しては人道的干渉という手段によって，西欧文化の優位性を繰り返し実証して見せたのである。こうして19世紀半ばには，近代国際法の体系は，非ヨーロッパ文明圏の国や地域に拡大するにつれて，西欧文明の優位性を国際法規範は内在的な価値として有していた。「ヨーロッパ公法」（public law of Europe）は，その

---

6)　たとえば，Malcolm Shaw, *International Law, 6<sup>th</sup> edition* (Cambridge, p. 13).

7)　たとえば，中世イスラム世界にはイスラム国際法が存在していた。眞田芳憲訳『イスラームの国際法：シャイバーニーのスィヤル』（中央大学出版部，2014年）。また中国文明を中心として位階的な中華国際秩序が成立していた。入江啓史郎『中国古典と国際法』（成文堂，1966年）。

8)　苑原俊明「『発見の法理』と『支配の枠組み』を探究する」『大東法学』23巻2号（2014年）207-231頁。

9)　たとえばスペイン人による新大陸の侵略について，ラス・カサス（著），染田秀藤（翻訳）『インディアスの破壊についての簡潔な報告』岩波文庫。

内実を大きく変えることなく，次第に世界的な近代国際法の体系へと膨張していった[10]。

19世紀の半ばまでには成立した近代国際法の体系は，文化そのものを対象とした規範（たとえば，「文化的権利」の保護のような意味での）を包含していなかった。その代わりに，在外自国民に対する外交的保護権の行使の際の基準として，文明国標準主義の理論は，ヨーロッパ文化中心的思想をそのまま国際法に取り込んでいたといえよう。産業革命を経て，圧倒的な工業力と軍事力に勝る欧米諸国は，19世紀半ばから後半にかけて非ヨーロッパ文化に属する中国，トルコ，日本等との間では，近代国際社会への参入条件として「文明国の基準」(standard of civilized nations) を求めたのである[11]。欧米列強は，非欧米文化圏諸国との間では，不平等条約により領事裁判権を認めさせることによって，欧米諸国民に対する非欧米諸国の基準（文明国標準主義）への応諾を求めた[12]。

このような特徴を有する近代国際法の体系は，基本的に西欧中心主義に基づいていたので，非西欧的な文化価値の尊重，すなわち文化多様性に対応するという発想はそもそも存在しなかったと考えられる[13]。また，人権という観念についても，国家は，自国の領域（管轄権）内においてのみ人権を保障する義務を負っているに過ぎないと考えられていたので，18世紀末の近代市民革命によって流布された自由，平等という「普遍的」人権観も西欧およびその文化的系統を引き継ぐ国のみが享有したに過ぎない。主権国家の枠を越えた人権の国際的保障という思想は，第2次世界大戦の後までは，育たなかった。

---

10) Alexander Orakhelashvili, The Idea of European International Law, *The European Journal of International Law,* Vol. 17 no. 2 (2006), pp. 315-347.

11) 北村泰三「国際人権概念の生成と展開―人権の普遍性をめぐる議論を中心に―」『日本と国際法の100年（第4巻）』（三省堂，2000年）1-35頁。

12) 山内進「明治国家における『文明』と国際法」『一橋論叢』115巻1号（1996年）19-40頁。

13) もっとも日本の版画等の芸術の分野では，非欧米の文化に注目も寄せられたが，経済的な価値としてはこれらの芸術も対等に扱われていた訳ではない。

## 2 国際法の普遍性と文化相対主義

　20世紀は，西欧的文化に基づく近代国際法が，普遍性を獲得し，現代国際法へと変容していく過程の100年であった[14]。そうした中で，1919年に創設された国際連盟では，第1次世界大戦の原因がヨーロッパにおける少数民族問題にあったことに鑑みて，新たに少数民族保護制度を導入して連盟理事会による監督体制を発足させた。ただし，同制度の下で義務を負ったのは，中・東欧の諸国に限られていたに過ぎない。

　第2次世界大戦に連合国側が勝利した結果，国連憲章では「人権と平和」を基本的な価値として謳い，世界人権宣言を嚆矢として各種の人権条約が締結され，国際人権法という領域が登場することによって，人権および基本的自由は普遍的価値観を体言する規範としての性格が与えられた。しかし，実際は植民地主義と東西冷戦体制が継続していた状況の下では西側先進国を基盤とする規範という色彩が強く，普遍性とは形だけのお題目であり実態とはかけ離れていたと言ってよい。国家主権は人権の普遍的妥当性を否定する正当な根拠を提供した。また政治的イデオロギー対立の下では，文化的な対立はさほど重視されなかった。

　国際法における文化の問題が再び活性化した背景には，1980年代末から1990年代初頭にかけての冷戦体制の終焉とグローバル化の現象がある[15]。かつては西側先進国の間で醸成されてきた西欧的人権観は，国際人権法の衣をまとったことにより，国連等の機関を通じて普遍的な規模で遵守が求められるようになった。他方で，イデオロギー対立の下で隠れていた国際社会における異質の文化，文明が同居する中で強力に進行したグローバル化現象は，かえって国際紛争の原因にもなったのである[16]。

---

14)　石本泰雄『国際法の構造転換』（有信堂，1998年）。
15)　ミシェリン・R.イシェイ著，横田洋三監訳『人権の歴史―古代からグローバリゼーションの時代まで』（明石書店，2008年），特に第5章，393-400頁。
16)　大沼保昭『人権，国家，文明―普遍主義的人権観から文際的人権観へ』（筑摩書

また，人，物，金融，サービスそれに情報を加えたグローバル資本主義の現象が急激に拡散し，同時にそれに対する批判と抵抗も生んだ。かつては植民地独立の基礎を与えた人民自決の権利が分離独立権の基盤として蘇生し，また，人権のグローバル化に対してはイスラム諸国およびアジアの新興国を中心として，「文化相対主義」(cultural relativism) の名の下に異議申立てを誘発した[17]。すなわちそれは，ある国や個人の信条や行動は，その国または個人の自身の文化の観点から理解されるべきであり，ある特定の規範や行為が正しいか正しくないかの判断は，各国の文化によって異なるというものである。換言すれば普遍的正義または道徳の原則は存在しないのであるから，何人も他の社会の慣習や文化の当不当を判断することはできないというものである。元々文化相対主義という用語は，文化人類学で用いられてきた言葉ではあるが，その極端な形は異文化の嘲罵と自文化の礼賛であり，宗教的原理主義に基づく過激派の思想をも生んだ。西側先進国の文化圏に属する国とそうではない国との間で文化・文明の衝突が起きることはむしろ必然であった[18]。イデオロギーに代えて宗教や文化に基づき西欧的な価値を中心とする秩序に対して時には過激な手段により異議申立が行われた。

　文化相対主義の主張は，家族，家，村落および国家などの共同体の価値を重視するアジア的価値を反映しており，西欧的な個人重視の人権論とは異なる価値を重視していた。1993年のウィーン人権宣言においても，「国家的および地域的独自性の意義，ならびに多様な歴史的，文化的および宗教的背景を考慮」しなければならないという文言が挿入されたのはそうした主張の反映である[19]。しかし，そうしたアジア的価値なるものは，実際には国家に対する義務，

---

　　房，1998年)。
17) Christina M. Cerna, "Universality of Human Rights and Cultural Diversity: Implementation of Human Rights in Different Socio-Cultural Contexts," *Human Rights Quarterly*, Vol. 16, No. 4 (Nov., 1994), pp. 740-752.
18) サミュエル・ハンチントン著，鈴木主税 (訳)『文明の衝突』(集英社，1998年)。Michel Rosenfeld, *Law, Justice, Democracy and the Clash of Culture: A Pluralist Account* (Cambridge, 2011).

忠誠と個人の人権の制限，抑圧を意味し，強調している[20]。典型的な文化相対主義の主張は，せいぜい国家主権の別の表現にすぎず，その内容が国法の内容に反映することはあったとしても，国際人権法の解釈，適用にあたって積極的な意義づけとなる根拠は希薄であるいといえよう[21]。人民自決権や発展の権利などの集団的な権利を除いて，アジア的価値を基礎に個人の人権を消極的に把握することは危険をともなう。ただし，アマルティア・センも指摘するように，アジアの文化の中にも個人の自由と人権の理念を基礎付ける寛容と自由の概念を見いだすことは不可能ではない[22]。

## II　ユネスコ文化多様性条約と人権との関係

### 1　文化多様性条約の意義

　文化相対主義は，外交上の原則または政策という性格が色濃く，法的な原則とは言えない。それに対して，文化多様性の概念は，近年，国際法的な文脈で

---

19)　ウィーン人権宣言は，1993年6月25日，国連総会世界人権会議において採択された。引用した言葉は同宣言5を参照。

20)　2012年11月に採択されたアセアン人権宣言6条は，権利の享有が，他の人，共同体および社会に対する責任を果たすことと均衡していなければならないとし，7条では人権の実現が異なる政治的，経済的，法的，社会的，文化的，歴史的および宗教的背景を念頭において，地域的および国民的文脈で考慮すべきと定めている。勝間靖「アセアン人権宣言（2012）採択の背景と今後の課題」『アジア太平洋研究』21号（2013年）。

21)　ただし，対話の精神により相互の批判と調和の精神にたつ穏健かつ柔軟な文化相対主義の立場は人権の普遍性と両立しうるかどうかは見解が分かれる。イスラム世界にも人間の尊厳の保護という限りでは人権法の普遍的妥当性を肯定することができる。Mashood A. Baderin, *International Human Rights and Islamic Law* (Oxford, 2003), pp. 26-29.

22)　たとえば，儒教の教えにも人権に通底する部分はみられる。アマルティア・セン著，大石りら訳『貧困の克服』（集英社，2002年）98-99頁。北村，前掲注8)，26-30頁。

語られることが多くなってきており，その概念に含まれる文化を享有する権利という意味では，法的意義が既に与えられているとも言える。

　そこで，文化多様性の概念が国際法で登場してきた経緯を振り返ってみると，その概念の背景には国際経済法的な問題が介在していた。植民地支配体制の終焉後も開発の問題は多くの課題を引きずっていた。1970年代の新国際経済秩序や1980年代の発展の権利宣言等に見られる途上国の主張は，一部の途上国には著しい経済効果をもたらしたが，それらの国の内部における富の配分の不公平は貧富の差をも生んだ。また，人，商品，金融，サービスおよび情報等の自由移動は，グローバルな市場化をもたらし，特にアメリカが主導する一元的なグローバル・スタンダードを通じて，ローカルな経済および多元的文化に対して押しつけ的な効果を招くことになった。グローバル市場の登場は，産業構造の変化を誘発し，金融，各種の工業分野だけでなく農業，漁業，小売り産業から外食産業まで流通一般に影響を与えるようになった。その結果，経済的，社会的な弱者に対してますます市場からの排除を促す効果を及ぼすようになった[23]。グローバル化が庶民の生活にも直接，間接にさまざまな影響を及ぼすようになると，市民社会を基盤として反グローバル化運動を誘発させるとともに，ローカルな文化を見直し，擁護する動きも活発化した。

　また映画，映像産業の分野では，先進国の中でも特にフランスを中心とするヨーロッパ諸国とカナダは，米国中心のハリウッド映画産業のグローバルな普及と展開に懸念を抱いていたので，WTOにおいて文化的産品の例外的取扱い（すなわち文化的例外）を理由として輸入規制を導入しようと企図した。しかし，もとより国際経済法上では外国産品と国産品とを同様に扱うことが求められているので（内国民待遇），自国産業または国産品だけを保護することは認

---

23) このような見解については，次を参照。Jingxia Shi, *Free Trade and Cultural Diversity in International Law* (Hart, 2013). Joseph J. Norton, "Law, Social Justice, Economic Development, and Modern Banking Sector Legal Reform; Taking in the "excluded," Joseph J. Norton and C Pual Rogers Jr., eds., Law,, *Culture, and Economic Development* (British Institute of International and Comparative Law, 2007), p. 192.

められないのであるから,ヨーロッパ諸国の目論見は思惑どおりには運ばなかった[24]。そこで,これらの諸国は,WTO ではなくユネスコに舞台を移して同様の目的を追求しようとした[25]。すなわち,フランス等の EU 諸国とカナダは,「文化的例外」に代えて文化多様性の名において映画等の文化的著作物の国境を越える自由な流入が自国の文化産業に与える影響を最小限に抑えようとしたのである。その企図は,文化多様性世界宣言に反映した[26]。このような背景の下に 2005 年にユネスコが採択した文化多様性条約は,グローバル化によってもたらされた市場経済の一元的な支配から,人間が本来有している文化,特に芸術作品,映画,その他の文化的著作物による表現の多様性を保護することを1つの目的としていた[27]。

まず,本条約1条では文化的表現の多様性を保護し促進することを目的に掲げる。そのため,文化を繁栄させる事,文化間の対話を奨励し,文化相互作用を発展育成し,文化多様性の意識を向上させ,途上国文化の開発の重要性を確認することなどを謳っている。続けて2条1項では文化多様性の理念は,人権および文化的表現を選択する個人の能力が保障される場合にのみ保護,促進されることを確認し,2項では,国家は,国連憲章および国際法の原則に従い,

---

24) ヨーロッパ諸国は,GATS(サービス貿易一般協定)の交渉において文化的例外の名目によりオーディオ・ビジュアル製品の輸入規制を目論んだが成功しなかった。久保庭慧「ユネスコの活動における文化多様性概念の展開―その多面的把握に向けて」『法学新報』120 巻 9/10 号(2014 年)249-251 頁。

25) Lilian Richieri Hananica and Hélène Ruiz Fabri, "The effectiveness of the UNESCO Convention on the Protection and Promotion of the Diversity of Cultural Expression," *supra* note 3, pp. 1-21. 本書第Ⅱ部第3章,小寺論文も参照。

26) Michael Haln, "The Convention on Cultural Diversity and International Economic Law," *Asian Journal of WTO & International Health L & Policy*, Vol. 2 (2007), p. 229.

27) 河野俊行「文化多様性と国際法―オーディオ・ビジュアル産業をめぐる貿易摩擦を素材として(1)(2 完)」『民商法雑誌』135 巻 1,2 号(2006 年)。川瀬剛志「WTO協定における文化多様性概念―コンテンツ産品の待遇および文化多様性条約との関係を中心に(1)(2)(3 完)」『上智法学論集』57 巻 3 号(2014)1-45 頁,2014,同 57巻 4 号(2014)171-215 頁,同 58 巻 1 号(2014 年)91-136 頁。

自国領域内で文化的表現の多様性を保護し，促進するための措置および政策をとる主権的権利を有すると定めている。この点で本条約は，映画，アニメ作品等の文化的な著作物の流入を主権の下で保護主義の立場で規制する措置を容認しており，文化的権利の保護という意味での人権の観点よりも貿易規制のための条約としての色彩を有しているとも評価されている[28]。

しかし，本条約の意味はそれに留まらず，あいまい性はあるものの，より広範かつ多義的な性質を有しているとも考えられる[29]。たとえば，2条3項では，「文化的表現の多様性を保護し，促進することは，すべての文化（少数民族および先住民族に属する者のための文化を含む）が本来，等しく尊厳および尊重を認められることを前提としている。」として文化間に優劣，善悪等の価値序列がないことを確認することにより，（少数民族および先住民族の）文化の保護をも謳っている。西海真樹がかねてから適切に指摘しているように，このような視点は，さらに同条約では文化と「持続可能な開発」概念とを結び付けることによって，文化の保護および尊重をも射程に入れていると考えられる。周知のように，持続可能な開発の原則は，地球環境問題を起源として発展，展開してきた原則であるが，本条約2条6項では，「文化の多様性は，個人および社会にとって豊かな資産である。文化の多様性の保護，促進および維持は，現在および将来の世代のための持続可能な開発にとって基本的要件である。」として文化的表現だけにかかわらず，文化そのものと持続可能な開発の概念とを統合させているといえよう[30]。持続可能な開発概念は，特に，グローバル化による負の影響を受けやすいマイノリティ，先住民族，途上国における貧困層に対しても固有の文化を保持し，発展させる権利があることを確認していると思

---

[28] 米国が本条約に反対の立場をとった理由の1つに，主としてヨーロッパ市場におけるハリウッド映画の輸出規制を正当化する理由となることを懸念している点との指摘がある。Eireann Brooks, "Cultural Imperialism vs. Cultural Protectionism: Hollywood's Response to Unesco Efforts to Promote Cultural Diversity," *Journal of International Business and Law,*" Vol. 5 (2006), p. 112.

[29] 久保庭，前掲注24）参照。

[30] 詳しくは，本書第Ⅱ部西海論文を参照。

われる。というのも，本条約 13 条は，持続可能な開発における文化の統合について定めている点からもそのような解釈が成り立つであろう[31]。この規定は，基本原則を定める 2 条の規定趣旨とあわせて解釈されるべきであり，各国は，自国の持続可能な開発政策の立案，策定，実施に際して，文化多様性の保護を考慮しなければならないことを意味していると考えられる[32]。

持続可能な開発の概念の下では，先住民族の伝統的知識や文化遺産を開発の資源として活用することも具体化の対象となる。国連総会でも，「文化と持続可能な開発」に関する決議を採択することよって，開発と文化との相互関係を強調している[33]。同決議によれば，先住民族の文化的遺産に着目し，これを保存するとともに包摂的な開発に役立てることも視野に入れることを提案している。ユネスコでも，持続可能な開発をストラテジーとして，文化遺産を媒介とする遺跡ツアーや文化ツアーを通じて雇用を確保，貧困を克服すると同時に，文化間対話を促進するとしている[34]。

持続可能な開発の概念は，特に，外交政策を通じて「人権基盤型アプローチ (human rights based approach)」[35]を採用することにより，特に途上国，新興工業国 (NICs) における経済発展の恩恵から取り残され，排除されている社

---

31) 13 条は次のように定める。「締約国は，持続可能な開発に資する条件を創出するためにすべての段階における開発政策において文化を統合し，並びにこの枠組みの範囲内で文化的表現の多様性の保護及び促進に関連する側面を助長するよう努める。」

32) Veronique Guevremont, "Integrating Culture in Sustainable Development: Quebec's Agenda 21, a Model for the Implementation of Article 13," in *supra* note 3, [Hanania] pp. 265-278. NISHIUMI Maki, "The Cultural Aspects of Sustainable Development, *Japanese Yearbook of International Law*," Vol. 57 (2014), pp. 305-332. 西海真樹「文化多様性と国際社会の現在」『法律時報』87 巻 12 号（2015 年）15-20 頁。

33) UN GA resolution 68/223, Culture and sustainable development, 12 Feb, 2014.

34) UNESCO, UN System Task Team on the Post-2015 UN Development Agenda, Culture: a driver and enabler of sustainable development, thematic Think Piece, May 2012.

35) 川村暁雄「人権基盤型アプローチの射程―人権実現の『新たな』手法として」『国際人権』20 号（2009 年）103-105 頁。

会的な貧困層(スラム住民など)に対して開発の恩恵に預かることができるよう措置を講じるよう求めている[36]。このような意味で，文化多様性条約は，持続可能な開発の概念をとりこむことによって，先述の「包摂的グローバル化」の理念を具体化しているともいえよう。また，持続可能な開発の概念を突き詰めれば，伝統的文化の促進，尊重および保護の必要性が求められるだけでなく，伝統的文化の中に残存する有害な文化からの保護という視点も導かれるであろう。

　今日，文化多様性の概念は，地域的法秩序の下でも基本原則となっている。EUは，かつて超国家的秩序を模索していたが，その地理的範囲を拡大させるに従って，一枚岩的な統合ではなく，柔軟な多元主義を基礎とする統合に変わっていった。EU条約の前文では，「諸国民の歴史，文化，伝統を尊重しつつ諸国民間の連帯を深めること」が欧州統合の目的の1つとして掲げられている。さらに，同条約6条3項では，連合は，その豊かな文化的および言語的多様性を尊重し，欧州の文化的遺産が保護され発展することを確保すると定めている。EU運営条約の第13編は，「文化」と題して「連合は，構成国の国民的および地域的多様性を尊重し，また，共通の文化的遺産を強調しつつ，構成国の文化の発展に寄与する。」と定める(167条)。このようにEUでは，各構成国内の文化的遺産の保護と文化の発展を基本的政策とするとともに，開発政策としても「文化指向的開発」(culture-led development)が目標となっている。

　さらには，EUだけでなく地球的規模での情報通信やツーリズム(文化ツーリズムを含む)の加速的普及によって，国境を越える人の移動がより頻繁，大量かつときには自由に行われるようになるに従って，移民，婚姻などを通じた家族観の変化を生じさせるとともに，各国における文化政策にも取り入れられるようになった。文化遺産ツーリズムは先住民族や途上国の貧困地域の住民にも大きな影響を与えることになった[37]。国境を越える労働者の移動が大量かつ

---

36) 井上達夫『世界正義論』筑摩書房(2012年)トマス・ポッゲ著，立岩真也(監訳)『なぜ遠くの貧しい人への義務があるのか—世界的貧困と人権』(生活書院，2010年)。

日常化するにつれ，移民労働者に対する差別が問題化した[38]。さらには国際人権法が光を当てるようになると，従来，文化的権利の保護政策において疎んじられてきた国内における移民やその子孫の文化の保護を覚醒した。そのような背景によって，従来は，アメリカ，カナダ，オーストラリア等の移民国家において取られていた同化政策は過去のものとなり多様性の尊重が取って代って共通の指針となった。「多文化主義」（multiculturalism）は[39]，かつてより移民国家において統合政策の基盤として用いられてきた政策であり，それは，同化政策の失敗に起因する諸問題を克服するために執られた基本政策であった。今日の多文化社会においては，社会を構成するそれぞれの構成員とそのグループの文化の違いを受け入れ，各グループ間において相互の文化的独自性と多様性を尊重しつつ，同じ社会の構成員として共生し，共有の文化を築き上げていくプロセスを構築していくことが必要とされている[40]。文化多様性の承認は，そうした立法政策の実現にあたってガイドラインを構成するであろう。

## 2　文化多様性と国際人権法

文化多様性とは，個人または個人の集団が自らの文化を享有する権利を有し

---

37)　たとえば，カンボジアとタイ国境付近に位置するプレアビヒア寺院一帯は，カンボジア内戦時代にはポルポト派の拠点として荒廃が進んだが，内戦の終焉とともに観光資源としてタイ，カンボジア両国の期待を集めた。そのためにはまず地雷除去等の支援が必要であった。国際協力によりそれが完遂され，2008年7月にはユネスコの世界文化遺産にも指定され，いよいよ観光客を呼びこむ準備が整ったところで，タイ，カンボジア間の軍事衝突が発生し，情勢は再度混沌とした。もとより付近一帯は国境線をめぐって両国間の対立はあった。文化をめぐる主権の対立に加えて，貧困と開発のもたらす利益配分をめぐる利害対立が武力衝突の背景にある。John Burgess, *Temple in the Clouds: Faith and Conflict at Preah Vihear* (River Books, 2015).

38)　国連が採択した条約としては，「移住労働者及びその家族の権利の保護に関する条約」(International Convention on the Protection of the Rights of All Migrant Workers and Members of Their Families) がある。1990年12月18日採択。

39)　ウィル・キムリッカ著，角田猛之，山崎康仕，石山文彦（共訳）『多文化時代の市民権―マイノリティの権利と自由主義』（晃洋書房，1998年）。

40)　近藤敦「多文化社会の意味するもの」『国際人権』21号（2010年）38-43頁。

ていることを認めることを前提に成立する概念である。また文化多様性とは，それぞれの集団固有の文化の間に優劣，善悪等の価値序列を否定し，それぞれの文化が対等であることを認めている。文化享有権の主体には，自決権行使の主体と同様に国家も含まれるが，むしろ文化を享有する主体は，先住民族，民族，外国籍住民，地域の共同体などの文化集団を構成する非国家的共同体およびそれに属する人々である。

　第2次世界大戦以後に発展してきた国際人権法は，寛容の精神に基づき多様な文化的背景を有する種々の人々の共同体（国家）間の共存と平等を可能にする社会の構築を目指してきた。我々が住む共同体内では，人々の行動様式は文化によって規定され，法の内容もそれぞれの共同体の文化を基礎としており，各共同体およびそれらの共同体に属する個人は，それ自身が文化を享有する権利を保有し，それは「文化享有権」という権利としても認められてきた[41]。法は，各国家をはじめとする他の共同体の文化多様性に根ざす価値観を反映する形で規定されており，こうした固有の文化に基づく多様な価値観は主権または自治の名の下で基本的に認められている。物理的にも人の移動は現代ほど容易かつ頻繁ではなく，また東西イデオロギー対立の時代には，主権に守られる形でかなりの程度文化の独自性は保たれてきた。人民自決権の主張も文化の独自性を助長する役割を果たしてきた。国際社会全体では多様な文化の共存という状況が保たれてきた。

　しかし，先述のように東西冷戦体制の終焉に伴い1990年代の初頭におきたグローバリゼーションの動きは，人，物，金融，情報およびサービスの移動を加速させることによって人権と文化の問題を再度議論の俎上にのせた。グローバル化は，一方で，人権の国際的展開を急速に進めるとともに，他方では，東西を隔ててきたイデオロギー対立の終焉を経て，民族の独立と自決と同義の概念として文化的多様性の主張を刺激し表面化させることになった。また，グローバル化の現象に伴い，我が国のようにかつては（事実はそうではなくても，国

---

41）　世界人権宣言27条，社会権規約15条1項(a)等。齋藤，前掲注3）参照。

民意識としては）単一民族的な色彩が濃厚であった国家でも，文化的背景を異にする複数の人の集団が共存する社会へと変容した。その変化の背景には，何よりも移民，難民の流入またはその他のさまざまな理由により，国境を越える人の移動が頻繁かつ常態化することにより，多様な文化的背景を持つ人々が地域，国において生活を共にするようになってきたことが上げられる。

　人権の普遍化は，画一化とは異なる。人権それ自体の中に，文化的多様性の保護の概念は内包されていると考えられる。

　また，文化享有権が論じられるようになったもう１つのきっかけは，先住民族の地位が次第に認められたことである。2007年に国連総会で採択された，「先住民族の権利宣言」は，先住民族に対する各種の権利を認めている点で重要な意味を有する[42]。

　他方，固有の文化の過度の強調は，多元的な文化や多様性を拒否し，人種，性，民族的出身，宗教等に基づく差別主義，排外主義および人種主義を助長し促進する思想や行動をもたらしてきた。また，女性の権利およびジェンダー間の権利の平等を求める主張と伝統的文化に内在する価値観に基づく排除や差別的な扱いとの間の矛盾と対立も問題化している。これらの場合には文化それ自体が社会的排除と抑圧を合理化する抑圧装置ともなりうる[43]。

　この種の異質なものを排除しようとする文化および慣習に対して国際人権法は，文化多様性の擁護を求めている[44]。国際人権法の実践の場面では，各国の

---

42) United Nations Declaration on the Rights of Indigenous Peoples, GA res. 61/295, 13 September, 2007. 本宣言は，賛成143，反対4，棄権11で採択された。オーストラリア，カナダ，ニュージーランド及び米国の4か国であった。

43) Yvonne Donders, "International Human Rights and Cultural Diversity: A Balancing Act," *Romanian Journal of Comparative Law*, Vol. 3 (2013), pp. 126.

44) 文化多様性と国際人権法との関連については，以下の文献を参照。Stephan Toope, "Cultural Diversity and Human Rights," *McGill Law Journal,* Vol. 42 (1997) pp. 169-185. Louis E. Wolcher, "Cultural Diversity and Universal Human Rights," *Cambrian L. Review,* Vol. 43, 2012. Julie Ringelheim, "The Evolution of Cultural Rights in International Human Rights Law," CRIDHO Working Paper 2013/3.

歴史や文化等に基づくさまざまな社会的な実情に応じた解釈，適用の余地も認められるが，排外主義的主張や表現または伝統的な文化に基づく差別的取扱いおよび社会的排除までもが固有の文化を理由として容認されることはない。

こうした状況において，特に国際人権法に内在する法規範は，文化の対立を背景とする人権をめぐる紛争の調整原理としていかなる役割を果たしうるかを検討することが課題である。以下では，国際人権法の下で各国は，自国内における諸集団およびそれらの集団に属する個人に対して文化多様性を尊重し，確保する積極的な義務を負っていることを確認することによって，我が国の問題状況を俯瞰する。

## Ⅲ 人権としての文化享有権

### 1 国際人権条約における文化享有権の意義

国際人権法と文化多様性は，相互依存的であり，互恵的 (inter-beneficial) な関係にあると言われている[45]。多くの人権 (たとえば，表現の自由，信教の自由，集会結社の自由，文化的生活に参加する権利，教育を受ける権利等) は，文化多様性の保護と促進，すなわちある共同体に属する人々が独自の文化を形成し維持し発展させていくためには直接的な役割を果たす。すなわちそれは，さまざまな価値観を容認する多元主義 (pluralism) の承認であり，そのような条件の下でのみ人権は適切に保護されるともいえよう[46]。

国際人権条約では，文化多様性の概念は，すべての人または人種，民族等の集団が文化を享有する権利という意味で把握されていると考えられる。世界人権宣言 27 条は，「すべての者が自由に社会の文化生活に参加し，芸術を享受しならびに科学の進歩およびその利益にあずかる権利を有する。」と定めている。

---

45) Scott Walker & Steven C. Poe, "Does Cultural Diversity Affect Countries' Respect for Human Rights?" *Human Rights Quarterly*, Vol. 24 (2002), p. 237.

46) Yvonne Donders, "Human Rights and Cultural Diversity: Too Hot to Handle?" *Netherlands Quarterly of Human Rights*, Vol. 30-4 (2012), pp. 377-381.

社会権規約では特に重要と考えられるのは 15 条 1 項の規定であり，すべての者に対して「文化的な生活に参加する権利」を保障している[47]。また，人種差別撤廃条約 5 条 e 号 vi では，「文化的活動への平等な参加についての権利」を保障し，児童の権利条約 31 条では，児童が文化的生活および芸術に自由に参加する権利について定めている。

地域的人権条約としては，ヨーロッパ人権条約は，直接的に文化享有権を語っていないが，判例法上では，たとえば家族生活に対する権利やプライバシーの権利の内容として認められてきた[48]。加えて，14 条の一般的な差別禁止規定において性，人種，皮膚の色，言語，宗教，政治的意見その他の意見，国民的もしくは社会的出身，少数民族への所属，財産，出生または他の地位によるいかなる差別も禁止し，同条と他の具体的な権利，すなわち，たとえば公正な裁判を受ける権利（6 条），家族生活の尊重を受ける権利（8 条）[49]，意見表現の自由，集会・結社の自由（10 条）[50]，教育を受ける権利（議定書 1 条）などとの関連において，少数者に属する者の権利の実現を図っている。ヨーロッパ人権裁判所の判決によって最終的には条約違反が言い渡された場合には，国内法

---

47) 社会権規約一般についての参考文献として以下参照。Mattew C. R. Cravan, *The International Covenant on Economic, Social and Cultural Rights: a Perspective on its Development*, Oxford, 1995. Manisuli Ssenyonjo, *Economic, Social and Cultural Rights in International Law* (Oxford, 2009). Ben Saul, David Kinley, and Jaqueline Mowbray, *The International Covenant on Economic, Social and Cultural Rights: Commentary, Cases, and Materials* (Oxford, 2014).

48) Council of Europe/European Court of Human Rights, Research Division, Cultural Rights in the Case-law of the European Court of Human Rights, 2011. at, http://www.echr.coe.int/Documents/Research_report_cultural_rights_ENG.pdf

49) たとえば，公園等にキャンピングカーを駐車させて，そこで生活することがロマの文化であり，これを強制的に立ち退かせる措置が 8 条違反か否かが争われたケースである。本件では，同措置が民主的社会において必要かどうかについての判断において評価の余地を適用して条約違反を否定した。ECtHR, Chapman v. United Kingdom, Application no. 27238/95, 18 January 2001.

50) イスラムの女性が身に付けるスカーフおよびブルカなどの衣装の規制が意見表現の自由に当たるかどうかが争われた一連の事件がある。本書第Ⅲ部・髙崎論文参照。

を含む諸制度の改革に繋がっている点において特に注目できる[51]。

またヨーロッパ評議会（Council of Europe）には，「民族的少数者の保護に関する枠組条約」がある（1994年採択，1998年発効）[52]。その5条1項において，締約国は民族的少数者の文化（その中には，宗教，言語，伝統および文化遺産が含まれる）の発展のための条件を促進することを約束し，10条では少数民族が自己の言語を自由かつ干渉を受けることなく用いる権利を有することを承認すると認めている[53]。

米州諸国間では，米州人権条約追加議定書（サンサルバドル議定書）[54]が経済的，社会的，文化的権利を定める中で，「文化の恩恵に与する権利」を定めている（14条）。さらに，「人および人民の権利に関するアフリカ憲章」（バンジュール憲章）の17条2項では，共同体の生活に自由に参加する権利が定められている。アフリカ諸国間では，「児童の権利および福祉に関するアフリカ憲章」（1990年）[55]でも児童の権利として文化享有権を定めている（11条2項cおよび12条）。

以上のように，文化を享有する権利を認めている人権条約には種々のものを挙げることができる一方で，いずれの条約にも明確な法的定義は存在しない。

---

51) Dia Anagonostou and Evangelia Psychogiopulou, *The European Court of Human Rights and the Rights of Marginalised Individuals and Minorities in National Context*, (Martinus Nijhoff, 2010). 本書第Ⅰ部第3章，佐々木論文も参照。

52) Framework Convention for the Protection of National Minorities, ETS No. 157, adopted 1 Feb 1995, entered into force on 1 Feb, 1998. 締約国数39か国。

53) Asbjorn Eide, The Council of Europe's Framework Convention for the Protection of National Minorities, in in Kristin Hernard and Rober Dunbar, eds., *Synergies in Minority Protection: European and International Law Perspectives* (Cambridge, 2008), pp. 119-154.

54) Additional Protocol to the American Convention on Human Rights in the Area of Economic, Social and Cultural Rights, 16 November 1999.

55) The African Charter on the Rights and Welfare of the Child, OAU Doc. CAB/LEG/24.9/49 (1990), entered into force Nov. 29, 1999. available at, http://www.acerwc.org/acrwc-full-text/

ただし，国際人権諸条約の下では，文化の多様性と人権に関する国連決議などを参考にするならば[56]，文化享有権の意義は，以下のような諸点にあると考えることができる。

文化多様性とは，民主主義の擁護，寛容の精神および少数意見の尊重などの意味を含んでおり，人種的，民族的，宗教的，言語的その他の集団の属性をなす文化を享有する権利を認め，これを尊重することを意味している。国際人権条約上では，文化多様性とは，人種的，民族的，宗教的その他の集団が文化を享有する権利として理解されてきた。世界人権宣言27条および社会権規約15条1項1(a)では，「文化的な生活に参加する権利」を定めている。社会権規約委員会は，同項の「文化的な生活に参加する権利」の解釈を示すために一般的意見21を採択しており，同意見は幅広く同項の文言の解釈を示している[57]。

同様に，自由権規約27条は，「種族的，宗教的または言語的少数民族が存在する国において，当該少数民族に属する者は，その集団の他の構成員とともに自己の文化を享有し，自己の宗教を信仰しかつ実践しまたは自己の言語を使用する権利を否定されない。」と定める[58]。その趣旨は，少数民族に属する個人が少数民族および先住民族の権利として文化を享有する権利を規定している点にあるとされる[59]。本条は，また，少数民族に属する人が個人として享有するプライバシーの権利や家族生活の尊重を求める権利も文化多様性と絡み合っている[60]。

---

56) 次の国連総会決議を参照。Human Rights and Cultural Diversity, GA Res.62/155, adopted 7 March 2008.
57) Committee on Economic, Social and Cultural Rights, *General Comment* No. 21, adopted on 21 September 2009. E/C. 12/GC/21.
58) Martin Scheinin, "*The United Nations International Covenant on Civil and Political Rights: Article 27 and other Provisions*," in Kristin Hernard and Rober Dunbar, eds., *supra* note 35, pp. 23-45.
59) 自由権規約委員会一般的意見23（50），1994年4月6日採択。
60) Marc Weller, eds., *Universal Minority Rights: A Commentary on the Jurisprudence of International Courts and Treaty Bodies* (Oxford, 2007), esp., pp. 203-252.

また，社会権規約15条1項(a)の文化享有権の意義は，同規約2条2項の差別禁止規定とあわせて理解するならば，これらの人種や民族等の集団に対する差別の禁止と平等の取扱いの保障を求める点にある。世界人権宣言は，人種，性，言語，宗教等による差別なく，すべての者の人権を尊重するべきことを謳い，また国際人権規約およびその他の人権諸条約も同様に差別禁止と平等の権利の保障を繰り返し強調している。また，人種差別撤廃条約も，人種等に基づく差別を禁止する上で，政治的，経済的，社会的および「文化的」な生活分野における平等と差別の禁止を締約国に課している。このように差別禁止の原則は，国際人権法上の普遍的原則である。少数民族，先住民族，外国籍住民に対する差別およびジェンダー差別は文化多様性および文化享有権を侵害する側面からも捉えられる[61]。要するに，文化多様性の尊重と差別の禁止とは，不可分の関係にある。

## 2　国家の義務

　国際人権法では，文化多様性を保護し促進し確保する責任を負うのは，原則として国家，即ち政府（地方政府，自治体も含む）である。社会権規約委員会の一般的意見21によれば，同規約の締約国は15条1項aに定める権利が，差別なく，文化的慣行を承認するよう，またその享有および発展を害することのないように行使することを保障する即時的な義務を負っているとしている。社会権規約は，原則として締約国がその条項に定められた諸権利の実現を「漸進的」に実現しかつ限られた資源から生じる諸問題を認めているけれども，「文化的生活に参加するすべての者の権利の完全な享有を目指すために計画的かつ具体的な措置をとる義務」を課している。同規約に定められた他の権利のよう

---

[61]　社会権規約委員会一般的意見21では「特に，何人も所与の文化共同体または集団に帰属する（または帰属しないと）選択したことによって，もしくは特定の文化的行為を実践する（またはしないこと）によって差別されない。同様に何人も，文化的な活動，商品及びサービスの利用を排除されることはない。」と述べる（para. 22）。

に，文化的生活に参加するすべての者の権利について「逆行的」(regressive)な措置は認められない。したがって，いずれかの措置が計画的に執られれば，締約国はあらゆる選択肢のなかから注意深い考慮の末に取ったものであり，また規約の権利の全体を考慮した上で，その措置が正当化されることを証明しなければならない[62]。

　一般的意見 21 は，文化多様性を尊重し，遵守する義務は，国家機関および自治体等の公的機関に対して私人による文化多様性を侵害する行為を禁止し，効果的な防止措置を執るための積極的な義務を求めている（para. 6）。外国人や少数者に対する差別や偏見は社会全般に存在しており，特に私人間の差別的言動が問題を生じさせることが多い。国際法・国際人権法の一般論から言えば国家（自治体を含む）は，そうした私人による多様性の排除を意図する行為を事前に相当の注意をもって防止し，かつ事後的には救済する義務を伴うであろう。

## Ⅳ　文化多様性をめぐる問題状況──我が国の問題を中心に

### 1　先住民族の権利

　文化多様性条約は，女性および少数民族，先住民族等の社会集団の特別な状況に留意して，独自の文化的表現を創造し，生産し，普及，配布することおよび文化的表現へのアクセスを保障するように努めることを締約国に求めている（7条）。

　先住民族の文化との関連で先進国の医薬品業界が，先住民族の伝統的知識を新薬開発のために用いることに目を向けるようになったことも持続可能な開発と人権との関連性を実証する具体例である。先進国の企業による先住民族の伝統的知識の利用には無形財産権の保護に関する法と倫理の下においてのみ認められるべきであるが，実際には，先行的企業活動を規制する実効的な措置が欠

---

[62]　社会権規約委員会一般的意見 21, paras. 43-45.

いていた。そこで，先住民族の伝統的知識または無形財産を知的財産権として保護するとともに，先進国企業等による先住民族文化の破壊を防止する必要も生じた。こうした事情の下で，国連総会が採択した「先住民族の権利宣言」(2007年) は，先住民族の伝統的知識を知的財産権に含ませることによって保護すべきことに言及している (31条)。

先住民族が文化享有権の主体であることは，自由権規約27条，ILOの先住民族および種族民条約 (169号条約) によって確認されている。先住民族の権利宣言は，先住民族の文化享有権の内容を細かく定めている。たとえば，自決権 (3条)，強制的同化の禁止 (8条)，共同体に所属する権利 (9条)，強制移住の禁止 (10条)，文化的財産権 (11条)，伝統遺産に対する知的財産権 (31条)，慣習を維持する権利 (34条) 等である。

国連の先住民族の権利宣言は，先住民族の定義を欠いている[63]。しかし，国連人権小委員会 (当時) の特別報告者・マルチネス・コボ (Martinez Cobo) が起草した報告書によって，おおよそ次のような要素が挙げられている。すなわち先住民族の要素としては，① 植民地化または侵略以前から歴史的かつ継続的に当該地域に居住していること，② 自己の認識において当該地域の多数派の人々とは異なる社会を構成しており，現在は非多数派に属していること，③ 彼らの文化と社会制度および法制度に従って，祖先から引き継いだ土地を開発し，種族的自認性を将来世代に伝達するよう決意していること，などが挙げられている[64]。

我が国においては，アイヌと沖縄 (琉球) の問題がある[65]。アイヌについて

---

[63] 稲田恭明「国連先住民族権利宣言の意義と課題―「先住民族」の定義問題をめぐって」『法哲学年報』(2011年) 170-182頁。

[64] UN Department of Economic and Social Affairs, Division for Social Policy and Development, Secretariat of the Permanent Forum on Indigenous Issues, The Concept of indigenouspeople, PFII/2004/WS.1/3.

[65] 落合研一「『先住民族の権利に関する国連宣言』とアイヌ政策」『法律時報』85巻12号 (2013年) 65-69頁。苑原俊明「アイヌ民族の先住権の行方」『国際人権』21号 (2010年) 62-65頁。

は歴史的にみて，北海道を中心とする日本列島北部地域に定住していた先住民族であり，幕末から明治時代の初頭にかけて日本人に同化されてきた少数民族である。幕末から明治にかけて進められた蝦夷地開発によって，かれらアイヌの祖先伝来の土地は奪われ，それに代えて「北海道旧土人保護法」（明治32年）[66]により，保護の名目の下に実際にはアイヌの人々の固有かつ伝統的な文化や習慣を無視した法制度が適用されてきた[67]。第2次世界大戦後の日本国憲法の下でも同法は改廃されることなく，実質は意味を失ったとしても1990年代まで存続し続けてきた[68]。

　国際人権法との関連では二風谷ダム事件判決を通じてアイヌ民族が自由権規約27条にいう文化享有権の主体であることが認められた[69]。法的には，決して十分ではないが，1997年5月に成立した「アイヌ文化振興法」（アイヌ新法）によるアイヌ文化に関する知識の普及と啓発が図られてきた[70]。

　その後，平成20（2008）年にはアイヌ民族を先住民族として認める国会決議が成立し[71]，それに基づいて設置された有識者会議による提言を経てアイヌの伝統的生活空間の創設などに向けた取組みが実施されている。[72]しかし，北海道が実施したアイヌ出身者に対する生活実態調査の結果をみても依然として

---

66) 同法の内容は北海道庁のアイヌ政策推進室のホームページを参照。at, http://www.pref.hokkaido.lg.jp/ks/ass/new_sinpou4.htm

67) 立法趣旨は「無知無育」で「劣等の人々」を保護すべき点にあった。苑原，前掲注8) 208頁。

68) 小笠原信之著『アイヌ差別問題読本［増補改訂版］』（緑風出版，2004年）。

69) 札幌地判1997年3月27日，判時1598号33頁，判タ938号75頁。

70) 本法は，正式名を「アイヌ文化の振興並びにアイヌの伝統等に関する知識の普及及び啓発に関する法律」という。この名称の通り，本法は，アイヌに関する知識を啓発する趣旨であって，アイヌの人々の権利を保護することを目的とした法ではない。その意味では不十分といえよう。

71)「アイヌ民族を先住民族とすることを求める決議案」（第169回国会，決議1号）平成20年6月6日。

72) 有識者会議の構成及び提言の内容については以下を参照。at, http://www.kantei.go.jp/jp/singi/ainu/

差別の問題は解消しているとは言えない[73]。具体的な一例としては，大学等が研究用に収集し，保存している遺骨の返還の問題がある。先住民族の権利宣言12条には，特に遺骨の返還を求める権利を規定していることからみても[74]，この問題は先住民族が祖先を尊び慰霊するためのアイデンティティの問題として捉える必要があるだろう。したがって，遺族との血縁関係が証明されないかぎり返還には応じられないという硬直的対応ではなく，アイヌ民族の祖先に対する慰霊の意思を尊重した扱いが求められているであろう。

　他方で，沖縄の住民については先住民族性をめぐる議論には見方が分かれる。歴史的にみると，沖縄は，15世紀ころから「琉球王国」[75]として独特の文化と地位が認められてきたが，1609年には薩摩藩により軍事侵攻が行われ，以後薩摩藩を通じて江戸幕府との間で紐帯を維持してきたと考えられる。沖縄住民は，血統的には本土の日本人との共通性は証明されているが，独自性の高い文化を形成し，近世においては琉球王国として徳川幕藩体制との関係を維持しつつ中華帝国の周辺的な（準）国家としての存在を保っていた[76]。明治5（1872）年の琉球藩設置と明治9（1879）年の沖縄県創設により，琉球王国の自立的存在基盤は失われ，以後，沖縄は日本国の一部として位置づけられてきた[77]。

---

[73]　北海道庁が「地域社会でアイヌの血を受け継いでいると思われる方，また，婚姻・養子縁組等によりそれらの方と同一の生計を営んでいる方」で市町村が把握している人，6,880世帯，16,786人を対象として，平成25年に行った調査では，アイヌ居住市町におけるアイヌの人たちの高校進学率では6ポイント，大学進学率では，17.2ポイントの差がある。また，「物心ついてから今までの差別の状況」に関する設問に対しては，「差別を受けたことがある」が23.4％，「自分に対してはないが，他の人が受けたのを知っている」が9.6％，「受けたことがない」が35.5％となっている。at, http://www.pref.hokkaido.lg.jp/ks/ass/ainu_living_conditions_survey.pdf

[74]　「国家は，関係する先住民族と連携して公平で透明性のある効果的措置を通じて，儀式用具と遺骨のアクセス（到達もしくは入手し，利用する）および／または返還を可能にするよう努める。」

[75]　高良倉吉『琉球王国』（岩波新書，1993年）。

[76]　外間守善『沖縄の歴史と文化』（中公新書，1986年）。

[77]　1945年の我が国の敗戦から1972年5月15日まで沖縄は，米国の施政権下に置かれていたが，その間も我が国の領土であることに変わりはなかった。琉球王国の歴

太平洋戦争末期には沖縄戦で多大の犠牲者を生み，その後は，米国による占領の継続と，1972年の本土復帰以後も沖縄には多くの米軍基地が残存し，住民の種々の権利が制限されている。また繰り返し発生する米軍関係者による沖縄住民に対する犯罪行為が問題となっている。さらには沖縄への米軍基地の集中とそこに在住する住民の社会，経済的指標（失業率，平均所得，大学進学率等）において本土との間に明確に存在する「構造的差別」という実態が前提となって，先住民族としての自己決定権の主張が芽生えてくる要素となっている[78)]。

　このような中で，人種差別撤廃委員会は，2014年8月の日本政府報告書の審査において採択した総括所見において沖縄住民を先住民族として承認するよう検討し，かれらの権利を保護するための具体的措置をとるよう勧告した[79)]。これに対して日本政府は，沖縄の住民が日本民族とは別の民族であると主張する人々がいることは承知しているが，それが沖縄の人々の多数意志を代表したものであるとは承知していないと回答している。また，「沖縄県に居住する人あるいは沖縄県の出身者は日本民族であり，社会通念上，日本民族と異なる生物学的または文化的諸特徴を共有している人々であるとは考えられていない」と述べる[80)]。さらに，米軍基地問題を理由とする差別的取扱いの主張に対して

　　　史については，高良倉吉『琉球王国』岩波書店（1993年）。
78）　構造的差別については，次の文献を参照。新崎盛暉『沖縄現代史』（岩波新書，2005年），櫻澤誠『沖縄現代史―米国統治，本土復帰から「オール沖縄」まで』（中公新書，2015年）。
79）　Concluding observations on the combined seventh to ninth periodic reports of Japan, CERD/C/JPN/CO/7-9, para. 21, 2014年9月26日。
80）　人種差別撤廃委員会が採択した上記最終見解注79）を受けて，日本政府は，次のようなフォローアップ情報を提出した。「沖縄に住んでいる方々は長い歴史の中で特色豊かな文化，伝統を受け継がれていると認識しているが，日本政府として『先住民族』と認識している人々はアイヌの人々以外には存在しない。沖縄県出身者が『先住民族』であるとの認識が日本国内に広く存在するとは言えず，例えば，昨年12月には，沖縄県豊見城市議会で，『沖縄県民の殆どが自分自身が先住民族であるとの自己認識を持っておらず』，沖縄の方々を『先住民族』とした国連の各種委員会の勧告を遺憾として，その撤回を求める意見書が可決されており，本年6月には，同県石垣市議会で，『（沖縄の人々は）先住民族との指摘は当たらない』として，勧

は，米軍施設の改善の努力をしていることを挙げて理解を得ようとしている。日米地位協定に基づく裁判管轄権からの米軍関係者に認められている免除の問題は，事実上，国内米軍基地面積の約70％が集中している沖縄でこそ問題が生じているといえよう。基地の土地所有権者は実のところ沖縄住民である。沖縄の住民に対する事実上の基地の押しつけに起因する構造的差別の問題がほとんど改善されていないところに問題があると思われる[81]。

　琉球・沖縄住民が先住民族であるか否かについては，沖縄が島嶼からなるという地理的条件のために沖縄の住民は本土からの移住者は少数であり，今日なお祖先代々から沖縄に住む人々が多数派を占めているという特徴がある。したがって，先住民族の定義がそのまま妥当するものではないが，沖縄に祖先代々定住する先住民族の定義先住民族の権利宣言に関する種々の規定について問題が山積している。特に，問題は強制移転の禁止（10条），土地所有権をはじめとする種々の権利，自己決定権，軍事活動の禁止[82]などであろう。

## 2　外国人，移住労働者および難民

　グローバル化現象が進むにつれて，移民労働者や先住民族の人権問題が顕在化することにより，マイノリティの文化，宗教および家族関係等に内包された

---

　　告の撤回を求める意見書が可決されている。いずれにせよ，沖縄に居住する日本国民も沖縄県出身の日本国民もひとしく日本国民であり，日本国民としての権利を全てひとしく保障されている。」(paras. 32-33)。以上，外務省ウェブサイト参照。
81)　2016年の今日においても度重なる米軍関係者による女性に対する強姦事件や飲酒ひき逃げ事件等の悪質な刑事事件が発生した。2016年10月には警察官による米軍北部訓練場のヘリコプター離着陸帯移設工事反対派デモ隊員に対する「土人」という差別的暴言が問題となった。
82)　先住民族の権利宣言30条は，軍事活動の禁止について次のように定める。
　　「1. 関連する公共の利益によって正当化されるか，もしくは当該の先住民族による自由な合意に基づくかまたはその要請のある場合を除いて，先住民族の土地または領域で軍事活動は行われない。
　　 2. 国家は，彼／彼女らの土地や領域を軍事活動で使用する前に，適切な手続き，特にその代表機関を通じて，当該民族と効果的な協議を行う。」

道徳観とマジョリティ社会の価値観との間で対立が鮮明化してきた。特に，ヨーロッパにおけるイスラム系移民および難民の流入に伴う既存社会との文化的摩擦は，異質の文化に対する寛容の精神を危機に陥れている。文化多様性の尊重を国内において確保するためには，人権条約の国内的実施の過程で移民，人種的，宗教的または民族的および性的なマイノリティ等の文化とどのように向き合うかが問題となる。

わが国でも今後，多文化社会に向けて多様な文化を包摂，尊重し，共存すための法整備はいっそう必須と考えられるが，多文化社会をどのように構成するかという抜本的な議論は看過されてきた。こうした中で国際人権条約上の実施機関の果たす役割が期待される。条約上の実施機関は，締約国からの報告書の審査の結果，総括所見を通じて客観的な立場から関係国政府に対して条約上の義務の履行を促すことができる。人種差別撤廃委員会は，2014 年夏に我が国の報告書審査に際して，表現の自由との関係で同条約 4 条(a)(b)に付された留保を見直すとともに，ヘイトスピーチを規制する立法措置の検討を促す勧告を採択した[83]。これが契機となり，2016 年 5 月には議員立法により「本邦外出身者に対する不当な差別的言動の解消に向けた取組の推進に関する法律」（ヘイトスピーチ解消法）が成立し施行された[84]。同法は，人種差別撤廃委員会の勧告を受けて制定されたことを政府自身が認めているが，罰則は定めず，規制の対象となるのは，「本邦外出身者」に対するヘイトスピーチであり，我が国国民であるアイヌや沖縄の人々に対するヘイトスピーチ的言動は規制の対象外である。したがって，その実効性には疑問もあるが，文化多様性の擁護と尊重に

---

83) 特に同委員会の人種差別的なヘイトスピーチの禁止に関する一般的勧告 35（2013 年）を考慮して我が国に対して人種主義的ヘイトスピーチおよびヘイトクライムから保護するために適切な措置をとるよう勧告した。CERD/C/JPN/CO/7-9, 26 September 2014.

84) 平成 28 年 6 月 3 日施行。法務省のホームページは，本法の成立が自由権規約委員会及び人種差別撤廃委員会の勧告を受けて成立してものであることを明確にしている。at, http://www.moj.go.jp/JINKEN/jinken04_00108.html

とって少なくとも一歩前進ではある。今後は，さらにこの法律の趣旨を活かすために，各自治体等において教育，啓発または条例の制定などを通じて人々の多様性を認める寛容な社会の推進，構築がいっそう求められている[85]。

他方，外国人労働者および難民の受け入れ，支援体制など，多様な文化を受け入れるための制度的対応は依然として進んでいない。難民や移住労働者を受け入れるためには，多様性を認める文化の創造も求められていると思われる。

## 3 ジェンダーと文化多様性

女性の権利の問題は，文化および文化に基づく習俗や慣習と密接に絡み合っている。文化は，共同体の大多数の構成員の共通の価値観を反映しているものであるから，たとえ個人の人権を制限，制約しまたは侵害する慣習が行われていたとしても，その習慣が文化に内在しているためにそれに異を唱えることは困難なことがある[86]。女性の権利を抑圧する文化は，イスラム教や儒教的文化のような倫理的価値観に埋め込まれているためにそれが個人の人権を侵害すると主張すること自体が勇気を必要とし，または危険を伴うことさえある。このような文化を背景とする女性に対する差別と偏見に対してジェンダー法学は異議申立のための論理を探ってきた[87]。

女性差別撤廃条約の実施状況に関する我が国の政府報告書審査において，女性差別撤廃委員会は，女性に影響を与える差別的な民法の条項，たとえば離婚後 6 か月間の女性の再婚禁止や男性と女性の婚姻年齢の相違への懸念を再度表明する。（第 2 条 1 項，第 3 条，第 23 条 4 および第 26 条）また，締約国は，女性の待婚期間を廃止し，男性と女性の婚姻年齢を一致させるべく民法を改正

---

85) 大阪市が制定した「ヘイトスピーチへの対処に関する条例」が 2016 年 7 月 1 日に施行された。

86) Siobhan Mullally, *Gender, Culture and Human Rights: Reclaiming Universalism* (Hart Publishing, 2006).

87) Annie Buting, "Theorizing Women's Cultural Diversity in Feminist International Human Rights Strategies," *Journal of Law and Society*, Vol. 20 (1993), pp. 6-22. 山下泰子，植野妙実子編著『フェミニズム国際法学の構築』（中央大学出版部，2004 年）。

すべきであるとも指摘している[88]。待婚期間については，最高裁大法廷の違憲判決によって，100日に短縮する法改正が実現したが，その他の問題は依然として残っている。

他方で，性同一性障害者の権利の問題は，「性的指向およびジェンダー自認」(sexual orientation and gender identity/SOGI) のテーマの下で国際人権法の観点から議論されている[89]。プライバシーの権利および差別の禁止という視点からジェンダーの多様性を人権の視点から包摂する議論がその背景にあるといえよう[90]。

国際人権法の履行監視機関も，かつてからSOGIにかかわる問題に対処してきた。たとえば，現代国家にも残存していたソドミー法については，ヨーロッパ人権裁判所も自由権規約委員会も一致して，違法性を認めてきた。また，同性間のパートナーシップについては，ヨーロッパ人権裁判所は，パートナーシップを認めない当時の英国の法律制度が，人権条約に違反するとの解釈を示した[91]。同様に自由権規約委員会も，同性婚カップルの一方当事者の死亡の際に，他方当事者に遺族年金の受給資格を認めない法が自由権規約26条の法の下の平等規定に違反するとの見解を示した[92]。

他方，同性婚を認めないオーストリアの国内法が人権条約違反であるとの申立について，人権裁判所は，ヨーロッパ人権条約12条（婚姻の権利）の違反

---

88) 女性差別撤廃委員会最終見解，2016年3月7日。CEDAW/C/JPN/CO/7-8.
89) Xavier B. Lutchemie Persad, "An Expanding Human Rights Corpus: Sexual Minority Rights as International Human Rights," *Cardozo Journal of Law & Gender,* Vol. 20 (2014), p. 337.
90) Jena McGill, "SOGI ... so what?: Sexual orientation, gender identity and human rights discourse at the United Nations," *Canadian Journal of Human Rights*, Vol. 3, (2014), pp. 1-38.
91) ECtHR Christiane Goodwin v. the United Kingdom, application no. 28957/95, 11 July 2002.
92) Human Rights Committee, Edward Young v. Australia, Communication No. 941/2000, CCPR/C/78/D/941/2000 (2003).

には当たらないと判断した[93]。婚姻制度は，それぞれの社会に深く根ざす文化によって意味が異なるので，国家の裁量に委ねられるべき問題であると捉えられていた。

　性的指向の多様性および LGBT の権利の確立を求める議論は，国際社会においてさまざまな議論がある。特に，イスラム諸国やロシアなどを中心としてLGBT の権利に消極的または敵対的な国家が存在している。国連人権理事会では，2011 年以来，性的指向および性自認に関する決議（SOGI 決議）を採択することにより，LGBT の人々に対する差別や偏見の除去に向けた措置をとるように求めている[94]。国際人権法の下では，文化や性道徳の違いはあったとしても，性的指向および性自認を理由とする犯罪化が認められるとは思われないし[95]，LGBT の人々に対するヘイトクライムも許されないであろう。彼ら／彼女らの意見，表現の自由に対する規制を正当化することまで許されるかどうかは強い疑問がある。2016 年 6 月 28 日の決議によって，国連人権理事会は，性的指向および性自認に基づく暴力に対する特別報告者を設ける決議を採択することによって，従来の姿勢を一歩進めた。

　我が国においては，パートナーシップ制度の確立や LGBT に対する差別禁止法の制定が遅れている。その検討にあたって，各国の法制度との比較法的研究と国際人権条約機関の判例法および国連における SOGI の議論は，有用な法的基礎を与えるものと思われる。

---

93)　ECtHR, Schalk and Kopf v. Austria, application no. 30141/04, 24 June 2010.
94)　A/HRC/32/L.2/Rev.1, 28 June 2016. 詳しくは本書第Ⅲ部第 2 章，谷口論文を参照。
95)　自由権規約委員会は，トゥーネン（Toonen）対オーストラリア事件においてタスマニアにおけるソドミー法が自由権規約に違反すると判断した。CCPR/C/WG/44/D/488/1992, 31 March 1994.

## V 国際人権条約上の実施機関の役割

### 1 建設的対話

　以上のように文化多様性の意義も種々の内容を含んでいるが，その解釈・適用に際しては，多くの諸利益の対立が絡んでくる。そこで，人権問題の解決に際して，第1義的な責任を負うのは国家ではあるが，国家も人権および文化との関係では保護する側にも抑圧する側にもなり得るのであるから，客観的な調整役として期待することは難しい。したがって，第三者機関的地位にある国連および地域的機関を基盤とする人権条約の履行監視機関と締約国政府との間の対話による解決方法を模索していく必要がある[96]。

　国連の各種の人権条約上の実施機関は，諸国家に共通する普遍的（と推定される）解釈基準を意見や勧告の形で示している。また人権条約上の実施機関は，条約の履行状況に関する関係政府からの報告書を審査し，問題点を指摘し，総括所見（性格的には「勧告」）の形で改善を勧告することができる[97]。

　それらの総括所見等の意見が法的拘束力を有する訳ではないが，締約国は，それらの解釈を「有権的解釈」として最大限尊重し，履行することが求められている。そうしたプロセスは，締約国政府と人権条約機関の間の「建設的対話」とも言われている。この対話は，直接的な言葉のやりとりだけを意味するのではなく，締約国が司法，立法，行政を介して履行監視機関による勧告を実施するためにどのような措置をとったかをめぐるプロセスそのものである。このプロセスは，フォロー・アップ制度と呼ばれており，関係国に対する勧告内容の実施を継続的に監視し，履行に向けた努力を求めるメカニズムとなってい

---

96) Michael K. Addo, "Practice of United Nations Human Rights Treaty Bodies in the Reconciliation of Cultural Diversity with Universal Respect for Human Rights, *Human Rights Quarterly*," Vol. 32-3 (2010), p. 604.

97) Suzanne Egan, *The UN Human Rights Treaty System: Law and Procedure* (Egan, 2011), pp. 131-177.

る[98]。

## 2 文化多様性の尊重の限界

　国際人権法に基づく文化多様性の尊重にも限界があり，個人の尊厳を傷つける文化または人権を侵害する文化が容認されている訳ではない。人権一般の原則としては，世界人権宣言30条にも定めるように，同人権宣言中に認められる権利の破壊を目的とする活動および行為を認めるものではない。また，文化多様性条約2条1項でも同趣旨の規定を置いている[99]。

### (1) 一般的基準

　人権条約は，各締約国による条約上の解釈，適用上，ある程度の裁量の幅があることを認めていると考えられる[100]。文化多様性を認めることは，締約国に対して文化の相違に基づいて人権条約の解釈に幅を認めていることを意味している。しかし，締約国の解釈にも一定の限界があると考えられる。とくに，人権条約では文化の享有を妨げる行為を禁止するとともに，人権を制約するために文化を理由とすることには一定の限界がある。社会権規約委員会は，「文化的生活に参加するすべての人の権利の制限的適用が，ある状況においては必要とされることもあるかも知れない。とりわけ，他の人権を侵害するような慣習および伝統に属するような消極的慣行の場合には，それが当てはまる。」と述

---

98) 安藤仁介「自由権規約選択議定書に基づく「見解」の実効性確保について—規約人権委員会による「見解」のフォロー・アップ手続きの発展」『同志社法學』54巻3号（2002年）819-836頁。
99) 「文化の多様性は，表現，情報及び伝達の自由のような人権及び基本的自由並びに文化的表現を選択する個人の能力が保障される場合にのみ，保護され，および促進される。何人も，世界人権宣言に定められもしくは国際法によって保障される人権および基本的自由を侵害するため，または当該人権及び基本的自由の範囲を限定するため，この条約の規定を援用することはできない。」
100) 北村「国際人権法における『補完性原則』の意義—序論的考察」『国際人権』25号（2014年）18-24頁。

べている[101]。続けて,「そのような制限は,正当な目的に適うものでなければならず,かつこの権利の性質と両立し,また規約4条に従って,民主的社会における一般の福祉の増進のために厳に必要とされるものでなければならない。したがって,あるタイプの制限が課せられる場合には,いかなる制限であっても,もっとも制限的でない措置 (least restrictive measures) が執られなければならないという意味で,比例的 (proportional) でなければならない。」としている。これらの基準(比例性の原則)は,人権の制約基準として,国際人権法においても一般に用いられている基準である。この制限は,「国,集団または人が,規約で認められた権利および自由のいずれかを破壊し,または定められている内容よりも幅広く制限することを目的とする行為に従事する権利を意味するものとして解釈することはできない。」のである[102]。

　自由権規約委員会も,人権の平等の享有に関する一般的意見において,「締約国は,伝統,歴史,宗教的または文化的な態度が法の下の平等および規約上の権利の享有における平等に対する女性の権利の侵害を正当化しないよう確保するべきである」,と述べている。また,同委員会は,人権侵害となる有害な文化的慣行をリスト化している[103]。

　人種差別撤廃条約では,人種等の集団の間において,平等の権利行使を妨げる目的または効果を有する行為が禁止される。人権条約は国家に対して多様な文化を尊重し,保護するための積極的な義務を負っているのである。したがって,国は,たとえば先住民族の言語や伝統的な文化を率先して保護する義務を負っており,開発の名の下で先住民族の文化を破壊する行為は,一般的には文化多様性を尊重する義務に反するものである。

---

101)　社会権規約委員会一般的意見 21(パラ 19)。
102)　前掲一般的意見,(パラ 20)。
103)　自由権規約委員会一般的意見 28(男女の平等に関する権利・第 3 条), 2000 年 3 月 29 日採択。UN Doc. CCPR/C21/Rev.1/Add.10, para. 5. 例示として,(インド,パキスタンの一部に見られる)寡婦の殉死 (sati),強制的堕胎,強制的避妊,女性器切除などは,非人道的または品位を傷つける取扱を受けない権利に対する侵害であるとしている。

## (2) 有害な文化の問題

　文化多様性の尊重に限界があるとするならば，人権を抑圧する文化は尊重に値するかが問題となる。特に女性の権利に関して抑圧的かつ有害な文化が残存している場合には，それらの文化を認めることは人権尊重に反するであろう。典型的には，アフリカ諸国で行われている女性器切除（Female Genital Mutilation/FGM）のような慣行およびダウリー（dowly）やサティ（sati）などの慣習は[104]，女性の尊厳を著しく傷つけるものであるから，たとえ文化の一部であるとしても，国際人権法上は容認できない。女性差別撤廃委員会の一般的勧告24（1999年）は，FGMのような有害な行為の禁止を求めている（para. 12）。さらに条約上の機関は人権と対立的な文化的慣行を廃止する際の国家の役割を強調している。2008年にはWHOを中心とした国連機関は，連盟により，FGMが女性の健康にとって有害な慣行であるとして，消滅させるよう国家に求める特別の勧告を採択した[105]。

　地域的条約としては，女性の権利に関するバンジュール憲章議定書は，「締約国は，女性の人権に否定的な影響を与えおよび承認された国際基準に反するあらゆる形態の有害な慣行を禁止しおよび処罰する。」（5条）と定めており，そのために締約国は，これらの慣行を撤廃するために必要な立法またはその他の措置をとることが義務づけられている。刑罰を伴う立法化によってFGMの禁止を求めている。

---

104）　ダウリーとは，インドにおいて慣習的に行われている花嫁の家族から花婿及び花婿の家族に対してされる支払いのことをいう。その額をめぐって時には殺人事件にもなることがある。〈http://web.icu.ac.jp/cgs/2004/11/nl002_12.html〉。サティとは，ヒンドゥー社会における慣行で，寡婦が夫の亡骸とともに焼身自殺することを意味している。日本語では「寡婦焚死」または「寡婦殉死」と訳されている。at, https://en.wikipedia.org/wiki/Sati_(practice)

105）　World Health Organization, *Eliminating Female Genital Mutilation: An Interagency Statement, OHCHR, UNAIDS, UNDP, UNECA, UNESCO, UNFPA, UNHCR, UNICEF, UNIFEM, WHO,* at, http:www.un.org/.../Interagency_Statement_on_Eliminating_FGM.pd

女性差別撤廃条約では,「両性のいずれかの劣等性もしくは優越性の観念または男女の定型化された役割に基づく偏見および慣習その他あらゆる慣行の撤廃を実現するため,男女の社会的および文化的な行動様式を修正すること。」(5条 a)が国に求められている。

同様にヨーロッパにおいては,イスラム教徒の女性がかぶるスカーフを公教育の場で着用することに対する是非の問題が論じられてきた[106]。さらには,フランスをはじめとするいくつかの国では,ブルカ（burka）またはニカブ（niqab）のような全身を覆う衣装を公の場で着用することを禁ずる法規制が実施されている[107]。こうした立法は,女性の表現の自由の規制を含むので慎重な運用が必要であろう。

ヨーロッパ人権裁判所においては,イスラム教徒の女性が着用するスカーフおよび全身を覆うブルカ,ニカブと呼ばれる衣装の着用規制が人権条約上の他の権利,特に意見・表現の自由に抵触するか否かが問題とされてきた[108]。ヨーロッパ人権条約の下では,こうした各国による規制立法が人権条約の趣旨および目的と両立するか否かの判断においては,「評価の余地」に関する判例法上の基準を用いることにより,締約国の判断が条約違反に当たるかどうかの判断基準としてきた。同裁判所は,S.A.S 対フランス事件においてフランスのブルカ規制法の人権条約適合性を判断し,結局,フランスにはこの問題についての「評価の余地」が認められるとして,フランスの条約違反を認めなかった。ところが,自由権規約委員会は,2015年7月に行われたフランスの政府報告書審査において,イスラム女性が着用するスカーフ等の規制立法につき,信教の

---

[106] Meerve Kavakc Islam, *Headscarf Politics in Turkey: A Postcolonial Reading*, (Palgrave, 2010). 北村泰三「ヨーロッパ人権裁判所の判例にみる人権と多文化主義との相克」『世界法年報』29号（2010年）86-123頁。

[107] 本法は,2011年4月11日に制定された。他にヨーロッパでブルカ規制法を制定している国・地域は,ブルガリア（2016年9月）,ベルギー（2011年7月）,ティチーノ州（スイス,2015年11月）,ロンバルディア州（イタリア,2015年12月）などである。

[108] 本書第Ⅲ部第3章,高崎理子論文参照。

自由に関する同規約 18 条の観点から再検討するように求めた[109]。自由権規約委員会の意見とヨーロッパ人権裁判所の判断とが真っ向から異なる事態になっている。自由権規約委員会は，ヨーロッパ的な立場に固執していないと評価すべきなのか，それともこの問題の判断においてはヨーロッパの機関の判断が優先されると考えるか，紙幅の制約上，検討は他の機会に譲るしかないが，文化をめぐる難しい問題の 1 つである。

　我が国の状況に最後に触れると，かつて我が国には女性にお茶汲みサービスの提供を強いる企業文化があったが，今ではほぼ廃れていることが思い起こされる。転じて，新婚カップルの 98％ が夫の姓を選択している日本社会の実情は，修正されるべき「男女の社会的・文化的行動様式」に該当するだろうか。最高裁は，2015 年 12 月の判決により選択的夫婦別姓制度を認めない民法 750 条の規定は憲法 13 条に違反しないと判示したが[110]，夫婦が同姓であることを法律上，一律に求めることにより，女性の権利の抑圧がないかどうかが問題となるであろう。女性差別撤廃委員会の一般勧告第 21 号では，「（婚姻生活における）各パートナーは，共同体における個性およびアイデンティティーを保持し，社会の他の構成員と自己を区別するために，自己の姓を選択する権利を有するべきである。法もしくは慣習により，婚姻もしくはその解消に際して自己の姓の変更を強制される場合には，女性はこれらの権利を否定されている。」と述べる[111]。このような視点からみると，かつて我が国には，「家」制度という女性の権利を否定する文化的伝統が存在したが，依然として「家」中心的な文化の下でジェンダー平等に向けた課題は，残存していると思われる。仮に，婚姻に際しての氏の選択において夫の氏を選択することを事実上拒否できないか拒否するとすれば軋轢を招くような文化，慣習の状況下で氏の選択が行われ

---

109)　Human Rights Committee, *Concluding observations on the fifth periodic report of France*, CCPR/C/FRA/CO5, 17 August 2015, para. 22.
110)　平成 27（2015）年 12 月 16 日，最高裁大法廷判決，最高裁判所民事判例集 69 巻 8 号 2586 頁，裁判所時報 1642 号 13 頁。
111)　女性差別撤廃委員会一般的勧告 21（1994 年第 13 会期採択）パラ 24 参照。

ているとすれば問題ではないだろうか。女性差別撤廃条約の実施という観点からも建設的な議論をいっそう深めていく必要がある[112]。

## おわりに

　結論に代えて、以上で検討した内容を簡潔にまとめておきたい。
　まず、国際人権法と文化多様性とは互恵的かつ相互参照的な枠組を共有していることを再確認しておきたい。
　国際人権法においては、特に社会権規約 15 条 1 項 a 号、自由権規約 27 条、人種差別撤廃条約および女性差別撤廃条約もしくはその他の諸条約により、文化享有権が保障されている。関連する諸条約や宣言等についても本稿で挙げた通りである。それらの人権条約上、文化享有権を行使することのできる主体は、すべての個人および民族、移民等のエスニック・グループ、先住民族等の集団それ自体でもある。抑圧的なまたは有害な文化によって権利を奪われたり、不平等な取扱いを受けている限りは、女性や LGBT の人々も抑圧的な文化から保護され、平等の文化を求める権利を有している。当然、それらの集団に属する個人も文化享有権を有している。人権条約上の差別禁止原則（社会権規約では 2 条 2 項）は、本権利の享有および行使において核心的な要素である。したがって、特に先住民族、マイノリティグループ等、主たる文化集団から差別的な待遇を受け、排除されやすい立場にいる人々の文化享有権を積極的に保障することが求められる。
　他方で、ユネスコの文化多様性条約は、文化的権利の意義を理解する上で国際人権法上の文化享有権の解釈においても実質的な関連性を有している。すなわち同条約では、持続可能な開発という連結器を文化概念に含ませることにより、各国に対して自国領域内において文化多様性を持続的かつ発展的に確保す

---

112) 前記大法廷判決後の 2016 年 3 月に行われた日本政府報告書審査において、女性差別撤廃委員会は、従来の勧告を繰り返す形で我が国の夫婦別姓問題に関連して民法改正を勧告した。CEDAW/C/JPN/CO/7-8, 7 March 2016, para. 13 (a).

べきことを求めているといえよう。このようにみれば，同条約は先住民族，移民，外国人移住労働者，貧困者等の文化的権利の享有において差別の対象とされ，社会的に排除されている集団に対して文化享有権という実体法上の権利の尊重および保護，促進のための推進力を与えていると解釈することができる。しかし，本条約は締約国に対して努力義務しか課していないので，どこまで実効性を伴っているか疑問もある。この点で社会権規約等の人権条約の文化的権利または文化享有権に関する規定は，文化多様性条約のこうした曖昧性に由来する不足をいくぶんなりとも補うのではないかと考えられる。

　こうしてみると人権条約上の文化享有権の解釈にあたって，文化多様性概念および持続可能な開発という視点から照射を与えることによって，社会的に排除されている集団に対して包摂に向けた措置をとるよう働きかける義務を明確にする意義があるだろう。すなわち，文化享有権の解釈としては，少数民族，先住民族，外国籍住民，移住労働者等の特定の文化を享有する集団に対しては自らの文化に対する配慮を求め，これを尊重し保護し，実現を求める権利を伴っていると考えられる。国や自治体等の共同体は，文化多様性を尊重するための積極的な政策を実現する義務があるといえよう。要するに，「包摂的グローバル化」の意義が問い直されているのである。

　加えて，有害な文化または選択の自由を制約された文化の影響の下で暮らす女性やセクシャル・マイノリティの人々にはそうした文化に対して異議を申し立てる権利を導くことができる。開発から取り残されたスラム住民のような貧困者層にも文化享有権が存在することになる。ただし，個人の自由，人権を否定する文化の尊重を求めることはできない。国家は，そうした抑圧的な文化を尊重，保護する義務は負わないし，むしろ啓発による抑圧からの解放措置を講じるよう求められているのである。

# 第 2 章

# 文化的権利の保障と文化多様性

稲　木　　　徹

## は じ め に

　今世紀に入り，文化多様性に関係する国際文書の形成の動きが活発化している。2001 年に文化多様性に関するユネスコ世界宣言（以下，「文化多様性宣言」），2005 年に文化的表現の多様性の保護及び促進に関する条約（以下，「文化多様性条約」）が採択されたことはよく知られている。また，国連総会では，1999 年から「人権と文化多様性」と題される決議が採択されており，文化多様性と人権の関係が問われ続けている[1]。

　他方で，近年では，人権機関による文化的権利に関する検討が進んでいる。まず，2009 年 3 月，人権理事会において，「文化的権利の分野における独立専門家」（2012 年に「文化的権利の分野における特別報告者」に変更）と題される特別手続が設置され，2009 年から 2015 年まではシャヒード（Shaheed），2015 年からはベノウネ（Bennoune）が，文化的権利に関する報告書を提出している[2]。また，同年 12 月，社会権規約 15 条 1 項(a)に規定されている文化的

---

1) U.N. Doc. A/RES/54/160 (1999); A/RES/55/91 (2000); A/RES/56/156 (2001); A/RES/57/204 (2002); A/RES/58/167 (2003); A/RES/60/167 (2005); A/RES/62/155 (2007); A/RES/64/174 (2009); A/RES/66/154 (2011); A/RES/68/159 (2013); A/RES/70/156 (2015).
2) 2009 年の人権理事会決議（U.N. Doc. A/HRC/RES/10/23）によって特別手続が設置され，2012 年の同名決議（U.N. Doc. A/HRC/RES/19/6）と 2015 年の同名決議（U.N. Doc. A/HRC/RES/28/9）によって 3 年ごとに延長されている。この点に

な生活に参加する権利に関する一般的意見 21 が公表された[3]。さらに，2010 年から人権理事会において，「すべての者の文化的権利の享有の促進及び文化多様性の尊重」と題される決議が採択されている[4]。

概して言えば，ユネスコにおいて文化多様性に注目が集められた時期に前後して，人権と文化多様性の関係に注意が向けられ，近年では，人権と文化多様性に関連した形で文化的権利に目が向けられはじめているといえるだろう。

このように，近年では，文化多様性，文化的権利という 2 つの概念が特に重視されてきていると言える。では，文化的権利とはどのような権利を意味し，文化的権利と文化多様性および人権（の普遍性）との関係はどのように理解することができ，文化的権利の保障においてどのような課題があるのだろうか。これが本稿の問題関心である。

先述した一般的意見 21，独立専門家および特別報告者の報告書は，文化的権利にかかわる文書であるが，文化多様性宣言および文化多様性条約の後に作成された比較的新しい文書であり，文化的権利の把握に際して同宣言および同条約の規範内容が反映されているため，本稿の問題関心にとってきわめて重要な文書である[5]。本稿は，個別具体的な文化的権利に関する検討の前の手始めとして，主にこれらの国際文書における理解に沿って文化的権利の全体像を整理し，人権および文化多様性との関係を論じたうえで，文化的権利の保障上の課題を探ってみたい。

---

ついては，以下が詳しい。角田猛之・木村光豪訳「〔翻訳〕文化的権利の分野における国連・特別報告者の報告書」『関西大学法学論集』第 64 巻 6 号（2015 年）128 頁。

3) U.N. Doc. E/C.12/GC/21, 21 December 2009.
4) U.N. Doc. A/HRC/RES/14/9 (2010); A/HRC/RES/17/15 (2011); A/HRC/RES/20/11 (2012); A/HRC/RES/23/10 (2013); A/HRC/RES/25/19 (2014); A/HRC/RES/31/12 (2016).
5) 一般的意見 21 作成前の 1992 年と 2008 年に開かれた Day of General Discussion での議論，独立専門家と特別報告者の報告書作成前に開かれたセミナーや国際会議の役割も無視できない。

## I　文化的権利の全体像

### 1　文化的権利

　文化的権利の全体像を把握する際に重要となるのが，2010 年の独立専門家の報告書と 2016 年の特別報告者の報告書である[6]。独立専門家および特別報告者は，その職務の範囲を「文化的権利の分野」に限定されているため，任務の実施において「文化的権利とは何か」という問題に答える必要があったのである。

　独立専門家は，「文化的権利の公的な定義はない」としながらも，その任務を果たすために，予備的な形で，どの人権が「文化的」とみなされるかを示し，この権利の「概念的および法的枠組」を定めようとした[7]。そして，文化多様性宣言 5 条における文化的権利の列挙，「文化的権利に関するフライブルク宣言（Fribourg Declaration on Cultural Rights）」[8]などに言及しながら，芸術表現と創造，情報とコミュニケーション，言語，アイデンティティおよび複合的，多様かつ変容する共同体への帰属，個別の世界観の発展と個別の生活様式の追求，教育と訓練，文化的な生活へのアクセス，貢献，参加，文化的慣行の遂行と有形および無形文化遺産へのアクセスなど，「文化的権利は幅広い範囲の諸問題に関係する」ことを示した[9]。

　では，具体的にどのような国際文書の規定が，文化的権利とみなされるのだろうか。社会権規約 15 条，自由権規約 27 条は，明示的に「文化」に言及して

---

6) U.N. Doc. A/HRC/14/36, 22 March 2010; U.N. Doc., A/HRC/31/59, 3 February 2016.
7) U.N. Doc. A/HRC/14/36, para. 4. 2010 年の独立専門家の報告書では，文化的権利の「概念的および法的枠組」が検討され，2016 年の特別報告者の報告書では，それが再検討された。U.N. Doc. A/HRC/31/59, para. 3.
8) 著名な研究者から構成される「フライブルク・グループ」を中心に作成され，2007 年 5 月 7 日に採択された文書である。
9) U.N. Doc. A/HRC/14/36, paras. 7-9.

いることから,「狭義の文化的権利」[10]に属し,「もっとも重要な文化的権利のひとつ」[11]と考えられてきた。しかし,文化的権利は,規定に「文化」という文言を含んでいるものに限られない。

独立専門家は,「文化的権利は他の人権と非常に密接に関連しているため,文化的権利と他の権利の間に線を引くことは時に難しい」[12]と説明し,報告書が挙げる文化的権利は「最も重要なもの」に言及した「予備的」なものであり,「網羅的であるとみなされるべきではない」[13]としながら,以下の諸規定が文化的権利であるとする[14]。(1) 文化的な生活に参加する権利[15][世界人権宣言27条,社会権規約15条1項(a)],(2) 科学の進歩及びその利用による利益を享受する権利[世界人権宣言27条,社会権規約15条1項(b)],(3) その創作した科学的,文学的又は美術的作品から生ずる精神的及び物質的利益を保護される権利[世界人権宣言27条,社会権規約15条1項(c)],(4) 科学研究及び創作活動に不可欠な自由[社会権規約15条3項,自由権規約19条2項],(5) 教育についての権利[社会権規約13,14条,児童の権利に関する条約(子どもの権利条約)28,29条],(6) 少数者と先住民に関する文化的権利[自由権規約

---

10) Yvonne Donders, "The Legal Framework of the Right to Take Part in Cultural Life", in Yvonne Donders and Vladimir Volodin (eds.), *Human Rights in Education, Science and Culture: Legal Developments and Challenges* (UNESCO Publishing/Ashgate, 2007), p. 235.

11) Yvonne Donders, *Toward a Right to Cultural Identity* (Intersentia, 2002), p. 156.

12) 文化的な生活に参加する権利は,15条に含まれる他の文化的権利,教育についての権利(13,14条),人民自決権(1条),相当な生活水準についての権利(11条)と関係している。U.N. Doc. E/C.12/GC/21, para. 2.

13) U.N. Doc. A/HRC/14/36, para. 11. 特別報告者も,報告書は導入的であると説明している。U.N. Doc. A/HRC/31/59, para. 2.

14) U.N. Doc. A/HRC/14/36, paras. 12-18.

15) 独立専門家は,文化的な生活に参加する権利を説明する際,一般的意見21に言及している。U.N. Doc. A/HRC/14/36, para. 12. 一般的意見21では,さまざまな条約および宣言に文化的な生活に参加する権利に関する重要な規定が含まれていると説明している(U.N. Doc. E/C.12/GC/21, para. 3)が,独立専門家の整理は一般的意見21の整理と類似する。

27条，国民的又は種族的，宗教的及び言語的少数者に属する者の権利に関する宣言（少数者の権利宣言），先住民族の権利に関する国際連合宣言，独立国における先住民及び種族民に関する条約（ILO169号条約）］，(7)すべての移住労働者及びその家族構成員の権利の保護に関する国際条約（移住労働者の権利条約）31条，43条1項(g)，45条1項(d)，(8)無差別原則［多数の国際的な法的文書に規定］，(9)休息及び余暇をもつ権利[16]［世界人権宣言24条］。

以上が，経済的権利や社会的権利などと区別される意味での文化的権利であるが，独立専門家は「人権の文化的次元（a cultural dimension of human rights）」にも注意を向け，締約国は他の人権上の義務の履行にあたり，特に社会権規約委員会によって発展してきた利用可能性（availability），アクセス可能性（accessibility），受容可能性（acceptability），適合可能性（adaptability）および適切性（appropriateness）の概念を考慮に入れなければならないと述べる。独立専門家は，たとえば，教育，食糧，健康についての権利の履行に関連し，社会権規約委員会のそれぞれの一般的意見で示された「文化的受容可能性および適切性」に言及しているが，これは他の人権上の義務の履行にあたり文化が考慮されなければならないことを示している[17]。これは厳密には文化的権利には含まれないが，無視できない側面である。

---

16) この権利は従来ほとんど注意されてこなかったが，独立専門家は「すべての者が文化的な生活に参加するための時間が利用可能であることの重要性と余暇と文化の間に存在する密接な関係」を指摘し，この権利を注目に値すると評価する。他方で，「文化は，生活のあらゆる局面に広がっており，特定の活動に限定されることはできず，休息や余暇に制限されるべきではない」と述べる。U.N. Doc. A/IIRC/14/36, para. 18.

17) *Ibid.*, paras. 19-20. また，ポリメノポウロウ（Polymenopoulou）は，明示的に文化的権利を扱ってはいないものの，近年のICJにおいて文化に配慮した判決が見られると指摘している。Eleni Polymenopoulou, "Cultural Rights in the Case Law of the International Court of Justice", *Leiden Journal of International Law*, Vol. 27 (2014), pp. 447-464.

## 2　対応する義務

　独立専門家は，文化的権利に対応する締約国の義務については詳しく説明していないが，文化的権利に対応する締約国の義務を，文化的な生活に参加する権利に対応する締約国の義務，つまり，一般的意見21と同様に捉えていると考えられる[18]。よって，以下では，同意見に基づいて，文化的権利に対応する義務を整理する。

　第1に重要なのは，文化的権利は，他の権利に基づく締約国の義務と同様に，尊重する義務，保護する義務，充足する義務の3つの義務に分けられるということである[19]。尊重する義務は，直接的または間接的に，権利の享有を妨げることを控えるよう締約国に求める。保護する義務は，第三者が権利を妨げることを防ぐ措置をとることを締約国に求める[20]。充足する義務は，権利の完

---

18) U.N. Doc. A/HRC/14/36, para. 20. スタマトポウロウ (Stamatopoulou) は，本意見は「より客観的でより政治化されていない文化的権利の理解が現れるために不可欠だった」と述べる。Elsa Stamatopoulou, "Monitoring Cultural Human Rights: The Claims of Culture on Human Rights and the Response of Cultural Rights", *Human Rights Quarterly*, Vol. 34 (2012), p. 1176. 同様に，オデロ (Odello) は，「一般的意見21は，広い意味での文化的権利の性格および内容に関する議論に対する歓迎すべき貢献である」と言う。Marco Odello, "The Right to Take Part to Cultural Life: General Comment No. 21 of the United Nations Committee on Economic, Social and Cultural Rights", *Anuario Español de Derecho Internacional*, Vol. 27 (2011), p. 518.

19) U.N. Doc. E/C.12/GC/21, para. 48. 申惠丰は，これに「促進する (promote)」義務を加えているが，後述するように，この義務も文化多様性に関連する。申惠丰『国際人権法—国際基準のダイナミズムと国内法との協調』(信山社，2013年) 161頁。

20) この点は，非国家主体の責任にかかわる。一般的意見21は，「違反は締約国の直接的行為もしくは締約国に十分に規制されない他の実体または組織の直接的行為を通して生じうる」，「市民社会のすべてのメンバー」もまた文化的な生活に参加するすべての者の権利の実効的な履行に関する責任を有していると指摘する。U.N. Doc. E/C.12/GC/21, para. 62, 73. また，特別報告者は，国家の相当の注意 (due diligence) のレンズを通してだけではなく，広範囲の非国家主体の文化的権利に対する影響について直接的に語る革新的な方法を探す必要性があると指摘している。U.N. Doc.

全実施を目的とした適当な立法的，行政的，司法的，財政的，促進的および他の諸措置をとることを求める[21]。

　同意見は，「文化多様性と文化的な生活に参加する権利」と題された節のなかで，グローバル化が肯定的効果だけではなく否定的効果ももつことから，特に不利な立場にある個人や集団のため，「締約国は文化的な生活に参加する権利に対する有害な影響を避けるために適切な行動をとらなければならない」とし，さらに，15条2項の問題として，「締約国は文化的表現の多様性を保護及び促進するための措置を採用し，あらゆる文化が自らを表現し，知られることを可能にすべきである」とする[22]。

　同意見ではさまざまな義務が示されているが，文化多様性に関する義務としては，「あらゆる多様性において創造性を奨励し，真の文化間対話を促すため」に「あらゆる形態の文化遺産を尊重し，保護する」義務[23]，「文化多様性を保護及び促進し，豊かで多様な範囲の文化的表現へのアクセスを促進するための諸措置を採用する」充足義務[24]，「文化遺産および文化多様性を尊重する必要性に関する教育および意識の向上」を確保する実効的な措置をとる促進義務[25]，が挙げられている。また，先述した利用可能性，アクセス可能性，受容可能性，適合可能性および適切性も，文化多様性に関係する。文化的な生活に参加する権利の完全な実現の条件として，「個人および共同体の文化多様性に貢献する」文化的な財の利用可能性およびアクセス可能性，文化多様性を保護するための措置が個人および共同体に受容可能であること，締約国の措置などが個人および共同体の文化多様性を尊重するものであるという適合可能性，諸権利の履行方法の文化多様性に対する適切性が求められる[26]。

---

A/HRC/31/59, para. 31.
21) U.N. Doc. E/C.12/GC/21, para. 48.
22) *Ibid.*, paras. 42-43.
23) *Ibid.*, para. 50 (a). 文化多様性宣言7条も同旨。
24) *Ibid.*, para. 52 (a).
25) *Ibid.*, para. 53.
26) *Ibid.*, para. 16.

文化多様性条約が「国は，国際連合憲章及び国際法の原則に従って，自国の領域内で文化の表現の多様性を保護し，促進するための措置及び政策を採用する主権的権利を有する」（2条2）として，文化多様性の保護を主に締約国の主権的権利と捉えているのに対し，ここでは締約国の義務と捉えられていることは注意されるべきである。日本政府は本条約を批准していないが，社会権規約15条上の義務として，文化多様性の保護及び促進が求められることになるからである。文化的権利は，文化多様性条約の「国家間主義的な性格」を乗り越え，多数の諸国が義務を引き受ける国際人権法の視点から，文化多様性の保護を実効化しうるものと言えるだろう[27]。

　第2に重要なのは，「最低限の中核的義務」という考えである。社会権規約の実施は財政的資源を含む資源の利用可能性に依存する点が大きいが，社会権規約委員会は，資源の有限性の下でも優先的に履行されなければならない義務として「最低限の中核的義務」が存在するという考え方を示してきた[28]。本意見も例外ではなく，文化的な生活に参加する権利に関して，自らが選ぶ文化（the culture of their choice）に参加できる環境を創造し，促進する義務として，以下の諸義務を即時的に適用可能な中核的義務とした。(a) 権利の享有における無差別およびジェンダー平等を保障するための立法的および他の必要な措置をとる，(b) 1つまたはそれ以上の共同体に自らを結び付けるまたは結び付け

---

27) 西海真樹「文化多様性と国際社会の現在」『法律時報』第87巻12号（2015年）20頁。また，スタマトポウロウは，文化多様性条約について，「国家間関係における文化の保護」を強調しており，「本質的には貿易協定」とみなす。Elsa Stamatopoulou, *Cultural Rights in International Law: Article 27 of the Universal Declaration of Human Rights and Beyond* (Martinus Nijhoff Publishers, 2007), p. 80.

28) この義務について，一般的意見3（1990）は，「委員会は，最低でも，各権利の最低限の不可欠なレベルの充足を確保することは各締約国に課された最低限の中核的義務であるという見解である。したがって例えば，相当数の個人が不可欠な食料，不可欠な基本的健康保護，基本的な住居又は最も基本的な形態の教育を剥奪されている締約国は，規約上の義務の履行を怠っているという推定を受ける」と述べている。U.N. Doc. E/1991/23, Annex III, General Comment No. 3 (1990), para. 10. 申，前掲書注19）293頁。

ない権利，およびその選択を変更する権利を尊重する，(c) 特に思想，良心及び宗教の自由，意見及び表現の自由，自らの選択する言語を使用する権利，結社及び平和的な集会の自由，教育施設を選択し設置する自由の尊重を課す人権を尊重しながら，自らの文化的慣行に従事する権利を尊重および保護する，(d) 差別及びいかなる境界なく自らの文化または他の文化へのアクセスを禁止または制限する障壁または障害を除去する，(e) 少数者集団，先住民または他の共同体に属する人々が彼らに影響を及ぼす法および政策の策定および実施に参加することを可能にし，奨励する。とりわけ，彼らの文化的資源，特に彼らの生活と文化的表現に関係するものの維持が危機にあるとき，締約国は彼らの自由意思による，事前の，十分な情報に基づく同意を得る。

　以上のように中核的義務を示したうえで，同意見は，適当と考える措置の選択にあたり締約国に幅広い裁量権が存在するが，「締約国は少なくとも中核的義務の最小限度の内容を即時に保証するために必要な措置を遅滞なくとらなければならない」と述べる[29]。

　第3に，文化的な生活に参加する権利が「すべての者」の権利であることからすれば当然であるが，本意見は，この権利の享受が無差別かつ平等であることを求めている。文化的な生活に参加する権利がさまざまな個別条約に規定されていることにも関連するが，本意見は，「特別な保護を必要とする人および共同体」として，女性，子ども，高齢者，障がい者，少数者，移民，先住民，貧困者を列挙し，これらの属性をもつ者が文化的な生活に参加する権利の享受にとって特に不利になりうることを示している[30]。

---

29) U.N. Doc. E/C.12/GC/21, paras. 66-67.
30) *Ibid.*, paras.25-38. ユプサニス（Yupsanis）は，少数者の権利に関して，社会権規約15条1項(a)が少数者に明示的に言及しておらず，本規定に関する検討が遅れた結果，「権利を否定されない」として消極的に捉える自由権規約27条に依拠せざるを得なくなり，否定的な影響を受けたと指摘する。Athanasios Yupsanis, "The Meaning of 'Culture' in Article 15 (1) (a) of the ICESCR: Positive Aspects of CESCR's General Comment No. 21 for the Safeguarding of Minority Cultures", *German Yearbook of International law*, Vol. 55 (2012), pp. 346-347.

これらの属性をもつ者に対する特別な保護は、第2の点の「最低限の中核的義務」の(a)(d)と関係する。「文化的な生活に参加するすべての者の権利の行使を保障するためのあらゆる形式の差別の除去は、多くの場合、立法の採用、改正、廃止によって、または広報および情報を通じて、限られた資源で実現可能でありうる」[31]のであり、無差別原則を規定した社会権規約2条2項に関する一般的意見に示されるように、これらの8つの属性は差別事由に該当し、実質的な差別を撤廃するための特別措置が求められ[32]、「利用可能な資源が不足しているために差異ある待遇を排除できないことは、最優先事項として差別に取り組みかつ撤廃するために締約国が用いうるすべての資源を用いたあらゆる努力がなされない限り、客観的かつ妥当な正当化事由とはならない」[33]。また、仮に、締約国がその努力を立証できても、本意見が言うように、「厳しい資源の制約がある場合であっても、最も不利で周辺化された個人および集団は、比較的低コストの重点的プログラムの採用によって保護されうるし、実際に保護されなければならない」[34]。過去に、社会権規約委員会は、韓国政府によって行われている「低所得の個人および家族の文化的パフォーマンスへのアクセスを促進するための文化バウチャープログラムの使用」[35]を評価したが、最低限の中核的義務を構成する権利の無差別的享有を促進する措置が最優先されなければならないという点は重要である。

## 3 「文化」の多様性と文化の多重性

文化的権利について検討する際、避けて通ることができないのは、「文化」の定義の問題である。独立専門家は、「個人は数多くの方法で自己を同一化し、民族、血統、宗教、信仰および信念、言語、ジェンダー、年齢、階級関係、職

---

31) U.N. Doc. E/C.12/GC/21, para. 23.
32) U.N. Doc. E/C.12/GC/20, paras. 8-9.
33) *Ibid.*, para. 13.
34) U.N. Doc. E/C.12/GC/21, para. 23.
35) U.N. Doc. E/C.12/KOR/CO/3, Para .4 (h).

業，生活様式，および地理的所在のようなものを基礎として，いくつもの文化的共同体に同時に参加する」[36]というように，アイデンティティの由来となる文化を示す。また，一般的意見21は，「文化は，15条1項(a)の実施のうえでは，とりわけ，生活様式，言語，口述および記述の文学，音楽および歌，非言語的コミュニケーション，宗教または信仰体系，儀式，スポーツおよびゲーム，生産またはテクノロジーの方式，自然および人工の環境，食料，衣服および住居および芸術，慣習および伝統を含み，それらを通じて，個人，個人の集団および共同体が自らの人間性および自らの存在に与える意味を表現し，自らの生活に影響を与える外的な力との関係を表す世界観を築くもの」[37]とし，「文化」を幅広く捉えている[38]。

リンゲルハイム（Ringelheim）は，世界人権宣言27条における「文化的な生活」は，「知的および芸術的活動」（ハイカルチャー）を意味していたが，それが，大衆文化を含み，文化人類学的な意味の文化（生活様式）を含むように，二重の発展を遂げたと指摘する[39]。ここで文化と芸術を同視する根強い解釈が見直されていることは言うまでもない。それだけではなく，このような文化の定義自体が「文化」が多様であるということを示していると言うことができる。また，ここで重要なのは，「誰にとっての文化か」という点である。過去の解釈では，文化は芸術や文学などの「国民文化」であるとみなされ，少数者もしくは地域の文化は想定されていなかった[40]。しかし，1990年に採択された「経済的，社会的及び文化的権利に関する国際規約の16条及び17条に基づき締約国により提出される報告の様式及び内容に関する改訂一般ガイドライ

---

36) U.N. Doc. A/HRC/14/36, para. 23.
37) U.N. Doc. E/C.12/GC/21, para. 13.
38) 委員会は，文化を定義することを断念し，かわりに文化を構成するもののリストを作成したと考えられる。U.N. Doc. E/C.12/2008/SR.17, para. 16.
39) Julie Ringelheim, "Cultural Rights", in Daniel Moeckli, Sangeeta Shah, and Sandesh Sivakumaran (eds.), *International Human Rights Law: Second Edition* (Oxford University Press, 2014), pp. 288-289.
40) Yvonne Donders, *supra note* 11, pp. 139-150.

ン」において,「自らが適当と考える文化的な生活 (the cultural life which he or she considers pertinent)」,「個人,集団,民族及び地域間で互を評価するための一要素としての文化的アイデンティティ」[41]という表現が使用されていることに表れるように,文化に関する個人や集団の意思が尊重されるとともに,「国民文化」というより国内のさまざまなアイデンティティに結びつけられた文化が注目されるようになってきた。一般的意見21でも,「自らが選ぶ文化 (the culture of their choice)」というように捉えられている[42]。

オキーフ (O'Keefe) は,この経過を,「文化の民主化 (the democratization of culture)」から,「自らが価値あると考える (they themselves deem worthwhile)」文化的活動,形式,表現を享受することを意味する「文化の大衆化 (the popularization of culture)」への転換と捉えている[43]。つまり,「文化」に関する解釈の主体が国から個人へ移行しており,締約国が考慮すべき文化が多様化していると考えられる。

また,アイデンティティや文化の多重性も無視することができない。独立専門家は,「文化多様性は諸集団と諸社会の間にだけ存在するのではなく,各集団および各社会の内部にも存在し,アイデンティティは単一ではない。各個人は多数の複合的なアイデンティティの保有者で,それが彼らを独特の存在にし,同時に,共有された文化をもつ共同体の一部とする」と指摘する[44]。特別報告者は,独立専門家の文化理解に同意しつつ,「文化は常に複数であることが理解されなければならない。『文化』は諸文化を意味する」[45]と言い,さらに,「差異の承認が人権分野において重要である一方で,共通性の承認も重要である。我々は我々すべてが属する最も重要な共同体の1つは『人類という家族』

---

41) U.N. Doc. E/C.12/1991/1, pp. 19-20.
42) U.N. Doc. E/C.12/GC/21, para. 55
43) Roger O'Keefe, "The 'right to take part in cultural life' under article 15 of the ICESCR, *International and Comparative Law Quarterly*, Vol. 47 (1998), p. 912.
44) U.N. Doc. A/HRC/14/36, para. 23.
45) U.N. Doc. A/HRC/31/59, para. 8.

であることを忘れてはならない」[46]と言う。

　このことから考えれば，個人および集団は，1つの文化に排他的に属するのではないことはもちろん，その差異が承認される存在であると同時に，人類共同体を含む他の共同体に属する存在でもあり，差異と共通性のバランスが図られなければならないことを意味すると考えられる。よって，文化的権利を考える場合，文化自体の理解が多様であること，主体が文化を多重的に有していることから，他者の文化的権利および他者と共有する共通文化（たとえば，人権）との調整に注意しなければならないことになると考えられる。

## Ⅱ　人権および文化多様性との関係

　人権理事会決議は，「文化的権利と文化多様性の間の関係の検討」を独立専門家の任務とした[47]。そのため，独立専門家は「人権の普遍性の原則，文化的権利の承認および履行，文化多様性を尊重する必要性の間の相互作用」について検討した[48]。人権の普遍性，文化的権利，文化多様性という3つの重要概念の間の関係を検討している点において，本報告書は非常に示唆的である。

　その一般的な関係について，独立専門家は，「寛容，文化多様性の尊重，人権の普遍的な促進および保護が相互に支え合う（mutually supportive）という事実を強調」した2009年の国連総会の「人権と文化多様性」決議[49]に触れながら，「文化的権利を含む人権の普遍的促進および保護と文化多様性の尊重は，相互に支え合うものである」と述べる[50]。

　「文化的権利を含む人権の普遍的促進および保護」というのがややわかりにくいが，以下にみるように，独立専門家は，人権の普遍性，文化的権利，文化

---

46)　*Ibid.*, para. 18.
47)　U.N. Doc. A/HRC/RES/10/23, para. 9, (d).
48)　U.N. Doc. A/HRC/14/36, para. 21.
49)　U.N. Doc. A/RES/64/174, para. 10.
50)　U.N. Doc. A/HRC/14/36, para. 24.

多様性の関係を分析する際，文化的権利を含む人権保障と文化多様性の関係（Ⅱ1）と人権の普遍性と文化多様性の関係に分けて検討していると考えられる（Ⅱ2）。

## 1 文化的権利を含む人権保障と文化多様性の関係

先述した「相互に支え合う」という関係は，以下のように説明されている。

第1は，文化的権利を含む人権保護が文化多様性の保障を可能にする側面である。独立専門家は，「文化多様性の保護とは，特に少数者・先住民族の権利などの人権と，基本的自由を守る義務があることを意味している」と規定する文化多様性宣言4条，「創造性という面での多様性を開花させるためには，世界人権宣言27条及び経済的，社会的及び文化的権利に関する規約13条，15条に定義された文化的権利の完全実施が必要である」と規定している同5条から，「人権，および特に文化的権利の完全な尊重は，どちらも文化多様性の保障を可能にする環境を創造する」と説明する。また，「文化多様性は，表現，情報及び伝達の自由のような人権及び基本的自由並びに文化的表現を選択する個人の能力が保障される場合にのみ，保護され，及び促進される」と規定する文化多様性条約2条1に言及し，「すべての者による文化的自由の行使は文化多様性を高める」と説明している[51]。

第2は，文化多様性の保護が文化的権利を含む人権保障を可能にする側面である。独立専門家は，「国は，各自の領域内で少数者の存在並びにその国民的又は種族的，文化的，宗教的及び言語的独自性を保護し，また，その独自性を促進するための条件を助長しなければならない」と規定する少数者の権利宣言1条に触れながら，「文化多様性の尊重，保護及び促進は文化的権利の完全な尊重を保証するために不可欠である」と説明し，「ある社会における文化多様性は人々に――その背景とは無関係に――幅広い範囲の文化的選択を享受する機会を与える」と説明する[52]。つまり，文化多様性をもつ主体および財などが

---

51) *Ibid.*, para. 25.
52) *Ibid.*, para. 26.

存在することを承認し，その独自性が保護されなければ，文化的権利を保障することができないということである。

以上が文化多様性と文化的権利を含む人権保障の間の大まかな相互支持関係であるが，独立専門家は，それに加えて，「文化多様性と人権の間の相互支持の確保は，特に文化的権利において，ある条件の達成を必要とする」と言う。独立専門家は，2004年の『人間開発報告書』を引用しながら，文化多様性の結果，関係する人々が自由を行使できるようになるかが重要であり，「文化多様性をそれが何をもたらすかにかかわりなく価値あるものとみなすのは重大な間違いになりうる」[53]のであって，「文化多様性それ自体を擁護すること」が重要なのではないと言う[54]。

ここでは，人権と相互支持の関係にある文化多様性と人権と相互支持の関係にない文化多様性が区別されていると考えられるが，前者は人権内在的，後者は人権外在的な文化多様性と考えられ，文化的権利の実現を可能にする文化多様性が，文化的権利の保障にあたって保護されるべきと考えられているように思われる[55]。

## 2　人権の普遍性と文化多様性の関係

まず，独立専門家は，人権の普遍性の原則と文化的権利および文化多様性が対立するとは考えていない。対立すると考えるのは，文化多様性を文化相対主義と同一視する傾向が一因であるとし，その傾向は文化的権利の承認および履行に関するおそれや誤解を高めてしまうと考えている[56]。文化多様性と文化相対主義の違いに着目するのが特徴的である。

次に，1993年のウィーン宣言及び行動計画（以下，「ウィーン人権宣言」）5項後段に触れ，「国家的及び地域的独自性の意義，並びに多様な歴史的，文

---

53)　UNDP, *Human Development Report 2004*, p. 23.
54)　U.N. Doc. A/HRC/14/36, para. 28.
55)　石山文彦「人権と多文化主義」『ジュリスト』第1244号（2003年）48-49頁。
56)　U.N. Doc. A/HRC/14/36, para. 32.

化的及び宗教的背景を考慮にいれなければならないが，すべての人権及び基本的自由を助長し保護することは，政治的，経済的及び文化的な体制のいかんを問わず，国家の義務である」ことを指摘した後に，このことが，文化多様性宣言4条に述べられ，人権理事会決議10/23で繰り返されているように，「何者も文化多様性を援用し，国際法によって保障された人権を侵したりその範囲を制限したりすることがあってはならない」ということを含意すると説明する[57]。つまり，ウィーン人権宣言5項後段が，文化多様性の援用による人権の制限を否定しているという立場に立っている。

さらに，「すべての文化的慣行が国際人権法において保護されると考えることはできない」として，女子に対するあらゆる形態の差別の撤廃に関する条約（女性差別撤廃条約）5条を例示する[58]。女性差別撤廃条約5条は，「両性のいずれかの劣等性若しくは優越性の観念又は男女の定型化された役割に基づく偏見及び慣習その他あらゆる慣行の撤廃を実現するため，男女の社会的及び文化的な行動様式を修正する」「すべての適当な措置をとる」ことを締約国に求めているが，本条の「観念」「偏見及び慣習その他のあらゆる慣行」「行動様式」が国際人権法によって保護されない「文化的慣行」として例示されている[59]。

この点について，特別報告者も，ウィーン人権宣言5項後段，女性差別撤廃条約5条(a)，文化多様性宣言4条を挙げて，同じように説明しており，「あらゆる文化的慣行が国際人権法において保護されると考えることはできず，文化的権利はある状況下において制限を受ける」と説明しているが，ここでは全否定ではなく，部分否定（制限を受ける）として捉えられている[60]。また，特別報告者は「人権の履行は文化的権利の尊重を考慮しなければならず，同時に文

---

57) *Ibid.*, para. 33. また，文化多様性条約5条1，2条1も，文化多様性が国際的に保障される人権を侵害または制限しえないことを規定している。

58) U.N. Doc. A/HRC/14/36, para. 34.

59) 一般的意見21では，女性器切除を例にして，慣習および伝統に属するものを含む有害な慣行が，それに影響を受ける者による文化的な生活に参加する権利の完全な行使に対する障害とされている。U.N. Doc. E/C.12/GC/21, para. 64.

60) U.N. Doc. A/HRC/31/59, paras. 24-25.

化的権利自体も他の普遍的人権規範の尊重を考慮しなければならない」として，文化的権利と他の人権を相互に考慮され合う関係で捉えている[61]。

　同様に，一般的意見21も，文化多様性および人権の関係に触れている。「文化的な生活に参加する権利に対する諸制限」と題された部分において，「締約国は，国際法によって保障された全範囲の人権を促進し保護するために，人権規約および国際文書の他の規定における義務とともに，15条1項(a)の義務を履行する義務がある」とし，ウィーン人権宣言5項後段，文化多様性宣言4条に言及したあとに，特に他の人権を侵害する慣習や伝統に属するものを含む否定的慣行の場合，権利の制限が必要となるとした[62]。また，「違反」と題された部分では，有害な慣行として，女性器切除（FGM）と魔女狩りを挙げている[63]。

　では，人権に反する文化的慣行とはどのようなものであろうか。独立専門家は，「どの文化的慣行が人権に反するものとみなされるべきかを厳密に同定することはいつも簡単な作業ではない」としながら，その同定過程には，「文化的権利が制限される基準となる諸原則を示す法的枠組」，「そのような法的枠組，国際人権法に基づき，国際人権監視機関の実行を考慮して，情報に基づく決定を採択できる独立した司法」というような法的なものだけではなく，「情報に基づく，開かれた，参加型の議論がある社会や共同体内部で行われることを可能にし，人権の享有に有害な文化的傾向または慣行の修正を奨励するような政策措置」が必要であると説明し，「家族，知識人，共同体の指導者がかかわる『文化的交渉（cultural negotiation）』の過程を通じて，文化の名の下に実行されるある慣行の抑圧的な性格の認識を向上させながら，文化の積極的な諸要素を強化することが，共同体レベルにおいて特に必要である」と説明する[64]。

　この点について，文化多様性を文化間対話を含むものとして理解することが

---

61) *Ibid*., para. 27.
62) U.N. Doc. E/C.12/GC/21, paras. 17-20.
63) *Ibid*., para. 64.
64) U.N. Doc. A/HRC/14/36, para. 36.

重要である。独立専門家は,「文化多様性と文化的権利が相互保護の関係にあるかどうかという問題」は「文化多様性の不可欠の一部である永続的な動態的過程に建設的に影響する文化間対話に肯定的なのはどのような文化多様性か」という問題を問うことなしに答えられないとし,「文化的権利と文化多様性の相互保護の確保は,(中略)(c) 他者への開放性,議論および文化間交流に基づかなければならない」と言う。また,「文化は生きた動態的なプロセスであり,特殊性を保護するために諸個人と諸集団の間の障壁を高くするべき,あるいは,文化的慣行,生活様式および世界観に関する議論と批判は禁止されるべきということは示唆されない」と言う[65]。したがって,文化間対話に開かれ,人権にかかわるような議論をも可能とするような文化多様性を保護に値するものと考えていると思われる。

　以上のように,独立専門家が考える文化多様性は,文化的権利の享有を可能にし,文化間対話に開かれたものであり,それを援用して人権の普遍性を毀損しえないものである。この文化多様性の理解は,既存の国際文書の理解に基づくものと考えられるが,人権の普遍性との関係に関する指摘においては,主に,文化的慣行および文化多様性との関係が指摘され,文化的権利との関係が明らかにされているとは思われない。独立専門家と特別報告者の考え方は少し異なるが,独立専門家が,主に文化的慣行を否定的に捉えているのに対し,特別報告者は,文化的権利を背景とした肯定的な意味をもつ文化的慣行をも考慮に入れて説明しているように思われる。否定的な文化的慣行と人権が対立した場合,人権が優越することは理解しやすい。しかし,肯定的な意味をもつ文化的権利の行使とみなされる文化的慣行が他の人権と対立した場合については,特別報告者のように考える必要があるように思われる。

---

65) *Ibid.*, paras. 29-30.

## Ⅲ　文化的権利の保障上の主な課題

### 1　優先順位に沿った義務の履行

　文化的権利の保障のための措置は，大きく分けて2つに分類できる。財政的措置を要するものと財政的措置を要しないものである。財政的措置を要するものについては，予算の問題があるため，文化的権利の保障を可能にする措置のうち，優先順位をつけて実施せざるをえなくなるように思われる。

　Ⅰ2で指摘した特別な保護を必要とする主体の多様性とⅠ3で指摘した文化概念自体の多様性を文化的権利の実施において考慮しなければならないだけではなく，多様な文化および多様な主体にかかわる文化的権利のうちどの権利を優先すべきか，あるいは，どの権利に対応するどの義務を優先的に履行すべきかどうかが問われることになるだろう。

　さしあたり問題となるのは，社会権規約15条内部の優先順位の問題である。社会権規約15条は，15条1項(a)の文化的な生活に参加する権利だけではなく，15条1項(b)の科学の進歩及びその利用による利益を享受する権利，15条1項(c)の自己の科学的，文学的又は芸術的作品により生ずる精神的及び物質的利益が保護されることを享受する権利，15条3項の科学研究及び創作活動に不可欠な自由，という4つの権利から成る[66]。

　この点について，2008年に採択された「経済的，社会的及び文化的権利に関する国際規約の16条及び17条に基づき締約国が提出すべき条約独自の文書に関する新しいガイドライン」と1990年に採択されたガイドラインとの違いが注目される。

　第1に，権利が「すべての者」に差別なく認められるという点が強調されるようになっている。15条に関して，1990年のガイドラインでは，「文化の保存，発展及普及のためにとったその他の措置」に関して，「先住民及びその

---

66)　*Ibid.*, para. 2.

他の不利な立場にある階層及び特に脆弱な階層についての積極的効果並びに困難及び失敗」について報告することが求められていた[67]が，新しいガイドラインでは，「文化的な生活への大衆参加及びアクセスを促進する制度的な社会基盤」について，「農村及び都市の貧困地域」を含む情報を提供することが求められ，「文化的な財，施設及び活動への広範な参加及びアクセスを促進するためにとられる措置」について，「コンサート，劇場，映画，スポーツイベント及びその他の文化活動へのアクセスが，あらゆる階層の人々に負担可能であることを確保する」，「貧しい家庭の子ども，及び移民又は難民の子どもを含め，子どもが文化的な生活に参加することを奨励する」，「高齢者及び障がいのある人が文化的な生活に十分に参加することを妨げる身体上，社会上及び通信上の障壁を除去する」ための措置を示すことが求められている[68]。

第2に，3項の創作活動の自由に関連して，1990年に採択されたガイドラインでは，「創作活動のために必要な条件及び便宜の創出を含め，この自由の享受を促進するための措置」や創作活動にかかわる諸団体の支援のための措置に関する情報が求められていたが，2008年のガイドラインでは，そのような情報を求める文言がなくなった[69]。また，一般的意見21は，充足義務として「芸術家（artists）」への支援を求めるものの，それを最低限の中核的義務とはみなしていない。

第3に，1990年のガイドラインでは，15条2項に関連する「文化の保存，発展及び普及のためにとったその他の措置」についての情報の他に，「私的なイニシアティブに対する公的な支援を含めて，文化の発展の促進のため及び文化的な生活に対する大衆参加のための資金の入手可能性」についての情報が求められていた[70]が，新しいガイドラインでは，後者のような「文化の発展の促進」というような言葉がなくなり，他方で，「文化多様性を保護するために

---

67) U.N. Doc. E/C.12/1991/1, p. 20.
68) U.N. Doc. E/C.12/2008/2, para. 67.
69) U.N. Doc. E/C.12/1991/1, p. 21.
70) *Ibid.*, p. 19.

とられた措置」を示すことが求められるようになっている[71]。これは，この条項に基づき，「締約国は文化的表現の多様性を保護及び促進するための措置を採用し，あらゆる文化が自らを表現し，知られることを可能にすべきである」と説明する一般的意見21の説明と符合する[72]。

つまり，新しいガイドラインでは，「すべての者」の権利の保障という点が強調され，「文化の発展」よりも「文化多様性」が強調されている。また，文化的権利の保障のための措置をとるにあたり，文化的な生活に参加する権利を「すべての者」に差別なく保障するための措置をとるという最低限の中核的義務(a)(d)は規範論理的に極めて重要であり，措置の採用にあたり，「すべての者」の文化的な生活に参加する権利を保障することが優先されなければならないと考えられる[73]。さらに，充足する義務である「文化多様性の保護及び促進し，豊かで多様な範囲の文化的表現へのアクセスを促進するための諸措置を採用する」義務よりも，最低限の中核的義務である自らの文化的慣行に従事する権利を尊重および保護する義務(c)を優先して履行すべきであると考えられる。

マークス（Marks）は，社会権規約15条の規範構造を，(i)「中核的な実質的権利（core substantive rights）」［15条1項(a)，(b)］，(ii)「補助的権利（supporting rights）」［15条1項(c)，3項］，(iii)「補助的手段（supporting means）」［15条2，4項］，に整理する[74]。つまり，文化的な生活に参加する

---

71) U.N. Doc. E/C.12/2008/2, para. 68.
72) U.N. Doc. E/C.12/GC/21, para. 43.
73) 駒村圭吾は，憲法25条1項は，「文化的生活のミニマムを権利として保障している可能性がある」として，「文化的生存権」と呼び，「文化」を「意味秩序」と捉えたうえで，「文化的生存権によって国家にその提供義務が生じる」「文化的なミニマム」は，「意味秩序の多様性・多元性・再生産」（「文化的インフラストラクチャーのミニマムの提供」）であると述べる。駒村圭吾「国家と文化」『ジュリスト』1405号（2010年）144頁。駒村圭吾，長谷部恭男他「座談会日本国憲法研究(9)国家と文化」『ジュリスト』第1405号（2010年）163頁。
74) Stephan P. Marks, "Defining cultural rights" in M.Bergsmo (ed.), *Human rights and Criminal Justice for the Downtrodden- Essays in Honour of Asbjorn Eide* (Martinus Nijhoff Publishers, 2003), pp. 293-324. アイデ（Eide）もマークスの見解に賛同する。

権利が「中核的な実質的権利」と位置づけられるのに対して，作者の精神的及び物質的な利益の保護，創作活動の自由は「補助的権利」，さらに，「文化の保存，発展及び普及に必要な措置」は，「補助的手段」としてしか位置づけられていないが，このような整理は以上のような国際文書の理解からみても妥当であると思われる。

しかし，現実の多くの文化政策では，「創作者」（多くは芸術家）を通じた「文化の振興」を重視し，「すべての者」の文化的必要は全くではないが軽視されていると思われる[75]。社会権規約に基づく日本の報告をみると，「文化の振興（あるいは発展）」という視点に関する記述は多いが，「すべての者の参加」という視点をもつ特別な配慮を必要とする人々に向けた措置の記述はほとんどなく，文化多様性に対する言及もない[76]。

Ⅰ3で確認したように，「自らが適当と考える文化」であることが重要なのであって，「文化の振興」が意味をもつのは，人がその文化を意味あるものと思う限りにおいてである。人の意思とは無関係に芸術と文化を同視できた時代には，芸術の享受の機会平等や芸術文化の振興を淡々と推進すればよかった。しかし，現実には人が意味あるものと考える文化のうち芸術はその一部を占めるに過ぎない。3項の創作活動の自由も1項(c)の「文学的又は芸術的作品」も，「文化」が芸術と同視された時代の意識が濃厚である。

確かに，創作者への公的支援は文化的な生活に参加する権利を充足するため

---

Asbjørn Eide, "Independence and Indivisibility of Human Rights", in Donders and Volodin , *supra note* 10, p. 33.

75) 森村進は，「多くの政府の文化政策は，人類全体はおろか，自国民の文化的需要にこたえるためというよりも，国際的威信の向上（及び国民の精神的統合）を目的としているようである」と言う。森村進「グローバリゼーションと文化的繁栄」『人文・自然研究』第4号（2010年）35-36頁。

76) 『経済的，社会的及び文化的権利に関する国際規約16条及び17条に基づく第2回報告（仮訳文）』，at http://www.mofa.go.jp/mofaj/gaiko/kiyaku/2b1_014.html#2-15（2016年8月閲覧），『経済的，社会的及び文化的権利に関する国際規約16条及び17条に基づく第3回政府報告（和文）』2009年12月，at http://www.mofa.go.jp/mofaj/gaiko/kiyaku/pdfs/2b1_003.pdf（2016年8月閲覧）

に行われるのだと主張できるだろう。しかし，芸術だけが文化なのではなく，他の文化も同様に配慮されなければならない。資源の有限な状況下では，さまざまな文化的な生活に参加する権利を比較し，権利と権利を調整しなければならない。また，いずれの文化にもアクセスできない人もいる。貧困者がその代表例であり，このような社会的に不利な立場にある者の文化的な生活に参加する権利を保障しないままに，芸術やスポーツなどに公的助成を行うことは，本意見が示した最低限の中核的義務の違反とみなされるだろう。さらに，充足する義務として要請される文化多様性の保護及び促進のための措置も重要であるが，最低限の中核的義務の履行を優先したうえで，措置をとらなければならないだろう。

社会権規約2条1項がいうように，「権利の完全な実現を漸進的に達成する」ためには「自国における利用可能な手段を最大限用いること」が必要とされており，文化的な生活に参加する権利についても，「権利の完全な実現」に向けて「行動をとること」が求められる。しかし，「完全な実現」以前に，最低限の義務の履行がある。

駒村圭吾が「助成プログラムの目的の解明が必要になろう。どのような政府の責務に対応する給付行政なのか。特定の人権の保障責務に対応しているのか。一般的な公共財の提供として行われているのか。どのような公共性解釈が前提となっているのか」[77]と問うように，給付行政としての文化政策は，文化的権利を保障するという根拠にのみに突き動かされているわけではない。文化的権利の規範内容が明らかになるにしたがい，政策の決定にあたり，文化的権利を考慮することが今後ますます問われ，さらにそれが最低限の中核的義務であるかどうかが問われていくようになると思われる。「文化の振興」あるいは「文化多様性の保護及び促進」が自己目的化し，文化的権利の保障が軽視されていないか，現在実施されている文化政策の総合的な見直しが必要になるだろう。

---

77) 駒村圭吾「国家助成と憲法」小山剛・駒村圭吾編『論点探求憲法』（弘文堂，2006年）176頁。

## 2　人権と文化多様性の関係の明確化の必要性

　文化多様性宣言，文化多様性条約，独立専門家および特別報告者の報告書は，文化的慣行が人権に反してはならず，文化多様性が人権に反して援用されてはならないということを確認している。他方で，この問題の指針となるべき国連総会の「人権と文化多様性」決議においては，2009年から欧米諸国と非同盟諸国の対立が続いている[78]。反対理由はいくつかあるが，本稿において特に重要なのは，人権と文化多様性の関係および文化多様性宣言4条の「何者も文化多様性を援用し，国際法によって保障された人権を侵したりその範囲を制限したりすることがあってはならない」という規定をめぐる対立である。

　2015年の同名決議の採択に当たって，EU加盟国を代表して投票の理由を説明したルクセンブルク代表は，「関連するユネスコの諸文書及び諸宣言によれば，人権及び基本的自由ならびに文化的表現を選択する個人の能力が保障されたときにのみ，文化多様性は促進及び保護されうる」，「文化多様性に関するユネスコ世界宣言によれば，何者も文化多様性を援用し，国際法によって保障された人権を侵したりその範囲を制限したりすることがあってはならない」[79]として，文化多様性条約2条1と文化多様性宣言4条に言及する。2009年の同名決議採択の際も，スウェーデン代表が，同4条の内容を決議の中で言及するように求めており，その立場は一貫している[80]。また，アメリカ代表は，「文化多様性を促進する取組みは，人権の享有を侵害すべきではなく，その範囲に対する制限を正当化すべきではない。文化多様性の概念を本質的目的に高めることによって，その誤用の可能性にかんする関心を反映することに失敗し，決

---

[78]　詳しくは，拙稿「ウィーン人権宣言の再評価―『人権に関する文化間対話』の視角から」『法学新報』第120巻9・10号（2014年）90-94頁。最新の同名決議（U.N. Doc. A/RES/70/156, 17 December 2015）でも，非同盟諸国を中心とする賛成133に対して，欧米諸国を中心とする反対54で，対立し続けている。

[79]　U.N. Doc. A/C.3/70/SR.52, 15 January 2016, paras. 40-41.

[80]　U.N. Doc. A/C.3/64/SR.47, 24 January 2011, para. 81.

議草案は文化多様性と国際人権法の間の関係を誤って伝える。文化多様性とその人権法との関係は人権理事会決議 17/15 においてより正確かつ均衡のとれた形で述べられており，本代表は 2011 年 6 月のその決議のコンセンサスに加わった」[81] と説明する。アメリカの説明は，文化多様性宣言 4 条に依拠しているが，アメリカが評価する人権理事会決議では，文化多様性宣言 4 条の内容が規定されている[82]。

　文化多様性を援用した人権の制限が許されないということは，文化多様性宣言 4 条と文化多様性条約 2 条 1 に規定されており，これらの国際文書を尊重するという立場から考えれば，欧米の主張の方が妥当とも考えられるが，非同盟諸国の主張も理解できる。非同盟諸国は，ある文化的な他者に不利となるような既存の人権の解釈を人権に関する文化間対話を通じて変更し，ある人権を他の人権との調整によって制限することを求めているように思われる。この点で，特別報告者が考えるように，異なる複数の人権が問題となっている場合，ある人権だけを優先するのではなく，相互に制約を受け合うものと考えるのはおかしいことではない。また，文化多様性を援用することによる人権の制限がまったく許されないとすれば，人権と文化多様性の関係は先述した相互支持の関係ではなく，人権が文化多様性を減じるという関係に立つことになる。ノルテ（Nolte）は，チロル地方のカトリック教徒の権利のために表現の自由の制約を認めたヨーロッパ人権裁判所のオットー・プレミンガー研究所対オーストリア事件判決は，ムハンマド諷刺画事件をめぐるヨーロッパの立場に疑念を抱かせると指摘するが，文化的権利を背景とした文化多様性のために他の人権を制約することが必要とされることもあるだろう[83]。

　文化多様性宣言は，文化多様性による人権の制約が認められないと規定して

---

81) U.N. Doc. A/C.3/70/SR.52, para. 45. コンセンサスで採択されたのは，「すべての者の文化的権利の享有の促進及び文化多様性の尊重」と題される決議である。

82) U.N. Doc. A/HRC/RES/17/15, 17 June 2011, para. 4.

83) Georg Nolte, "The Recognition and Protection of Cultural Diversity in International Law", *L'Observateur des Nations Unies*, Vol. 23 (2007), pp. 82-83.

いるだけで，文化的権利による人権の制約が認められないと規定しているわけではない。「何者も文化多様性を援用してはならない」ということは，「何者も文化的権利を援用してはならない」ということと同じではない。人権を侵害する文化的慣行が認められないまたは制限を受けるのは，それが人権外在的と考えられるからであって，（文化的）人権の保障を可能にする文化的慣行は，人権内在的なものとして，文化的権利として保護されるべきであり，文化的権利と他の人権は相互に調整されるものと考えるのが妥当であると考えられる。齋藤民徒は，「文化概念を形容詞なしの保護対象のみに無反省に限定することなく，自覚的に『悪しき文化』に至るまで拡張し，文化の質を内在的に問う姿勢を保持しておくことは，人権と文化との概念上の予定調和という短絡を回避するうえで有用である」[84]と言う。それは確かであるが，文化を「良き文化」と「悪しき文化」に分類し，「悪しき文化」を人権を理由として改変させるべきと考えるのならば，「良き文化」を人権を理由として十分に保護しなければならないはずである。そうでなければ，人権を理由とした文化批判が強調されてしまうことになる。

　よって，現行の国際人権保護システムに照らして人権を理由として保護されるべき文化の範囲を見定め，その限界について指摘していくことが必要になると思われるが，結局，保護されるべき文化的慣行と人権に照らして改めるべき文化的慣行は，個々の文化的慣行の評価によって，決定することになると思われる[85]。欧米諸国と非同盟諸国の対立は，人権と文化多様性の関係をめぐって争われているが，人権と文化多様性の二者の関係としてだけではなく，文化的権利を含めた関係として議論がなされていくべきであり，今後の議論は文化的権利を媒介として争われていく余地があるだろう。また，リンゲルハイムは，文化的権利と他の人権との間だけではなく，文化的権利の異なる側面（「知的および芸術的活動」としての文化と文化人類学的な意味での文化という文化の定義の2つのアプローチ）の間で対立が生じる可能性を指摘しているが，これ

---

84)　齋藤民徒「国際人権をめぐる法と文化」『国際人権』第21号（2010年）47頁。
85)　同上，44頁。

第 2 章　文化的権利の保障と文化多様性　69

を含め，個々の人権と人権の関係を明らかにしていくことが必要であろう[86]。

　よって，個々の文化的慣行について，その法的性格を見定めていかなければならないだろう。先述のように，一般的意見 21 は女性器切除や魔女狩りを人権に反する文化的慣行の例として挙げているが，子どもの権利との関係で割礼が問題となり，ユダヤ教徒の反発を受け，両親の同意と医学的な規則の遵守という条件付きで合法化したドイツの事例は，文化的慣行の人権適合性が問題となった事例と考えられる。

　また，バドミントンの国際大会でのスカート着用の義務化の試みが宗教上の理由などの反対にあった事例，ヘジャブの着用が問題となりスポーツの国際大会に参加できなかった事例，ブルキニ着用が禁止された事例，大峰山における女子禁制の問題，名門ゴルフクラブの女性会員参加問題は，文化的な生活に参加する権利における無差別にかかわるものと考えることができるだろう。

　他にも，名誉殺人など，人権に反すると疑われる文化的慣行はあるが，今日批判される文化的慣行は動物保護（愛護）に反するものが少なくない。闘牛に対する批判は有名であるが，諏訪大社の蛙狩神事，熊を殺す儀式であるアイヌのイヨマンテ，広西チワン族自治区玉林市の犬肉祭，上げ馬神事などが動物愛護または動物虐待防止の観点から，市民団体などから批判されている。多くの動物を殺して生贄とするネパールのカディマイ祭（2015 年に中止決定），中国浙江省金華市の金華湖犬肉祭（2011 年に廃止），土佐闘犬（2014 年から常時公開が中止）など，文化的慣行をやめる事例も少なくない。近年注目されているイルカの追い込み漁も同種の批判を受けていると考えられる。

　確かに，日本には動物愛護法があり，他の諸国にもこれと同様の法律が存在する[87]。しかし，動物の保護は人権の要請ではなく，これらの文化的慣行が文

---

86)　Ringelheim, *supra* note 39, pp. 295-296.
87)　動物愛護法の実施上，「伝統行事」については，「当該行事を行うために必要な限度を超えて動物に苦痛を与えるような手段，方法を用いた場合を除き，動物の保護及び管理に関する法律 13 条の規定に該当しない」と解されてきた。中央環境審議会動物愛護部会，動物愛護管理のあり方検討小委員会（第 20 回）議事要旨，平成

化的権利の行使と考えられるならば，少なくとも，最低限の中核的義務の(c)に基づき，「文化的慣行に従事する権利」に対する尊重義務と保護義務があることから，第三者が権利の享有を妨げることを控えることが求められるなど，しかるべき配慮がされるべきであると思われるが，実際には，文化的慣行を実施している側が委縮して改めることが少なくない。

もっとも，これらの文化的慣行のすべてを一律に捉えることはできない。文化に名を借りた援用と文化的権利の援用は峻別されなければならないが，文化的権利として保護されるべき文化的慣行であるならば，相応に配慮されなければならないだろう。少なくとも，批判する団体の当該文化的慣行を妨害するような抗議活動を抑制し，批判する団体との建設的な文化間対話を求めたうえで，文化的慣行の存続の是非が決定されるべきではないかと思われる。

また，文化的権利を基礎にした文化的慣行と考えられる場合，最低限の中核的義務の(c)と(d)のバランスの問題も生じうる。(c)で第三者が権利の享有を妨げることを控えることが求められる一方，(d)で差別及びいかなる境界なく自らの文化または他の文化へのアクセスを禁止または制限する障壁または障害を除去する義務があるため，たとえば，マナーの悪い一次的な観光客の文化的権利と静かに文化的慣行に従事したい定住者の文化的権利のバランスをとる必要も出てくるだろう。その際，立ち入り禁止などの制限が可能か否かも問われることになると思われる[88]。

さらに，文化的権利の本質に影響を及ぼさない場合は，地域住民との話し合いを通じて，法律などの規制を受けることが文化間対話を促進することもあろう[89]。ある文化が他の文化と無関係に存在しているのではなく，ある主体はさ

   23年9月27日，「資料1『虐待の防止』について」，3頁，at http://www.env.go.jp/council/14animal/y143-20/mat01.pdf（2016年8月閲覧）
88) 「世界遺産『斎場御嶽』琉球の聖地『男子禁制』検討 観光客急増でマナー悪化」，読売新聞，2013年9月20日，朝刊，34頁。
89) 「金沢に県内初のモスク 外観街並みに配慮 異文化理解住民に浸透」，読売新聞，2014年8月17日，朝刊，29頁。社会権規約4条は，権利の制限にあたり，「その権利の性質と両立」していることを求める。ただし，金沢のモスク建設の事例は，双方

まざまな文化に多重的に生きていることから，他の文化に対する配慮も必要とされると考えるべきであるが，共同体や国によって差異があるため，他の文化に対する配慮の在り方も場所によって変わってくるのではないかと思われる。

## おわりに

　本稿は，主に文化多様性宣言および文化多様性条約の規範内容が反映された独立専門家および特別報告者の報告書，一般的意見21の理解に沿って，文化的権利の全体像を整理し，人権と文化多様性との関係を分析したうえで，文化的権利の実施上の課題を明らかにしようとした。

　まず，義務の履行について，文化多様性を保護しながら文化的権利を保護していくためには，さまざまな注意を要すると思われる。本稿で示したように，さまざまな文化，さまざまな主体，さまざまな文化的権利に配慮し，文化的権利を総合的に保障していくことが必要であり，人が多重的な文化に生きていることから，自己の文化を絶対化せずに，文化間対話に開かれた形で他の文化に配慮しながら，文化的権利が保障されなければならず，文化多様性の保障を自己目的化せず，それが文化的権利の保障に役立っているかに注意すべきである。また，国際人権法の視点から文化多様性の保護が求められることになるが，文化的権利の保障における無差別や文化的慣行に従事する権利に対する尊重及び保護を最低限の中核的義務の履行として優先し，そのうえで，文化多様性の保護及び促進を図らなければならない。

　この結論は，文化多様性を重視する立場からすれば，物足りなく感じられるかもしれない。しかし，「すべての者」が差別なく文化的な生活へ参加し，アクセスし，その結果，「すべての者」が自らのアイデンティティにとって重要な文化に貢献することができることを前提にして，結果，文化多様性が促進されるような社会でこそ，人は尊厳をもって生きていけるのではないだろうか[90]。

---

　　が粘り強く対話を重ねた結果対立が解消された事例であると考えることができる。
　90)　一般的意見21は，文化的な生活への参加を，文化的な生活への「参加」，「アク

他方,「何者も文化多様性を援用し,国際法によって保障された人権を侵したりその範囲を制限したりすることがあってはならない」という文化多様性宣言4条について,それに賛同する側は,本条の「文化多様性」を専ら否定的な文化的慣行として考えているように思われるが,文化的権利に基づく肯定的な意味をもつ文化的慣行もあるはずである。個々の文化的慣行の性格を見定めていく必要があるが,文化的権利に基づくものであるならば,文化多様性と人権の関係は,文化的権利と他の人権との関係の問題と捉えることができ,「人権を侵したりその範囲を制限したりすることがあってはならない」という全否定ではなく,人権相互の調整として捉えることができると思われる。

　長らく文化的権利は「未開発なカテゴリー」[91]の人権として考えられてきたが,近年では,文化的権利に関する関心が回復し,「再生(renaissance)」[92]と呼ぶものまでいる。しかし,他の権利と比較した時,文化的権利に関する検討が不十分であることは確かであろう。また,人権と文化多様性の関係をめぐる問題はいまだ解消したとは言い難く,それが文化的権利の発展を阻害する可能性もある。

　本稿は,全体的かつやや抽象的に文化的権利を検討したにすぎない。個別的な検討なしに文化的権利の解明,あるいは文化多様性を考慮に入れた人権保障の実際的課題を明らかにすることはできない。今後は,さまざまな諸国および国際人権機関の実行を踏まえ,文化的権利の実相に迫っていきたい。

---

　　セス」,「貢献」という3つの主要要素から成っていると説明している。U.N. Doc. E/C.12/GC/21, para. 15.
91) Janusz Symonides, "Cultural rights: a neglected category of human rights", *International Social Science Journal*, Vol. 158 (1998), p. 559.
92) Claudia NAPOLI, « La renaissance des droits culturels dans le systeme international de protection des droits de l'homme », dans Ludovic Hennebel et Hélène Tigroudja (dir.), *Humanisme et droit: offert en hommage au professeur Jean Dhommeaux* (Editions Pedone, 2013), p. 341.

# 第 3 章

# ヨーロッパ人権条約における多様性の尊重と人種・民族差別の規制
――差別事由の階層化と「評価の余地」理論を手掛かりとして――

佐々木　亮

## はじめに

　本稿は,「人権および基本的自由の保護に関する条約」(以下,「ヨーロッパ人権条約」)[1]の諸規定のうち,差別の禁止に関するものを主たる対象とする。同条約の履行監視機関であるヨーロッパ人権裁判所 (European Court of Human Rights; ECtHR) の判例の分析を通して,人権保障上の差別禁止原則と文化的多様性の概念がいかなる関係にあるか明らかにすることを主たる目的とする。おおむね,次の順に考察を進める。まず,(Ⅰ) 文化的多様性と人権,および,人権保障における差別禁止・平等の原則に関わる先行研究を検討しながら,本稿が扱う問題を提示する。続いて,(Ⅱ) ヨーロッパ連合 (European Union; EU) 法における差別事由の区分の「階層化」,すなわち,「疑わしい事

---

1) ヨーロッパ人権条約は,第二次世界大戦後の西ヨーロッパにおいて,主として自由権的権利の地域的保障を目的として起草された条約であり,1950 年に採択,1953 年に発効した。起草当初は,文化的に比較的均質な地域を規律対象としていたが,東西冷戦の終焉後,旧東側諸国も加盟し,現在では,ベラルーシを除く全ヨーロッパ諸国やコーカサス諸国,トルコも締約国となり,異なる文化の共存と人権保障の両立という問題に改めて直面している。ヨーロッパの地域的人権条約ではあるが,ヨーロッパ人権裁判所が膨大な数の判例を蓄積しており,同地域に対象を限定しない研究においてもしばしば参照される。日本語による概説としては,次のものが詳しい:戸波江二ほか編『ヨーロッパ人権裁判所の判例』(信山社,2008 年) 2-52 頁。

由」と他の事由の区分が生じた背景を考察する[2]。さらに，(Ⅲ) ヨーロッパ人権条約に視点を移し，人権裁判所が判決中で言及する「多元主義」や「多様性の尊重」の概念との関係を考慮に入れながら，同条約における差別事由の区分と階層化の動向を考察する。最後に (Ⅳ)「評価の余地」理論を参照しながら，(Ⅲ) で扱った判例動向の背後に見られる他の法体系，特に EU 法からの影響を考察する。

## Ⅰ　先行研究の検討と問題の所在

　国境を越えた人の移動が増加し，異なる文化的背景を持つ人々の平和的共存が求められる今日の社会では，近代人権思想が想定する画一的な人間像に対して，多数派社会から排除・抑圧される人々への関心が高まっている[3]。すなわち，すべての個人に対して，同一に人権を保障するだけではなく，原初的に存在する個人間の差異に注目し，実質的に平等な人権保障の実現や少数者を抑圧から解放することが要求されている。

　少数者の保護は，国際法の伝統的な関心事項の 1 つであり，人権保障の枠内のみにとどまる問題ではない。アイデ (Asbjørn Eide) は，少数者の国際的保護に関して，次の 3 つの視点を提示する[4]。第 1 に，少数者に属する者を含む

---

2) 本稿では，特に区別する必要がない限り，前身機関を含めてヨーロッパ連合 (EU) と呼ぶ。

3) 参照：樋口陽一『憲法という作為：「人」と「市民」の連関と緊張』(岩波書店, 2009 年) 107-117 頁。また，2001 年以降のテロリズムとの闘いの文脈で，多文化主義と人権の関係が改めて問われていることを論じるものとして，*e.g.*, C. Gearty, "Is Attacking Multiculturalism a way of Tackling Racism: or Feeding It? Reflections on the Government's Prevent Strategy", in *European Human Rights Law Review*, No. 2, (2012) pp. 121-129.

4) A. Eide, "The Rights of 'Old' versus 'New' Minorities", in *European Yearbook of Minority Issues*, Vol. 2, Issue 1 (2002), pp. 366-367；中坂恵美子「欧州におけるニュー・マイノリティの保護」『国際法外交雑誌』114 巻 4 号 (2016 年) 1-25 頁。浦山は，憲法学と法哲学を対照させ，この問題が憲法学上の人権論には収まりきらない

すべての個人に平等に人権を保障するという視点であり，少数者保護を人権保障の枠内で捉えようとする。第2に，人権保障とは別に，文化的多様性の促進のために，少数者保護自体を目的する法制度の必要性を説明する視点である。第3に，国家間関係における平和の維持の点から，少数者保護の必要性を説明する視点である[5]。これらの視点のうち，本稿は，人権保障の枠内での少数者に対する差別の規制を主題とする点で，アイデの第1の視点を主に扱い，少数者に対する差別や抑圧に関わる問題のあらゆる面を扱うわけではない。しかし，少数者集団に帰属する個人への不当な抑圧の撤廃を志向することは，当該集団が持つ文化の保護と両立する面を残している。少なくとも文言の上では，ヨーロッパ人権裁判所の判決にも文化的多様性の要素が読み込まれており，これを人権と多文化主義の関係についての議論の中に位置付けて考察する意義は大きい。

人権と多文化主義ないし文化多様性の関係を考察する研究では[6]，キムリッ

---

ことを指摘する：浦山聖子「多文化主義と人権─法哲学と憲法学を見る」『憲法問題』23号（2012年）83頁以下。

[5] 第一次世界大戦後のヨーロッパにおける戦後処理やオーストリア・ハンガリー帝国の解体，国民国家（nation state: État-nation）の成立と民族的少数者（national minority: minorité nationale）の問題に関して参照：窪誠『マイノリティの国際法─レスプブリカの身体からマイノリティへ』（信山社，2006年）259頁以下。国際連盟規約の起草会議において，日本が，人種平等を掲げる条項の挿入を提案していたことを指摘するものとして，大沼保昭「遥かなる人種平等の理想─国際連盟規約への人種平等条項提案と日本の国際法観」大沼保昭編『高野雄一先生古稀記念論文集─国際法，国際連合と日本』（弘文堂，1987）427-480頁。戦間期の国際連盟と現在のヨーロッパ評議会の少数者保護制度を比較するものとして，舟木和久「欧州における欧州評議会少数者保護枠組条約成立前史の方法論的再評価」『立命館法学』363・364号（2015年）715-749頁。国際法上の少数者問題に関する包括的な研究として，F. Capotorti, *Study on the Rights of Persons Belonging to Ethnic, Religious and Linguistic Minorities* (United Nations Publication, 1991) UN Doc., E/CN.4/Sub.2/384/Rev. 1.

[6] 本稿では，文化の多様性や多文化主義の関係をめぐる議論の詳細には立ち入らないが，これに関連するものとして参照：石山文彦「多文化主義の理論的課題」Chuo Online, http://www.yomiuri.co.jp/adv/chuo/research/20131017.html（最終アクセ

カ (Will Kymlicka) は，主としてカナダの事情を念頭に置きつつ，伝統的なリベラリズムが，国家の法や社会制度の文化的非中立性やそこから生じる少数者への文化的不利益を十分に論じてこなかったことを批判する[7]。平等論との関係について，ミノウ (Martha Minow) やテイラー (Charles Taylor) は，多数者と少数者の間の差異と平等のジレンマの解消のためには，少数者に対する抑圧や差別の解消が必要であり[8]，少数者に対する差別への糾弾の根底には，普遍的な平等の要求があると主張する[9]。石山文彦は，多文化主義を「国民国家と究極的に結び付く文化的平準化圧力に対抗する理念」と位置付け，「自ら帰属する文化の存続が諸個人にとって善き生の必須条件であり，同時に，人権も諸個人にとって善き生の必要条件である」として，多文化主義と人権の関係の調和的な把握を試みている[10]。北村泰三は，人権と多文化主義の関係を軸として，信教の自由に関するヨーロッパ人権裁判所の判例を分析し，イスラーム教的価値観に基づいて信仰を表明する自由と世俗主義を根拠としてこれを規制する締約国の措置が対立した場合に，締約国の「評価の余地」を広く認めることによって，根拠を十分に明らかにすることなく条約違反はないと判示する同裁判所の傾向を明らかにしている。そして，「評価の余地」理論が，文化的多様性を制約する効果を生んでいると指摘する[11]。

---

ス：2016 年 8 月 10 日）。
7) W. キムリッカ（角田猛之，石山文彦，山﨑康仕監訳）『多文化時代の市民権―マイノリティの権利と自由主義』（晃洋書房，1998 年）161 頁以下（平野敏彦訳）；浦山「前掲論文」（注 4）80-81 頁。
8) M. Minow, *Making All the Difference: Inclusion, Exclusion, and American Law* (Cornell University Press, 1990), p. 20. 小久見は，これを「基底的平等」として説明する：小久見祥恵「差異と平等：マーサ・ミノウの理論を手がかりに」『同志社法学』56 巻 1 号（2004 年），111-112 頁。
9) チャールズ・テイラー「承認をめぐる政治」チャールズ・テイラー他（佐々木毅，辻康夫，向山恭一訳）『マルチカルチュラリズム』（岩波書店，1996 年）55 頁。
10) 石山文彦「多文化主義の規範的理論」『法哲学年報』（1996 年）43-60 頁。
11) 北村泰三「ヨーロッパ人権裁判所の判例にみる人権と多文化主義の相克」『世界法年報』29 号（2010 年）特に 111-114 頁。

実体的権利に対する制約を事例とする研究に対して，ハワード（Erica Howard）やアーナルドゥティル（Oddný Mjöll Arnardóttir）は，人権条約の差別禁止規定に列挙された差別事由によって，裁判所の審査の厳格度が異なることに注目し，それらの「階層関係」を提唱する[12]。周知のとおり，人権保障における差別禁止の原則は，すべての個人を画一的に扱うよう求めてはいない。一般に人権の享有における差別とは，類似の状況にある個人間に，何らかの点で取り扱いに差異があり，かつ，それが正当化できないことを意味する。このときに要求される正当化根拠の厳格度は，差別事由によって異なり，人種や民族的出自に基づく扱いの差異がある場合，他の事由の場合以上に厳格な正当化根拠が要求される。エデル（Frédéric Edel）は，この問題をヨーロッパ人権条約上の「評価の余地」理論の点から検討し，人種，民族的出自，出生，性別，性的指向，国籍による扱いの差異については評価の余地が縮減され，経済的および社会的事由については拡大されることを明らかにしている[13]。また，ベルとワディントン（Mark Bell & Lisa Waddington）は，各差別事由の性質に注目してそれらの間にある階層関係を説明する。差別事由の中には，人種や民族的出自のように，変更不可能であり，本人の能力を左右したり社会生活上の影響を生じさせたりしないものと，教育や雇用における言語や社会保障の享受における国籍のように，特定の状況下で社会生活上の影響を生じさせるものがあり，前者の事由による扱いの差異には，後者によるものより厳格な正当化根拠が必要であると指摘する[14]。また，シエク（Dagmar Schiek）は，旧ヨーロ

---

12) O. M. Arnardóttir, "The Differences that Make a Difference: Recent Developments on the Discrimination Grounds and the Margin of Appreciation under Article 14 of the European Convention on Human Rights", in *Humun Rights Law Review*, Vol. 14, Issue 4 (2014), pp. 647-670; E. Howard, "The Case for a Considered Hierarchy of Discrimination Grounds in EU Law", in *Maastricht Journal of European and Comparative Law*, Vol. 13 (2006), pp. 445-470.

13) F. Edel, *The Prohibition of Discrimination under the European Convention on Human Rights* (Council of Europe Publishing, 2010), pp. 118ff.

14) M. Bell & L. Waddington, "Reflecting on Inequalities in European Equality Law", in

ッパ共同体（European Community; EC）条約13条に列挙された差別事由を次の3つの範疇に区分する[15]。第1に属性（ascription）のみによる区分である[16]。例えば，人種や（生物学的性（sex）ではなく）ジェンダーであり，この区分に基づく扱いの差異は，原則として正当化できない。第2に，生物学的理由と何らかの関係を持つ区分，たとえば，（生物学的意味での）性や年齢である。この区分よる扱いの差異も，多くの場合に正当化できないが，女性のみが妊娠・出産を経験する等，生物学的差異が社会生活に影響を及ぼす場面では，扱いの差異が正当化され得る。第3に，政治的意見や言語，財産等。生活様式の選択に関わる区分である。これは生得的なものではなく可変的であり，社会生活への影響に応じて，合理的に正当化できる可能性が残されている。しかし，差別を避けるために，自己の属性を隠したり，生活様式を変えたりすることを強いることは，少数者に対して，多数派社会への同化を強要するに等しく，多様性を損ねることにつながるため，合合理的な根拠なしに扱いの差異を設けることは許されない。ゲラーズ（Janneke Gerards）は，こうした差別事由の「階層化」と呼べる現象が，ヨーロッパ人権条約とEU法の双方で見られることに注目し，特に差別事案においては，EU法上の差別禁止原則が，ヨーロッパ人権裁判所による条約解釈にも影響を与えていることを指摘する[17]。

　ヨーロッパ人権裁判所は，信教の自由と世俗主義との関係では，国家の評価の余地を広く認め，人権の制約を正当化する傾向にある。これに対して，人

---

*European Law Review* Vol. 28, Issue 3 (2003), p. 359.

15) D. Schiek, "A New Framework on Equal Treatment of Persons in EC Law?" in *European Law Journal*, Vol. 8, Issue 2 (2002), pp. 309-310.

16) 属性（ascription）とは，社会学上の概念であり，性別や人種，家柄，年齢等のように，生得的に定まり，能力や行動と無関係に特定される個人の特徴を意味する。

17) J. Gerards, "The Discrimination Grounds of Article 14 of the European Convention on Human Rights", in *Human Rights Law Review*, Vol. 13, Issue 1 (2013), p. 102; なお，筆者も同様の立場に立つ：拙稿「欧州人権条約における差別禁止規範の発展とEU法の影響―間接差別を中心として」『法学新報』120巻9・10号（2014年）401-430頁。

種・民族的出自に基づく差別が問題となる場合，多元主義や異文化の尊重という概念に言及しながら評価の余地を狭め，人権の制約を殆ど許容しない。この「評価の余地」の範囲を決定する要素の1つは，締約国間の法的な「共通基盤」の有無であり，裁判所が人種や民族的出自による差別を強く規制していることは，この問題に関する「共通基盤」の存在を認めていることを意味する。ゆえに，人種・民族差別の規制と差別事由の階層化に関して，評価の余地理論を媒介したヨーロッパ人権条約とEU法の相互関係を検討することが必要である。以上の問題意識に立ち，冒頭で設定した課題を次節以下で考察する。

## II EU法における差別事由の階層化

先行研究でも指摘されている差別事由の「階層化」は，ヨーロッパ人権条約内で完結するのではなく，同条約締約国の国内法や他の人権条約，EU法等と連動した現象である[18]。本節では，ヨーロッパ人権条約の検討を行う前提として，EU法における人種・民族差別禁止法理の発展に注目し，差別事由間に階層関係が生じた背景を概観する。

EUの前身に当たる3共同体（ヨーロッパ経済共同体 European Economic Community; EEC，ヨーロッパ石炭鉄鋼共同体 European Coal and Steel Community; ECSC，ヨーロッパ原子力共同体 European Atomic Energy Community; Euratom/EAEC）のいずれの設立文書も，人権保障には言及していない[19]。しかし，経済統合と労働者の自由移動という目的を実質化するため，同一労働同一賃金，男女労働者間の非差別，及び，医療保険，年金，就学のような労働者の家族に関わる問題を中心に，国籍と性別に基づく差別を禁止する規定が置かれていた。さらに，雇用における男女平等取扱に関する指令 76/207/EEC[20] や

---

18) See, Howard, *supra* note 12, p. 453.
19) 3共同体創設の時点で，既にヨーロッパ人権条約が発効しており，人権保障は，そちらが担うことが想定されていた。詳しくは次を参照：山本直『EU人権政策』（成文堂，2011年）130-133頁。

性別に基づく差別における立証責任に関する指令 97/80/EC[21]，移住労働者の住居の取得に関して他の構成国出身者に対する差別を禁止する規則 1612/68[22] や移動・滞在の制限を撤廃する規則 1251/70[23]等が採択された。これらは，経済統合や統一市場の創設という目標に従属するものであって，EU 構成国の国民のみを対象とする点で，人権保障とは性格が異なる。しかし，個人間の差別を禁止する点で，潜在的には人権保障と全く無関係ではなかった[24]。川田によると，差別禁止に関する EU 法上の規則は，国籍や性別といった個人の属性に基づく差別を禁止するものと，パートタイムや有期雇用のような雇用形態に基づく差別を禁止するものに区分できる。そして，前者は，特に個人の属性に基づく差別を禁じる点で，人権思想に基づく差別規制へと発展していった[25]。

1997 年，アムステルダム条約によって旧 EC 条約が改正されると，規制対象となる差別事由が大きく増加した。同条約 13 条（現在の EU 運営条約 19 条）

---

20) Council Directive 76/207/EEC on Implementation of the Principle of Equal Treatment for Men and Women as regards Access to Employment, Vocational Training and Promotion, and Working Conditions, 9 February 1976, OJ L 39/40.
21) Council Directive 97/80/EC on Burden of Proof in Cases of Discrimination Based on Sex, 15 December 1997, OJ L 14/6.
22) Regulation (EEC) No 1612/68 of the Council of 15 October 1968 on Freedom of Movement for Workers within the Community, OJ L 257/02.
23) Regulation (EEC) No 1251/70 of the Commission of 29 June 1970 on the Right of Workers to Remain in the Territory of a Member State after having been Employed in that State, OJ L 142.
24) 西原博史『平等取扱の権利』（成文堂，2003 年）16-17 頁。EU 法上の一般原則の観点から考察するものとして，R. Henru, *Principe d'égalité et principe de non-discrimination dans la jurisprudence de la Cour de justice des communautés européennes* (L.G.D.J., 2003), p. 45-50.
25) 川田知子「EC 指令における差別禁止事由の特徴と相違—人的理由に基づく差別禁止と雇用形態に基づく差別禁止の比較」『亜細亜法学』44 巻 2 号（2010 年）74-75 頁。以下で扱う「枠組指令」や「人種平等指令」の前文では，ヨーロッパ人権条約や世界人権宣言，国連の主要な人権条約への言及が見られる：Council Directive 2000/43/EC, recitals 2 and 3 of the preamble; Council Directive 2000/78/EC, recitals 1 and 4 of the preamble.

1項は，EC理事会に対して，「全会一致により，性別，人種若しくは種族的出身，宗教若しくは信条，障碍，年齢，または性的指向に基づく差別と闘うために，適切な行動をとる（強調は筆者による）」ことを求めている。これが発効した翌年の2000年には，雇用・職業分野における差別禁止の枠組を定める指令2000/78/EC（以下，「枠組指令」）[26]や人種的・種族的出自に基づく差別を禁止する指令2000/43/EC（以下，「人種平等指令」）[27]が採択された。

旧EC条約にも指令にも，差別事由間の階層関係に関する規定はない。しかし，次の2つの理由から，人種や民族的出自に基づく差別については，他の事由よりも高い保護の要請を読み取ることができる。第1に，宗教または信条，障碍，年齢，性的指向の各事由による差別を禁止する枠組指令とは別に，人種や民族的出自による差別を禁止する指令が採択された点である。理事会内では，差別事由ごとにそれぞれ指令を採択する可能性も模索されたが，全会一致による合意形成が困難だったため，指令を採択する機会を逸する前に，人種・民族的出自による差別を規制する指令のみが別に採択された[28]。枠組指令や人種平等指令が起草されていた時期は，中東欧諸国のEU加盟を目前に控えていた時期と重なる。複雑な少数者問題を抱えていた国々を迎え入れるにあたって，人種・民族平等に関する法規則を備えた共同体法（acquis communautaire）を整備することが不可欠だという認識が理事会内で共有されており，人種平等指令の採択を後押しした[29]。

---

26) Council Directive 2000/78/EC of 27 November 2000 Establishing a General Framework for Equal Treatment in Employment and Occupation, OJ L 303/16.

27) Council Directive 2000/43/EC of 29 June 2000 Implementing the Principle of Equal Treatment between Persons Irrespective of Racial or Ethnic Origin, OJ L 180/22.

28) K. Hughes, "Article 13: A Framework for Action", at Conference "Ethnic Minorities in Europe: Rethinking and Restructuring Anti-discriminatory Strategies" (Birmingham, 17-19 February 2000), quoted at Howard, *supra* note 12, p. 451.

29) Howard, *ibid.*, p. 451; see also, E. Evelyn, "The Principle of Non-Discrimination in the Post-Nice Era", in *Accountability and Legitimacy in the European Union* (2002), pp. 291-305; A. Tyson, "The Negotiation of the European Community Directive on Racial Discrimination", in *European Journal of Migration and Law*, Vol. 3, Issue 2 (2001), pp.

第2に，指令の規定内容からも，人種・民族差別を他の差別より強く規制していることが分かる。人種平等指令と枠組指令を比較すると，前者の方が例外規定が少ない。人種平等指令では，人種・民族的出自に基づいて扱いの差異を設けることは，真正かつ決定的な職業上の必要（genuine and determining occupational requirements）がある場合にのみ許容される（4条）。これに対して，枠組指令の規定では，同指令が保護対象とする事由による扱いの差異を設けることは，職業上の必要（occupational requirements）があれば許容され得る（4条）。さらに，枠組指令には，公の安全，公の秩序の維持や犯罪の防止，健康や他人の人権・自由の保護のために必要な制限を認める包括的例外規定が置かれているのに対して（2条5項），人種平等指令にそのような規定は見られない[30]。

　人種や民族的出自による差別を強く規制できたのは，この問題に関して，旧EC理事会が全会一致で意思決定できた結果である。これが，後にヨーロッパ人権条約にも影響を与えていく。この点を次節以下で検討する。

## III　ヨーロッパ人権条約における差別事由の階層化

　ヨーロッパ人権条約14条は条約上の権利について，第12議定書1条は法律上の権利について，それぞれ，「性，人種，皮膚の色，言語，宗教，政治的意見その他の意見，国民若しくは社会的出身，少数民族への所属，財産，出生若しくは他の地位等」に基づく差別を禁止する。これらの列挙事由間の階層関係を明示する規定はないが，人権裁判所の判例を通して，要求される正当化根拠

---

　　210-211.
30)　Howard, *ibid.*, p. 447. 人種平等指令の前文では，EUは，異なる人間の種（separate human race）の存在を認めるような理論を排除する旨が宣言されている（Recital 6）。See, M. Bell, "The Implementation of European Anti-Discrimination Directives: Converging towards a Common Model?", in *The Political Quarterly*, Vol. 79, Issue 1 (2008), p. 37.

の厳格度に応じた階層関係が生じている。そして，特に厳格な根拠が要求されるものは，「疑わしい事由（suspected ground）」と呼ばれる。以下では，(1)差別事由間に階層が生じた経緯を概観し，続いて，(2)最も厳しい審査が要求される人種・民族的出自に基づく扱いの差異について，人権裁判所が「多元主義」や「文化的多様性」をどのように判決中に読み込んでいるか検討する[31]。

## 1　「疑わしい事由」と審査の厳格化

　条約に違反する差別の有無を審査する際に，ヨーロッパ人権裁判所は，「類似の状況にある者の間に扱いの差異が存在するか」「当該扱いの差異が，客観的かつ合理的に正当化されるか」という二段階の審査を行う。すなわち，法律や国家当局による処分の結果，類似の状況にある者の間に事実として扱いの差異があり，かつ，合理的かつ客観的にそれを正当化する根拠が示されない場合に条約違反が生じる。ベルギー言語事件（1968年）では，「客観的かつ合理的な正当化」には，民主的な社会で通常認められる原則に照らして，扱いの差異を設ける措置に正当な目的があり，かつ，それを実現する手段との間に合理的な比例関係（reasonable relationship of proportionality）が存在することが必要であると判示された[32]。裁判所は通常，民主的プロセスによって決定された国内政策には正当な目的があると認めるため，判断の中心は，国家の措置から生じた効果が，条約と両立するか否かという点に置かれる[33]。「比例関係」の有無を判断する基準は，常に同一ではなく，問題となっている差別事由によって

---

[31] 本節で扱う問題との関連で参照：申惠丰『国際人権法―国際基準のダイナミズムと国内法との協調』第 2 版（信山社，2016 年）369 頁以下；D. J. Harris *et al*, *Harris, O'Boyle & Warbrick Law of the European Convention on Human Rights*, 2$^{nd}$ edn (Oxford University Press, 2009), pp. 590-602.

[32] ECtHR, Case Relating to Certain Aspects of the Laws on the Use of Languages in Education in Belgium (Belgian Linguistic Case), Application Nos 1474/62; 1677/62; 1691/62; 1769/63; 1994/63; 2126/64, 23 July 1968, IB, para. 10.

[33] O. M. Arnardóttir, *Equality and Non-Discrimination under the European Convention on Human Rights*, (Martinus Nijhoff Publishing, 2003), p. 43.

異なる[34]。つまり,「疑わしい事由」に基づく扱いの差異が問題となる場合,「客観的かつ合理的な正当化」という概念は,他の事由の場合と比較して厳格に解釈される。条約や判決の中に,この「疑わしい事由」という概念の定義は見られない。しかし,「客観的かつ合理的な正当化」の際に要求される根拠の「重さ」の違いから,それを読み取ることができる[35]。これには,性別,出生,宗教,国籍,性的指向が該当する。

　まず,性別に基づく扱いの差異に関しては,アブドゥラジス・カバレス・バルカンダリ対英国事件 (1985年) がよく参照される。同事件では英国に居住していた女性の夫として入国しようとした非英国籍の男性3名が,移民法に基づいて在留ないし入国を拒否された。そして,国籍を持たない配偶者の定住許可を申請する場合,申請者自身が女性である場合よりも男性である場合の方が,許可を得やすい点について,性別に基づく扱いの差異が客観的かつ合理的に正当化されるためには,非常に重大な理由 (very weighty reasons: raisons très fortes) が必要であるとして,条約8条 (私生活および家族生活の尊重) と併せ読んだ14条[36]の違反が認定された[37]。続いて,婚外子という出生時の

---

34) O. de Schutter, *The Prohibition of Discrimination under European Human Rights Law: Relevance of the EU Non-discrimination Directive: An Update* (European Commission, 2011), pp. 15-21, at, http://ec.europa.eu/justice/discrimination/files/the_prohibition_of_discrimination_under_european_human_rights_law_update_2011_en.pdf (as of 31 July 2016). See, K. Henrard, "A Patchwork of 'Successful' and 'Missed' Synergies in the Jurisprudence of the ECHR", in K. Henrard & R. Dunbar (eds), *Synergies in Minority Protection: European and International Perspective* (Cambridge University Press, 2008) pp. 314ff.; A. W. Heringa, "Standards of Review for Discrimination: The Scope of Review by the Courts", in T. Loenen & P. R. Rodrigues (eds), *Non-Discrimination Law: Comparative Perspective* (Kluwer Law International, 1999), p. 25.

35) T. Loenen, "Indirect Discrimination: Oscillating between Containment and Revolution", in Loenen & Rodrigues (eds), *ibid.*, p. 29; de Schutter, *ibid.*, pp. 15-16.

36) ヨーロッパ人権条約14条は,同条約上の実体的権利規定と併せ読んで (in conjunction with: combiné avec) 解釈されるという特徴を持つ。すなわち,人権裁判所は原則として,問題となっている権利規定の違反の有無をまず審査し,当該規

地位に基づく扱いの差異については、インゼ対オーストリア事件（1987年）において、婚外子であるという出生時の地位（children born out of wedlock: enfants nés hors mariage）を理由とする扱いの差異の正当化には、「非常に重大な理由」が必要であると判示された[38]。国籍については、ギャグスツ対オーストリア事件（1996年）において、専らそれによる扱いの差異の正当化には、「非常に重い理由」が必要であるとして、オーストリアで合法的に居住・就労し、国民と等しく失業保険の拠出金を支払っていた外国人に、失業保険受給資格が失効した際に支給されるべき緊急援助金が支払われなかった点について、14条と併せ読んだ第1議定書1条（財産権）の違反が認められた[39]。

性別、国籍、出生と比較して、性的指向には、更に厳格な基準が適用される。カーナー対オーストリア事件（2003年）では、婚姻関係にないカップルの一方が死亡した後、他方に賃借権の継承を認める賃借法上の規定を同性カップルに適用しない事実について、性的指向に基づく扱いの差異の正当化には、特に深刻な理由（particularly serious reasons: raisons particulièrement graves）が必要であるとして、8条と併せ読んだ14条違反が認められた[40]。

---

　定自体の違反がない場合に限って、同規定と14条を併せ読んで違反がないかを審査する。このことは、条約上の権利自体は保障されており、実体規定自体への違反はないが、他者との比較において、保障の程度が不合理に低い場合に、14条の効果によって条約違反が認定される可能性を提供している：ECtHR, Belgian Linguistic Case, *supra* note 32, IB para. 9; see, R. C. A. White & C. Ovey, *Jacobs, White & Ovey The European Convention on Human Rights*, 5$^{th}$ edn (Oxford University Press, 2010), pp. 551-554.

37) ECtHR, Abdulaziz, Cabales and Balkandali v. the United Kingdom, Application Nos 9214/80; 9473/81; 9474/81, 28 May 1985, para. 78.
38) ECtHR, Inze v. Austria, Application No. 8695/79, 28 October 1987, para. 41.
39) ECtHR, Gaygusuz v. Austria, Application No. 17371/90, 16 September 1996, para. 42.
40) ECtHR, Karner v. Austria, Application No. 40016/98, 24 July 2003, paras 37-43. なお、この判決以前に、同性愛であるのみを理由とする権利の制約には、「特に深刻な理由」や「特に説得力のある重大な理由（particularly convincing and weighty reasons: raisons particulièrement solides et convaincantes）」が必要であるとして、専ら当該

宗教に基づく扱いの差異に関しては，「非常に重大な理由」や「特に深刻な理由」といった理由の重大性を指示する文言は使用されていないが，この事由にも厳格な正当化が求められる。カトリックからエホバの証人に改宗した後に離婚した女性が親権を得られないことが，8条と併せ読んだ14条違反であるとされたホフマン対オーストリア事件において，裁判所は，「本質的に宗教のみに基づく扱いの差異は受け入れられない (distinction based essentially on a difference in religion alone is not acceptable: ne saurait tolérer une distinction dictée pour l'essentiel par des considérations de religion)」という表現で，厳格な正当化根拠を要求した[41]。

それでは，人種や民族的出自に基づく扱いの差異の正当化には，どの程度厳格な根拠が求められるのだろうか。この点は，2000年代の判例の蓄積を通して，それが「疑わしい事由」であり，更に厳格な正当化が必要であることが明らかになった。次にこの点を詳細に検討する。

## 2 人種・民族差別における審査の厳格化

旧ヨーロッパ人権委員会の決定の中には，人権条約14条と併せ読むまでもなく，人種差別がそれ自体として人権侵害であるとしたものが見られる。たとえば，East African Asian (東アフリカのアジア系住民) 対英国事件 (1973年) では，人種に基づく差別が，3条の「品位を傷付ける扱い」を構成すると判示された[42]。条約上の実体的権利規定単独ではなく，14条と併せ読んだ結果とし

---

　理由による解雇は，14条違反を問うまでもなく，8条単独の違反を構成するとした判例がある：Lustig-Prean and Beckett v. the United Kingdom, Application Nos 31417/96 and 32377/96, 27 September 1999, paras. 83-87.

41) Hoffmann v. Austria, Application No. 12875/87, 23 June 1993 para. 36. なお，申立人は9条違反も主張したが，8条と別個の問題を構成しないとして，裁判所は検討しなかった (para. 38)。

42) European Commission on Human Rights, East African Asians v. the United Kingdom, Application Nos 4403/70-4419/70, 4422/70, 4423/70, 4434/70, 4443/70, 4476/70-4478/70, 4486/70, 4501/70 and 4526/70-4530/70, decision of 14 December

て，人種・民族的出自に基づく差別が条約違反であるとしたリーディングケースとして参照されるのが，2005年のナチョヴァほか対ブルガリア事件である。同判決は，ロマという民族的少数者の出自を有する脱獄者が警察官によって射殺された事件について[43]，人種的偏見の介在の有無に関する調査を国家当局が怠ったとして，14条と併せ読んだ2条（生命に対する権利）違反を認定した[44]。裁判所によると，人種差別は人の尊厳に対する特に深刻な侮辱であり，国家当局には特別の警戒と総力を挙げた対応をし，あらゆる利用可能な手段を用いて人種主義や人種的暴力と闘うことが求められる。そのことによって，多様性（diversity）が，脅威ではなく豊かさの源泉であると理解される民主主義的な社会観が促進される[45]。また，同年のティミシェフ対ロシア事件では，人種・民族的出自に基づく扱いの差異が正当化されるための要件が示された。それによると，多元主義と異文化への尊重という原則に立脚する現代民主社会において，「専らあるいは決定的な程度で（exclusively or to a decisive extent）」，人の民族的出自に基づくいかなる扱いの差異も，客観的に正当化できない[46]。

---

  1973, para. 207. これを踏襲するものとして，ECtHR, Cyprus v. Turkey, Application No. 25781/94, 10 May 2001, para. 306.

43) ロマ（Roma）は，かつてはジプシー（Gypsy; Gitan）やツィゴイナー（Zigeuner），シンティ（Sinti; Sinté）とも呼ばれた民族集団であり，ヨーロッパ各地で根深い差別にさらされている。国連やヨーロッパの地域的国際機構の民族的少数者の保護に関する文書の中には，特にこの民族を対象としたものがある；*e.g.*, Council of Europe, Recommendation No. R (2000) 4 of the Committee of Ministers to member States on the Education of Roma/Gypsy Children in Europe, 3 February 2000; CERD, General Recommendation 27 on Discrimination against Roma, 16 August 2000, UN Doc., A/55/18, annex V. この民族に関する包括的な研究として次を参照：小川悟『ジプシー―シンティ・ロマの抑圧の軌跡』（関西大学出版部，2001年）；*J. P. Liégeois, The Roma in Europe* (Council of Europe Publishing, 2007).

44) ECtHR, Nachova and Others v. Bulgaria, Application Nos 43577/98 and 43579/98, 6 July 2005, para. 168.

45) *Ibid.*, para. 145.

46) ECtHR, Timishev v. Russia, Application Nos 55762/00 and 55974/00, 13 December 2005, paras. 56-58.

さらに、同判決は、人種（race）と民族的出自（ethnic origin）の概念の定義と両者の関係を説明している。前者は、皮膚の色や顔の特徴のような形態学的分類に基づく人間の生物学的区分に関する概念であるのに対して、後者は、共通の国民性や同族性、宗教、言語や文化、伝統等によって特定される社会的意味での人間集団に関する概念であり[47]、厳密には異なる。しかし、民族的出自に基づく差別は一種の人種差別であるとして[48]、条約違反の審査のうえでは、両者を区別していない。このことは、人種や民族的出自に基づく扱いの差異には、他の「疑わしい事由」以上に厳格な正当化根拠が要求されることを示している。

その後、人種・民族的出自による扱いの差異に対して厳格な正当化根拠を要求する解釈は、次の２つの点で、更に強まっている。第１に、判断の焦点が、国家が実施した措置そのものではなく、その結果生じた事実に移っている。第２に、申立人が被差別集団の出身である場合に、彼（女）らの個別的事情よりも、当該集団が全体として置かれた状況を検討するようになっている。契機となったDHほか対チェコ事件大法廷判決（2007年）では、小学校入学時に実施された知能テストに基づいて、一部の児童を特別支援学校に編入させた結果、民族的少数者であるロマ出自の児童の編入率が著しく高かった事実につき、申立人が置かれた個別的状況を越えて、チェコ国内のロマ集団全体が置かれた状況から、申立人個人に対する差別の存在を推定する論法がとられた。すなわち、ナチョヴァ事件判決の言明を繰り返し[49]、人種、皮膚の色、民族的出自に基づいて扱いの差異が設けられる場合、「客観的かつ合理的な正当化」という概念は可能な限り厳格に解釈しなければならないとした[50]。そして、民族的少数者の児童の教育を促進するチェコ政府の努力を評価しつつ、国内法制が

---

47) *Ibid.*, para. 55.

48) *Ibid.*

49) ECtHR, D.H. and Others v. the Czech Republic [GC], Application No. 57325/00, 13 November 2007, para. 176.

50) *Ibid.*, para. 196.

ロマの共同体全体に不均衡な効果をもたらしているとして、申立人の個別的事情を検討することなく、14条と併せ読んだ第1議定書2条（教育に対する権利；right to education; droit à l'instruction）違反を認定した[51]。同判決以後、原初的に不利な状況に置かれた集団に対する人種・民族差別が争われる場合に、締約国が実施した措置に差別的性格がないとしても、当該集団全体に差別的な効果が生じていることを理由に、申立人の個別的事情を検討することなく条約違反を認定する判決が続いている[52]。この「社会文脈的アプローチ（social contextual approach）」に対しては[53]、申立人の個別的事情よりも、申立人が属する集団の事情や社会環境に注目する点で、裁判所の役割を越えて国内社会の構造に立ち入っているという批判あるいは、申立人の個別事情を十分に検討しない点で、人権裁判所の役割を弱めるという批判がある[54]。しかし、歴史的・社会構造的事情に鑑みて、特定の集団に対する差別の存在が強く推定される状況下で、申立人の個別的な事情のみを検討したのでは救済できない差別の問題を司法過程に持ち込み、被差別集団の社会的包摂を促進する機能が期待される[55]。

---

51) *Ibid.*, paras. 208-209.

52) *E.g.*, ECtHR, Sampanis et autres c. Grèce, Requête n° 32526/05, 5 juin 2008, paras. 85 et seq ; Oršuš and Others v. Croatia [GC], Application No. 15766/03, 16 March 2010, paras 176ff; Sejdić and Finci v. Bosnia and Herzegovina [GC], Application Nos 27996/06 and 34836/06, 22 December 2009.

53) Arnardóttir, *supra* note 12, pp. 663-664; see, A. Timmer, "Toward an Anti-Stereotyping Approach for the European Court of Human Rights", in *Human Rights Law Review*, Vol. 11, Issue 4 (2011), pp. 707-738.

54) ECtHR, D.H. Case [GC], *supra* note 49, Dissenting Opinion of Judge Jungwiert, paras 4-5, Judge Borrego-Borrego, paras. 3-7; Oršuš Case [GC], *supra* note 52, Joint Partly Dissenting Opinion of Judges Jungwiert, Vajić, Kovler, Gyulumyan, Jaeger, Myjer, Berro-Lefèvre and Vučnić, paras 5, 8-10, 14-17; S. S. Åkermark, "Images of Children in Education: a Critical Reading of DH and Others v. Czech Republic", in E. Brems (ed.) *Diversity and European Human Rights: Rewriting Judgments of the ECHR* (Cambridge University Press, 2013), pp. 51-55.

55) C. Nikolaidis, *The Right to Equality in European Human Rights Law: The Quest for

## 3 小　　括

　以上の検討を通して，ヨーロッパ人権裁判所は，差別事由ごとに扱いの差異が客観的かつ合理的に正当化されるために要求される根拠の厳格度を変えており，それに応じた「疑わしい事由」と他の事由の区分が生まれていることを示した。特に，人種や民族的出自に基づく扱いの差異の正当化には，最も厳格な根拠を要求する。このとき，「多様性」や「異文化の尊重」という用語を繰り返し用いて，裁判所が立脚する社会観を表明している。こうした判例動向には，第Ⅱ節で扱ったEU法の動きとの類似性が見られる。次節では，この2つの法体系間の連関性に焦点を当てた考察を行う。

## Ⅳ　差別事案における評価の余地の縮減と「共通基盤」の形成

　差別事案において，扱いの差異を客観的かつ合理的に正当化するために，厳格な根拠が要求されることは，当該差異を設けるような措置の実施に伴う国家の裁量が狭められることを意味する。ヨーロッパ人権裁判所の解釈理論上，条約の実施に関する国家の裁量は，「評価の余地（margin of appreciation: marge d'appréciation）」と呼ばれる[56]。先述のとおり，評価の余地の範囲を決定する要素の1つに，締約国の法に見られる「共通基盤」があり，特に人種・民族差別の禁止に関する共通基盤の有無の判断には，EU法が顕著に影響している。本節では，評価の余地理論を手掛かりとして，差別事案において，(1) 人権裁

---

　　*Substance in the Jurisprudence of the European Courts* (Routledge, 2014), p. 78.
56）　評価の余地に関する包括的な研究として，たとえば次を参照：江島晶子「ヨーロッパ人権条約における『評価の余地』理論の新たな発展」『明治大学大学院紀要』29集（1992）55-73頁；北村泰三「ヨーロッパ人権条約と国家の裁量：評価の余地理論に関する人権裁判所判例を契機として」『法学新報』88巻7・8号（1981年）35-95頁；A. Legg, *The Margin of Appreciation in International Human Rights Law: Deference and Proportionality* (Oxford University Press, 2012).

判所が国家の評価の余地の幅をどのように判断してきたか概観し，続いて，(2)人種・民族的出自に基づく差別の禁止に関する「共通基盤」の認定に，EU法がどのように介在したかを考察する。

## 1　差別事案における評価の余地の縮減

　ヨーロッパ人権条約には，「評価の余地」に関する根拠規定は置かれていない。しかし，条約の実施について第一義的な権限を持つ締約国の主権と人権裁判所の補完的役割，人権の効果的な保障と個別国家内部における民主的決定の尊重を調整するための解釈理論として，人権裁判所の判例を通して発展してきた[57]。古くは，ヨーロッパ人権条約15条の「公の緊急事態」の場合に，事態に対処する直接の責任を負う締約国政府の裁量を重視するという前提の下に導入された概念であった[58]。その後，「公の緊急事態」とはかかわりなく，条約上の権利規定全般に適用が拡大され，同時に，ヨーロッパ人権条約を実施するうえで締約国の裁量を認めるための理論から，裁量の限界を画定するための理論としての性格を強めていった[59]。

　先述のベルギー言語事件では，条約上の権利を実現するための具体的な実施措置を選択する自由が，締約国に残されているとして，14条についても締約国に評価の余地が認められることが判示された[60]。その後，離婚した男女の間で，親権の確認を行う手続にアクセスする要件が異なることが性別に基づく差別か否かが争われたラスムセン対デンマーク事件（1985年）では，評価の余地の範囲を決定する要素が示された。すなわち，事件の状況（circumstances: circonstances），主題（subject-matter: domaines）および背景（background:

---

[57]　See, ECtHR, Handyside v. the United Kingdom, Application No. 5493/72, 7 December 1976, para. 48.
[58]　詳しくは，北村，前掲論文注56）41-44頁。
[59]　北村，上掲論文，52-56頁；江島，前掲論文注56）63頁以下，本稿の文脈との関係で，特に69頁を参照。
[60]　ECtHR, Belgian Linguistic Case, *supra* note 32, IB para. 10.

contexte）であり，それら決定要素は，「締約諸国間の法の間に見られる共通基盤（common ground between the laws of the Contracting States: dénominateur commun aux systèmes juridiques des États contractants）」の存在である[61]。これを判断するに当たって，ヨーロッパ人権裁判所は，判決中で，自身の判例法のみならず，締約国・非締約国を含む各国の国内法，および，世界的・地域的人権機関の法文書を参照し，それらに類似性が見られれば，「共通基盤」の存在を推定する[62]。

　前節で検討した諸判例でも，評価の余地への言及が見られる。アブドゥラジス・カバレス・バルカンダリ対英国事件では，申立人が違反を訴えた条項のうち，8条については，外国人の出入国や在留管理に関する国内法制および慣行は多様であるとして，被申立国の広い評価の余地を認めて違反はないとしたが[63]，申請者の性別によって扱いが異なる点について，両性の平等の達成は，ヨーロッパ評議会加盟国の主要な目標であり，この点に関する評価の余地は狭いと判断し，14条と併せ読んだうえで違反を認定した[64]。インゼ対オーストリア事件でも，評価の余地の範囲との関連で，ヨーロッパ評議会加盟国間の法の発展と1975年の「婚外子として出生した子の法的地位に関するヨーロッパ条約（European Convention on the Legal Status of Children born out of Wedlock）」を参照している[65]。ギャグスツ対オーストリア事件では，「共通基盤」の有無自体は検討していないが，他の判決でも述べられている評価の余地の画定要素に言及している[66]。また，カーナー対オーストリア事件では，第三者として意見を提出した各NGOが，EUの決議や指令に依拠しながら，性別と性的指向

---

61) ECtHR, Rasmussen v. Denmark, Application No. 8777/79, 28 November 1984, para. 40.
62) G. Letsas, *A Theory of Interpretation of the European Convention on Human Rights* (Oxford University Press, 2007), pp. 58-79.
63) ECtHR, Abdulaziz, Cabales and Balkandali Case, *supra* note 37, para. 67.
64) Ibid., paras 78-79; 江島，前掲論文注55）69頁。
65) ECtHR, Inze Case, *supra* note 38, para. 41.
66) ECtHR, Gaygusuz Case, *supra* note 39, para. 42.

に基づく差別を規制する法の発展を主張し[67]，裁判所もこれに沿って，評価の余地の縮減を認めている[68]。

以上のように，ヨーロッパ人権裁判所は，ヨーロッパ評議会以外の機関の状況も考慮しながら法の発展状況を確認し，「共通基盤」の存在が確認できた場合には，締約国の評価の余地の範囲を狭めている。それでは，最も強い根拠が必要となる人種・民族的出自の場合には，どのような「共通基盤」が存在するのだろうか。

## 2　人種・民族差別禁止に関する「共通基盤」の形成とヨーロッパ人権条約への影響

国家の措置によって，人種・民族的出自に基づく扱いの差異が生じる場合，「客観的かつ合理的な正当化」という概念が，可能な限り厳密に解釈されることは，先に述べたとおりである。これを評価の余地の範囲画定の観点から見れば，当該事由による差別を規制する強い「共通基盤」が成立していることになる。以下で論じるように，人種・民族差別事案における評価の余地の範囲画定には，EU法における差別禁止原則の発展が介在している[69]。

---

[67] ECtHR, Karner Case, *supra* note 40, para. 36
[68] *Ibid.*, para. 41.
[69] EU法の中でヨーロッパ人権条約が参照され，基本権保障の仕組みを発展させてきたことも，本稿のテーマと並んで重要である。旧ヨーロッパ共同体司法裁判所の主要な判例として，Case 4/73 Nord KG v. Commission (1974) ECR 491; Case 44/79 Hauer v. Land Rheinland-Pfalz (1979) ECR 3727; voir, P. Pescatore, « La coopération entre la Cour communautaire, les juridictions nationales et la Cour européennes des droits de l'homme dans la protection des droits fondamentaux » *Revue du marché commun et de l'Union européenne*, n° 466 (2003), p. 152-153；小畑郁「欧州評議会・欧州人権条約からみたヨーロッパ憲法秩序」中村民雄，山元一編『ヨーロッパ「憲法」の形成と各国憲法の変化』（信山社，2012年）29-34頁；須網隆夫「ヨーロッパにおける憲法多元主義―非階層的な法秩序像の誕生と発展」『法律時報』85巻11号（2013年）43-48頁；中西優美子『EU法』（新世社，2012年）40-46頁；山本，前掲書注19）130頁以下。

人種・民族差別の事案では，ヨーロッパ人権裁判所の判決中で，ヨーロッパ評議会のほか，EU や欧州安全保障協力機構（Organization for Security and Co-operation in Europe; OSCE）の文書への言及が頻繁に見られる。たとえば，ロマの女性が，自己の所有する土地で可動式住居に居住するのを不許可とされたことが争われたチャプマン対英国事件（2001 年）では，結果的に条約違反は認定しなかったが，ジプシー（ロマ）の地位に関して，ヨーロッパ評議会議員会議（Parliamentary Assembly）や人種差別と不寛容に対するヨーロッパ委員会（European Commission against Racism and Intolerance; ECRI），EU の決議や OSCE の報告書等を検討した[70]。ナチョヴァほか対ブルガリア事件およびティミシェフ対ロシア事件では，評価の余地に対する直接の言及はないものの，民族的少数者保護枠組条約（Framework Convention for the Protection of National Minorities）や ECRI の一般政策勧告，国連の人種差別撤廃条約，同委員会の意見を参照し，人種や皮膚の色，民族的出自に基づく差別の禁止に関する国際的な法の発展を指摘し[71]，差異の正当化に関して，厳格な根拠を求めるという先述の解釈を導出している[72]。

社会構造的な差別の被害者を救済する契機となった DH ほか対チェコ事件大法廷判決では，人種・民族的出自による扱いの差異の正当化をめぐって，評価の余地が改めて問題となった。裁判所は，国連の市民的および政治的権利に関する国際規約（自由権規約）や人種差別撤廃条約，児童（子ども）の権利条約，ユネスコの教育差別撤廃条約，EU の指令や判例に言及しながら，人種差別の禁止に関する国際規範の発展を説明し[73]，特に，当時の EC 法において，差別の禁止や平等取扱に関する法規則がよく発達していることを指摘してい

---

70) ECtHR, Chapman v. the United Kingdom, Application No. 27238/95, 18 January 2001, paras. 55-67. 近年では，「ジプシー」という呼称は差別的であるとして，代わりに「ロマ」が使用される傾向があるが，同判決中では，前者が使用されている。

71) ECtHR, Nachova Case, *supra* note 44, paras 76-82; Timishev Case, *supra* note 46, paras. 33-34.

72) Nachova Case, *ibid.*, para.145; Timishev Case, *ibid.*, paras. 53-58.

73) ECtHR, D.H. Case [GC], *supra* note 49, paras. 54ff.

る[74]。ヨーロッパ人権条約14条の解釈に際しても，人種平等指令2条2項(b)における「間接差別」の定義，Regina v. Secretary of State for Employment 事件（1999年）[75]や Hilde Schönheit v. Stadt Frankfurt am Main および Silvia Becker v. Land Hessen 事件（2003年）[76]の各判決を引用しつつ[77]，政策上の措置を実施するうえで，被抑圧集団の特別のニーズを考慮すべき国家の積極的義務を導き，評価の余地を他の事由による差別の場合よりも狭く解している[78]。

## おわりに

　ヨーロッパ人権裁判所は，人種や民族的出自に基づく扱いの差異の正当化可能性を審査する際に，他の「疑わしい事由」以上に，特に厳格な審査を行っている。このとき，裁判所が立脚する民主主義的社会観を表明し，「多様性が豊かさの源泉である」，「多元主義と異文化の尊重という原則の上に築かれる」と述べ，文化的多様性と人権が両立し，国家による人権の制約を限界付ける要素として捉えられているように見える。しかし，事案の性質によっては，評価の余地理論が，国家による人権の制約を追認する機能を持つ。例えば，国家の宗教的中立を旨とする世俗主義によって，公共の場において宗教的シンボルを着用することによる宗教的信念の表明の自由が制約される場合，国家の評価の余地を広く解して権利の制約を許容する点で，文化的多様性への制約にもつながる[79]。ヨーロッパ人権裁判所は，現代民主主義社会の基本原則とみなす「多元性」や「多様性」に具体的な定義を与えないまま[80]，自身が判決中で決定した

---

74) *Ibid.*, paras. 81ff.
75) CJEC, Case C-167/97, Regina v. Secretary of State for Employment, ex parte Nicole Seymour-Smith and Laura Perez (1999) ECR I-623.
76) CJEC, Joined Cases C-4/02 and C-5/02, Hilde Schönheit v. Stadt Frankfurt am Main and Silvia Becker v. Land Hessen (2003) ECR I-12575.
77) ECtHR, D.H. Case [GC], *supra* note 49, paras. 184-187.
78) *Ibid.*, para. 207.
79) 北村，前掲論文注11) 109-112頁。

評価の余地の範囲を正当化するためにこれらの概念に言及している。

　評価の余地の範囲を決定し，その違いに応じた差別事由の階層関係を生んでいる大きな要素は，締約国間の法の「共通基盤」であった。ヨーロッパ人権条約には，国際司法裁判所（International Court of Justice; ICJ）規程 38 条のような，裁判所が依拠すべき法規則を明示する規定は置かれていない。評価の余地理論を媒介して，ヨーロッパ人権条約制度の外部で共通人権基準の発展が見られる分野においては，それを条約解釈に反映させながら[81]，「生きた文書（living instrument）」として人権保障の程度を高めることが期待される[82]。その反面，法制度の差異が大きい分野において，評価の余地理論は，条約との両立性を十分に検討することなく，国ごとの多様性を尊重するという体裁をとって国家による人権の制約を正当化する役割を演じる危険性を残している。

　本稿はヨーロッパ人権法を事例として取り上げたが，差別禁止規定の解釈をめぐっては，日本法も同様の問題を抱えている。社会構造に起因する差別は，不利益を被る当人に直接向けられていないため，権利侵害そのものを認識しにくい。日本国憲法 14 条についても，差別が存在する社会的文脈を読み込むような解釈手法が確立されているとはいえない[83]。ある国家に属する諸個人が持つ文化的背景が多様性になるほど，ある政策や措置が，特定の者にとって不利に働くことは珍しくなくなる。この場合，そうした被差別者の個別的事情を完

---

80) 国際法の諸分野を横断する「文化」概念の意味内容を探求するものとして参照：久保庭慧「国際法における間領域的「文化」概念の構築―文化多様性世界宣言，文化多様性条約を手がかりに」『中央大学大学院研究年報（法学研究科篇）』42 号（2012 年）25-47 頁。

81) ヨーロッパ人権条約 53 条。

82) 江島晶子「ヨーロッパ人権裁判所の解釈の特徴」戸波ほか編，前掲書注 1) 29-30 頁。人権保障における法体系間の「対話」に注目する研究として，例えば，次を参照：北村泰三「国際人権法における『補完性原則』の意義―序論的考察」『国際人権』第 25 号（2014 年）22-23 頁；山元一「憲法解釈における国際人権規範の役割―国際人権法を通してみた日本の人権法解釈論の方法論的反省と展望」『国際人権』22 号（2011 年）35-40 頁。

83) 吉田仁美『平等権のパラドクス』（ナカニシヤ出版，2015 年）158 頁。

全に無視することも，不利な影響を被る者が 1 人でもいれば，当該政策・措置を違憲とすることも妥当ではないだろう[84]。本稿が扱った事例は，個人間に差異を設けるような活動を行う国家の裁量を，事由の性質に応じて限界付ける方向性を示すといえよう。

　最後に，本稿が残した課題を指摘する。本稿が注目した裁判所の審査の厳格度に応じた差別事由の「階層化」は，一部の事由による差別を特に厳しく規制するという意味であって，他の事由による差別の規制を緩やかにして良いと解釈してはならない。また，差別の訴えがある場合，現実には複数の事由が複合的に関わっていることが多い[85]。そのため，類似の事案でも，差別事由の特定の仕方によって，必要とされる正当化根拠の厳格度が異なる可能性がある。個々の事案における差別事由の特定の問題は，今後の課題としたい。

【付記】　筆者は，本論文を脱稿する直前の 2016 年 9 月 9 日，国際法学会第 119 年次研究大会と日を重ねて開催された国際法東西合同研究会において，「ヨーロッパ人権条約における人種差別禁止に関するコンセンサスの形成と評価の余地」と題して，重複する内容の口頭発表を行った。参加者より貴重な質問・コメントを賜ったことに感謝申し上げる。

---

84）　木村草太『平等なき平等条項論— equal protection 条項と憲法 14 条 1 項』（東京大学出版会，2008 年）190-192 頁。
85）　この点について，分野横断的（intersectional）または複合的（multiple）差別という概念が注目される：*e.g.*, B. Hepple, *Equality: The Legal Framework*, 2$^{nd}$ edn (Hart Publishing, 2014), pp. 77-78.

# 第 II 部

# 開発，環境と文化多様性

# 第1章

# 文化多様性条約における持続可能な開発

西 海 真 樹

## はじめに

　持続可能な開発とは，この世に生まれた人々，将来生まれ出る人々が，等しく人間としての自己実現の可能性を保障されるべきであるという人間観・世界観に立脚して，私たちの生活を全地球規模で見直すことを促す現代倫理である。「環境と開発に関する世界委員会」の報告書『われら共通の未来』[1]（1987年）が「将来世代がその必要を満たす能力を損なうことなく，現在世代の必要を満たすような開発」という定義を与えて以来[2]，持続可能な開発は急速に国際社会において受け入れられ，リオ・デジャネイロで開かれた国連環境開発会議（1992年）をはじめとするさまざまな国際会議を通じて，国際社会が達成すべき確固たる目標になった[3]。それは環境と開発を相互補完的で不可分のも

---

1) The World Commission on Environment and Development, *Our Common Future,* Oxford, 1987．（邦訳）環境と開発に関する世界委員会（大来佐武郎監修）『地球の未来を守るために』（福武書店，1987年）。
2) *Our Common Future, ibid.*, p. 43.
3) 国際法の観点から持続可能な開発を論じた文献として，さしあたり以下を参照。岩間徹「持続可能な開発と国際環境法」『国際問題』390号（1992年），高村ゆかり「Sustain-able Development と環境の利益」大谷良雄編著『共通利益概念と国際法』（国際書院，1993年），高島忠義「国際法における開発と環境」国際法学会編『日本と国際法の100年第6巻開発と環境』（三省堂，2001年），西海真樹「持続可能な開発の法的意義」『法学新報』第109巻5・6号（2003年），同「持続可能な開発の文化的側面—国連システムにおけるその展開と日本の課題—」日本国際連合学会編

のと捉え両者の綜合をめざす概念として，国際環境法上の基本原則になり，普遍的・地域的な多くの地球環境保全・人権条約の中に具体的規定として取り込まれた。さらに国際紛争解決機関は，具体的事件において持続可能な開発とその構成要素を判断基準として採用し，持続可能な開発を促進するプロセスの一環として経済・環境政策を決定・実施するよう紛争当事国に求めてきた[4]。

このような持続可能な開発は，当初は何よりも環境保護と経済開発とを両立させる概念として捉えられていた。しかし，国際連合における開発概念の拡大に伴いそこに社会的側面が含められるようになった。持続可能な開発が環境保護と経済開発の両立にとどまらずより包括的なものになるとすれば，そこに文化的側面が含められることは当然のなりゆきである。というのも，人間は何らかの社会集団の中で生活し，その社会集団はそれぞれ固有の精神的，物質的，知的，感情的特徴つまり文化を有している。このような文化的側面を考慮せずに，開発をはじめとする人間社会の持続可能性を論じることはできない。

このような認識のもとに持続可能な開発には環境や経済以外にも社会的，文化的側面があるという議論がなされるようになった。たとえば，2002年，ヨハネスブルグで開催された世界サミットに際してハイレベル円卓会議「持続可能な開発のための生物多様性と文化多様性」が開かれたが，そこにおいて当時のフランス大統領ジャック・シラクは「文化は環境，経済，社会と並ぶ，持続可能な開発の第4の柱である」と述べ，文化が持続可能な開発の構成要素であるとの認識を示した[5]。国連教育科学文化機関（以下ユネスコ）は，従来から

---

『国連研究』13号（国際書院刊，2012年），NISHIUMI Maki, "The Cultural Aspects of Sustainable Development", *Japanese Yearbook of International Law*, International Law Association of Japan, no. 57, (2015), 堀口健夫「『持続可能な開発』理念に関する一考察―その多義性と統合説の限界―」『国際関係論研究』20号（2003年），西村智朗「現代国際法における『持続可能な発展』概念の到達点―ヨハネスブルグ会議から見た国際環境法の現状と課題―」『法政論集』202号（2004年），松井芳郎『国際環境法の基本原則』（東信堂，2010年）．

4) この経緯について，次を参照。西海真樹「持続可能な開発の法的意義」前掲論文注3）．

開発の文化的側面を重視し，その意義を提唱してきた。2005年にユネスコ総会が採択した文化多様性条約は，文化多様性は個人および社会にとっての豊かな資産であり，文化多様性の保護，促進および維持は，現在および将来の世代の利益のための持続可能な開発にとって不可欠の要件であると規定した[6]。

　本稿は，持続可能な開発の全体状況をふまえて，文化多様性条約において持続可能な開発がどのように捉えられているのかを，同条約の成立過程に照らして考察するものである。まず，持続可能な開発の全体状況を「全体としての持続可能な開発の展開と現状」および「持続可能な開発の文化的側面の展開と現状」という2つの観点から整理する。その結果，持続可能な開発は全体および文化的側面のいずれにおいても内容が豊富になり着実に実定国際法に取り込まれてきたこと，しかしながら，両者の間には乖離があり，持続可能な開発の文化的側面はユネスコの文脈では大いに議論・発展してきたが，他のフォーラムでは必ずしも同様の関心をもって扱われてこなかったことが明らかになる。次いで，文化多様性条約において持続可能な開発がどのように捉えられてきたかについて，関連する5つの前文・条項の成立過程とそれをふまえた解釈の観点から考察する。以上から，持続可能な開発全体と持続可能な開発の文化的側面との間の乖離を埋めるためには，これまで文化の問題を扱ってこなかった持続可能な開発の研究者が，今後は文化と持続可能な開発との関係についてより自覚的にこれを考察対象に含めていくことが求められる，との結論が導かれる。

---

5) Cultural Diversity and Biodiversity for Sustainable Development, A jointly convened UNESCO and UNEP high-level Roundtable held on 3 September 2002 in *Johannes-burg during the World Summit on Sustainable Development*, UNEP (January 2003), pp. 24-26.
6) 同条約2条6項。このような持続可能な開発の文化的側面について，次を参照。西海真樹「持続可能な開発の文化的側面―国連システムにおけるその展開と日本の課題―」前掲論文注3)。

## I　持続可能な開発の全体状況

### 1　全体としての持続可能な開発の展開と現状

　持続可能な開発とは，この世に生まれた人々，将来生まれ出る人々が，等しく人間としての自己実現の可能性を保障されるべきであるという人間観・世界観に立脚して，私たちの生活を全地球規模で見直すことを促す現代倫理である。現在世代のみならず将来世代の生活の質を考慮に入れている点，および，「北」の人々に大量生産・大量消費的生活の変革を迫るとともに「南」の人々に開発とよい統治の必要性を強調している点にそれは現れている。

　「環境と開発に関する世界委員会」の報告書『われら共通の未来』(1987年)が「将来世代がその必要を満たす能力を損なうことなく，現在世代の必要を満たすような開発」という定義を与えて以来，持続可能な開発は急速に国際社会において受け入れられ，リオ・デジャネイロで開かれた国連環境開発会議(1992年)を通じて国際社会が達成すべき確固たる目標になった。それは環境と開発を相互補完的で不可分のものと捉え，両者の綜合をめざす概念として，国際環境法上の基本原則になった。持続可能な開発の構成要素として統合原則，世代間・世代内衡平，共通だが差異ある責任，よい統治，予防原則などが唱えられ，それらは気候変動枠組条約，オゾン層保護のためのウィーン条約，生物多様性条約をはじめとする普遍的・地域的な地球環境保全・人権条約の中に具体的規定として取り込まれていった[7]。

　国際司法裁判所，世界貿易機関の紛争解決機関，国際海洋法裁判所，2国間仲裁裁判などの国際紛争解決機関は，具体的事件において，持続可能な開発とその構成要素を判断基準として採用し，持続可能な開発を促進するプロセスの一環として経済・環境政策を決定・実施するよう，紛争当事国に求めてきた。裁判所や国際組織が法を解釈・適用・発展させ，各国の政策を評価するさい

---

7)　この点について，次を参照。西海真樹「持続可能な開発の法的意義」前掲論文注3)。

に，持続可能な開発とその構成要素は，法や政策の解釈基準となることによってこの営為に関わることになる。その結果として持続可能な開発が既存の法の重要な変化や発展を導くことがあり得る。現代国際法は，諸国がそれぞれの経済・開発・環境政策を決定する過程において持続可能な開発を考慮に入れるよう求めているのである[8]。

　上に持続可能な開発が地球環境保全・人権諸条約に取り入れられ，国際紛争解決諸機関がこれを解釈・適用・援用してきたと述べた。持続可能な開発とその構成要素に関する具体的規定をもつ条約として，上述した気候変動枠組条約，オゾン層保護のためのウィーン条約，生物多様性条約の他にも，国際水路非航行的利用条約（ニューヨーク条約），脱国境的水路・国際湖保護条約（ヘルシンキ条約），湿地保存条約（ラムサール条約），絶滅野生動植物取引規制条約（ワシントン条約），エネルギー憲章条約，気候変動枠組パリ協定，移動性野生動物種保全条約，食料農業のための植物遺伝資源条約，世界遺産条約，砂漠化防止条約などがある[9]。また，持続可能な開発とその構成要素を解釈・適用・援用してきた国際紛争解決機関として，上述した国際司法裁判所，世界貿易機関の紛争解決機関，国際海洋法裁判所，2国間仲裁裁判の他にも，社会権規約委員会，欧州人権裁判所，米州人権裁判所，アフリカ人裁判所，北米自由貿易協定仲裁裁判所，投資紛争解決国際センターなどが挙げられる[10]。

---

[8] この点について，次を参照。西海真樹「持続可能な開発の文化的側面―国連システムにおけるその展開と日本の課題―」前掲論文注3)。

[9] 国際法協会（ILA）の「開発のための持続可能な天然資源開発における国際法の役割」委員会は，持続可能な開発およびその構成要素が資源開発分野の諸条約にどのように取り入れられ，そこにどのような限界・課題が生じているかについて第1報告書をまとめ，2016年8月にヨハネスブルグで開かれたILA第77回研究大会にこれを提出した。詳しくは以下を参照。ILA, Committee of Role of International Law in Sustainable Natural Resource Management for Development, *Draft Conference Report 2016 Johannesburg* (http://www.ila-hq.org/en/committees/index.cfm/cid/1044)。

[10] ILAの「持続可能な開発にかんする国際法」委員会は，持続可能な開発およびその構成要素が普遍的・地域的な紛争解決機関においてどのように解釈・適用・援用

国連環境開発会議（1992 年），持続可能な開発に関する国連特別総会（1997年），持続可能な開発に関する世界サミット（2002 年），持続可能な開発に関する国連リオ・デジャネイロ会議（2012 年）などを経て，2015 年 9 月，国連総会は「持続可能な開発のための 2030 アジェンダ」を採択した[11]。それは，2000 年に国連総会が採択した「国連ミレニアム開発目標（MDGs）」[12]を継承し，2030 年までに達成すべき 17 の「持続可能な開発目標（SDGs）」，それに関連する 169 の下位目標およびこれらの目標・下位目標の達成手段を策定している。17 の SDGs は，貧困・飢餓の克服，食糧安全保障，農業，健康・福祉，教育，ジェンダー，水と衛生，エネルギー，経済成長と雇用，インフラ構築，産業，国内的・国際的不平等の解消，都市・居住，生産・消費，気候変動，海洋資源，生態系，平和，司法アクセス，グローバル・パートナーシップなど，人間生活のほぼ全般における持続可能性の実現を謳っている。

　2015 年 12 月，気候変動枠組条約第 21 回締約国会議（COP21）はパリ協定を採択した[13]。これは京都議定書以降はじめて成立した地球温暖化に対処するための条約である。「平均気温上昇 2 度 C 未満・1.5 度 C 志向」「温暖化ガスの排出ゼロ」などの目標を掲げ，それを達成するために，一方で途上国を含むすべての国に 5 年毎の目標提出を義務づけ，他方で目標の達成自体は義務化しない，という画期的な方法を定めている。パリ協定において持続可能な開発とその構成要素は前文において言及されている他，以下のように取り入れられてい

---

　　され，そこにどのような限界・課題が生じているかについて最終報告書をまとめ，2012 年 8 月にソフィアで開かれた ILA 第 75 回研究大会にこれを提出した。詳しくは以下を参照。ILA, Committee ofInternational Law on Sustainable Development, *Conference Report Sofia 2012* (http://www.ila-hq.org/en/committees/index.cfm/cid/1017).

11) A/RES/70/1 (http://www.un.org/ga/search/view_doc.asp?symbol=A/RES/70/1&Lang=E).

12) A/RES/55/2 (http://www.un.org/en/ga/search/view_doc.asp?symbol=A/RES/55/2).

13) https://unfccc.int/files/meetings/paris_nov_2015/application/pdf/paris_agreement_french_.pdf

る。天然資源の持続可能な利用を確保する国家の義務（2, 5, 7.9条(e)項），衡平および貧困縮減（2, 4, 6条），共通だが差異ある責任（2, 4条3項，9条1-3項，10条6項，11条1-3項），予防原則（2条1項，4条1項，7条5項，7条7(c)項），公衆の参加および情報・司法アクセス（4, 6, 7, 12, 24条），良き統治（85-99条），統合原則（2条1(c)項，7条9(e)項，10条5項）。

以上のように，持続可能な開発とその構成要素は，現代国際法上の1原則として広く公認された。それらは次の2つの機能を果たしている。1つは，国や国際組織の法政策を解釈・評価するさいの指針になるという機能（解釈機能）である。ここでの指針には，社会の変遷をふまえて条約規則を柔軟かつ可変的に解釈するための指針，および，規範間・利益間の対立・衝突を調整するための指針という2つの意味がある。もう1つは，持続可能な開発を実現するよう努めることを諸国に義務づけるという機能（手段の義務としての機能）である。持続可能な開発とは，人間社会がそこに到達すべき究極目的である。同時にそれは，本来的に変遷的・流動的な性質を帯びており，その究極目的を確定的・固定的に捉えることはできない。持続可能な開発の構成要素は，諸国が持続可能な開発という究極目的に到達するよう努力するさいに考慮に入れるべき手段の義務として捉えられ，同時に諸国のそのような努力を評価するさいの基準を提供しているのである[14]。

## 2　持続可能な開発の文化的側面の展開と現状

上でみたように，持続可能な開発は，当初は何よりも環境保護と経済開発とを両立させる概念として捉えられていた。しかし，国際連合における開発概念の拡大にともなって，そこに社会的側面が含められるようになった。持続可能な開発が環境保護と経済開発の両立にとどまらず，より包括的なものになると

---

14) *Virginie Barral*, "Retour sur la function du développement durable en droit international: de l'outil hermeneutique à l'obligation de s'efforcer d'atteindre le développement durable", Société française pour le droit international, colloque de Lyon, *Droit international et développement* (Pedone, 2015), pp. 411-426.

すれば，そこに文化的側面が含められることは，いわば当然のなりゆきである。というのも，人間は何らかの社会集団の中で生活し，その社会集団はそれぞれ固有の精神的，物質的，知的，感情的特徴つまり文化を有している。このような文化的側面を考慮せずに，開発をはじめとする人間社会の持続可能性を論じることは，そもそもできないはずだからである。

それでは持続可能な開発にとって文化多様性が必要となるのはなぜだろうか。そこには2つの根拠があるように思われる。1つが「文化的存在としての人間の存続」である。さまざまな文化が並存している方が人間はより良く環境に適応できる。多様な文化が並存してきたからこそ，人類は環境変化を乗り越え，存続することができた。他と異なる文化を生み出し，文化の多様性を維持することは，人類が将来の環境の変化に適応する可能性を高める。さらに文化そのものが自らの創造力，活力を保持するために他の文化の存在を必要としている。異文化間の幅広い交流と革新を実現するためには，その前提として多様な文化が存在していなければならない[15]。もう1つが「安全保障と少数者の人権保障」である。国家間，文明間の相互理解の欠如は，歴史上，しばしば戦争，武力紛争，テロリズムなどの原因になってきた。平和を築くためには異文

---

15) 寺倉憲一「持続可能な社会を支える文化多様性―国際的動向を中心に―」国立国会図書館調査及び立法考査局『持続可能な社会の構築』(2010年) 222-223頁；内山純蔵「文化の多様性は必要か？」日高敏隆編『生物多様性はなぜ大切か？』（地球研叢書，昭和堂，2005年) 97-138頁。服部英二「文化の多様性と通底の価値―聖俗の拮抗をめぐる東西対話―」『文明は虹の大河―服部英二文明論集』（麗澤大学出版会，2009年) 47-49頁。フランスの海洋学者ジャック・イヴ・クストー (Jacques-Yves Cousteau) は，1995年に開かれたユネスコ50周年シンポジウムにおいて次のように述べている。「ある文化それ自体の内部の多様性，あるいはさまざまな文化の間の差異は，我々人類の文明の活力にとって不可欠の要素であり，人類のかけがえのない財産である。文明社会にあって誇るべき豊かな文化を存続させる道は，世界の文化多様性を保護すること，生物多様性と文化多様性とをともに保護することである。」次を参照。Tokyo Symposium: *Science and Culture: A Common Path for the Future: Final Report* (SC-96/WS-14), UNESCO/ UNU, 1995, pp. 31-33. (http://unesdoc.unesco.org/images/0010/001055/105558E.pdf)；服部英二監修『科学と文化の対話―知の収斂―』（麗澤大学出版会，1999年) 55-74頁。

化間の相互理解や寛容が必要不可欠である。人々が多様な文化のあり方を互いに認め合い，自分の属する文化以外の多様な文化を知り，それを尊重することは，紛争を未然に防止し，平和の構築に寄与し，自分とは異なる他者を尊重する多文化共生社会の実現に資することになる[16]。

2001年11月，ユネスコ総会は文化的多様性世界宣言を採択した[17]。同宣言は前文と全12条から成る。それによれば文化多様性は交流，革新，創造の源として人類に必要なものであり，その意味で人類の共同遺産である（1条）。文化多様性を実現可能なものにするのは文化的多元主義であり，それは文化交流や創造的能力の開花に貢献し民主主義の基盤になる（2条）。文化多様性は開発の源泉の1つであり，開発は経済開発の観点からのみ理解されるべきではなく，より充実した知的，情緒的，道徳的，精神的生活を達成するための手段として理解されなければならない（3条）。文化多様性の保護には人権と基本的自由の尊重，特に少数民族や先住民の権利の尊重が含まれる（4条）。このように文化多様性の意義を強調する宣言は，文化多様性に関する倫理的約束としての性格を有し，後の文化多様性条約採択の大きな推進力になった[18]。

2005年，ユネスコ総会は文化多様性条約を採択した[19]（2007年発効，日本

---

16) 寺倉憲一，前掲論文注15）224頁。「戦争は人の心の中で生れるものであるから，人の心の中に平和のとりでを築かなければならない。相互の風習と生活を知らないことは，人類の歴史を通じて世界の諸人民の間に疑惑と不信をおこした共通の原因であり，この疑惑と不信のために，諸人民の不一致があまりにもしばしば戦争となった」と述べるユネスコ憲章前文は，まさにこのような考え方に基づいている。

17) UNESCO, *Universal Declaration on Cultural Diversity*, adopted by the 31st Session of General Conference (November 2, 2001), Records of the General Conference, 31st Session Paris, 15 October to 3 November 2001, Volume 1, Resolutions, Paris: UNESCO, 2002, pp. 62-63 (http://unesdoc.unesco.org/images/0012/001246/124687e.pdf).

18) 鈴木淳一「『文化的表現の多様性の保護及び促進に関する条約（文化多様性条約）』の採択と意義」『独協法学』77号（2008年）65-67頁。

19) 文化的表現多様性条約については，さしあたり次を参照。鈴木淳一，前掲論文注18）；同「グローバリゼーションと文化—ユネスコ文化多様性条約の発効とその課題—」星野昭吉編著『グローバル社会における政治・法・経済・地域・環境』（亜

は未批准)。この条約において文化的表現の多様性とは「集団および社会の文化が表現を見出す方法の多様性」を意味し(4条1項)、それが開発、人権、平和、民主主義、思想の自由な流通、文化財・文化サービスの国内的・国際的普及、持続可能な開発、人類の共同遺産などと結びつけられることで(前文および2条1項、5、6、7、8条)、開かれた動的な概念になっている。同条約は国が文化多様性を保護・促進するための措置・政策をとる主権的権利をもつこと(1条h項、2条2項)、文化多様性が持続可能な開発の主動力となること(前文)、特に途上国にとって文化と開発との関連が重要であること(1条f項)、文化が開発の基本的推進力の1つであって開発の文化的側面はその経済的側面と同様に重要であること(2条5項)、文化多様性の保護・促進・維持が持続可能な開発にとって不可欠の要件であること(2条6項)を明言している。これらを法規範として承認した点で、同条約はきわめて重要である。

2002年、ヨハネスブルグで開催された世界サミットに並行してハイレベル円卓会議「持続可能な開発のための生物多様性と文化多様性」が開かれた。そこでジャック・シラク仏大統領は「文化は環境、経済、社会と並ぶ持続可能な開発の第4の柱である」と述べ、文化が持続可能な開発の構成要素であるとの認識を示した[20]。この「第4の柱」論は、その後さまざまな形で展開している。持続可能な開発という概念自体が1つの文化的所産でありそこに環境、経済、社会のみを含め文化を排除することは、依然として欧米中心的な世界観に立脚し、欧米諸国・企業により搾取され無視されてきた非欧米世界の文化・価値を

---

細亜大学購買部ブックセンター、2011年);佐藤禎一『文化と国際法—世界遺産条約・無形遺産条約と文化多様性条約』(玉川大学出版部、2008年);折田正樹「ユネスコ『文化多様性条約』をめぐる法的論点についての考察—複数の条約の適用調整を中心に」『ジュリスト』1321号(2006年);西海真樹「UNESCO文化多様性条約の意義—Hélène RUIZ-FABRI論文に即して—」横田洋三・宮野洋一編著『グローバルガバナンスと国連の将来』(中央大学出版部、2008年);エレーヌ・リュイーズ＝ファブリ(西海真樹・稲木徹訳)「法と文化—文化多様性条約の射程」『比較法雑誌』44巻1号(2010年)。

20) 本稿注5)を参照。

蔑ろにするものである。そこから脱却するためには，文化を第4の柱にとどまらず，持続可能な開発概念の中心に据えるべきであるという主張がある[21]。また，地方自治体の世界的連携組織である「都市地方政府連合」は，環境，経済，社会だけでは現実社会の複雑さを十分に反映することはできず，開発の中身を形成しそれへの人々の行動を決定するのは文化であるという立場から，文化を持続可能な開発の第4の柱と捉えるべきことを精力的に唱道している[22]。

文化多様性条約は2007年に発効した[23]。2016年10月29日現在，締約国・組織は143カ国＋EUである。同条約の機関として締約国会議，政府間委員会，事務局がある。締約国会議は全締約国から成る全体・最高機関である。2年毎に通常会期を開催し，政府間委員会委員を選出し，締約国の定期報告を審査し，政府間委員会が策定した条約実施指針を承認する[24]。政府間委員会は締約国会議が選出する24の当事国代表から成る。委員の任期は4年であり条約実施指針に基づいて活動し，締約国会議に要請に基づいて新たな条約実施指針案を策定し，締約国の定期報告に要旨・コメントを付してこれを締約国会議に送付することを主な任務とする[25]。第2回～第5回締約国会議は，計14の実施指令を承認した。そこには文化的表現促進措置，文化的表現保護措置，情報共有と透明性，教育と公衆の啓発，市民社会の役割と参加，国際協力の促進，持続可能な開発への文化の統合，開発協力，途上国への特恵待遇などが含まれている[26]。締約国は，自国の文化多様性の保護・促進政策について4年毎に定期

---

21) *Keith Nurse*, "Culture as the Fourth Pillar of Sustainable Development", Prepared for Commonwealth Secretariat, Malborough House (Pall Mall, London, UK, 2006) (http://citeseerx.ist.psu.edu/viewdoc/download?doi=10.1.1.183.5662&rep=rep1&type=pdf).

22) Cité et gouvernement locaux unis, "La culture: quatrième pillier du développement durable" (2010) (http://www.agenda21culture.net/index.php/docman/-1/394-zzculture4pillarsdfr/file).

23) http://unesdoc.unesco.org/images/0022/002253/225383F.pdf

24) 同条約22条。

25) 同条約23条。

26) http://unesdoc.unesco.org/images/0022/002253/225383F.pdf, pp. 25-.

報告を事務局に提出することが義務づけられている[27]。2016年10月29日現在，70カ国＋EUの報告が閲覧可能（disponible）なものとしてユネスコのサイトに掲載されている[28]。

## II　文化多様性条約における持続可能な開発

　文化多様性条約が開発または持続可能な開発に言及している箇所は以下の6つである。「文化多様性が豊かで多様な世界を作り出し，そのような世界が選択の範囲を広め，人間の能力および価値を育成するがゆえに，文化多様性は地域社会，諸国民および諸国家の持続可能な開発のための主動力となることを認識し」（前文3段），「有形・無形の富の源泉としての伝統的知識とりわけ先住民族の知識体系の重要性，その知識体系の持続可能な開発への積極的貢献およびその知識体系を適切に保護・促進する必要性を認識し」（前文8段），「文化が開発の基本的推進力の1つであることから，開発の文化的側面は開発の経済的側面と同様に重要であり，個人および諸人民はこれらに参加しかつこれらを享有する基本的権利を有する」（2条5項），「文化多様性は，個人および社会にとって豊かな資産である。文化多様性の保護，促進および維持は，現在および将来の世代の利益のための持続可能な開発にとって不可欠の要件である」（2条6項），「締約国は，持続可能な開発に適した条件を作り出すために，ならびに，その枠内で文化的表現の多様性の保護および促進に結びついた諸側面を奨励するために，あらゆる段階において文化を開発政策に統合するよう努める。」（13条），「締約国は，とりわけ次の手段により動的な文化部門の出現を奨励するために，持続可能な開発および貧困の削減のための協力，とりわけ特に途上国が必要としているもののための協力を支援するよう努める。」(14条)。

　以下では，条文案の審議過程において文化多様性と持続可能な開発との関係

---

27)　同条約9条(a)項。

28)　http://fr.unesco.org/creativity/rapports-suivi/rapports-periodiques/rapports-disponibles

が議論された前文3段,同8段,2条5項,同6項および13条を取り上げ,それぞれの成立過程とそこから導かれる解釈を本条約の逐条解釈書[29]とⅠ2で紹介した実施指令に基づいて検討し,本条約における持続可能な開発の意味について考察する。

## 1 持続可能な開発の主動力としての文化(前文3段)

本段は,文化の多様性が人間の社会的・文化的生活環境に及ぼす影響について述べている。本段は,文化の多様性が価値そのものとして,同時により豊かな生活と持続可能な開発のための資源として,理解されるべきであることを明示している。「文化多様性が豊かで多様な世界を作り出し」という箇所が価値としての文化多様性を,「文化多様性が選択の範囲を広め,人間の能力および価値を育成するがゆえに,それが地域社会,諸国民および諸国家の持続可能な開発のための主動力となる」という箇所が資源としての文化多様性をそれぞれ表している。ここで言う資源としての文化多様性には2つの側面があり,「選択の範囲を広げ人間の能力および価値を育成する」が知的資源に,「持続可能な開発のための主動力となる」が物質的資源にそれぞれ相当する。後者は,文化多様性が人間個人の豊かさや教育に影響を及ぼすだけでなく,「地域社会,諸国民,諸国家の持続可能な開発」という公共の福祉にも影響を及ぼすものであることを含意している。つまり,文化多様性とは価値そのものであると同時に持続可能な倫理的,知的,経済的開発のための知的・物質的資源であり,それは個人,地域社会,諸国民,諸国家の無形・有形の富に資するように用いられるべきであるというのが本段の趣旨である[30]。

---

29) Sabine von Schorlemer, Peter-Tobias Stoll Eds., *The UNESCO Convention on the Protection and Promotion of the Diversity of Cultural Expression ExplanatoryNotes*, (Springer, 2012).

30) *Ibid.*, pp. 37-39.

## 2 先住民族の知識体系の持続可能な開発への貢献（前文8段）

　伝統的知識は，先住民族の権利，生物多様性，遺伝資源，文化多様性，知的財産権などにかんする議論の鍵概念である。ここでの知識とは，主に医学知識や農業技術であるが，その他にノウハウ，技術，技術革新，慣行なども含まれる。伝統的知識と伝統的文化的表現とは区別される。後者がその文化的内容によって特徴づけられるのにたいし（4条2，3項参照），前者は文化的内容を含まない単なる技術であってもかまわない。「伝統的」という用語は社会的設定（集団，社会，共同体，先住民族など）および知識を創造・維持するための技法（知識の集団的な創造形態やその世代間の継承形態など）に関わる一定の文脈を指す言葉である。本段において伝統的知識は，有形・無形の富の源泉とみなされている。このような位置づけは，保健，食糧，農業などの多くの分野で伝統的知識が技術（無形の富）として，あるいは商品やサービスの生産（有形の富）として用いられているという理解に基づいている。また，伝統的知識が持続可能な開発に貢献し得ることがここでは強調されているが，この点については生物多様性条約8条 j 項（締約国の義務としての生物多様性の保全と持続可能な利用に関連する先住民族の伝統的知識の保存・維持）および持続可能な開発への文化の統合を求める本条約13条が参考になる[31]。

## 3 開発の経済的側面と文化的側面の補完性原則（2条5項）

　開発の文化的側面が強調されたのは，2004年5月に開かれた独立専門家第2回会合においてだった。そこでは次の条文案が提出された。「文化多様性は重要な地球的価値であるから，すべての政府間組織はその目的や政策を定式化するさいに文化多様性を十分に考慮すべきである（文化的関心と経済開発上の関心が等しく重要であるという原則）。」この条文案の名宛人は政府間組織のみであり，考慮すべきとされたのは文化多様性のみだった。さらに政府間組織の

---

31) *Ibid*., pp. 44-45.

目的と政策においてどのような文化的側面が考慮に入れられるべきか，そもそもここでどのような種類の目的と政策が対象とされているのかについては，いずれも不明確なままだった。そのため，この条文案は会合に出席した専門家全体のコンセンサスを得られなかった。2004年7月に開かれた独立専門家第3回会合において，上記の条文案に3つの修正が施された。第1に焦点が開発に当てられ「文化多様性」が「開発の文化的側面」に代わった。第2に「政府間組織」という特定の名宛人は姿を消し，指針らしくより一般的な表記になった。第3に基本的権利との関係で，開発の受益者として個人が想定されることになった。その修正案は次のとおりである。「文化は開発の主動力の1つであるから，開発の文化的側面はその経済的側面と同様に重要である。個人はこれらの両方から利益を得る基本的権利を有する。」

政府間専門家会合の第2会期では，上記の中の最後の1文が「個人および人民はこれらに参加しこれらを享有する基本的権利を有する」に代わり，それが最終的に採択された。この最後の段階での文言修正は次のような実質的な意味をもつ。第1に「これらの両方から利益を得る」が「これらに参加しこれらを享有する」に代わったことにより，個人と人民は単に受益者となるだけでなく，文化活動に積極的に関わることが期待されることになった。このことは「基本的権利」の解釈にも影響を及ぼすことになる。つまり，これらの文言修正の結果，「基本的権利」は自由の享有だけでなく国家への作為請求も含むことになる。第2に「人民」が加わったことで基本的権利の主体が個人および人民に拡大し，したがって文言上は基本的権利の中に集団的権利が含まれることになった。この点についてはさらなる議論の深化が求められる[32]。

## 4　持続可能な開発の原則（2条6項）

この原則は起草過程で文体上・実質上のさまざまな変更が加えられた。第2回独立専門家会合の時点での条文案は次のとおりである。「持続可能な文化多

---

32) *Ibid.*, pp. 106-108.

様性は，地理的起源にかかわらず，全ての人々が豊かで多様な文化的表現の選択にアクセスする自由を有しているかどうかに依存している（アクセスと選択の自由の原則）。」その後，専門家会合での議論を通じてこの条文案の主語は「持続可能な文化多様性」から「文化的開発の持続可能性」に代わった。このように持続可能性の対象が文化多様性から文化的開発に代わったことが転換点となり，以後焦点は開発に当てられることになる。新たな条文案は次のとおりである。「持続可能性の原則　文化多様性は財産であり社会の文化資本の不可欠の側面を構成する。このことは生物多様性が自然資本の重要な要素であることと同様である。将来世代の利益のための文化多様性の保護と維持は，文化的開発の持続可能性にとって不可欠の要件である。」

　第2回政府間専門家会合の条文案はこの延長上に位置づけられる。それは次のとおりである。「持続可能性の原則　文化多様性は個人と社会にとっての豊かな財産である。文化多様性の保護，促進および維持は，現在および将来の世代の利益のための持続可能な文化的開発にとって不可欠の要件である。」全体委員会委員長はこの条文案中の「持続可能な文化的開発」を「持続可能な開発」に代えた。その後，第3回政府間会合では題名が「持続可能性の原則」から「持続可能な開発の原則」に変更された以外はそのままの形で採択された。

　「持続可能な文化的開発」が「持続可能な開発」に置き換わった結果，この原則の中身も実質的に転換した。元の「持続可能な文化的開発」は「開発の文化的側面」の持続可能性を意味する。その場合には原則5と6は「開発の文化的側面」という同一のテーマを扱うことになる。原則5は開発の文化的側面の重要さを強調・確認し，原則6は開発の文化的側面の将来世代への伝達可能性を扱う，ということになる。原則6は，開発の文化的側面の将来世代への持続・継承にとって，文化多様性は不可欠であることを意味するものになる。

　しかしながら，上記の転換の結果このような解釈は成り立たなくなった。「持続可能な開発」は環境と開発との均衡をいかに追求するかという文脈で理解される。環境という新たな要素が加わったことにより，原則6は新たな役割を担うことになる。新たな原則6の下で文化多様性と開発の文化的側面は，環

境と関連しつつ議論され定式化されることになる。将来世代の伝達可能性が問われるのは文化的側面だけではなく，環境的側面もそこに含められることになる。13 条にかんして承認された実施指令もこのような理解に立っている[33]。

## 5  持続可能な開発への文化の統合（13 条）

条約案作成の任務を負った独立専門家会合（2003 年～2004 年）において持続可能性の問題は常に意識され議論されてきたが，同会合終了時に政府間会合に送付された条約案には持続可能な開発にかんする特別の条項はなく，前文に「文化多様性は持続可能な開発の主動力である」旨の段落が，原則の１つとして「将来世代のための文化多様性の保護・促進が文化的開発の持続可能性にとって不可欠の要件である」という原則がそれぞれ挙げられるにとどまっていた。後の起草委員会の報告においては「将来世代のために文化多様性を保護・維持することは持続可能な文化的開発を確保するための不可欠の要件である」という原則を採用することが簡潔，有意義かつ明確であるとの理由で強い支持を得た。しかしながら，2005 年初期に開催された政府間委員会では，そのような簡潔な原則表明にとどまらず，持続可能な開発にかんするより確固とした条項が条約中に設けられるべきであるとの意見が大勢を占めた。その結果，上記の原則がほぼそのまま維持されると共に，新たに 13 条が誕生した[34]。

この 13 条の解釈について留意すべきことが 3 つある。第 1 に，同条において文化が持続可能な開発の前提条件とされていることである。持続可能な開発は通常経済・環境開発のみを含意している。政府は，自国の開発計画を策定するさいに経済的・環境的関心事項を統合することの重要さについては異論を唱えない。けれども開発が行われる文化的文脈を考慮しないまま経済・環境の観点のみから開発を推進する戦略は，文化的側面を含んだより包括的な持続可能な開発には到達し得ない。第 2 に，同条は文化を持続可能な開発の前提条件とするにとどまらず，文化を開発プロセスの統合的要素としても捉えていること

---

33) *Ibid.*, pp. 108-109. 同書の注 105) を参照。
34) *Ibid.*, pp. 363-365.

である。それは文化的持続可能な開発への道を拓き、そのような道が確立すれば、持続可能な開発における文化の地位がより確固たるものとして承認・擁護されることになる。さらにそのような文化の位置づけは、とりわけ途上国の開発戦略の補完的側面として文化開発と経済開発の連関を強調することにつながる。このような連関を確保することは、地域社会に根ざした文化産業の成長を促すことにつながる。そのような文化産業として陶器や繊維製品を製造する中小企業、地域のラジオ・テレビ番組の制作、地域的消費のためのオーディオ作品を造りだす音楽家集団、地域社会の新聞・雑誌、観光収入が期待できる遺産建造物や歴史遺跡の地域社会による管理などが考えられよう。これらの活動は地域社会の有形・無形の文化資本を活用するものであり、経済的・文化的価値を併せ持っている。それは雇用と収入を創出し、文化的アイデンティティの維持を支え、創造力を生み出す。その意味で経済的・文化的開発の目的に資することになる。第3に、芸術活動の支援を初めとする広義の文化政策を扱う他規定にたいして、本条の文言が付加的な強さを与えているということである。本条は、持続可能な開発が締約国に枠組を提供し、その枠組の中で締約国が本条約の提供するさまざまな手段を通じて文化的表現の多様性を保護・促進することが可能になる、ということを論じているのである[35]。

　2009年に開催された第2回締約国会議は、本条が規定する持続可能な開発への文化の統合にかんして、政府間委員会の提案する実施指令を承認した。そこにおいて、文化多様性を保護・促進することは、アイデンティティと社会的結合を強化し、包括的な社会を構築し、貧困の縮減をはじめとする人間開発目標の達成をめざす持続可能な開発政策にとって不可欠の構成要素であるとみなされた。実施指令はとりわけ、開発政策に文化を統合することが、経済成長を加速し良質な生活を促進するうえで文化産業が有している潜在力を認識する助けになると強調している。そして、そのような統合を通じて、人権や平和の文

---

[35] *Ibid.*, pp. 366-369. の後に次の文章を付加。なお、実施指令については、次を参照。
https://en.unesco.org/creativity/sites/creativity/files/convention2005_operational_guidelines_fr.pdf#page=37

化に価値を置き青年の社会への帰属意識を強める文化政策がとられたならば，それは社会的結合の維持と暴力の克服につながる，と論じている[36]。

　持続可能な開発は，従来，経済成長政策の策定に環境関心事項を統合することの必要性を論じてきた。その後，持続可能性の議論に，より広い文化的・社会的イシューが次第に含まれるようになった。本条は，文化的表現の多様性の保護・促進を持続可能な開発の枠組のなかに位置づけようとする試みである。そのような試みが最終的に成功するかどうかは，開発における文化の役割について，より広い視点を締約国が有するに至るか否かにかかっている[37]。

## お わ り に

　持続可能な開発は，1987年のブルントラント報告以来2015年のパリ協定採択に至るまで一貫して国際社会の強い関心事項であり続けている。持続可能な開発とその構成要素をとりいれた普遍的・地域的・二国間の条約は，環境，人権，資源管理，エネルギーなどの分野で増加する一方である。同時に，普遍的・地域的・2国間の紛争解決機関は，持続可能な開発とその構成要素をさまざまな形で適用・援用・解釈し，諸国の環境・開発・社会政策を評価してきた。さらに国連総会をはじめとする国際組織は，リオ宣言，アジェンダ21，ミレニアム開発目標（MDGs），持続可能な開発目標（SDGs）などのソフトローの形態をとりつつ，持続可能な開発とその構成要素を数値化，具体化してきた。その結果，持続可能な開発とその構成要素は，現代国際法上の1原則として広く公認され，国や国際組織の法政策を解釈・評価するさいの指針になるという機能（解釈機能）および持続可能な開発に到達するよう努めることを諸国に義務づけるという機能（手段の義務としての機能）を果たしている。

　これにたいして持続可能な開発の文化的側面は，国際連合における開発概念の拡大にともなって国際社会の注目を集めるようになった。持続可能な開発に

---

36) *Ibid.*, pp. 366-369.
37) *Ibid.*, p. 370.

とって文化多様性は,「文化的存在としての人間の存続」を確保するためにも「安全保障と少数者の人権保障」を確保するためにも必要なものである。文化的要素を包含したより包括的な開発概念を構築するために,ユネスコは従来から積極的な活動を展開してきた。文化多様性世界宣言（2001年），文化多様性条約（2005年）はそのような観点からのとりわけ重要な成果だった。文化多様性条約には持続可能な開発に文化的側面を統合するよう努めるという締約国の努力義務が規定された。同条約の機関である政府間委員会および締約国会議は，この規定の実施について実施指令を採択するなど，その効果的実施のために精力的に活動している。こうしてみると，持続可能な開発とその構成要素は，全体および文化的側面のいずれにおいても，内容が豊富化・精緻化され，着実に実定国際法およびソフトローにとりこまれてきたと言えるだろう。

　しかしながら両者の間には乖離がある。国際法学の観点から持続可能な開発を論じるさいに，その文化的側面を考慮に入れる研究者，より一般的にいって開発と文化との関係を考察する研究者はけっして多くない[38]。持続可能な開発の文化的側面はユネスコの文脈では大いに議論・発展してきたが，他のフォーラムでは必ずしも同様の関心をもって扱われてこなかった。ユネスコの側の要請にたいして他のフォーラムが十分これに答えていないというのが現状であ

---

38) たとえば筆者が以前に属した国際法協会（ILA）の「持続可能な開発にかんする国際法」委員会は，2012年のソフィア大会に，持続可能な開発とその構成要素が国際紛争解決機関によりどのように適用・援用・解釈されているかについて，詳細かつ体系的な最終報告書を提出した（本稿注10を参照）。これはこれで大いに意義があるが，委員会の審議において筆者は何度か持続可能な開発の文化的側面について注意喚起したものの，それはいつもテークノートされるにとどまり，委員会マターとして正式に取り上げられることはなかった。他方，筆者が現在属している同じくILAの「開発のための持続可能な天然資源管理における国際法の役割」委員会は，天然資源管理にかんする諸条約の分析・体系化を現在行っている。2017年に向けての検討課題として，先住民族の土地，文化，財産にかんする諸権利が天然資源管理体制のなかでどのように扱われているか，そこにどのような問題があるかを検討することになっており，その限りにおいて先住民族の人権や文化的権利と天然資源管理体制との関係が扱われることになる。

る。本論Ⅱでみたように，文化多様性条約の成立経過およびその後の実施状況からは，開発と文化（多様性）との関係を重視する研究者，実務家が真摯な検討を重ね，それを条約規定に結実させ，実施状況を注視してきた。同条約はすでに 140 を越える締約国が存在する。これは国際社会の多数の国が，文化多様性の保護・促進および持続可能な開発への文化の統合と言う考え方を支持していることの現れであると言えよう。そうであるとすれば持続可能な開発の文化的側面について，あるいは開発と文化の関係について何ら明確な理由・根拠を示すことなくこれを等閑視するという態度は，研究者として誠実なものとは言えない。すでにユネスコ側には膨大な資料が蓄積しているのであるから，これらを用いて持続可能な開発と文化の関係をより自覚的に研究対象に含めていくことが，私自身を含め，研究者に求められている。

　本稿は，文化多様性条約の成立過程において持続可能な開発と文化多様性との関係がどのように捉えられているかを確認・検証するものだった。今後の課題として，発効から 10 年を迎える本条約の実施状況をふまえて，持続可能な開発と文化多様性，本条約に言う主権的権利の射程，人権規範と文化多様性，他条約と本条約との効力関係，紛争解決調停の現状と機能などの理論的・実際的問題の解明に取り組み，それを通じて本条約の機能・限界・課題を明らかにしていきたい。

　なお，日本は，文化多様性条約の採択のさいに賛成票を投じたものの，いまだに同条約を批准していない。当時の日本政府には，文化を経済・環境・開発などと調和的・統合的に捉えようとする意向は希薄だった[39]。持続可能な開発

---

[39] 当時のユネスコ事務局長松浦晃一郎の文化擁護への積極姿勢もあって，日本政府は文化的表現多様性条約の作成と採択に終始積極的だった。しかしながら，同条約の採択に先立ち，日本はアメリカ，ニュージーランド，韓国とともに，同条約はあくまでも文化分野に属し同条約に従ってとられる措置が他分野の国際文書の下での権利義務を損なってはならないと主張するとともに，条約交渉へのアメリカの参加を高く評価し，同条約に反対するアメリカへの配慮を最大限の言葉で表明している。このような日本の態度は，文化と経済を調和的に捉えようとするフランス，カナダ，メキシコなどの態度と対照的である。次を参照。松浦晃一郎『世界遺産ユネスコ事

の文化的側面としての文化多様性は，文化権に依拠した多文化主義を実現することによって初めて具体的，実質的なものになる。文化多様性の保護・促進を「国家の主権的権利」を超えて「国家領域内の少数者にたいする義務」にまで高めるためには，国際的にも国内的にも，文化権や多文化主義を実現していくことが求められる。わが国が文化権や多文化主義を国内的に保障していくためには，国内の少数者や外国人の教育，労働，地域参加などの面で，なお多くの課題が残されている。日本社会が一日も早く文化権や多文化主義の尊重される社会になることを願う。

---

務局長は訴える』（講談社，2008 年）38-44 頁：UNESCO, *Records of the General Conference, 33rd Session,* Paris, 2005, p. 506, para., 73; 33C/COM.IV/DR. 3 Rev. (submitted by Japan and supported by Afghanistan); 33C/84 Prov. (33C/COM. IV/2), 20 October 2005, Annex; 稲木徹「国際法が規律する文化の意味に関する一考察―文化協定の諸実行をてがかりに―」『中央大学大学院研究年報』35 号（2006 年）52 頁。

# 第 2 章

# 公正な国際社会における文化の定位

——エマニュエル・トゥルム゠ジュアネによる
「承認の国際法」構想を手掛かりに——

久保庭　慧

## はじめに

　グローバル化の進展に伴って，国際社会の有する多文化・多文明的性質は，何らかの社会的介入なくしては維持できなくなりつつある。また，冷戦終結以後，それまでイデオロギー対立の中に埋没していた民族問題が顕在化し，その結果，異なる文化がいかにして共存・共生していくかという問題はもはや国家間の問題に限定されるものではなくなってきている。こうした問題はしばしば「文化の多様性」の維持・促進の問題として国際社会のさまざまな局面において象徴的に言及されており，国際法学もまた，この問題に対する対応を迫られている。

　そのような中，2005 年，第 33 回国連教育科学文化機関（United Nations Educational, Scientific, and Cultural Organization，以下，ユネスコ）総会において「文化的表現の多様性の保護及び促進に関する条約（以下，文化多様性条約）」が採択された。文化的表現の多様性の保護及び尊重を目的とする本条約は（1 条(a)），各国が自国の領域内で文化的表現の多様性を保護し，促進するための措置および政策を採用する主権的権利を有することを認めたものであり，その理念は，文化（的表現）が多様であることそれ自体を 1 つの価値として承認しようとする点にある。

　この条約の成立を契機として，「文化の国際法」ないし「国際文化法」と呼

ばれる新しい法分野を構想しようとする試みが見られる[1]。本稿で対象とする，エマニュエル・トゥルム゠ジュアネ（Emmanuelle Tourme-Jouannet）による「承認の国際法」[2]と呼ばれる一連の法構想もそのような「文化の国際法」に関する構想の1つである。彼女は近年公表された『公正な国際社会とは何か：開発と承認の間の国際法』[3]と題された著書において，国際社会における公正さの問題を，① 南北発展格差などの経済・社会的不公平を是正するための「開発（development/développement）」に関する問題，② 個人，人民，少数者，特定の諸国のアイデンティティに対する，国際社会による「承認（recognition/reconnaissance）」の問題，という2つの観点から捉えており，これらの問題への対応が今後の国際法には求められていると主張している[4]。この著書は刊

---

1) そのような一連の構想をまとめ，それらの特徴，共通点と相違点を比較・考察したものとして，稲木徹「『国際文化法』構想―現状と課題―」『法学新報』第116巻3・4号（2009年）31-52頁。

2) ここでいう「承認（recongnition/reconnaissance）」とは，国家承認論における「承認」とは質の異なるものであり，個人，人民，マイノリティ，あるいは特定の国家といった集団に対するアイデンティティや尊厳の承認を想定したものである。このようなジュアネ独自の用法による承認概念も含めた，国際法理論一般における「承認」概念の位置付けについては，次の文献に詳しい。Rose Parfitt, "Theorizing Recognition and International Personality," in Anne Orford and Florian Hoffmann (eds.), *Oxford Handbook of the Theory of International Law* (Oxford University Press, 2016), pp. 583-599.

3) Emmanuelle Tourme-Jouannet, *What is a Fair International Society? International Law between Development and Recognition* (Hart Publishing, 2013).

4) なお，上記注3) の書物は元々2011年に仏語にて公表された次の著書の英訳版である。Emmanuelle Tourme-Jouannet, *Qu'est-ce qu'une société internationale juste? Le droit intenational entre développement et reconnaissance* (Pedone, 2011). 後に出版された英語版の方が全体として記述が簡潔かつ明晰であり，本稿でも注等で典拠を示す際には，主として注3) に示した英語版を用いる。また，このうち上記著書の後半部にあたり，本稿の中心的主題である承認の国際法に関しては，次の論文にも骨子がまとめられている。Emmanuelle Tourme-Jouannet, "Le droit international de la reconnaissance," *Revue général de droit international public*, Vol. 116, No. 4 (2012), pp. 769-800. なお，この論文に独自の記述なども存在する関係上，本稿でも必要に応じ

行されるやいなや，数多くの書評の対象となっており[5]，また，同書において展開された彼女の構想から部分的あるいは全面的な影響を受けて，さまざまな発展的研究がなされている[6]。

そこで本稿では，上記ジュアネの著書『公正な国際社会とは何か』を中心とする複数の彼女の著作を読み解き，「開発」と「承認」の2つから成るとされる彼女の公正な国際社会に関する構想を概略的に確認した後，文化の国際法への理論的示唆を得るという筆者の関心から，特に「承認」の側面に焦点を当てて，その背景と構成要素に関するジュアネの議論を簡単に紹介・整理する（Ⅰ）。次にその上で，彼女の構想について，方法・内容双方の見地から，その

---

てこの論文には言及する。
5) 少なくとも筆者の知る限りで，以下のものがある。小寺智史「紹介 Emmanuelle Tourme-Jouannet, *What is a Fair International Society?: International Law between Development and Recognition*」『国際法外交雑誌』第113巻，3号（2014年）162-166頁；Charalambos Apostolidis, [Compte Rendus], *Revue général de droit international public*, Vol. 117, No. 2 (2013), pp. 393-394; Vincent Chapaux, [Compte Rendus], *Revue belge de droit international* Vol. 45, No. 2 (2012), pp. 735-742; Horatia Muir Watt, [Bibliographie], *Revue critique de droit international privé*, Vol. 102, No. 1 (2013), pp. 319-320; Henry Jones, [Book Reviews], *Irish Yearbook of International Law*, Vol. 8 (2015), pp. 193-197; Dhvani Mehta, [Book Reviews], *Australian Year Book of International Law* Vol. 32 (2014), pp. 192-194; Lorenzo Gradoni, [Review of Books], *Italian Journal of International Law* Vol. 23 (2014), pp. 557-565; Michael Riegner, [Buchbesprechungen], *Heidelberg Journal of International Law*, Vol. 74 (2014), pp. 681-684; Ruti Teitel, [Book Review], *European Journal of International Law*, Vol. 25, No. 3 (2014), pp. 945-948; Vincent Dalpé, [Book Reviews], *The Canadian Yearbook of International Law*, Vol. 52 (2015), pp. 625-631.
6) そのようなものとしてたとえば，小寺智史「開発の国際法の行方　新たな『新国際経済秩序』へ向けて―」『法学新報』第120巻9・10号（2014年）261-290頁；Emmanuelle Tourme-Jouannet *et al.* (eds.), *Droit international et reconnaissance* (Pedone, 2016) などがある。特に上記共著は，ジュアネの承認の国際法構想を受けて，英語・仏語圏の複数の研究者がそれぞれの着想を基に展開した研究成果が掲載されており，ジュアネの構想の応用可能性・発展可能性を示唆するものであるとも言える。

意義と問題性を批判的に検討する（Ⅱ）。そして最後に、ここに至るまでの議論を踏まえ、より広い見地から、彼女の構想が必ずしも十分に包摂し得ていないと思われる点を補足しうる可能性について、いわゆる「持続可能な開発」に関する近時の議論展開に依拠しながら考察していく（Ⅲ）。

## Ⅰ　ジュアネの公正な国際社会構想と「承認の国際法」

　ここではまず、主として上述の著書に基づき、ジュアネによる公正な国際社会構想の全体像について簡単に概観するとともに、その中でも彼女が「承認の国際法」と称する法領域について簡単に紹介する。

### 1　公正な国際社会を構成する2つの側面としての「開発」と「承認」

　ジュアネの展開する公正な国際社会の構想は、脱植民地化と冷戦の終結という2つの時代状況に裏打ちされている。そのような社会において国際法の在り方は大きく変容してきており[7]、そこには、アメリカの政治哲学者であるナンシー・フレイザー（Nancy Fraser）が国内社会において定式化したのと同様の2つの形態の不正義が存在しているという[8]。第1の不正義は、経済的・社会的不公平に関するものであり、これは1950年代以降の脱植民地化から生じ、今なお形式的平等と真の平等の間のギャップという問題を生じさせている[9]。第2の不正義は、文化やアイデンティティに関わるものであり、これは平等と差異の間の線引きを1層困難なものにしている[10]。スティグマ化された最も恵まれない国々、先住民族、民族的集団、マイノリティ、女性といった主体は、平等な尊厳と同時に自らのアイデンティティや文化の保護をも求めている[11]。

---

7)　Jouannet, *supra* note 3, p. 1.
8)　*Ibid.*
9)　*Ibid.*
10)　*Ibid.*
11)　*Ibid.*

国際社会が一層公正（fair）なものであるためには，これら2つの不正義に対して有効な解決策が提示されなければならず，それは言い換えれば，公正な国際社会とはすなわち，衡平（equitable）であると同時に品位（decent）も備えたものでなければならないということを意味する。ジュアネによれば，前者を「開発の国際法（international law of development）」が，後者を「承認の国際法（international law of recognition）」がそれぞれ担っているとされ[12]，上述の著書では，歴史的・批判的視点に基づきつつ，これら2つの法の可能性と限界についての考察が展開される。

以上がジュアネの構想する正義のあらましである。それでは，上記のような開発と承認という2つの法領域のうち，本稿の主要な関心である文化の問題に関わる「承認の国際法」とは一体どのような法構想なのであろうか。次節ではこの「承認の国際法」の構想に焦点を当て，その概要について簡潔に確認していく。

## 2 「承認の国際法」構想の概要

ジュアネによると，東西冷戦の終結以降，「承認の国際法」と呼ばれる新たな法の一群が形成されつつあるという。それは，他とは区別されるべき目的を有してきたにもかかわらず，これまで十分に理論化されたり，まとめられたりしてこなかった法的な制度，言説，実行，原則といったものの一群であり[13]，開発と並んで公正な国際社会の本質的要素となっているという[14]。

彼女によれば，承認の国際法は，主として「文化多様性に関する法」，「権利による承認」，そして「歴史的被害に対する補償」という3つの領域から構成されるという[15]。それぞれの議論の内容をごく簡潔に確認しておくと，まず，「文化多様性に関する法」では，ユネスコにおいて展開された文化多様性に関

---

12) *Ibid.*, p. 102.
13) *Ibid.*, p. 122.
14) *Ibid.*
15) Jouannet, "Le droit international de la reconnaissance," *supra* note 4, p. 776.

する実行と[16]，そうした一連の実行の到達点ともいうべき 2005 年の文化多様性条約が概観され，単なる「文化的例外（exception culturelle）」を大きく超える射程を文化多様性という法原則が有していることが確認される[17]。次に，「権利による承認」では，個人および集団の主観的権利，より具体的には少数者，先住民族などの特定の集団や特定の集団に属する個人に対して与えられる人権に焦点が当てられる[18]。ジュアネによれば，文化の尊厳や個別性の承認にとっては，文化の多様性の法的保障だけでは十分ではなく，これに加えて，個人や最も弱い立場に立たされる集団に対して自らのアイデンティティを保護するための法的手段が与えられなければならないとされる[19]。最後に「歴史的被害に対する補償」では人種差別，植民地主義，帝国主義などによって引き起こされた歴史的犯罪への救済といった，時間を跨いだ他者への承認の問題が取り扱われる[20]。

　以上のような個別領域の検討を経た上で，ジュアネは承認の国際法と呼ばれる法領域が目下生じつつある中で，このような法領域が孕む困難と問題性についての考察を展開するのである[21]。それでは，上記のような困難や問題性に関する彼女の考察も含め，ここまでで展開されてきたような彼女の一連の構想をどのように評価することができるだろうか。この点について，以下で検討していく。

---

16) ユネスコの実行において文化多様性概念がさまざまな主題と結びつけられながら展開してきた点については，拙稿「ユネスコの活動における文化多様性概念の展開―その多面的把握に向けて―」『法学新報』第 120 巻 9・10 号（2014 年）237-260 頁も参照のこと。
17) Jouannet, "Le droit international de la reconnaissance," *supra* note 4, pp. 776-781.
18) *Ibid.*, pp. 781-786.
19) *Ibid.*, pp. 781-782.
20) *Ibid.*, pp. 786-794.
21) *Ibid.*, pp. 794-799.

## Ⅱ　ジュアネの構想の評価

Ⅰでは，ジュアネによる公正な国際社会の構想の全体像とこれを構成する一領域である「承認の国際法」論の概要を確認してきた。彼女によって展開された構想は，冷戦後の国際社会という現実の状況を観察し，そこから生じつつあるアイデンティティの承認という欲求に国際法がどのように応答しうるかを考察したものであるが，その構想の取り扱う領域の大きさ，また構想そのものの大胆さ故に，さまざまな観点からの批判も呼び起こしている。ここでは承認の国際法構想，さらには公正な国際社会の構想に対して既に寄せられている主要な批判と，場合によってはそうした批判に対するジュアネの応答にも触れながら，彼女の構想の評価を方法面と内容面の2つの観点から検討してみたい。

### 1　方法的側面

ここではまず，ジュアネの承認の国際法構想に向けられている方法上の特徴とその評価について論じる。ここで焦点が当てられるのは，彼女が承認の国際法論を構想するにあたって用いている構成主義的方法論と呼ばれるものである。

#### (1)　構想の方法的特徴──構成主義的方法論

周知の通り，法実証主義の思考枠組みにおける方法的命題の1つに，規範と事実の分離というものがある。ケルゼン（Kelsen）の純粋法学や，ハート（Hart）によって展開された法理論など，個々のアプローチの仕方に違いがあるとはいえ，そこで共通して意識されているのは，法と道徳の間，あるいは「ある法」と「あるべき法」の間の必然的連関の否定である[22]。これらは分離可能性テーゼとも呼ばれ，法実証主義の中でも現在も擁護され続けている永続

---

22)　瀧川裕英他『法哲学』（有斐閣，2014年）194-195頁。

的主張であるとされる[23]。

　ジュアネの法構想に対して加えられている主要な批判の1つは，まさに上記の点に関連している。*European Journal of International Law* において組まれた承認の国際法に関する論争[24]において，ジャン・ダスプルモン（Jean d'Aspremont）は，ジュアネの展開している構想には方法的不安定性（methodological instability）があると指摘している[25]。ダスプルモンによれば，ジュアネは一連の規則，一連の実行，そして一連の言説のすべてを一様に扱い，これらによって「新しい法の一群」が形成されていると主張しているという[26]。そしてこうした認識の下，規範命題と事実命題，すなわち *lex ferenda* と *lex lata* が相互補完的に，あるいは互いが互いを根拠とする形で用いられていると批判する[27]。

　確かにジュアネは，それぞれ質の異なる規則，実行，言説を一括りにして用いており，それらの中には法としての性質を備えているか明確な判断が難しいものも含まれている[28]。それらは事実としての法の記述であるのか，それとも

---

23) 『同書』，195頁。
24) Emmanuelle Tourme-Jouannet, "The International Law of Recognition," *European Journal of International Law*, Vol. 24, No. 2 (2013), pp. 667-690; Jean d'Aspremont, "The International Law of Recongnition: A Reply to Emmanuelle Tourme-Jouannet," *European Journal of International Law*, Vol. 24, No. 2 (2013), p. 691-699; Emmanuelle Tourme-Jouannet, "The International Law of Recognition: A Rejoinder to Jean D'Aspremont," *European Journal of International Law*, Vol. 24, No. 2 (2013), pp. 701-705. 一連の論争は，まず最初にジュアネの承認の国際法の構想が提示され，次にダスプルモンによる批判，その後にジュアネによるダスプルモンの批判に対する応答という形で展開されている。
25) Jean d'Aspremont, "The International Law of Recongnition: A Reply to Emmanuelle Tourme-Jouannet," *supra* note 24, p. 695.
26) *Ibid.*, p. 695.
27) *Ibid.*, p. 696.
28) 一例を挙げると，承認の国際法を構成する3つの領域のうちの1つである「歴史的不正義に対する補償」において，ジュアネは承認という新たなパラダイムへの転換を示唆する文書として2001年のダーバン会議の最終成果文書に言及している。

今後のあるべき方向性を示した規範意識の表明なのか必ずしもはっきりとは区別できない。上述した分離可能性テーゼを擁護する法実証主義の立場からすれば，こうした方法上の揺らぎは，最終的に当該法構想がどこに向かうのかを曖昧にしてしまう可能性がある。ダスプルモンが批判するのも，まさにこのような点なのである[29]。

この点，ダスプルモンによる批判に対してジュアネは次のように応答する。すなわち，ジュアネ自身が，それぞれ性質も射程も異なるはずの文書，言説，実行を「承認の法」の名の下に束ねようとしているのはまさに，現に存在する国際法にまつわる法的実行の観察から「承認の国際法」の原則を導きだそうとする彼女の方法上のスタンスに由来しているというのである[30]。彼女が引用する，承認の必要性に明示的に言及する一連のテクストは，歴史の一時点における偶然の産物として理解されるものであり，こうしたテクストの観察は結果として，経験的アプローチと規範的アプローチの融合を伴うという[31]。このような，いわば「である」と「べき」の間の循環・往来を伴う方法的特徴をジュアネ自身は，「構成主義（constructiviste）」的アプローチと呼んでおり[32]，これは

---

しかしながら，具体的な補償の様態の問題，歴史的不正義の救済に関する法の時間的適用の問題などについては，国家責任法や時際法といった，現存する国際法規則に依拠して論じており，承認という新たなパラダイムについての「構想」や「展望」を論じているのか，それとも現存する法の「確認」にとどまるのか曖昧にされている。以上の点の詳細は次を参照のこと。Jouannet, "Le droit international de la reconnaissance," *supra* note 4, pp. 786-794.

29) Jean d'Aspremont, "The International Law of Recongnition: A Reply to Emmanuelle Tourme-Jouannet," *supra* note 24, p. 696.
30) Jouannet, "The International Law of Recognition: A Rejoinder to Jean D'Aspremont," *supra* note 24, p. 702.
31) *Ibid.*
32) *Ibid.* また，次の文献でもジュアネは同様の見解を示している。Emmanuelle Tourme-Jouannet, "Droit du développement et droit de la reconnaissance, les «piliers» juridiques d'une société internationale juste ?," in *Société française pour le droit international, Colloque de Lyon. Droit international et Développement*, (Pedone, 2015), p. 62.

彼女の構想を理解する上で欠かすことのできないものとなっているように思われる。

### (2) 構成主義的方法論の評価

それでは、両者によって展開されたこのような論争をどのように評価すべきだろうか。言うまでもなく、現実認識から大きく乖離したままあるべき理念を展開したり、あるいはまた、現実を認識しようとする営為にはあえて立ち入らず、専ら規範の内容や性質の記述に終始したりするような認識論や方法論は、カー（Carr）に言及するまでもなく、ユートピアンの誹りを免れないだろう。この点、ジュアネが言うところの法の構成主義的理解は、一方で厳然として存在する生の現実を捉えつつ、他方で指向性を持った規範意識や理念を道標とし、両者の間を移ろいながら共有されるべき認識を形作っていく[33]。これは、この種の法構想が往々にして陥りがちなユートピアン的思考枠組みの陥穽にはまることを回避させてくれるという利点を持つ。

しかしながら他方で注意しなければならないのは、こうした構成主義的な法理解を展開するにあたっては、その背後に据えられた意図や理念が明確に示されていなければならないということである。そうでなければ、構想は延々と現実と理念の間の目的なき彷徨を続け、ともすると、法と力の同一視を正当化し、法を単なる現状追認のための道具へと堕してしまう危険性さえも孕んでいる。上記ダスプルモンの批判は、少なくともこの限りで極めて正当なものであると言え、この意味でジュアネ自身が、自らの構想の向かうべき方向性につい

---

[33] 大沼保昭によって提唱されている「法の実現過程」という認識的視座も、このような理解と親和性を持つものであると思われる。次を参照のこと。大沼保昭「『法の実現過程』という認識枠組み」日本法社会学会編『法の構築』法社会学第58号（有斐閣、2003年）139-154頁、特に142-145頁を参照。他方で大沼は、法を定義するという行為それ自体が、法実現過程の一環として構築作用を持っていることを指摘し、専門家が恣意的に「定義」を行うことの問題性も指摘している。次を参照のこと。棚瀬孝雄／大沼保昭「国際法の法的性質をさぐる」大沼保昭（編）『21世紀の国際法　多極化する世界の法と力』（日本評論社、2011年）293-296頁。

て，一層明示的に言及しておく必要があったように思われる。

## 2　内容的側面

次に，彼女の構想を内容的見地から検討していく。ここで主に着目するのは，彼女の有している国際法観から生じる問題性であり，以下2点に分けて論じていく。

### (1) 過度な図式化と一面的国際経済法理解

第1に言及すべき問題性は，彼女の一連の構想においてとられている図式化・単純化の傾向と，中でも過度に一面的に把握される国際経済法像である[34]。とりわけ承認の国際法と国際経済法の関係性という観点において，ジュアネは次のように述べている。

「レジーム相互間の関係性が希薄であるが故に，承認の国際法が事実上（規範上ではない），国際経済法に従属させられているという点は看過し得ない。経済的規則の作用によって，その時々の最も強き者，とりわけ巨大で私的な経済の担い手（grands opérateurs économiques privés）による経済的・文化的な支配が追認され続け，承認の国際法はその犠牲となっているのである。」[35]

そして，彼女は次のように結論づける。

「承認の国際法は，一定の領域においては非実効的となる危険性がある。そしてここでもし，文化多様性やアイデンティティの豊穣を阻害するような経済的・文化的支配の状況を終わらせることができないのであれば，文化や

---

34)　同様の批判として，小寺・前掲注5），165-166頁。さらに，Gradoni, *supra* note 5, esp. pp. 561-563.

35)　Jouannet, "Le droit international de la reconnaissance," *supra* note 4, pp. 796-797.

アイデンティティの侵害を改善することは大部分において叶わないだろう。これはとりわけ懸念されるべき負の側面であり，承認の法の発展を目の当たりにする中で，懐疑の念を強めてしまうことだろう。というのも，承認の法は結局のところ，個人，国家，集団，周縁化された人々を，支配的なネオリベラル世界秩序の下に一層服従させ，アイデンティティや文化には一切の考慮が払われず，彼らに対してより一層の尊重が与えられるということが，単なる印象論に終わってしまうからである。可能性として懸念されるのは，こうした文書（承認に関する文書を指す＝筆者補足）が本来的に目的としていたものから移行し，逆説的な方向転換を遂げてしまうことである。そこでは承認の約束が，現存する秩序（それは正にこれらの文書が方向修正し，改革しようとしていたはずのものである）への『自発的服従』を促進することになってしまうのである」[36]。

このような悲愴感に満ちているとも言うべきジュアネの結論から端的に伺い知れるのは，「国際経済法＝ネオリベラル市場主義」という等式である。このような理解は，現実には極めて多様な論理をその内部に取り入れているはずの国際経済法を一面的に物神化しており[37]，それは現実を過度に捨象した不当な理解であるとさえ言える[38]。例えば，最恵国待遇，内国民待遇という2つの非差別原則から構成され，物品・サービスの交換・交流を促進することを目的としたWTO法の基本原則によって，諸文化間の障壁なき積極的交流が促進され，その結果として一層豊かな文化の誕生，延いては文化多様性のさらなる豊穣化をもたらすとする主張は論理的にも経験的にも十分擁護可能であろう[39]。実際，

---

36) *Ibid.*, pp. 798-799.
37) 小寺・前掲注5), 166頁。
38) とはいえ確かに，国際経済法＝貿易法という定式化を暗黙裡に規定する理解もいまだ多く，「国際経済法」を標榜する学問的営為の多くが実際にはWTO法の検討であることが多いことも指摘されている。そのような見解としては，たとえば次を参照。大沼保昭『国際法—はじめて学ぶ人のための』（東信堂，2008年）384-385頁。
39) このような可能性を法哲学におけるリバタリアニズムの立場から検討し，擁護す

このような考え方は文化多様性条約にも反映されている。条約全体に関わる指針を列挙した同条約2条7項は,「豊かで多様な範囲の文化的表現への世界中からの公平なアクセスならびに表現および普及の手段への諸文化のアクセスは,文化の多様性を高め,かつ相互の理解を奨励するための重要な要素である。」[40]と確認し,文化への公平なアクセス可能性の確保を締約国に要請している。そして,2条8項においては,「国は,自国が文化的表現の多様性を支援する措置をとる場合には,適当な方法で世界の他の文化への開放を促進し,またそのような措置がこの条約の下で達成される目的に適合していることを確保するよう努めるべきである。」[41]として,文化の保護と文化の開放との間に一定の均衡性が図られる必要性を謳っているのである[42]。

もちろんこの点については,批判的視点に基づくことで国際法がもたらす不正義を告発しようとする彼女のスタンス上,あえて図式化・単純化した理解に徹しようとしたと見ることもできよう[43]。それでも,このような硬直的国際法

---

るものとして,森村進「グローバリゼーションと文化的繁栄」『人文・自然研究』第4号(2010年)4-41頁がある。また,経済学の観点から同様の主張をするものとしてはたとえば次を参照。タイラー・コーエン(著),田中秀臣(監訳),浜野志保(訳)『創造的破壊──グローバル文化経済学とコンテンツ産業』(作品社,2011年)。

40) 文化多様性条約2条7項。なお,日本語訳については岩澤雄司(編)『国際条約集』(有斐閣,2016年)に依った。
41) 文化多様性条約2条8項。なお,注40)と同様,日本語訳については岩澤雄司(編)『国際条約集』(有斐閣,2016年)に依った。
42) 特にこの2条8項の起草段階においては当初,最終的に採択された条文の原案と並んで,政府による強制的介入を排除し,消費者の嗜好性に委ねることを明白に規定した条文案が提示されていたことが指摘されており,注目に値する。詳細は,Sabine von Schorlemer and Peter-Tobias Stoll (eds.), *The UNESCO Convention on the Protection and Promotion of the Diversity of Cultural Expressions: Explanatory Notes*, (Springer-Verlag, 2012), pp. 111-113.
43) 同様の指摘として,小寺,前掲注5),165-166頁。また,実際ジュアネは,開発の国際法,承認の国際法,そして国際経済法の3つの法領域の関係性の分析に入る前の段階では,分析の便宜のために,開発の国際法と承認の国際法の相互作用について意図的に単純化した議論を展開してきたことを認めている。Jouannet, *supra*

像の展開は，国際法の各分野間の相互理解を阻むことはもちろん，場合によっては不必要な衝突をも生み出しかねない。むしろここで重要なのは，文化の多様性か文化の画一化（あるいはジュアネの言葉を借りれば，ネオリベラル世界秩序への従属）か，という単純化された二者択一の議論ではなく，時に対立し，矛盾する諸価値や論理の間の均衡を図るような調和的・統合的視点の維持なのである。ジュアネ自身，自らの構想は，現存する国際法秩序を変革へと導こうとするものではないと明示的に言及している[44]。そうであれば，あるいはそうであるからこそ，彼女が「秩序と無秩序を同時に表現している」[45]と評価する現状の国際法秩序の在り方をあるがままに，率直に受け止めつつ，さまざまな諸価値を調和させるための具体的処方箋が探求されなければならないのである。こうした点を踏まえ，次節では，承認の国際法の観点にとどまらず，彼女の公正な国際社会の構想全体を俯瞰するより広い視点から，彼女の構想の問題点について検討してみたい。

### (2) 「開発」と「承認」の二元論的把握の問題性

次に言及するべき第2の問題性は，彼女の構想から欠落している視点についてである。Ⅰ1でも確認したように，ジュアネによれば，公正な国際社会は「開発」と「承認」という2つのパラダイムから構成されているという。また，既に触れたように，これは国内社会において，「経済的不利益を被ることと文化的に尊重されないことがいかに密接に相互連動しているかについて理論化」[46]することを目指したフレイザーの議論に着想を得たものであることが示唆されている[47]。したがってジュアネの正義論は，フレイザーの正義論を国際社会について応用したものであるといって差し支えない[48]。

---

note 3, p. 202.

44) Jouannet, *supra* note 3, pp. 214-215
45) Emmanuelle Tourme-Jouannet, *Le droit international* (1er. ed.), (PUF, 2013), p. 69.
46) ナンシー・フレイザー（著），仲正昌樹（監訳）『中断された正義―「ポスト社会主義的」条件をめぐる批判的省察』（御茶の水書房，2003年）20頁。
47) Jouannet, *supra* note 3, p. 1.

ところが，まさにこの点にこそ問題は存在する。言うまでもなくフレイザーの議論は，現代アメリカ社会という特殊文脈におけるものであり，これを安易に国際社会に当てはめることは，まさに国内モデル思考批判[49]がそのまま妥当することになるだろう。フレイザーの理論に対し，「アメリカ合衆国の経験を過度に一般化したことによるのではないかという一定の嫌疑をかけ」[50]るホネットの議論もこれと軌を一にするものである[51]。すなわち，国際社会においては，国際社会の実態に即した構想が展開される必要がある[52]。

それでは，そのような国際社会の実態に即した構想とはどのようなものが考えられるだろうか。この点，ジュアネの構想の中から，環境問題への視点が抜け落ちていることを指摘する見解が存在することは注目に値する。ジョーンズ（Jones）によれば，環境問題に対するジュアネの言及は，開発の国際法について考察した著書の前半部分における，持続可能な開発に関する一連の議論の中

---

48) *Ibid.*, pp. 218-219.

49) 大沼保昭「国際法学の国内モデル思考―その起源，根拠そして問題性―」広部和也・田中忠（編）『国際法と国内法：国際公益の展開　山本草二先生還暦記念』（勁草書房，1991 年）57-82 頁。

50) ナンシー・フレイザー／アクセル・ホネット（著），加藤泰史（監訳）『再配分か承認か？―政治・哲学論争』（法政大学出版局，2012 年）128 頁。

51) ホネットは更に，フランスやイギリス，ドイツを例に挙げ，そうした国々おいては，「アイデンティティ・ポリティクス」のような社会的闘争にはこれまで二次的な役割しか与えられておらず，それよりも労働政策や社会保障，あるいはエコロジーといった問題の方が，政治的公共性における争いをはるかに強力にリードしていると述べている。次を参照のこと。『同書（注50）』，同頁。

52) もちろん，ジュアネ自身もこの点についてまったく無自覚であるというわけではない。彼女は著書の冒頭において，国内社会における価値や関心が国際的な場に移植される場合には，国際社会に固有に存在する正義の状況に適合する形で取り扱われなければならないと述べている（Jouannet *supra* note 3, p. 2）。実際，ジュアネの提示する公正な国際社会の構想が，フレイザーによって提示されたような「再配分」と「承認」ではなく，「開発」と「承認」という形に置き換えられて論じられているのは，まさに経済的・社会的不平等に対する解決策を，「再配分」ではなく，「開発」に求めた国際社会に固有の状況を考慮したものであると思われる（Jouannet *supra* note 3, p. 2）。

でなされるにとどまっており，この点でジュアネの構想には欠落があるという[53]。その上で彼は，「もし開発と承認の双方が不公正（unfair）やウルトラ・リベラル秩序（ultra-liberal order）に対する挑戦であるというのなら，それは潜在的に環境法についても言えることである」[54]と述べるのである。

確かに，21世紀を生きる我々にとって「環境保護」というトピックが国際レベルで対処すべき重要な問題群の1つとなっており，かつ「公正さ」に関わる看過できない種々の対立を引き起こしていることに鑑みれば[55]，公正な国際社会のあり方について，専ら「開発」と「承認」の2つの観点からアプローチしようとするジュアネの構想の不十分さを指摘する見解にも一定の正当性を見出すことができよう。そもそも，健全な地球環境を維持することは，我々自身が生を営んでいくための基礎であり，それなくしては，「開発」も「承認」もあり得ないことを考えれば，環境の保護は「公正さ」を保つための前提条件と捉えるべきものである。また，地球環境を損害なく将来世代に受け渡すことはそれ自体，いわば通時的な公正さに関わる問題として「開発」や「承認」の問題とは別に考慮されるべきものであると思われる。以上の点から考えると，国際社会における公正さを考える上で，ジュアネの提唱する開発／承認の二元論的理解には問題があると言え，この点とりわけ地球環境の保護については，「開発」や「承認」からは独立した，公正さの一部を成すもう1つ別の領域として考慮されるべきものであるように思われる。

それでは，このような彼女の構想の持つ問題点を乗り越えるような，より一層適切な構想はあり得ないのだろうか。これを踏まえ，次章では，ジュアネの構想の問題点を補完する可能性を探っていきたい。

---

53) Jones, *supra* note 5, p. 197.
54) *Ibid*.
55) たとえば，地球温暖化などの地球環境問題への対処において，その責任の配分をめぐって厳然たる南北対立が存在していることを考えれば，いかに環境問題が「公正さ」にかかわる闘争として現れているかが容易に理解できるだろう。

## III　ジュアネの公正な国際社会構想再訪
　　──より統合的な理解に向けて

　以上，前章までの議論から，ジュアネによって展開される公正な国際社会の構想は，方法面・内容面の双方について意義を有すると同時に，克服すべき重要な問題を孕んでいることが明らかになった。そこで本章では，そうした彼女の構想の問題点を補完し，より包括的・統合的視座を提供しうる概念として「持続可能な開発」概念をとりあげ，その生成と展開を簡単に概観した上で，ジュアネの構想を補完する上でのこの概念の有効性について簡潔に考察していく。

### 1　統合的理解の可能性──持続可能な開発概念の形成と拡大

　上でも述べたように，地球環境の悪化をどのようにして食い止め，これを来るべき将来世代に受け渡していくかという問いは，20世紀以降の人類にとって全地球的に対処すべきとりわけ重要な問題となっている。しかしながら，環境の保護とその将来世代への継受という要請が拡大する一方で，現代世代の社会・経済的発展に対する欲求も確固として存在し続け，国際社会はその両方を同時に満たさなければならないという大きな難題を突きつけられることとなった。持続可能な開発という概念は，そうした困難な要求に対する応答の試みの中で生まれた概念である[56]。同概念は，その最も著名な定義に従えば，「将来世代がその必要を満たす能力を損なうことなく，現代世代の必要を満たす開発」[57]と説明される概念であり，最大の特徴は「環境保全」と「経済開発」を調和的・統合的に捉えることで，その名に現れている通り将来に亘る「持続可

---

56)　同概念の生成の歴史については，たとえば次を参照のこと。松井芳郎『国際環境法の基本原則』（東信堂，2010年）146-150頁。

57)　Report of the World Commission on the Environment and Development, *Our Common Future* (1987), Chapter 2, para. 1.

能性」を確保しようとする点にある。上記のような定義が 1987 年に提示されて以降, この概念は国際社会全体で相当程度普遍的な支持を集めるに至っており, とりわけ国際環境法全体を基礎付ける中心的概念としての地位を確立している[58]。「環境保護」を一方の軸に, そして「経済発展」をもう一方の軸にとりつつ, それらの調和点, 融合点を確定しようとするこの概念の特性は, 「概念の行列 (matrice conceptuelle)[59]」とも表現され, 本概念の本質を表しているともいえる。近年になって, 「環境保全」と「経済開発」の他に, 貧困の撲滅や人権の保障などの「社会的要素」, そしてそれに加えて「文化」の要素を取り入れ, 4 つの構成要素とすることで, 概念の射程を拡大させようとする動きが学説・実行双方の観点から観察されている[60]。

## 2　ジュアネの構想への示唆

このように, 「経済」, 「環境」, 「社会」, 「文化」という 4 つの側面を調和的・統合的に捉えることを要請する持続可能な開発概念であるが, この概念はジュアネの正義の構想に対してどのような示唆を持ちうるだろうか。本節では

---

58)　松井・前掲注 56), 146 頁。

59)　デュピュイ (Dupuy) の用語法に基づく。詳細は Pierre-Marrie Dupuy, "Où en est le droit international de l'environnement à la fin du siècle?", *Revue général de droit international public*, Vol. 101, No. 4. (1997), p. 886.

60)　こうした概念の拡大化の傾向, 特に文化的側面に関する拡大の傾向については, さしあたり次を参照。寺倉憲一「持続可能な社会を支える文化多様性」『総合調査報告書, 持続可能な社会の構築（調査資料）』国立国会図書館調査及び立法考査局 (2010 年) 221-237 頁；西海真樹「持続可能な開発の文化的側面—国連システムにおけるその展望と日本の課題」『国連研究』第 13 号 (2012 年) 23-52 頁。とはいえ, この概念の, 特に法的性質をどのように評価すべきかについては, 肯定・否定双方の観点から多くの議論が展開されている。ここでは紙幅の関係上それらを包括的に検討することはできず, 詳細は別稿に譲らざるを得ないが, 差し当たり概念の法的性質について, さまざまな立場からの一連の議論を整理しつつ論じているものとしては, たとえば次を参照。Virginie Barral, "Sustainable Development in International Law: Nature and Operation of an Evolutive Legal Norm," *European Journal of International Law*, Vol. 23, No. 2 (2012), pp. 377-400.

この点について簡単に考察してみたい。

　この点，先にも述べたように，ジュアネ自身は持続可能な開発に関する議論に全く触れていないわけではないということには注意しなければならない。著書の前半にあたる開発の国際法に関する一連の考察の中で，開発に関する実行の現代的展開という文脈で，ジュアネは持続可能な開発について言及している[61]。とはいえ，ジュアネは持続可能な開発をあくまで開発の問題の中に位置付けるにとどめており，この点から判断しても，少なくとも彼女は持続可能な開発の諸価値間の調整・統合概念としての側面は重視していないようである。しかしながら，先に述べたように，持続可能な開発は，それぞれ性質の異なる，あるいは場合によっては相矛盾する諸価値の調和的統合を本質とするものであり，これを構成する要素の１つに過ぎない開発の文脈の中に閉じ込めてしまうことは適切ではない。持続可能な開発の概念には，対立する諸価値の統合を志向するような，いわばメタ原則としての位置付け[62]が与えられるべきであるように思われる。

　それでは，持続可能な開発という概念を，単なる開発の問題の一文脈ではなく，「経済」，「環境」，「社会」，そして「文化」という４つの異なる側面を統括・調整するような上位概念として理解した場合，ジュアネの構想の問題点はどのように補完・修正されうるのだろうか。前章で指摘したように，ジュアネの構想の主要な問題点は大きく分けて，①「承認の国際法」と，それを侵食，支配する「国際経済法」という形で，両者の相互関係を極めて図式的・硬直的に理解していたこと，さらに，②公正な国際社会像を「開発」と「承認」の

---

61) Jouannet, *supra* note 3, pp. 53-61.
62) ロウ（Lowe）の用語法による。ロウによれば，持続可能な開発概念は一次規範（primary norms）となるさまざまな法規則が重複・抵触する場合に，こうした規範間の境界線を動かすような「間隙規範性（interstitial normativity）」を行使する「メタ原則（meta principle）」としての役割を果たすという。詳細は以下を参照。Vaughan Lowe, "Sustainable Development and Unsustainable Arguments," in Alan Boyle and David Freestone (eds.), *International Law and Sustainable Development: Past Achievements and Future Challenges* (Oxford, 1999), pp. 19-37., esp. pp. 31-35.

2つの問題に還元して把握しようとし，それ故に現代の国際社会が抱える重要な課題，とりわけ「地球環境の保護」という問題領域が抜け落ちてしまっていること，の2点に集約される。この点，まず①の点に関して言えば，相互に矛盾する可能性のある諸価値・諸論理の統合をその本質とする持続可能な開発概念を用いることで，競合する諸価値の間に対話的関係が築かれ，ある特定の価値のみが支配的優位に立ち，重要性を持つ他の価値に一切の考慮が払われないという事態は避けることができるだろう[63]。少なくとも，現時点では恐らく実現困難だと思われる「脱開発の国際法」や「文化的脱構築の国際法」[64]といった急進的・変革的法構想ではなく，「持続可能な開発」という現に存在する法的言語を用いることで現行法秩序を修正するような方向性を探ることは，ジュアネの構想の現実的な実現可能性を考える上でも重要であろう。次に②の点に関して言えば，既に言及したように，そもそも持続可能な開発概念は，その成立当初より，環境保護と経済開発をどのように調和させるかという課題に対応するために生み出された概念であり，その意味でいわば環境保護は同概念の中核的要請でもある。同概念が今後どのような形で拡大・変容していくにせよ，少なくとも環境保護という価値への指向性が完全に骨抜きにされることは

---

63) たとえばゲブルモン（Guèvremont）は，持続可能な開発概念が相互に異なる規範間を「架橋」し，一方の規範システム（たとえば文化多様性条約などの文化規範）における価値をもう一方の規範システム（たとえば，WTOの一連の協定などの経済規範）の内部に「流通」させる機能を持っていると指摘する。詳細は以下を参照のこと。Véronique Guèvremont, "La reconnaissance du pilier culturel du développement durable: vers un nouveau mode de diffusion des valeurs culturelles au sein de l'ordre juridique mondial," *The Canadian Yearbook of International Law*, Vol. 50 (2013), pp. 163-196.

64) ジュアネ自身の用語法による。ジュアネによれば，開発の国際法も承認の国際法も，現存する秩序を修正はするが，その根本的な構造の変革までは望めないとし，こうした構造自体を変革するためには，開発の国際法に代わって「脱開発の国際法（international law of de-growth）」が，承認の国際法に代わって「文化的脱構築の国際法（international law of cultural de-construction）」が必要とされると述べている。Jouannet, *supra* note 3, pp. 214-215.

現時点では考えにくく[65]，環境保護の視座の欠落というジュアネの構想の問題点を補うのに同概念は有用であると考えられる。

## おわりに

　以上，本稿では，ジュアネによって近年展開された公正な国際社会の構想と，特にそのうちの「承認の国際法」の構想について，その概要を確認しつつ，方法と内容双方の見地から批判的な検討を展開し，彼女の構想の問題点・不足点を補完する概念として，持続可能な開発概念を用いることが有効であることを論じてきた。このような一連の営為にどのような意味があったのだろうか。ここでは結びに代えて，このことをもう一度問い直してみたい。

　ジュアネ自身が述べているように，法規則の詳細な分析は彼女の目的とするところではない[66]。彼女の目的は，法実践の経験的観察に基づきながら，我々が生きる時代における公正な国際社会の在り方とはどのようなものか，その全体像を描き出すことである[67]。しかしながら本論でも述べたように，このような彼女のスタイルは，まさに彼女自身が暴き出してみせた数多の問題や限界を解決するための具体的な処方箋を提示してはくれない。現実に解決しなければならない問題は依然我々の眼前に山積したままである。それでもジュアネは，既に理論家・歴史家としての責務を十全に果たしていると言ってよい。それはなぜか。

　言うまでもなく問題の解決のためには技術が必要であり，道具が必要となる。法解釈学はそのような営為の１つであろう。しかしながら，道具は何のためにあるのか。技術は何のために存在するのだろうか。往々にしてその時々の

---

65)　少なくとも環境保護の概念が骨抜きにされるのであれば，それは持続可能性の基盤そのものの喪失であり，すなわち概念を論じることの実質的意味が失われると考えられる。

66)　Jouannet, *supra* note 3, p. 3.

67)　*Ibid.*

支配的力関係の表現となりやすい国際法において，これを問わずして専ら道具磨きに徹してしまうことは，意識的であれ無意識的であれ，力の支配に加担することになってしまう。そもそも何のために法はあるのか。法には何が求められているのか。国際法のわずかに外側（moderately external）[68]に立ちながら，歴史家ならではの冷徹とも言える観察眼に裏打ちされた考察を展開するジュアネの議論は，このことを我々自身が問い直すための契機を与えてくれる。我々に残された仕事は，彼女から投げかけられた問いを受けとめ，これを各々の関心に応じて，批判的・発展的に継承していくことなのである。畢竟，本稿が展開してきた議論もまた，そうした営為の一環なのであった。

---

[68] *Ibid.*

# 第 3 章

# 文化多様性条約における途上国への特恵待遇

小 寺 智 史

## は じ め に

「開発」という概念は歴史を通じて変容してきたが[1]、近年注目されるのが、持続可能な開発と文化の関係である。持続可能な開発は当初、経済開発と環境という2つの価値の均衡を図るべく提唱されたが、概念の精緻化に伴い、その多面的な性格が指摘されるようになった。そのなかでも現在、持続可能な開発における文化多様性の意義が、さまざまな国際文書や学説で強調されている[2]。

この文化多様性を保護・促進するレジームの中核をなすのが、「文化的表現の多様性の保護および促進に関する条約（以下、文化多様性条約）」である。同条約は2005年10月20日に国連教育科学文化機関（以下、ユネスコ）の総会で採択され、2007年3月18日に発効した。日本は批准していないが、2016年8月24日現在、143か国およびヨーロッパ連合（以下、EU）が同条約を批准している[3]。

---

1) 開発という概念の変遷については、たとえば以下を参照。下村恭民、辻一人、稲田十一、深川由起子『国際協力―その新しい潮流―（第3版）』（有斐閣、2016年）；Gilbert Rist, *Le développement: Histoire d'une croyance occidentale*, 4$^e$ éd. (Presses de Sciences Po, 2013).
2) 西海真樹「持続可能な開発の文化的側面―国連システムにおけるその展開と日本の課題―」『国連研究』第13号（2012年）23-52頁。
3) 文化多様性条約については、日本でも既に多くの先行研究が存在する。たとえば

文化的表現を含む文化多様性の保護・促進に関しては、文化の保護を市場にゆだねるべきとする「自由論」と、国家などによる何らかの介入が必要とする「規制論」の対立が指摘されるが[4]、この点、文化多様性条約は原則として規制論に立脚している[5]。すなわち、後に検討するように、文化多様性条約は、自国の文化政策を通じて、国内の文化的表現の多様性を保護・促進する措置をとる主権的権利を締約国に認めている。言い換えれば、同条約は、文化政策を通じた文化的な財・サービスのグローバル市場への介入を承認しており、その背景には、完全に市場にゆだねることによって、少数の支配的な文化による独

---

以下を参照。折田正樹「ユネスコ『文化多様性条約』をめぐる法的論点についての考察—複数の条約の適用調整を中心に—」『ジュリスト』第1321号（2006年）100-104頁；河野俊行「文化多様性と国際法—オーディオ・ビジュアル産業をめぐる貿易摩擦を素材として—(1)(2・完)」『民商法雑誌』第135巻1号（2006年）58-101頁、第135巻2号（2006年）287-316頁；鈴木秀美「文化と自由貿易—ユネスコ文化多様性条約の採択—」塩川信明・中谷和弘編『法の再構築Ⅱ国際化と法』（東京大学出版会、2007年）227-245頁；鈴木淳一「『文化的表現の多様性の保護及び促進に関する条約（文化多様性条約）』の採択と意義」『獨協法学』第77号（2008年）415-496頁；同「ユネスコ文化多様性条約の発効とその課題」星野昭吉編著『グローバル社会における政治・法・経済・地域・環境』（亜細亜大学購買部ブックセンター、2011年）143-165頁；佐藤禎一『文化と国際法』（玉川大学出版部、2008年）；西海真樹「UNESCO文化多様性条約の意義— Hélène RUIZ-FABRI 論文に即して—」横田洋三・宮野洋一編『グローバル・ガバナンスと国連の将来』（中央大学出版部、2008年）279-297頁（同『現代国際法論集—開発・文化・人道—』（中央大学出版部、2016年）所収）；エレーヌ・リュイーズ＝ファブリ（西海真樹・稲木徹訳）「法と文化—文化多様性条約の射程—」『比較法雑誌』第44巻1号（2010年）1-22頁；西海真樹「文化多様性と国際社会の現在」『法律時報』第87巻12号（2015年）15-20頁。

4) 西海「前掲論文（文化多様性と国際社会の現在）」（注3）17頁。
5) ただし、文化多様性条約の中には、グローバル市場における国内文化産業の競争力強化の必要性を訴えるなど、「自由論」的要素も同時に含まれている。Christiaan De Beukelaer and Miikka Pyykkönen, "Introduction: UNESCO's "Diversity Convention" — Ten Years on," in Christiaan De Beukelaer, Miikka Pyykkönen and J. P. Singh (eds.), *Globalization, Culture, and Development: The UNESCO Convention on Cultural Diversity* (Palgrave Macmillan, 2015), pp. 6-7.

占・寡占状態が生じることへの懸念が存在する。

　このように，主に規制論に立脚する文化多様性条約は，各国による文化政策を通じた自国内の文化多様性の保護・促進を目的とするが，ここで注意すべきは，文化政策を立案・実施する能力は国家によってさまざまに異なるということである。文化的表現の多様性を保護・促進する措置をとる主権的権利が認められたとしても，それら措置を実効的に実施できなければ，結局，力の不均衡が支配するグローバル市場において弱者・マイノリティの文化は失われてしまうことになる。ここにおいて，文化多様性と開発は再び密接な関係を示すことになる。

　したがって，文化多様性の保護・促進に際しては，このような諸国または人々の間の発展格差を考慮し，相対的に脆弱な立場にある国や人々に対して有利な待遇を与えることが必要となる。現在，ほぼすべての多数国間条約は，同様の考慮に基づき，途上国など弱い立場にある諸国に有利な規範や待遇を規定している[6]。このような規範や待遇は，開発問題の解決を課題とする現代国際法の特徴の1つといえるが，文化多様性条約においても他の多数国間条約と同様，途上国への有利な規範・待遇が規定されている。それが，同条約16条が定める「特恵待遇（preferential treatment）」である。

　本章の目的は，文化多様性条約に規定された途上国への特恵待遇について，文言上の分析にとどまらず[7]，特に各締約国による実施状況の検討を通じて，同待遇の内容および射程を明らかにすることにある。以下ではまず，文化多様

---

[6] 途上国に対する有利な待遇は従来，開発の国際法における「規範の多重性」論のもとで研究が進められてきた。同論については，西海真樹「開発の国際法における『規範の多重性』論」『世界法年報』第12号（1992年）2-16頁，参照。また，多数国間条約における規範の多重性の発現形態に関しては，同「南北問題と国際立法」『国際法外交雑誌』第95巻6号（1995年）1-34頁（同前掲書注3）所収）。

[7] 文化多様性条約の起草過程について，規範の多重性論の観点から検討したものとして，拙稿「文化多様性条約における規範の多重性―途上国に対する『特恵待遇』の射程と意義―」『西南学院大学法学論集』第48巻3・4号（2016年）216-242頁，参照。

性条約の構造を,同条約の成立経緯と締約国の権利義務という観点から概観する(Ⅰ)。次に,同条約における途上国への特恵待遇について,16条の文言および起草過程を検討し,その意味内容および法的性質を確認する(Ⅱ)。続いて,16条に関する運用指針を取り上げ,条約が規定する特恵待遇の射程を明らかにする(Ⅲ)。最後に,特恵待遇の実施について,2014年に政府間委員会に提出された報告書に基づき,各締約国による同待遇の実施状況を分析する(Ⅳ)。

# Ⅰ 文化多様性条約の構造

本節では,文化多様性条約に規定された途上国への特恵待遇を分析する前提として,同条約の構造を概観する。同条約は前文および全35条からなるが,以下ではその構造を,条約の成立経緯と締約国の権利義務という2つの側面から検討する。

## 1 成立経緯

文化多様性条約が成立した背景に,関税および貿易に関する一般協定(以下,ガット)のウルグアイ・ラウンドにおけるオーディオ・ビジュアル産品の自由化をめぐる対立が存在したことはよく知られている[8]。1986年に開始され

---

8) 文化多様性条約の起草過程については,既に膨大な先行研究が存在する。前掲注 3)に掲げた邦語文献に加えて,たとえば以下を参照。Tania Voon, *Cultural Products and the World Trade Organization* (Cambridge University Press, 2007), pp. 173-185; Hélène Ruiz-Fabri, "En guise d'introduction générale: une petite histoire de la convention de l'UNESCO sur la protection et la promotion de la diversité des expressions culturelles," in Hélène Ruiz-Fabri (ed.), *La convention de l'UNESCO sur la protection et la promotion de la diversité des expressions culturelles: premier bilan et défis juridiques* (Société de législation comparée, 2010), pp. 35-61; Toshiyuki Kono and Steven Van Uytsel, "The Convention on the Diversity of Cultural Expressions: Beyond a Trade and Culture Convention," in Toshiyuki Kono and Steven Van Uytsel (eds.), *The UNESCO Convention on the Diversity of Cultural Expressions: A Tale of Fragmentation*

た同ラウンドにおいて，EUやカナダなどの諸国は，ハリウッド映画に代表される米国の文化的影響力の脅威に直面し，自らのオーディオ・ビジュアル産業を保護する必要性を感じていた。そこで，それら諸国は，文化的な財・サービスを「文化的例外」としてガットの自由化義務の対象から除外するように主張した。

このオーディオ・ビジュアル産業の自由化をめぐる攻防については，ウルグアイ・ラウンドの結果成立した世界貿易機関（以下，WTO）において妥協が図られた。すなわち，オーディオ・ビジュアル産業それ自体はWTOのサービス協定（GATS）の規律対象となったものの，自由化の対象および範囲については各加盟国の裁量にゆだねられた。もちろん，EUやカナダといった文化的例外を主張していた諸国は，自らのオーディオ・ビジュアル産業を自由化の対象から除外した[9]。

このようにウルグアイ・ラウンドでは妥協が成立したが，貿易自由化を主な目的とするWTOの内部において，文化的な財・サービスが後の自由化交渉の対象となることは容易に予想された。そこで，文化的例外を主張した諸国は，議論の舞台をWTOからユネスコへと移し，WTOに対抗する新たな条約の作成を試みることとなった。ユネスコでは，2001年11月の第21回総会において「文化の多様性に関する世界宣言」[10]が採択され，同宣言を背景として[11]，

---

*in International Law* (Intersentia, 2012), pp. 3-42; Dirk Pulkowski, *The Law and Politics of International Regime Conflict* (Oxford University Press, 2014), pp. 106-143; Abdulqawi A. Yusuf and Yuki Daijo, "Shepherding the Conclusion of Complex International Conventions: The Role of the Chairperson in the Negotiations on Cultural Diversity," in Tiyanjana Maluwa (ed.), *Law, Politics and Rights: Essays in Memory of Kader Asmal* (Martinus Nijhoff Publishers, 2014), pp. 306-339.

9) その後，2001年からウルグアイ・ラウンドに続くドーハ・ラウンドが開始されたが，現在に至るまで交渉はまとまっておらず，WTOにおける文化的な財およびサービスの自由化は膠着状態にある。西海「前掲論文（文化多様性と国際社会の現在）」注3）17-18頁，参照。

10) Universal Declaration on Cultural Diversity, CLT-2002/WS/9, 2 November 2001.

11) 同宣言は法的拘束力を有しないものの，加盟国の倫理的な約束を示すものとして，

2003年10月の第32回総会において条約の作成手続の開始が決議された[12]。その後、3回の専門家会合と3回の政府間会合を経て、2005年10月20日、ユネスコ総会において文化多様性条約が採択された[13]。

## 2 締約国の権利義務

文化多様性条約は締約国のさまざまな権利義務を規定しているが、同条約の特徴として指摘できるのが、権利と義務の「不均衡性」[14]である。

一方で、条約の締約国は「国際連合憲章、国際法の諸原則および普遍的に認められた人権に関する文書に従って、文化に関する政策を策定し、実施し、かつ文化的表現の多様性を保護し、促進する措置をとり、さらにこの条約の目的を達成するための国際協力を強化する主権的権利」[15]を有する。また、この主権的権利に基づき、締約国には、自国領域内で文化的表現の多様性を保護・促進する措置をとる権利が認められる[16]。他方で、締約国は、自国領域内で女性、マイノリティまたは先住民族といった個人や社会集団に対して、自らの文化的表現を創造、生産、普及または配布することを奨励する環境を創り出すよう努める義務などを負う[17]。ただし、義務を定める多くの諸規定では、「努める

---

文化多様性条約作成の推進力となったと指摘される。次を参照。鈴木「前掲論文(『文化的表現の多様性の保護及び促進に関する条約(文化多様性条約)』の採択と意義)」(注3) 66-67頁；西海「前掲論文」(注2) 34頁。

12) Desirability of Drawing up an International Standard-Setting Instrument on Cultural Diversity, 32 C/Resolution 34, 17 October 2003.
13) ユネスコ内部における条約の起草過程の概要については、鈴木「前掲論文(『文化的表現の多様性の保護及び促進に関する条約(文化多様性条約)』の採択と意義)」(注3) 70-77頁、参照。
14) Jingxia Shi, *Free Trade and Cultural Diversity in International Law* (Hart Publishing, 2013), pp. 112-114.
15) 文化多様性条約5条1項。
16) 文化多様性条約6条1項。さらに、条約は具体的な措置として、文化的表現を保護および促進するための規制措置などの8つの措置を例示している(同条2項)。
17) 文化多様性条約7条1項および2項。

(shall endevour)」などの表現が用いられており，その結果，それら義務は飽くまでも努力義務にとどまると解される[18]。

文化多様性条約におけるすべての義務が努力義務にとどまるわけではないが[19]，締約国の権利義務を比較すれば，文化的表現の多様性を保護および促進する広範な主権的権利が締約国に認められる一方で，締約国に課される義務は努力義務にとどまるものが多い[20]。このような権利義務の不均衡性は，条約の成立経緯から説明できよう。すなわち，文化多様性条約は，WTO 諸協定上の自由化義務に対して，文化的な財・サービスを保護・促進する国内政策実現のために作成された「対抗ヘゲモニー的な文書」[21]としての性質が強い。よって，少なくとも成立当初の条約の主たる趣旨および目的は，締約国に義務を課すというよりも，「自国の領域内で文化的表現の多様性を保護し，促進するために国が適当と認める政策および措置を維持し，採用し，また実施するための国の主権的権利を再確認すること」[22]であった。義務の法的性質に表される権利義務の不均衡性は，このような成立経緯や条約の趣旨および目的を反映しているといえよう。

## II 途上国に対する特恵待遇——文化多様性条約 16 条

文化多様性条約において途上国に関する規定はいくつか存在するが，そのな

---

18) 鈴木「前掲論文（ユネスコ文化多様性条約の発効とその課題）」注 3) 154 頁。
19) 特恵待遇を定める 16 条以外にも，措置に関する情報を報告および共有する義務（9 条）や，教育などを通じて文化的表現の多様性の重要性の理解を促進する義務（10 条）については shall が用いられていることから，それら義務については強制的性質が推定される。
20) 鈴木「前掲論文（『文化的表現の多様性の保護及び促進に関する条約（文化多様性条約）』の採択と意義）」注 3) 435 頁。
21) Yudhishthir Raj Isar and Miikka Pyykkönen, "Confusing Culture, Polysemous Diversity: "Culture" and "Culturel Diversity" in and after the Convention," in Beukelaer, Pyykkönen and Singh (eds.), *supra* note 5, p. 19.
22) 文化多様性条約 1 条(h)。

かでも，途上国への特恵待遇を定めるのが 16 条である。本節では，16 条の文言および起草過程を検討することで，特恵待遇の対象および内容，ならびに特恵待遇を付与する義務の法的性質を考察する。

## 1 特恵待遇の対象および内容

文化多様性条約は「すべての国，特に開発途上国にとって文化と開発の関係が重要であることを再確認すること」[23] および「文化的表現の多様性を保護し，促進するため，特に開発途上国の能力を向上させるために連携の精神をもって，国際協力および連帯を強化すること」を自らの目的として定めている[24]。それら目的はさらに，国際的な連帯および協力の原則[25]，開発の経済的側面と文化的側面の補完性の原則[26]，ならびに持続可能な開発の原則[27] という 3 つの基本原則に具体化される。

これら目的および原則のもと，16 条は途上国への特恵待遇について規定している。同条の日本語訳については文部科学省が作成した仮訳が存在する。しかし，後述のように同仮訳には問題があるため，以下では筆者による訳と同時に英語原文も示し，16 条の内容を検討することにしたい。

「先進国は，適当な制度的および法的枠組みを通じて，特恵待遇を，開発途上国からの芸術家その他文化の専門家および実践者，ならびに文化的な財およびサービスに与えることにより，開発途上国との文化交流を促進する。Developed countries shall facilitate cultural exchanges with developing countries by granting, through the appropriate institutional and legal frameworks, preferential treatment to artists and other cultural professionals

---

23) 文化多様性条約 1 条(f)。
24) 文化多様性条約 1 条(i)。
25) 文化多様性条約 2 条 4 項。
26) 文化多様性条約 2 条 5 項。
27) 文化多様性条約 2 条 6 項。

and practitioners, as well as cultural goods and services from developing countries.」

　同条は，特恵待遇を付与することで途上国との文化交流を促進する義務を先進国に課しているが，ここで問題となるのは，特恵待遇の対象および内容である。

　まず特恵待遇の対象について，同条の英語原文では，「開発途上国からの (from developing countries)」という文言が「文化的な財およびサービス」のみを修飾しているのか，または「芸術家その他文化の専門家および実践者」と「文化的な財およびサービス」の双方を修飾しているのかは明確ではない。この点，文部科学省による仮訳は「……優先的待遇を芸術家その他の文化の専門家及び文化を実践する者並びに開発途上国からの文化的な物品及びサービスに与えることにより，開発途上国との文化交流を促進する」[28]としており，「開発途上国からの」という文言が文化的な物品およびサービスのみを修飾すると解している。

　しかし，このような解釈は誤りであろう。というのも，途上国との文化交流の促進が目的であれば，特恵待遇の対象たる芸術家等が途上国出身であることは文脈上当然だからである。また，このことは，英語と同様に正文[29]であるフランス語および中国語の原文でも確認できる。すなわち，両原文では「途上国の (leurs／発展中国家的)」という修飾が「芸術家その他文化の専門家および実践者」にもかかっている[30]。

---

28) 文部科学省「文化的表現の多様性の保護及び促進に関する条約（仮訳）」, at http://www.mext.go.jp/unesco/009/003/018.pdt (as of August 24, 2016)（強調引用者）。

29) 文化多様性条約34条は，同条約の正文をアラビア語，中国語，英語，フランス語，ロシア語およびスペイン語とする。

30) 条約法条約33条3項に従えば，条約の用語は各正文において同一の意味を有するものと推定される。また，16条の中国語原文に関しては，楊川氏（九州国際大学）から貴重な助言を頂いた。ここに記して感謝申し上げる。

以上を考慮すれば，先進国は16条のもと，「途上国からの芸術家その他文化の専門家および実践者」ならびに「途上国からの文化的な財およびサービス」双方に特恵待遇を与えることで，途上国との文化交流を促進する義務を負っていると解することができよう。

それに対して，特恵待遇の内容については，同待遇の対象とは異なり，解釈上特定することは困難である。すなわち，16条が上記2つの対象に対して，いかなる特恵待遇を付与することを先進国に求めているのかは文言上も起草過程からも確認できないように思われる。

## 2　特恵待遇の法的性質

同様の不明確性は，義務の法的性質についても指摘することができる。他の途上国関連規定が「努める (shall endevour)」[31]や「奨励する (shall encourage)」[32]と定めるのに対して，16条は「促進する (shall facilitate)」と規定している。よって，同条の義務に関しては，努力義務を超える強制的な性質を推定することができる。たとえば，このような文言上の特徴から，トゥルサール (Xavier Troussard) らは「国際協力に関する諸規定のなかで，16条は最も強い義務レベルを有する規定であり，実際，条約のなかで数少ない強制的な義務の1つである」[33]と述べている。

さらに，16条のこのような強制的性質は起草過程からも確認することがで

---

31)　文化多様性条約7条1項および2項，14条。
32)　文化多様性条約15条。
33)　Xavier Troussard, Valérie Panis-Cendrowicz and Julien Guerrier, "Article 16 Preferential Treatment for Developing Countries," in Sabine von Schorlemer and Peter-Tobias Stoll (eds.), *The Unesco Convention on the Protection and Promotion of the Diversity of Cultural Expressions: Explanatory Notes* (Springer, 2012), p. 426. また，ブリとブレイクも，条約において真に拘束力を有するのは，16条と17条の義務のみであると指摘する。Mira Burri, "The UNESCO Convention on Cultural Diversity: An Appraisal Five Years after its Entry into Force,"*International Journal of Cultural Property*, Vol. 20, No. 4 (2013), p. 358; Janet Blake, *International Cultural Heritage Law* (Oxford University Press, 2015), p. 217.

きる。第3回政府間会合において，オーストラリア，ニュージーランドおよびカナダは，特恵待遇が文化的な財のみならずサービスや人の移動にまで拡大することで，強制的な義務が自国の移民および査証に関する国内法に影響を及ぼすことを懸念し，16条を努力義務規定に変更する旨の修正提案を提出した。同提案は否決されたものの，その後の交渉を通じて，16条の義務を強制的なものとする代わりに，文化多様性基金への拠出を義務付ける修正案を取り下げるという妥協が成立した[34]。このような交渉経緯も，16条が定める義務が単なる努力義務ではなく，強制的な性質を有することを示すものといえよう[35]。

## III 特恵待遇の解釈——16条に関する運用指針

　前節で確認したように，文化多様性条約において途上国への特恵待遇は16条に規定され，その対象や法的性質については文言および起草過程から一定の推定が及ぶものの，特恵待遇の内容は不明確なままにとどまっている。そこで本節では，16条に関する運用指針を分析することで，特恵待遇に関する解釈上の論点を検討し，同待遇の射程を明らかにする。

### 1　文化多様性条約の運用指針

　文化多様性条約は条約の1機関として，24の締約国の代表によって構成される政府間委員会を規定している[36]。同委員会は複数の役割を担うが，その1つが「締約国会議の要請により，この条約の実施および適用のための運用指針（operational guidelines）を作成し，およびその承認を得るために締約国会議に提出すること」[37]である。条約の運用指針とは「条約の特定の条文の理解，解

---

34) Troussard, Panis-Cendrowicz and Guerrier, *supra* note 33, pp. 421-422.
35) *Ibid.*, pp. 425-426.
36) 文化多様性条約23条。なお，同条1項では政府間委員会の構成員の数は18と定められているところ，現在の構成メンバーは24であるが，これは同条4項に基づいて拡大された結果である。

釈および実施のための『行程表（roadmap）』」[38]であり，これまでに政府間委員会はいくつかの規定に関する運用指針を作成し，締約国会議の承認を受けてきた[39]。

16条の運用指針は，2009年3月の政府間委員会によって作成された後，2009年6月の第2回締約国会議において承認された[40]。以下では特に，前節で問題となった特恵待遇の対象，内容および法的性質に焦点をあてて検討する。

## 2　特恵待遇の対象

まず特恵待遇の対象について，運用指針は前節で示した解釈を明確に支持する。すなわち，特恵待遇の対象は「途上国からの芸術家その他文化の専門家および実践者」と「途上国からの文化的な財およびサービス」である[41]。

興味深いのは，運用指針が「16条は途上国に対して他の途上国に特恵待遇を付与する義務を課すものではないものの，途上国は，南南協力の枠組みにおいて，他の途上国に特恵待遇を付与することが奨励される」[42]として，途上国が他の途上国に特恵待遇を与える可能性に言及している点である。ただし，同

---

37)　文化多様性条約23条6項(b)。

38)　UNESCO, "Guidelines", at http://en.unesco.org/creativity/convention/about/guidelines (as of August 24, 2016).

39)　2016年8月24日現在，運用指針は，7条，8条および17条，9条，10条，11条，12条，13条，14条，15条，16条，18条ならびに19条に関して作成されている。同指針については，たとえば次を参照。Souheil El Zein, "The UNESCO Convention on the Protection and Promotion of the Diversity of Cultural Expressions and its Operational Guidelines," in Maluwa (ed.), *supra* note 8, pp. 340-367; Anne-Thida Norodom, "The legal nature of the CDCE operational guidelines and their influence on the CDCE effectiveness," in Lilian Richieri Hanania (ed.), *Cultural Diversity in International Law: The effectiveness of the UNESCO Convention on the Protection and Promotion of the Diversity of Cultural Expressions* (Routledge, 2014), pp. 150-163.

40)　Operational Guidelines on Article 16, CE/09/2.CP/210/Res.,17 June 2009, pp. 34-38.

41)　*Ibid.*, paras. 2.1, 3.3.2(a), 3.3.2(b).

42)　*Ibid.*, para. 2.4.

指針が明記するように，途上国による他の途上国への特恵待遇の付与は奨励される（encouraged）のみであり，義務ではない。

このことから，16条は原則として，「途上国からの芸術家その他文化の専門家および実践者」ならびに「途上国からの文化的な財およびサービス」に対して，先進国が付与する特恵待遇を規定していると解することができる。

## 3　特恵待遇の内容

運用指針は，16条の文言からは不明確な特恵待遇の内容について，詳細かつ体系的な説明を加えている。同指針によれば，16条が規定する特恵待遇は貿易上の意味よりも広く，文化と貿易という2つの要素を同時に併せ持つものとして理解されなければならない[43]。また，16条は「制度的および法的枠組み」を通じて特恵待遇を付与することを求めるが，この制度的および法的枠組みは「文化的位相」「貿易的位相」および「貿易的＝文化的位相」という3つの位相（dimension）を中心に組織される[44]。

第1に，文化的位相に関して，16条の特恵待遇の中核的要素とは文化協力であり，締約国には，既存の文化協力協定の発展を通じて，2国間，地域的，多角的な交流協定やプログラムを拡大・多様化する文化協力メカニズムを設けることが奨励される[45]。そのうえで，この特恵待遇のための文化協力メカニズムを通じて実施されるべき措置として，「途上国からの芸術家その他文化の専門家および実践者」に関して7つの措置，「途上国からの文化的な財およびサービス」に関して10の措置が示される[46]（表1参照）。

第2に，貿易的位相に関して，締約国は，文化領域における特恵待遇を実施するために，多角的，地域的または2国間の貿易上の枠組みおよびメカニズムを用いることができる[47]。ただし，その際には，他の条約との関係を定めた文

---

43) *Ibid.*, para. 3.1.
44) *Ibid.*, para. 3.2.
45) *Ibid.*, para. 3.3.1.
46) *Ibid.*, para. 3.3.

表1　特恵待遇のための文化協力メカニズムに基づく措置

| 「芸術家その他の文化の専門家および実践者」に関する措置 |
| --- |
| ①　芸術家等を育成支援するための政策・措置に関する支援および専門知識の提供 |
| ②　既存の法的枠組みおよび最良の実例に関する情報の共有 |
| ③　途上国の芸術家等が先進国の専門家ネットワークに参加することを支援する能力開発 |
| ④　途上国の芸術家等の移動を容易にする措置 |
| ⑤　資源の提供や共有 |
| ⑥　先進国および途上国の市民社会アクター間のネットワーク創設の支援 |
| ⑦　途上国の芸術家等への特別の資金上のインセンティブの供与 |
| 「文化的な財およびサービス」に関する措置 |
| ①　国内の文化的な財・サービスの創造等に関する政策・措置を策定するための支援および専門知識の提供 |
| ②　途上国の文化産業のための特別な資金上の措置およびインセンティブの供与 |
| ③　技術支援 |
| ④　途上国からの文化的な財・サービスの先進国市場へのアクセスの改善 |
| ⑤　資金援助 |
| ⑥　文化的な財・サービスの販促イベントへの途上国の参加の促進 |
| ⑦　途上国の文化産業の先進国における活動等の奨励 |
| ⑧　途上国の文化産業への民間投資の促進 |
| ⑨　途上国からの文化的な財・サービスへのアクセスの促進 |
| ⑩　先進国の開発援助政策における，途上国の文化開発プロジェクトへの適切な考慮 |

化多様性条約 20 条に従い，同条約の関連規定を考慮しなければならない[48]。

---

47)　*Ibid.*, paras. 3.4.1., 3.4.2.
48)　*Ibid.*, para. 3.4.3. なお，ここで具体的に想定されているのは，「自国が締約国である他の条約を解釈および適用するとき，または他に国際的義務を負うときは，締約国はこの条約の関連規定を考慮しなければならない」（文化多様性条約 20 条 1

第 3 に，貿易的＝文化的位相に関して，締約国は，特に文化的な財・サービス，または芸術家その他の文化の専門家および実践者に関連する，貿易的位相と文化的位相の双方を備えた特別協定を作成し，実施することができる[49]。

以上のように，運用指針は，特恵待遇のための制度的・法的枠組みについて，3 つの位相という視点から検討し，16 条の特恵待遇の内容および射程を明らかにしている。同指針が明確に述べるように，同条が想定する特恵待遇は，WTO 諸協定または自由貿易協定上の特恵等に限定されない。むしろ，それら貿易上の特恵待遇は副次的なものに過ぎず，文化協力が特恵待遇の中核に位置づけられる。さらに，文化協力に関しても，運用指針は資金的・技術的支援など広範な事例を示しており，16 条の特恵待遇が途上国に対する権利付与や義務免除などの法律上の有利な待遇に限定されないことを示唆している[50]。

## 4　特恵待遇の法的性質

前節で検討したように，16 条の文言および起草過程からは，特恵待遇を付与する先進国の義務の強制的な性質が推定された。しかし，運用指針は一見したところ，このような推定と反対の方向を示しているように思われる。というのも，同指針においては，義務の強制的性質を表す shall はほとんど用いられていないからである。

もちろん，いくつかの規定においては shall が使用されているが，いずれも特恵待遇を付与する先進国の義務それ自体に関するものではなく[51]，むしろ，

---

　項(b)) である。
49) *Ibid.*, para. 3.5.1. なお，運用指針では，文化と貿易を統合する協定の例として，1950 年の「教育的，科学的および文化的資材の輸入に関する協定（フローレンス協定）」ならびに 1976 年のナイロビ議定書が紹介されている。
50) 従来，開発の国際法における規範の多重性論は，途上国に対する特権付与または免除の承認など，権利義務上の有利な待遇を主たる分析の対象としてきた。複数の多数国間条約における途上国に対する有利な待遇を，権利義務という観点から類型化する試みとして，西海「前掲論文（南北問題と国際立法）」注 6)，参照。
51) Operational Guidelines on Article 16, *supra* note 40, paras. 2.2, 3.4.3, 7.4.

are encouraged to[52]、should[53]、may[54]、are invited to[55]など、義務の強制的性質を否定する表現が多用されている。運用指針において義務の強制的性質を否定する表現が多く用いられているという事実は、16条の文言に基づく推定と相反するように思われるが、果たして、同条の義務の法的性質を改めていかに解するべきであろうか。

この点、運用指針が「16条は(a)芸術家その他文化の専門家および実践者、(b)文化的な財およびサービスに関して、先進国に対して途上国を優遇する義務を課すものである」[56]と明記していること、さらに「それゆえ、先進国は16条を実施および運用するため、多角的、地域的および2国間の枠組みやメカニズムとともに、適切な制度的レベルにおける国内政策および措置を策定することで、積極的な役割を果たさなければならない（shall）」[57]と規定していることを想起すべきであろう。すなわち、運用指針は、先進国の2つの義務、つまり何らかの手段を通じて途上国に特恵待遇を付与する義務と、同待遇を実施および運用するために何らかの国内政策および措置を策定することで積極的な役割を果たす義務に強制的性質を認めている。

問題は、いかなる手段を通じて、途上国にいかなる特恵待遇を付与するかという点である。この点留意すべきは、運用指針は、これら手段や付与すべき特恵待遇の内容に関する「指針」にすぎないということである。それゆえ、締約国は、運用指針が示す手段または内容以外によっても、16条の義務を履行することは可能である[58]。

---

52) *Ibid.*, paras. 2.3, 2.4, 3.3.1, 4.1.
53) *Ibid.*, paras. 1.2, 1.3, 2.3, 5.1, 7.3.
54) *Ibid.*, paras. 3.3.2, 3.4.2, 3.5.1, 4.1, 5.2.
55) *Ibid.*, para. 6.1.
56) *Ibid.*, para. 2.1.
57) *Ibid.*, para. 2.2.
58) この点、トゥルサールらも、16条の運用指針に示された措置が例示（open and non-exhaustive list）に過ぎないことを強調する。Troussard, Panis-Cendrowicz and Guerrier, *supra* note 33, p. 426.

すなわち、国際法上の義務の類型[59]に従えば、16条の途上国に特恵待遇を付与する先進国の義務は「結果の義務」であり、同結果を導く手段は先進国の裁量にゆだねられている。運用指針における are encouraged to 等の表現はこの点を反映しており、16条の文言および起草過程から確認される同条の義務の強制的性質に影響を与えるものではないと解するべきであろう。

## Ⅳ　特恵待遇の実施

これまで検討してきたように、16条のもとで課される義務は強制的性質を帯びるものの、その義務、すなわち途上国に対して特恵待遇を付与する手段は各締約国の裁量にゆだねられている。よって、特恵待遇の具体的な内容を把握するためには、各締約国による実施を分析しなければならない。本節では、2014年に政府間委員会に提出された報告書に基づき、各締約国による特恵待遇の実施状況を検討する[60]。

### 1　16条および21条の実施・影響に関する報告書

文化多様性条約は、実施に関して独自の監視報告制度を設けているが、その中心は、締約国が提供する情報の分析である。締約国は、文化的表現の多様性を保護・促進するために自国の領域内および国際的にとった措置に関して、4年ごとに定期報告書を提出することが義務付けられる[61]。また、締約国は文化的表現の多様性の保護および促進に関連する情報を共有・交換する義務を負う[62]。さらに、条約は、締約国による定期報告書を補完するものとして、すべ

---

59)　国際法上の義務の類型化については、さしあたり以下を参照。Constantin P Economides, "Content of the Obligation: Obligations of Means and Obligation of Result," in James Crawford, Alain Pellet and Simon Olleson (eds.), *The Law of International Responsibility* (Oxford University Press, 2010), pp. 371-381.
60)　文化多様性条約全体の実施に関しては、たとえば以下を参照。Troussard, Panis-Cendrowicz and Guerrier, *supra* note 33, pp. 436-454; Burri, *supra* note 33.
61)　文化多様性条約9条(a)。

ての関連する情報，統計および最良の実例を収集し分析するメカニズムを予定している[63]。

この監視報告制度において，特恵待遇を定める16条，ならびに国際的な協議および協調を定める21条[64]は，特にその重要性からテーマ別監視の対象となっている。すなわち，2011年以降，政府間委員会において21条の実施に関する情報の収集および分析が開始され，その後，2013年12月の第7回政府間委員会において，16条もこの作業の対象となった[65]。2014年には，16条の実施に関する情報を収集するための質問状[66]が締約国等の関係者に回付され，特恵待遇の促進に関連してとられた措置についての情報を，同年5月20日までに事務局に送付することが締約国に要請された[67]。また，同質問状は先進国のみならず，途上国に対しても送付され，特恵待遇から得る利益を増大するためにとられた措置の情報を提供することが求められた。

なお，質問状において，特恵待遇を促進する措置は，個人的レベル，制度的レベルおよび産業的レベルの3つに区別されている。個人的レベルには，査証発給の簡略化など，芸術家その他個人の移動や交流を促進する措置が含まれる。制度的レベルとは，映画などの共同配給などの特別の支援制度を通じて，途上国の文化的な財およびサービスへのアクセスを改善する措置などである。産業的レベルには，2国間，地域的および多角的な貿易協定が含まれる。

以上の質問状への回答や定期報告書などによって集められた情報を分析して

---

62) 文化多様性条約9条(b)。
63) 文化多様性条約19条。
64) 文化多様性条約21条は次のように規定する。「締約国は，他の国際的な場において，この条約の目的および原則を促進することを約束する。このため，締約国は，適当な場合には，これらの目的および原則に留意して相互に協議する。」
65) CE/14/8.IGC/11, 21 October 2014, para. 1.
66) Survey on Article 16 based on the Operational Guidelines on the Framework for Quadrennial Periodic Report and on Article 16, CE/14/8.IGC/11, Annex I, 21 October 2014.
67) ただし，締約国は事務局への情報の提供を促される (are invited to) のみであり，質問状への回答は義務ではない。*Ibid.*, p. 5.

作成されたのが,「16条および21条の実施・影響に関する報告書（以下,報告書）」[68]である。報告書は2014年12月の第8回政府間委員会に提出され,その後,2015年6月の第5回締約国会議に提出された[69]。

## 2　特恵待遇の実施状況

報告書は,2005年から2014年の期間における16条および21条の実施を包括的に分析するものであるが[70],それら実施を評価する基準として次の問いを設定している。すなわち,条約の締約国は,文化的な財・サービスに関する政策を策定または変更したか,政治的な議論に影響を与えるために16条および21条を用いたか,さらに,両条を議論および考察の中心に位置づけたか,という3つの問いである[71]。これら問いにこたえるために,報告書は,国際文化協力,国際貿易協定,および文化と開発の連関という3つの領域を検討する。なお,報告書は16条と21条の実施を扱っているが,以下では,基本的に16条の特恵待遇の実施のみを取り上げて検討する。

### (1) 国際文化協力

まず国際文化協力は,芸術家その他に関する個人的レベルと文化的な財・サービスに関する制度的レベルに区別される[72]。まず,個人的レベルに関しては,締約国は,途上国からの芸術家の移動を促進するために,査証その他の手続き

---

68) Report on the implementation and impact of Articles 16 and 21 of the Convention (2005-2014), CE/14/8.IGC/11, Annex III, 21 October 2014.
69) CE/15/5.CP/11, 23 April 2015, pp. 5-33.
70) 同報告書は,実施を分析する前提として,条約における16条および21条の意義などについて,運用指針に基づき詳細に論じている。特に,報告書に示された,16条と他の条文との関係,および16条と21条の適用に影響を与える環境に関する2つの表（diagram）は興味深い。Report on the Implementation and impact of Articles 16 and 21 of the Convention, *supra* note 68, pp. 12-14.
71) *Ibid.*, p. 15
72) *Ibid.*

の緩和,能力開発,または途上国企業のための資金上の措置などを実施している[73]。他方で,制度的レベルに関しては,共同制作・配給協定[74]に基づき,先進国と途上国の間での映画制作の増大が試みられている。

さらに,多くの国は,文化的な財・サービスの交流を促進するために文化協力協定を途上国と締結し,芸術家その他の個人の移動の促進や,文化的な財・サービスへのアクセスの改善に努めている。他方で,特恵待遇を効果的に実施するための途上国側の活動についても,文化産業の育成に関するケニアの措置などが存在する[75]。

### (2) 国際貿易協定

続いて,国際貿易協定の領域に関して,条約採択後に条約締約国間で締結された38の2国間・地域間貿易協定が取り上げられ,それら協定内容に文化多様性条約の16条および21条がいかなる影響を与えたのかが分析される[76]。具体的には,それら貿易協定が,① 文化多様性条約への言及,② 文化的な財・サービスの待遇,③ 文化的な財・サービスに対する特恵待遇条項,④ 電子商取引に関する規定,⑤ 文化に関連するその他の諸規定を含むか否かが検討される[77]。

このうち,16条の特恵待遇に直接関連するのは,③の文化的な財・サービスに対する特恵待遇条項であるが,同条項は,EUがカリブ海諸国,韓国および中米諸国と締結した3つの自由貿易・経済連携協定に附属する文化協力議定書[78]にのみ含まれている。たとえば,カリブ海諸国との文化協力議定書5条

---

73) *Ibid.*, pp. 15-16.
74) 報告書では,カナダ＝インド（2014年），ニュージーランド＝インド（2011年），ニュージーランド＝中国（2010年），オーストラリア＝南アフリカ（2011年）の共同制作協定が紹介されている。*Ibid.*, p. 16.
75) *Ibid.*, p. 17.
76) *Ibid.*, pp. 20-25.
77) *Ibid.*, p. 21.
78) EUが締結した文化協力議定書については,前掲注33)の文献に加えて次を参照。

２項は，共同制作されたオーディオ・ビジュアル産品の締約国相互の市場へのアクセスを促進するため，特恵待遇（preferential treatment）の付与をその一手段として規定している[79]。

### (3) 文化と開発の連関

最後に，文化と開発の連関についてであるが，近年，両者が密接に関連することは国連など多くの場で主張されている。それら議論において，文化多様性条約は頻繁に言及され，政治的議論に影響を及ぼしてきた。その意味において，「条約は，あらゆるレベルで持続可能な開発の政策・プログラムに文化を組み込むことを可能とする，革新的な（innovative）公共政策の策定を導く重要な源とみなすことができる」[80]。

このように，報告書は文化と持続可能な開発との関連性を強調し，文化多様性条約が開発政策・戦略に与える影響を分析している。しかし，この点は，他の国際的な場において文化多様性条約の目的および原則を促進することを締約国に要請する 21 条のもとに位置づけられているように思われる。そのため，文化と開発の関連が，16 条の特恵待遇と具体的にいかなる関係に立つのかについては明示されていない。

## 3 小　　括

以上のように，文言上も起草過程からも不明確であった 16 条の特恵待遇の対象，内容および法的性質は，同条の運用指針および実施・影響に関する報告

---

Evangelia Psychogiopoulou, "Culture in EU external economic relations," in Valentia Vadi and Brunode Witte (eds.), *Culture and International Economic Law* (Routledge, 2015), pp. 229-245.

79) Protocol III on Cultural cooperation, Economic Partnership Agreement between the Cariforum States, on the one part, and the European Community and its Member States, of the other part, OJ L 289/II, 30 October 2008, p. 1939.

80) Report on the implementation and impact of Articles 16 and 21 of the Convention, *supra* note 68, p. 26.

書を通じて次第に明らかになってきた。以下ではこれまでの検討を整理しておこう。

　第1に，特恵待遇の対象について，16条は途上国間の特恵待遇の付与を否定しないものの，原則として，「途上国からの芸術家その他文化の専門家および実践者」ならびに「途上国からの文化的な財およびサービス」に対して先進国が付与する特恵待遇を規定している。

　第2に，特恵待遇の法的性質について，義務を定める他の諸規定とは異なり，16条の途上国に特恵待遇を付与する先進国の義務は強制的性質を帯びている。ただし，それは「結果の義務」であり，特恵待遇を付与する手段の選択は先進国にゆだねられている。

　第3に，特恵待遇の内容について，16条の特恵待遇が依拠する制度的および法的枠組みは，運用指針が明らかにしたように，文化的位相，貿易的位相，および貿易的＝文化的位相という3つの位相を中心に組織化される。また，各位相における活動としては，文化的位相については国際文化協力が，貿易的位相には国際貿易協定が，さらに貿易的＝文化的位相には貿易と文化の両者を統合する特別協定などが各々対応する。また，質問状および報告書が示すように，特恵待遇を促進する措置は，個人的レベル，制度的レベルおよび産業的レベルという3つのレベルに区別され，上記の位相および活動と関連づけられる。

　第4に，特恵待遇の実施状況について，特に，査証手続の緩和による途上国からの芸術家その他個人の移動の促進など，文化的位相（国際文化協力）での進展をみてとることができる。他方で，貿易的位相（国際貿易協定）における特恵待遇の実施は，EUが締結した3つの文化協力議定書に留まっており，同位相における実施の困難さを示している[81]。なお，貿易的＝文化的位相における特恵待遇については，報告書は16条との関係で論じていないため，同位相における実施状況の分析は今後の課題である。

---

81) *Ibid.*, p. 28.

## おわりに

　本章では，文化多様性条約に定められた途上国への特恵待遇を，同条約16条の文言，起草過程，運用指針および実施・影響に関する報告書を手がかりとして検討し，その内容および射程を明らかにした。

　文化多様性条約における特恵待遇を，WTO諸協定における特別かつ異なる待遇（Special and Differential Treatment, 以下S&D）に類似したものと捉える論者も存在する[82]。ただし，本章が示したように，文化多様性条約における特恵待遇は，途上国からの文化的な財・サービスへの特恵待遇にとどまらず，査証発給手続きの緩和を通じた芸術家その他個人の移動・交流の促進などを含む包括的なものであり，その射程はWTOにおけるS&Dを遥かに超えるものといえよう[83]。

　ただし，包括的ということは同時に，特恵待遇におよそあらゆる措置が含まれることを意味し，その結果，条約がその付与を義務づける同待遇の内容は不明確となる。文化多様性条約はこの点を克服するメカニズムとして，政府間委員会による運用指針の策定や監視報告制度を準備し，それら制度を通じて，特恵待遇の内容は実行を通じて徐々に特定されつつある。その具体的な成果が，2015年に条約採択10周年を記念して刊行された初の包括的報告書『文化政策

---

82）　たとえば以下を参照。Lilian Richieri Hanania and Hélène Ruiz Fabri, "International Cooperation on Development and the Convention on the Diversity of Cultural Expressions," in Kono and Uytsel (eds.), *supra* note 8, p. 346.

83）　WTOにおけるS&D規定は一般に，① 途上国の貿易機会の増大を目指す規定，② 先進国に対して途上国の利益を保護するよう求める規定，③ 約束，措置，政策手段の使用の柔軟性を確保する規定，④ 移行期間を定める規定，⑤ 技術支援，⑥ 後発開発途上国に関する規定の6つに区別される。World Trade Organization, Committee on Trade and Development, "Implementation of Special and Differential Treatment Provisions in WTO Agreements and Decisions," Note by Secretariat, WT/COMTD/W/77, 25 October 2000, p. 3.

の再構成―開発のための文化的表現の多様性促進の 10 年―』[84)]である。同報告書では，途上国への特恵待遇の実施状況が詳細に示されているが，それは本稿で取り上げた運用指針や報告書など，文化多様性条約が定める実施手続に依拠するところが大きい。

以上のように，途上国への特恵待遇の内容は実行を通じて次第に明らかになっており，今後も条約の監視報告制度などを通じて一層の明確化が図られることが期待される。このような明確化は，締約国による特恵待遇の実施の促進に寄与するであろう。他方で，残された課題も多く存在する。とりわけ，特恵待遇の実施に関しては現在のところ，同待遇の文化的位相，すなわち芸術家その他個人の移動・交流の促進が強調される一方で，同待遇を定める貿易協定が EU の締結した 3 つに限定されるなど，貿易的位相における実施状況は不十分なままにとどまっている。

文化多様性条約における特恵待遇は，文化に関するグローバルな力の不均衡の是正・緩和に真に寄与するものなのか。それとも，同待遇は「決して実現されない願い（*vœu pieux*）」[85)]を反映したものに過ぎないのか。今後，文化多様性条約における特恵待遇の意義を解明するためには，同待遇の実施状況の詳細な検討に基づいた機能上の分析[86)]が求められよう。

---

84) UNESCO, *2005 Convention Global Report 2015: Re/shaping Cultural Policies: A Decade Promoting the Diversity of Cultural Expressions for Development* (UNESCO, 2015).

85) G. Saouma and Y. R. Isar, "Cultural Diversity" at UNESCO: A Trajectory," in Beukelaer, Pyykkönen and Singh (eds.), *supra* note 5, p. 68.

86) 多数国間条約に導入された異なる待遇の諸機能については，拙稿「国際法における異なる待遇の複合的機能―『規範の多重性』論争を手がかりとして―」『西南学院大学法学論集』第 43 巻 3・4 号（2011 年）73-123 頁，参照。

# 第 4 章

# 国際法における景観概念の近年の発展
——文化多様性を支える包括的な概念として——

兼 頭 ゆみ子

## はじめに

　一般的な言葉としての景観（landscape, paysage）とは，風景や景色と同義であって，視覚的評価（美観）を通して捉えられる一定の土地や地域を意味する[1]。景観の対象は物的で客観的なものであっても，景観は主観的に認識されるものである。景観を法で規律し保護する場合も，法の対象となる景観を決定する段階には常に主観的評価が介在し，それゆえ，景観には法で扱いづらい側面がある。景観は，従来，多くの場合，さまざまな条約の端々で，景色や美観を漠然と表す一般的な言葉として用いられ，明確な定義が必要とされてきた用語ではない。また，景観という言葉を使わずとも，多くの条約により副次的に景観は保護されてきた。しかし，近年，国際法における景観概念は，特にヨーロッパ景観条約（2000 年）が包括的で統合的な景観概念を採用したことにより，多様な文脈で論じられるようになっている。この新たな概念においては，景観の認識主体であり，景観を形成する人々の意識や価値観が重視されている。つまり，景観に関わる人々が尊重する身近な有形・無形文化そのものが重要な要素と位置づけられている。

　本稿では，まず，国際法における景観の位置づけを整理する。一般的に，景観に言及する条約は多くはないが，これらは，景観の位置づけや景観保護の効

---

1) 広辞苑（第 6 版）には，「① 風景外観。けしき。ながめ。また，その美しさ。② 自然と人間界のこととが入りまじっている現実のさま。」とある。

果等の点で多様である。これらすべてを整然と分類することは困難であるが,大別して次のように整理できるように思われる[2]。第1は,景観を定義することはほとんどなく,景観を景色や美観を表す一般的な言葉として用いていると思われる条約である(Ⅰ)。第2は,景観を人間と環境との相互作用がつくりだすものと定義し,景観をより総体的にとらえ,その文化的,人間的側面を重視する条約である(Ⅱ)。なお,ⅠとⅡでは,多国間条約に限らず,これらの条約規範と密接な関係を有するEU(European Union)法にも言及する。最後に,この新たな景観概念の可能性と限界について若干付言する。

## Ⅰ 景色,美観としての景観

景観を景色や美観として用いる条約には,環境を構成する一要素として景観に言及するに過ぎないもの(1)と,景観の保護それ自体を明示的あるいは黙示的な目的とするもの(2)がある。多国間条約の状況と類似し,EU法にも一般的な景色,美観としての景観にかかわる措置がある(3)。

### 1 環境の構成要素としての景観

このカテゴリーには,環境影響評価や環境に関する手続的権利について定める条約等,いくつかの環境条約があてはまる。これらの条約では,水,大気等と景観を並べ,景観を,環境を構成する要素の1つと位置づけている。条約により,景観は,侵害から保護すべき環境要素であったり[3],損害賠償の対象と

---

[2] 景観概念の比較的考察として次を参照。Michel Prieur, « Le paysage en droit comparé et en droit international », *Environmental policy and law*, Vol. 27, No. 4 (1997), pp. 354-369; François Lafarge, « Landscape in International Law and European Law », in Monica Sassatelli ed., *Landscape as Heritage: Negotiating European Cultural Identity, EUI Working Papers*, No. 2006/5 (2006), pp. 37-44.

[3] たとえば,越境環境影響評価に関する条約 Convention on Environmental Impact Assessment in a Transboundary Context(エスポー条約,1991年)1条(vii),エスポー条約の戦略的環境影響評価に関する議定書 Protocol on Strategic Environmental

なりうる環境要素であったり[4]，公衆による情報の入手が可能であるべき環境の要素であったりする[5]。これらの条約は，景観の意味には触れず，条約目的を広く実現するため，環境に関するすべての要素を網羅的に対象にするという意図で景観が列挙されている。

## 2 保護対象としての景観

このカテゴリーには主に自然あるいは文化財の保護を謳う条約があてはまる。条約の対象とする自然や文化財を保護する一環として，これらを含む景観を併せて保護するものである[6]。

たとえば，アルプス条約自然保護および景観維持に関する議定書[7]がある。アルプス条約（1991年）とは，アルプス山系の持続可能な保護を目的とし，包括的な政策を実施するための枠組条約であるが[8]，そのような政策目的の1つ

---

Assessment（2003年）2条7項，産業事故の越境的影響に関する条約 Convention on the Transboundary Effects of Industrial Accidents（1992年）1条(c), (ii), 越境水域および国際湖沼の保護および利用に関する条約 Convention on the Protection and Use of Transboundary Watercourses and International Lakes（1992年）1条2項，エネルギー憲章条約 Energy Charter Treaty（1994年）19条3項(b)。

4) たとえば，環境損害民事責任条約 Convention on Civil Liability for Damage Resulting from Activities Dangerous to the Environment（ルガノ条約，1993年）2条10項。

5) たとえば，環境に関する，情報へのアクセス，意思決定における公衆参加，司法へのアクセスに関する条約 Convention on Access to Information, Public Participation in Decision-making and Access to Justice in Environmental Matters（オーフス条約，1998年）2条3項(a)。

6) 景観を含む美的観点と国際環境法との関わりについて次を参照。Alexander Gillespie, *International Environmental Law, Policy & Ethics*, 2nd edit. (OUP, 2014), pp. 68-81 (Chapter VI, Aesthetics).

7) Protocole d'application de la Convention alpine de 1991 dans le domaine de la protection de la nature et de l'entretien des paysages.

8) 前文および2条参照。大気，水，土等の保全と並んで，地域住民の社会的・経済的アイデンティティの尊重，調和的な土地利用，農業，輸送・交通，エネルギー，観光等の社会的・経済的観点も対象としている。

として自然と景観の保護,保全,回復を掲げている[9]。これに基づき採択された同議定書では,自然およびその構成要素の保護とならんで自然・農村景観の多様性,オリジナリティ,美しさの永続的保障を目的としている(1条)。その他,西半球の自然保護および野性生物の保全に関する条約(1940年)[10],南太平洋自然保護条約(1976年)[11],地中海保護条約特別保護地域に関する議定書(1995年)[12]等にも景観の保護が示されている。

景観を保護する措置を定めるこれらの条約に限らず,景色としての景観は,景観に言及しないその他多くの条約によっても実際,保護されている。保護区を設定し,保護区内の人間活動を規制することでこの区域の現状を凍結する,あるいはその変容を防ぐ仕組みは,結果としてこの区域の景観も保護することになる。自然の保護や文化財の保護に関する条約は多くこの手法を用いるが,これらは景観の保護を明確に示していなくとも,実質的に景観を保護するものである[13]。

世界の文化遺産と自然遺産の保護に関する条約(1972年。以下,世界遺産条約)もまた,世界遺産の「区域を定め」,「保護し,保存し,整備」すること

---

[9] 2条2項(f)。

[10] Convention on Nature Protection and Wild Life Preservation in the Western Hemisphere, preamble and art. 1-1.

[11] Convention on Conservation of Nature in the South Pacific, arts. 1(b) and 2-1.

[12] Protocol Concerning Specially Protected Areas and Biological Diversity in the Mediterranean, arts. 6(i) and 7-2(b), Annex I, B, 3.

[13] たとえば,自然保護条約として,水鳥とその生息地としての湿地の保護に関する条約 Convention on Wetlands of International Importance Especially as Waterfowl Habitat(ラムサール条約,1971年),生物多様性条約 Convention on Biological Diversity(1992年),ヨーロッパの野生動植物および自然生息地の保全に関する条約 Convention on the Conservation of European Wildlife and Natural Habitats(1979年),文化財の保護に関する条約として,ヨーロッパ考古学遺産保護条約 European Convention on the Protection of the Archaeological Heritage(1969年,1992年改正),ヨーロッパ建築遺産保護条約 Convention for the Protection of the Architectural Heritage of Europe(1985年),水中文化遺産保護条約 Convention on the Protection of the Underwater Cultural Heritage(2001年)があげられる。

第 4 章　国際法における景観概念の近年の発展　173

を締約国に義務付けているように[14]，自然保護と文化財保護の両面から間接的に景観を保護する条約である[15]。さらに，文化遺産・自然遺産の類型の中には，明確に美的価値あるいは景観としての価値を要件とするものがある[16]。

　以上にあげたいずれの条約にも景観そのものの定義はない。しかし，興味深いことに，自然の保全と景観の保護に関するベネルクス条約（1982 年）[17]では，次のように景観が定義されている。

　「景観：様々な要素（土，土地の起伏，水，気候風土，動植物，人間）の関係およびこれらの相互作用によって特徴づけられる土地と認識される部分である。景観としてのまとまり（単位）の中で，これらの要素の相互作用は，自然的，文化的，歴史的，機能的，視覚的な諸要素の配合から生じる 1 つの型を生み出す。景観とは，自然環境に対する共同体の態度およびこのような態度が自然環境に影響する仕方を反映するものとみなされる」[18]。

---

14)　世界遺産条約 3 条，4 条。
15)　世界遺産条約では，所有を想起させ，経済取引の対象とされうる文化財 property ではなく，人類全体のために集団で保護し継承すべきものであることを表す概念として遺産 heritage が用いられている。文化財から文化遺産への概念的発展について次を参照。Francesco Francioni, "A Dynamic Evolution of Concept and Scope: From Cultural Property to Cultural Heritage" in Abdulqawi A. Yusuf ed., *Standard-setting in UNESCO Volume1: Normative Action in Education, Science and Culture* (Martinus Nijhoff, 2007), pp. 221-236.
16)　世界遺産条約 1 条 2 号，2 条 1 号および 3 号を参照。また，「世界遺産条約履行のための作業指針」(Operational Guidelines for the Implementation of the World Heritage Convention (WHC.15/01)) 77 項 (iv), (vii) 参照。この作業指針は，世界遺産委員会による条約運用手続規則の総体であり，たびたび改訂されてきた。現在の最新版は 2015 年版（WHC.15/01）である。参考となる邦訳として，2005 年版の文化庁仮訳（文化遺産オンライン HP, at http://bunka.nli.ac.jp/ (as of 2 Jan. 2017)) がある。本稿では，2005 年版と 2015 年版の原文（英語）が同じである場合に限り，これを参照した。
17)　Convention Benelux en matière de conservation de la nature et de protection des paysages, art. 1-2-3.
18)　paysage: partie perceptible de la terre définie par la relation et l'interaction entre divers facteurs: le sol, le relief, l'eau, le climat, la flore, la faune et l'homme. Au sein

景観とは，静的な眺めや美観という意味ではなく，人間や自然の諸要素がさまざまな具合で絡み合い，複雑な形成プロセスを経る動的なものと捉えられている。このような景観概念は，次のⅡと共通する。この点で，この条約の定義は，国際法における景観概念のメルクマールを画するものといいうるが，概念規範としての影響力は極めて弱かった[19]。それは，結局のところ，この条約における景観の実質的な意味や採られる措置が，上記の諸条約とほぼ変わらなかったからであろう。当時，国境をまたぐ自然区域を保護する実際的な必要があり，この条約はそのための3国間の協力枠組みとしてつくられた[20]。このような事情を反映し，条約の主要な目的は越境的な自然環境の保全・管理・修復におかれ，景観についても，国境を超えて広がる貴重な景観が対象とされた（2条，3条）。また，条約には，政策等の調整および情報交換と協議（2条），環境保護区の設定および同保護区で実施すべき諸措置の策定等（3条）の一般的な措置が定められているが，これらの措置の具体的な決定権はベネルクス経済連合閣僚委員会 Comité de Ministres に与えられていた（4条）。このように，この条約は，先駆的な景観の定義を有してはいたものの，限られた範囲の自然景観を対象とするに過ぎず，これに対するベネルクス経済連合閣僚委員会の権限範囲を定めるにとどまるものだった。つまり，画期的な景観概念が景観として対象となる範囲や採られる措置に何ら影響を与えてはいなかった。

## 3　EU法の状況

EU法は，適用範囲は限定されているが，多国間条約と同様に多数の国々に適用される規範であり，とりわけ環境保護分野では諸条約と密接な関係を有す

---

  d'une unité paysagère déterminée, ces phénomènes donnent lieu à un schéma issu de la combinaison d'aspects naturels, culturels, historiques, fonctionnels et visuels. Le paysage peut être considéré comme le reflet de l'attitude de la collectivité vis-à-vis de son milieu naturel et de la manière dont elle agit sur celui-ci.

19)　Lafarge, *supra* note 2, p. 38, note 6.
20)　*Supra* note 17, Exposé des motifs.

る規範でもある。景観に関する限り，多国間条約における状況と同様に，EU法においても景観は重要な用語として位置づけられてはいない。

　EU基本条約上，景観は主要な政策分野として明示されてはおらず，環境保護政策[21]等に黙示的に含まれると解されるにとどまる。また，二次立法においても景観の明確な定義あるいは景観法といいうるほど体系化し発展した規範はみあたらない。

　しかし，特に定義を設けない一般的な意味の景観に言及する二次立法をいくつかあげることができる。これまでの整理に従えば，まず，景観を環境要素として扱うものとして，多国間条約同様，環境影響評価／戦略的環境影響評価に関する指令[22]，環境情報アクセス指令[23]等があり，指令の目的の範囲内で，環境にかかわる要素の1つとして景観が挙げられている[24]。他方，景観の保護を目的とする措置には，共通農業政策（Common Agricultural Policy；CAP）における経済的措置と生息地指令が定める任意の措置がある。前者については，規則1760/87[25]により，CAPにおける環境保護措置の1つとして景観の保護が農業指導保証基金[26]の受給対象措置に組み入れられたことに始まる。それ以降，CAPにおいて持続可能な農業や環境保護に対する重点化が進み，景観保護は，EUの農業補助金を受給するための必須あるいは任意の措置の一角をなしている[27]。CAPによる景観保護は，専ら農村景観を対象とし，農業事業者に

---

[21]　ヨーロッパ連合運営条約191-193条。

[22]　Council Directive 85/337/EEC, amended and codified by Directive 2011/92/EU, OJ L 26, 28.1.2012, pp. 1-21, arts. 1-2(a) and 3(b); Directive 2001/42/EC, OJ L 197, 21.7.2001, pp. 30-37, annex I & II.

[23]　Directive 2003/4/EC, OJ L 41, 14.2.2003, pp. 26-32, art. 2-1(a).

[24]　Also see Directive 2006/21/EC, OJ L 102, 11.4.2006, pp. 15-34, arts 1 and 4.

[25]　Council Regulation (EEC) No. 1760/87, OJ L 167, 26.6.1987, pp. 1-8. CAPにおける景観保護措置の導入について次を参照。Georges Thomson, « La Communauté européenne et le paysage », *Revue Juridique de l'Environnement*, n° 4, 1993, pp. 541-576.

[26]　European Agricultural Guidance and Guarantee Fund; EAGGF.

[27]　現行規定として，欧州農業保証基金（European Agricultural Guarantee Fund; EAGF）に関してRegulation (EU) No. 1307/2013（OJ L 347, 20.12.2013, pp. 608-670），

経済的インセンティブを与えることで景観保全を促進する措置である。後者の生息地指令には、野生動植物にとって重要な景観を維持し、発展させるための任意の措置が定められている[28]。このように、景観保護に関するEU法上の措置はいずれも厳格な義務としての性質をもつものではなく、緩やかな措置である。また、生息地指令は野鳥指令[29]と共にEUレベルにおける動植物保護区ネットワーク（Natura 2000）の根拠法をなしている。両指令は、設定された保護区内の景観を間接的に保護する効果を有する措置でもある。

## II　人間と環境との相互作用の所産としての景観

世界遺産条約は上記のように直接・間接に景観の保護とかかわる条約であるが、国際法における景観概念という観点から考察する場合、もう1つの重要な点を有する。本節では、景観を人間と環境との相互作用の産物と捉えるものとして、まず、世界遺産条約における文化的景観（cultural landscape）(1) とりあげ、次にヨーロッパ景観条約（European Landscape Convention）(2) を検討する。最後に、これらの条約とEU法の関わりについて述べる (3)。

### 1　世界遺産条約における文化的景観

世界遺産の類型は条約で規定されている文化遺産と自然遺産だけではない。条約改正によらず、世界遺産委員会[30]の決定によって設定された新たな類型が存在する。文化的景観は、そのような類型の1つとして、1992年、世界遺

---

　　欧州農業農村振興基金（European Agricultural Fund for Rural Development; EAFRD）に関してRegulation (EU) No. 1305/2013（OJ L 347, 20.12.2013, pp. 487-548）参照。
28) 　Council Directive 92/43/EEC, OJ L 206, 22.7.1992, pp. 7-50, arts. 3-3 and 10.
29) 　Directive 79/409/EEC on the conservation of wild birds, OJ L 103, 25.4.1979, pp. 1-18, repealed by Directive 2009/147/EC, OJ L 20, 26.1.2010, pp. 7-25.
30) 　世界遺産条約8条に基づき設置されている条約機関であり、条約実施のための手続を定め、世界遺産の国際認定、遺産保護のための援助の決定等を行う（8-11条, 13条参照）。

産委員会第 16 会期において導入された[31]。

「世界遺産条約履行のための作業指針」（以下，作業指針)[32]によれば，文化的景観とは，「文化的資産であって，条約 1 条のいう『自然と人間との共同作品』に相当する。それは，人間社会と居住地が，自然環境による物理的な制約また恵みのなかで，社会的，経済的，文化的な内外の力に継続的に影響されながら，どのような進化をたどってきたのかを例証するものである」[33]と定義されている。また，この概念は，「人間とこれを取り巻く自然環境との相互作用の多様な表現を含む」[34]とも示されている。文化的景観の概念は，地理学者カール・オルトヴィン・サウアー（Carl Ortwin Sauer）の考え方[35]の借用とされており[36]，一般的な意味の景観（景色，美観）から直接に導出されたものではない。

この概念に基づき，具体的に文化的景観は次の 3 つのカテゴリーにわけられる。人により意図的に意匠された景観（landscape designed and created intentionally by man），有機的に進化してきた景観（organically evolved landscape），人と自然の強いきずなをあらわす文化的景観（associative cultural landscape）である[37]。第 1 のカテゴリーは，人が自然環境に造作を加えた産物である庭園

---

31) WHC-CONF 002 XIII. 1-3.
32) Operational Guidelines, *supra* note 16.
33) *Ibid.*, para. 47: Cultural landscapes are cultural properties and represent the "combined works of nature and of man" designated in Article 1 of the Convention. They are illustrative of the evolution of human society and settlement over time, under the influence of the physical constraints and/or opportunities presented by their natural environment and of successive social, economic and cultural forces, both external and internal.
34) *Ibid.*, Annex 3, para. 8.
35) C. O. Sauer, "The Morphology of Landscape", *University of California Publications in Geography*, Vol. 2, No. 2 (1925), pp. 19-54.
36) P. J. Fowler, *World Heritage Cultural Landscapes 1992-2002* (World Heritage Papers, No. 6), (2003), pp. 18 and 22.
37) Operational Guidelines, *supra* note 16, Annex 3, para. 10.

等があてはまり，従来の文化遺産としても認定しうる。後二者が，文化的景観概念を導入した根拠にあたるものであって，第2のカテゴリーは自然や土地と人間が共生してきた証拠を示すもの（たとえば棚田），第3のカテゴリーは，信仰の山等，人の手による自然環境の物理的な改変の有無とは関わりなく，自然環境に投影された人の精神的な価値をあらわす遺産をさす[38]。

　以上のような定義と内容から，文化的景観概念から「文化的」な部分を除いた景観概念を抽出することはできない。文化的景観という表現全体に，人と自然との相互作用によりつくられるものという観念が含まれる。文化的景観とは，自然と人間の関係がつくってきた歴史上の多種多様な表現すべてを含みうる概念であり，非常に包括的である。とりわけ，文化的景観の3つのカテゴリーや実際に認定された文化的景観をみるかぎり，環境に対する人間の有形・無形の働きかけ，つまり，人間的，文化的要素が重要視されている。

　しかし，第1に，この概念は，飽くまで既存の文化遺産と自然遺産を補完するものにすぎない。文化的景観は，自然遺産とも文化遺産とも認定し難く，両者の境界に位置するような資産を世界遺産とするため，そして，とりわけヨーロッパ・キリスト教圏に偏っている文化遺産の現状を是正するために導入された概念であり，類型である。したがって，あらゆる文化遺産は何らかの形で人間と環境とが作用した結果の産物であり，その意味では，すべてが文化的景観に包摂されうるが，この類型が設定された経緯からそのように解することはできない。基本的に文化的景観は，従来の文化遺産に含まれないものをさす[39]。また，自然の景観も，人の関与が非常に少ない形態の文化的景観と捉えられなくもないが[40]，これらは従来から，自然遺産の範疇に含まれる。さらに，文化

---

38) 稲葉信子「世界遺産条約と文化的景観—文化と自然への統合的アプローチ」松永澄夫編，伊東俊彦［他］著『環境：文化と政策』（東信堂，2008年）53-55頁。
39) もっとも，世界遺産の類型は必ず明確に区分できるというわけではなく，類型の対象範囲に重複する部分がある。また，一度認定した世界遺産を再評価し，別の類型で認定し直すことも少なくない。
40) この点は次にも認められている。Operational Guidelines, *supra* note 16, para. 90.

的景観は「顕著な普遍的価値 outstanding universal value を有する」[41]ものに限られる。このように，文化的景観の実際の射程は，定義から想定されるほど広くはない。

　第2に，そもそも文化的景観の概念は，景観の新たな捉え方を提示することを意図したものではなく，文化的要素と自然的要素を共に有する資産を最も適切に表す表現として「景観」という言葉が使われていることである。つまり，文化的景観とは有形物そのものをさす用語であり，Ⅰでみた視覚的価値をあらわす景観概念とは性質上，異なる。この点で，文化的景観は，Ⅰの意味における景観の延長線上にある新たな概念であると直線的に捉えることは難しい。

　世界遺産条約の文化的景観には以上の留意が必要である。しかし，結果として，初めて景観概念を，自然あるいは文化財といった限られた側面のみから捉えることなく両者を融合したこと[42]，そして，人間と環境との物理的な相互作用に限らず，無形の文化的・精神的価値を反映するものと評価したことは，文化的景観の重要な点である。

　文化的景観について採られる措置は，世界遺産の他の類型の場合と全く同じである。世界遺産条約は，締約国からの推薦に基づき，世界遺産委員会が作業指針に従って，文化的景観を含む世界遺産を認定し，世界遺産リストへ登録するという仕組みを定めている。この仕組みを通して，「顕著な普遍的価値を有する文化遺産及び自然遺産を集団で保護する」[43]ことを目的としている。このように世界遺産リストへの登録認定は締約国が行うわけではないが，締約国には，自国内の世界遺産を保護し，保存し，整備し，将来世代へ伝える義務（3条，4条）がある。加えて，国内措置の採択（5条）や条約実施の報告（29条）について義務を有する。このように，条約は，文化的景観を含む世界遺産の保護について極めて一般的な義務を定めるにとどまり，具体的な手段等につ

---

41)　世界遺産条約前文。
42)　しかし，文化的景観は，文化遺産と自然遺産の中間にある独立した類型ではなく，文化遺産に含まれるものである。
43)　世界遺産条約前文。

いては締約国の裁量が大きい。しかしこの点は，作業指針により補われている。作業指針において，世界遺産としての認定を受けるには，遺産の状態や価値が将来にわたって維持されることを担保する保護管理体制が事前に構築されていることが要件とされている[44]。遺産保護のための立法措置，規制措置の整備と実施[45]，必要に応じた緩衝地帯の設定[46]，多様な遺産の個々の特性に応じた効果的な管理体制の構築が求められ，管理体制に共通する詳細が列挙されている[47]。このように，文化的景観に特化した特別な保護措置は定められていないが，実務上，国家は運営指針の要請にこたえる必要があり，世界遺産リストへの登録を目指すために，事前に効果的な管理体制が構築される[48]。

## 2　ヨーロッパ景観条約

ヨーロッパ景観条約は，ヨーロッパ評議会において2000年に採択され，2004年に発効した[49]。この条約は，景観を「自然の要素および／または人的要素の作用，ならびにこれらの要素の相互作用から生じる特徴を有するものと人々に認識される地域」と定義する[50]。さらに，自然の景観のみならず，農村，都市，都市周辺部における景観，陸地，内水，海洋地域の景観も対象とする。

---

44)　Operational Guidelines, *supra* note 16, paras. 96-119.
45)　*Ibid.*, para. 98.
46)　*Ibid.*, paras. 103-104.
47)　*Ibid.*, paras. 108-118.
48)　田中俊徳「世界遺産条約の特徴と動向・国内実施」『新世代法政策学研究』18巻（2012年）73頁。
49)　この条約の概説として次を参照。大久保規子「持続可能な発展と欧州景観条約」『公営企業』第41巻11号（2010年）2-11頁，芮京禄「ヨーロッパの空間発展政策における欧州ランドスケープ条約の役割：東アジア及び日本における国土空間計画への示唆点に着目して」『都市計画論文集』第44巻2号（2009年）41-48頁。抄訳として次を参照。松井芳郎他編『国際環境条約・資料集』（東信堂，2014年）364-366頁，西村幸夫『都市保全計画―歴史・文化・自然を活かしたまちづくり』（東京大学出版会，2004年）1007-1010頁。
50)　Article 1 (a): "Landscape" means an area, as perceived by people, whose character is the result of the action and interaction of natural and/or human factors.

また，明媚と評される景観に限らず，日常の景観，損われた景観も含む（前文，2条）。つまり，この条約の景観とは，あらゆる場所を対象とし，締約国の地理的な適用範囲すべてが景観をなす[51]。ヨーロッパ景観条約の定義の起源は明らかではないが，起草段階で，世界遺産条約も含む国際・国内規範とこれらの実行および関連専門分野の知見が広く検討されている[52]。

　ヨーロッパ景観条約の主要な内容は，あらゆる状態の景観に適応可能な景観政策の策定・実施のための手続的枠組とこれに関わる一般的な措置である。まず，締約国は，領域内の景観の現状とこれにかかる圧力や影響を把握し，景観を評価する。次に，評価した景観に対し，目指すべき質的目標を設定する。これらの段階を経て定められた景観政策の実施として，設定目標に応じ，具体的な「保護」・「管理」・「計画」的措置を定める（6条C，D，E）。「保護」とは景観を保全，維持する活動であり，「管理」とは持続可能な発展の見地から景観の社会・経済・環境的観点を調和させる活動を意味し，「計画」とは損われた景観の修復や景観の新たな創造を意味する（1条d，e，f）。対象となる景観に応じてこれらを使い分け，適切に組み合わせることが求められる[53]。景観政策の策定と実施の基礎となる一般的な措置として，条約は，景観概念の立法化，景観に対し直接・間接に影響を与えるすべての政策への景観の観点の統合（5条a，d）等について定める。

　条約という性質上，これらの措置の実施は第一義的には国家に求められているが，各国の権力分立のあり方や分権化の状況に応じて，補完性原理[54]を尊

---

51) ただし，批准時あるいは加入時に締約国は条約の適用領域を特定することができる（15条）。
52) Explanatory Report to the European Landscape Convention, 20 Oct. 2000, paras. 5, 6, 12.
53) *Ibid.*, paras. 41 and 42.
54) この補完性原理（principle of subsidiarity）とは，ヨーロッパ地方自治憲章（European Charter of Local Self-Government, 1985年）4条3項を意味する。この憲章は，ヨーロッパ景観条約と同様にヨーロッパ評議会にて策定された条約であり，地方自治の意義や基本的なあり方について規定する。同条項には，「公的責務は，一般的

重するという留意が付されている（4条）。これは，地方自治体からの景観保護に対する要請の高まりが本条約の構想の原点であったからであり[55]，適切な行政レベルにおける条約の実施が求められている。

　ヨーロッパ景観条約は，上記にあげたその他の条約と比較して景観概念に2つの変化をもたらした[56]。1つは，選別主義を放棄し，法的概念としての景観を一般化，普遍化したことである。これまでにみた条約は，何らかの基準で選ばれた特別な価値を有する景観だけを法的な意味の景観とみなしている。文化的景観を「顕著な普遍的価値を有するもの」に限定する世界遺産条約のように選別性が明示されている場合であれ，また，明確に示されない場合であれ，条約における景観とは全適用範囲の景観ではなく，一部の特別なものをさすと従来，含意されてきた[57]。ヨーロッパ景観条約はこの前提を取り去り，景観とは全領域を対象とするものとして適用範囲を広げた。

　2点目は，1点目のコロラリーともいえるが，分野的二分論の克服である[58]。これまでの条約は，自然保護あるいは文化財保護の観点から景観を扱うものに二分される。両者を含む世界遺産条約でもこの二分論は維持されている。しかし，人間と環境との相互作用の所産という新たな概念に照らせば，自然保護アプローチも文化財保護アプローチも景観を不完全な形で考慮するものであり，両者の融合が世界遺産条約では文化的景観や複合遺産という類型をも

---

　　に，最も市民に身近な公共団体が優先的に執行するものとする。他の公共団体へ責務をゆだねる場合は，当該責務の範囲および性質ならびに効率性および経済上の必要性を勘案しなければならない」と定められている。

55)　Explanatory Report, *supra* note 52, I. Origins of the Convention.
56)　Priore Riccardo, « La Convention européenne du paysage ou de l'évolution de la conception juridique relative au paysage en droit comparé et en droit international », *Revue Européenne de Droit de l'Environnement*, Vol. 4, No. 3 (2000), pp. 281-299.
57)　「最高の景色 superlative scenery」注10)，「優れて美しい自然景観 natural landscape of great beauty」（南太平洋自然保護条約注11）1条(b)）もこの例である。また，景観のための保護区の設定そのものが，保護対象としての景観の選別にあたる。
58)　Kathryn Last, "Heritage and Identity: the Challenge of Landscapes to the Nature/Culture Dichotomy", in Sassatelli ed., *Landscape as Heritage*, *supra* note 2, pp. 10-16.

たらした。ヨーロッパ景観条約はこれを更に進めて、すべての側面から景観を考慮し、景観を文化、生態学、環境、社会の諸分野における公益として重要な役割があり、かつ、経済的資源でもあると考える（前文）。

　ヨーロッパ景観条約の景観は、ほぼ「人間の周辺環境」（5条 a）そのものであり、「生活の質」、「地域文化」、「個人と社会の幸福」（前文）を支える重要な要素と捉えられている。そして、このような景観の価値向上のため、持続可能な発展に基づく調和のとれた統合的な政策が求められる概念とみなされている[59]。

　概念の変革と並ぶヨーロッパ景観条約のもう1つの特徴は、この包括的な景観概念を実現する手続的枠組の中で、景観にかかわる人々の視点が重視されていることである[60]。締約国は、公衆や関心をもつ者の参加を可能にする一般的な手続を定めなければならず（5条 c）、次に、その手続に従った関係者の参加に基づき、景観を評価する際には、関心ある関係者や関係市民が表明した価値を考慮し（6条 C1b）、また、景観の質的目標の設定は公衆との協議を経たうえで行わなければならない（6条 D）。このように、景観政策にかかわるいくつかの段階で公衆参加を保障することで、ヨーロッパ景観条約は、景観形成

---

[59]　景色や美観をあらわす日本語の「景観」ではこの多面的で包括的な landscape の訳語として不適当であるとして、建築・都市計画等の分野では、landscape に「ランドスケープ」あるいは「風景」等の言葉をあて、日本語の「景観」とは異なる概念と捉えるものがある。西村『前掲書』注49）24-26頁、インタビュー「生きた総合指標としてのランドスケープ」『ランドスケープ研究』第70巻4号（2007年）294-297頁、芮「前掲論文」注49）、宮脇勝『ランドスケープと都市デザイン：風景計画のこれから』（朝倉書店、2013年）。なお、わが国の景観法（平成16年6月18日法律第110号）に景観の定義はない。これは、法律に先行して各地で策定されていた多様な景観条例へ配慮したためと考えられている。しかし、景観法の目的（1条）や基本理念（2条）等から、景観法とヨーロッパ景観条約の景観概念の間にはいくつかの類似点を見出すことができる。大久保「前掲論文」注49）10頁。

[60]　Amy Strecker はこのような観点から、景観保護の人間的側面について論じている。Strecher, "The Human Dimension to Landscape Protection in International Law", in Silvia Borelli and Federico Lenzerini eds., *Cultural Heritage, Cultural Rights, Cultural Diversity: New Developments in International Law* (Nijhoff, 2012), pp. 327-345.

に関わり,景観の価値を認識する人々の考えや価値観,彼らの活動空間に結びついている文化の尊重を確保している。これに比して世界遺産条約を含む他の条約の場合,特定の景観を形成した人々と景観を保護すべき対象として認定する主体は別である。

世界遺産条約の文化的景観とヨーロッパ景観条約の定義は,景観を環境と人間の相互作用がつくりだすものと捉え,その作用から生じる多様な形態を考慮する点で共通する。しかし,各条約の目的の違いから,景観概念が実際に対象とする範囲や景観に対する措置や手段の在り方等において相異なる特徴を有する。文化的景観は,「顕著な普遍的価値を有」し,かつ,他の世界遺産類型に該当しないものに限られるが,世界遺産委員会によるリスト化を通じて国際社会全体の遺産として保護される。他方,ヨーロッパ景観条約は,景観の質を問うことなく領域すべてを景観の対象と捉え,景観に直接かかわる人の価値観や意思を反映させた景観政策の策定・実施を通じて景観の持続可能性を向上させることを目的とする。このように,景観の対象範囲や手段に大きな差異があるものの,個々の文化的景観に対し構築される保護管理体制の確立と維持,ヨーロッパ景観条約が各行政主体や関与者に具体的な創意工夫をゆだねている保護・管理・計画に関する諸措置の策定と運用,これらにはいくつかの共通項があり,類似した方向性を示す点があるように思われる[61]。

## 3　EU 法の状況

景観を人間と環境との相互作用による所産と定義する EU 法上の措置はない。しかし,EU は EU 法を定める主体であると同時に,自らの権限範囲内で条約を締結し[62],条約を実施する主体でもある。そして,EU が締結した条約は EU

---

61) たとえば,世界遺産条約の作業指針においても利害関係者の参加や協議,持続可能性の追求に言及されている (Operational Guidelines, *supra* note 16, paras. 111 and 119.)。また,ヨーロッパ景観条約の解説には,両条約を対比し,この条約が世界遺産条約を補完するものと述べられている (Explanatory Report, *supra* note 52, para. 78)。

法の一部となる[63]。ここでは，世界遺産条約やヨーロッパ景観条約と EU との法的関係および法的影響の有無を検討する。世界遺産条約についてはそもそも国家以外の主体による加入を想定していないため（31-32 条），EU がこの条約に加入することは不可能である。また，EU に文化や自然保護に関する権限があるとしても，事実上，固有の領域を有さず，したがって世界遺産委員会に推薦できる固有の資産を有しない以上，EU はこの条約の制度枠組みに参加することができない。他方，ヨーロッパ景観条約は，一定の要件の下で EU による加入を認めている（14 条）。EU 側もこの条約が採択された当初は条約に関心を示していたが[64]，これまで，条約締結手続の着手や条約の内容に対応するような二次立法の採択にかかわる動きはみられない[65]。したがって，現在のところ，EU は世界遺産条約にもヨーロッパ景観条約にも加入してはおらず，人間と環境との相互作用による所産という意味での景観概念は，条約締結を介する形で EU 法規範へ影響を与えてはおらず，また，EU が自発的に定める法の中にも取り込まれてはいない。

　以上のように，国際法における景観概念の現状は整理しうる。IIで検討した

---

62)　前掲注 21), 216 条。

63)　Judgment of 30 April 1974, Case 181/73, R. & V. Haegeman v. Belgian State, ECR 1974, p.449, para. 5.

64)　Michel Prieur, "La Convention européenne du paysage, suivie de la Déclaration de la deuxième conférence des États contractants et signataires, Strasbourg 28-29 novembre 2002", *Revue Européenne de Droit de l'Environnement*, Vol. 7, No. 3 (2003), p. 262. EU の第 6 次環境行動計画（2002-2012 年）にはヨーロッパ景観条約についての示唆がみられる（Decision No. 1600/2002, OJ L 242, 10.9.2002, pp. 1-15, art. 6 2 (c)）。

65)　2008 年，EU 委員会は議会質疑において，理由は述べていないが，ヨーロッパ景観条約に相当する域内措置を提案する当座の計画はないと答えている（WRITTEN QUESTION by Jean-Luc Bennahmias (Verts/ALE) to the Commission, Subject: Landscapes, 28 June 2007, OJ C 45, 16/02/2008）。また，第 7 次環境行動計画（2014-2020 年）（Decision No. 1386/2013, OJ L 354, 28.12.2013, pp. 171-200）では以前のような景観への関心は維持されていない。

概念は，Iにみた概念と相互に矛盾するわけではなく，両者は景観に対する対照的な視点を表しているように思われる。後者の景観は，静的で，美的価値を重視し，主に景観の客体に焦点があてられている。他方，前者の景観は，動的なプロセスであり，景観を形成し，認識する主体に焦点があり，美的かどうかは余り重要でない。

　景観を人間と環境との相互作用の所産と捉えることで，景観に作用する人間の活動には，持続可能な発展に基づき調和のとれた統合的な管理が求められるようになった[66]。また，この景観概念は，景観の文化的価値を尊重し，文化多様性を支えることにつながっている。世界遺産条約に文化的景観概念が導入された理由は，世界遺産として従前より一層幅広い多様な文化的価値を認めることにあった。また，ヨーロッパ景観条約が公衆参加や協議について定めるのも，地域の人々が有する文化的価値を認識し，表明し，政策へ反映する機会を保障するものである。

## おわりに──新たな景観概念の可能性と限界

　ヨーロッパ景観条約は国際法の景観概念を大きく変革した条約であるといえる。しかし，現在，この条約の締約国はヨーロッパ諸国に限定されており[67]，景観概念の影響力もこれに応じて限定的である。もっとも，締約国においてもこの条約の履行は容易でない。条約は主として景観政策の柔軟な策定・実施のための手続的枠組を定めるにとどまり，条約理念の真の実現は，国家をはじめとするすべての関係者の取組みや条約の運用の仕方に多く依存している。条約発効から10年以上が経過し，この新たな概念の法的受容は徐々に進んでいるようであるが[68]，景観政策の策定・運用の実態や条約の実際の効果を締約国に

---

66) 文化的景観と持続可能な発展の関わりについて次を参照。Operational Guideline, *supra* note 16, Annex 3, para. 9. 稲葉，前掲論文注38) 52-53頁。

67) 2017年1月現在，ヨーロッパ評議会の加盟国47か国中38か国が締約国となっている。

よる法改正のみから評価することは困難である。加えて，条約締約国を超えて，この概念が与えている一般的なインパクトについてはなおさらである。そこで，ここでは，ヨーロッパ景観条約の実施や新たな景観概念の効果についていくつか指摘するにとどめる。

　第1は，ヨーロッパ景観条約の実施に，他の条約規範が相乗的に作用することである。ヨーロッパ景観条約は公衆参加について定めるが，具体的な実施方法や実質的な参加を実現するための基準等については何も述べていない。この点は，ヨーロッパ景観条約が前文で参照するオーフス条約[69]にゆだねられている。オーフス条約やこれに関連するEU法[70]がヨーロッパ景観条約の公衆参加手続を補完し，一定の内実を与える。両条約を批准している締約国やヨーロッパ景観条約を批准しているEU構成国においては，このような効果が生じる[71]。また，ヨーロッパ景観条約は（戦略的）環境影響評価について直接的に述べてはいないが，景観政策の実施手段として[72]，あるいは越境協力（9条）の一形態としてこの手段が示唆されている[73]。景観に関する環境影響評価を締

---

68) Council of Europe, Landscape in languages and laws of the states parties to the European Landscape Convention, Report to the 8th Council of Europe Conference on the European Landscape Convention (CEP-CDCPP (2015) 5E), 2015, 2, 18; Kine Halvorsen Thorén and Karsten Jørgensen, "European Landscape Convention Today: Landscape in Languages and Laws", Karsten Jørgensen et al eds., *Mainstreaming Landscape Through the European Landscape Convention* (Rutledge, 2016), pp. 141-148.

69) 前掲注5）。

70) Directive 2003/4/EC, *supra* note 23; Directive 2003/35/EC, OJ L 156, 25.6.2003, pp. 17-25.

71) Michel Prieur, « Paysage et approches sociale, économique, culturelle et écologique », pp. 25-29; Michel Prieur et Sylvie Durousseau, « Paysage et participation du public », pp. 176-185, both in Conseil de l'Europe, *Paysage et développement durable: les enjeux de la Convention européenne du paysage* (2006).

72) Explanatory Report, *supra* note 52, para. 61.

73) Michel Prieur, « Paysage, politiques et programmes internationaux, et paysages transfrontaliers », in Conseil de l'Europe, *Paysage et développement durable, supra* note 71, pp. 169-173.

約国が行う場合も，これに関連する既存の条約や EU 法[74]が具体的な枠組として機能する。このように，環境要素として景観に言及する諸条約や EU 法のいくつかの仕組みが，ヨーロッパ景観条約の制度枠組と実施手段を補完する役割を果している[75]。

第 2 に，2016 年 6 月 15 日，ヨーロッパ景観条約を普遍条約化する改正議定書が採択されたことである[76]。現行条約は，ヨーロッパ評議会の構成国，EU およびその他のヨーロッパ諸国のみに批准・加入資格を限定している。改正議定書は，この限定を取り去り，ヨーロッパ以外の諸国による条約加入を可能にすることを目的としている[77]。議定書の発効には現行条約の全締約国による同意の表明を要するが，あわせて，発効を促進する規定がおかれている。すなわち，現行条約の一締約国が議定書の発効に反対する旨の通告をしないかぎり，2 年を経過した後に自動的に議定書は発効する[78]。

第 3 に，2000 年以降に採択された景観に関するいくつかの条約に，この新しい景観概念の影響がみられる[79]。たとえば，黒海汚染防止条約（1992 年）の生物多様性および景観保護議定書（2002 年採択，2011 年発効）[80]において，ヨーロッパ景観条約の定義が採用されている[81]。この他，カルパチア山脈の保

---

74) エスポー条約とその戦略的環境影響評価議定書（注 3）および前掲注 22)。

75) Gian Franco Cartei, "The Implementation of the European Landscape Convention and Public Participation", *European Public Law*, Vol. 18, Issue 2, pp. 277-282.

76) Protocol amending the European Landscape Convention. 2016 年 8 月 1 日から批准のために開放された。

77) まず，名称がヨーロッパ評議会景観条約に変わる（改正議定書 1 条）。

78) 改正議定書 8 条。なお，この他，景観に関する新たな普遍条約を UNESCO に求める動きとして IFLA の活動がある（at, http://iflaonline.org/projects/ilc/(as of 2 Jan. 2017))。

79) 本文以下にあげる条約の他，社会のための文化遺産の価値に関する枠組条約 Framework Convention on the Value of Cultural Heritage for Society（2005 年採択，2011 年発効）の前文にもヨーロッパ景観条約が引用されている。

80) The Black Sea Biodiversity and Landscape Conservation Protocol to the Convention on the Protection of the Black Sea against Pollution.

81) Arts. 1 and 2(e). Also see Preamble, arts. 4, 6, and 8.

護と持続可能な発展に関する枠組条約（2003 年）の生物多様性および景観多様性の持続可能な利用に関する議定書（2008 年採択，2010 年発効）[82]がある。この枠組条約は，アルプス条約をモデルとし，条約構造や内容の点で色濃くこの条約の影響を受けている。しかし，カルパチア山脈条約におけるこの議定書については，アルプス条約の自然保護および景観維持に関する議定書と異なり，ヨーロッパ景観条約の定義が取り入れられ，景観の位置づけが異なる[83]。また，持続可能な発展概念の統合を目的として 2003 年に改正された自然および天然資源の保護に関するアフリカ条約（2003 年採択，未発効）[84]においても，改正前の 1968 年条約[85]と比べて景観の扱いが異なり，新たな景観概念の影響が明確に読み取れる[86]。このように，いずれもヨーロッパ景観条約の適用地域に隣接する地域においてであるが，概念規範として一定の伝播がみられる。

　第 4 に，しかしながら，ヨーロッパ景観条約の景観概念を完全な形で受け継ぎ，取り込むことは難しい。黒海に関する生物多様性および景観保護議定書も，改正された自然および天然資源の保護に関するアフリカ条約も，地理的な適用範囲のすべてが景観なのではなく，景観保全のための保護区の設定が前提とされている[87]。近年，EU は，ヨーロッパ景観条約を考慮して環境影響評価

---

82) Protocol on Conservation and Sustainable Use of Biological and Landscape Diversity to the Framework Convention on the Protection and Sustainable Development of the Carpathians.

83) Art. 3(k). Also see Preamble, arts. 4-7, 22, 24.

84) African Convention on the Conservation of Nature and Natural Resources (Revised). 条約の状況は 2016 年 4 月 1 日時点のもの（at http://www.au.int/en/sites/default/files/treaties/7782-sl-revised_-_nature_and_natural_resources_1.pdf (as of 2 Jan. 2017))。

85) 1968 年条約の内容については次を参照。http://www.au.int/en/sites/default/files/treaties/7763-file-african_convention_conservation_nature_and_natural_resources.pdf (as of 2 Jan. 2017).

86) 1968 年条約 3 条 4 項 b），(ii) と 2003 年条約 5 条 6 項 a），v），とりわけ，付属書 2 を参照。

87) *Supra* note 80, art. 4-1(a); *Supra* note 84, art. 5-6(a), (v).

指令を改正したが，この改正においてこの条約は，文化遺産の保護に関する諸条約とあわせて文化多様性にかかわるものと位置づけられている[88]。ヨーロッパ景観条約の概念はその包括性に特徴があり，多様な分野や側面から景観を考慮することを可能とする概念であるが，この性質ゆえに実施や受容が容易ではない。これまでは，既存の法構造や条約の目的に沿う範囲で部分的に考慮されるにとどまっているように思われる。

---

[88] Directive 2014/52/EU, OJ L 124, 25.4.2014, pp. 1-18, recital 16, art. 1-3.

# 第Ⅲ部
# ジェンダーと文化多様性

# 第1章

## 生殖補助医療における「国際人権規範」と「文化の多様性」
——ヨーロッパ人権裁判所メネッソン（Mennesson）対フランス判決における私生活および家族生活の尊重——

建石　真公子

## はじめに

〈民主主義社会における価値の多様性と生殖補助医療〉

　価値の多様性は，民主主義社会の中核となる原則である。多様な人々が自由に意見を表明し，私的な生活において国に法的にまた事実上干渉されずに自己形成や家族形成を行うことこそ，民主的な社会を形成する基盤である。

　なかでも，本稿が対象とする生殖補助医療は生殖という最も自由が尊重されるべき領域であるが，医学技術の進展に伴う不妊のカップルが子を設けることへの可能性を増大させた結果，これまでの生命の尊重や自由の保護，および家族概念やジェンダーなどに関わる法制度に見直しを迫る状況となっている。生命科学技術の実施，関連する当事者の権利保護，さらには当該社会における公序との関係のような文化，モラル，宗教などの影響を受けるこうした課題の場合，どのような原則に基づき法制度を定めるべきなのだろうか。

　現在の，各国における生命科学技術の実施に関する法制度は，均等な状況からは程遠い。つまり既存の法制度の体系性や生命や家族の概念では不十分な現状に関して，民主主義国家には，政治的には社会の多数派の声を反映するような政治システムの中で，価値やモラルに関する多様性を維持し公序とのバランスをとる方法を検討することが課せられている。「医科学の進展の利用につ

て，当該社会がどのように判断するか」という，いわば科学と社会という異なる観点からの人権問題にも答えることであり，その判断は，各社会における「医科学の進歩と人権」についての「歴史」とも関連し，医学と個人の関係や，人権のあり方に大きく依存している。しかし，どのように難しい課題であろうと，生命倫理とは「ある社会が，生命科学の進歩から生じる問題やジレンマに対処するために，自らに課す行動準則」[1]であり，民主主義社会においては，一方で市民およびその代表によって，他方で憲法をはじめとする法規範との関係で法の支配の下で決定することが要請される。

〈国際人権保障およびヨーロッパ人権条約における「多様性」の異なる局面〉

　国際人権保障は，こうした国による民主的な政治過程による決定（法制度）に対して，国際人権規範により，ある程度加盟国に共通な人権保護を求めるものであるため，表層では，民主主義的決定と対立する局面が現れる場合がある，すなわち，国際人権規範とは，国際的な機関の起草する人権条約によって国内の人権を保護する人権規範を指し，条約加盟国を何らかの形で法的に拘束するからである。加盟国は，国際人権規範に抵触しないよう国内での人権保障を行う義務を負うが，各国家における法制度の固有性と，人権条約の保護する人権規範とが衝突する場面も生じる。国際人権規範の保護には，共通の人権規範，すなわち普遍性が要請されるが，法制度や伝統・文化の異なる国々に対して一律に同一の人権基準を要請することは現実には容易なことではなく，また理論的にも，国内の民主主義に根拠をおく法制度との関係が問題となるからである。

　さらに，人権条約は個人に対して人権を保障し，国に対して条約履行の義務を課す（すなわち個人の人権保障）ことから，「条約機関―国―個人」の三者関係は，構図としては条約機関と個人が直接に利害が一致し，国に対して人権侵害の責任を追及する形式となる。したがって，問題は重層的な局面として現れる。

---

1) N. Lenoir, B. Mathieu, Les normes internationales de la bioéthique, *PUF*, coll. « Que sais-je ? », 1998, p. 7

現在，技術や人の移動のグローバリゼーションを背景として，人権保障は従来の一国の国内の法制度のみで十分とは言えなくなり，特に国内の少数派の権利は，国際人権保障によってこそ保護されることが可能となる場合がある。ヨーロッパにおいては，ヨーロッパ人権条約およびヨーロッパ人権裁判所の存在により，生命科学と人権の問題を考察するにあたり，国内法のみならずヨーロッパ人権条約の保護する人権の保障もまた国の責務となる。

　具体的には国内で条約上の人権の侵害を受けた個人はヨーロッパ人権裁判所に提訴できるため，人権問題はヨーロッパ人権裁判所において，国を被告，提訴者を原告として争われる。この場合，国が条約上の権利を侵害したか否かが審査されるために，国の意思，すなわち国内における多数派（国会，政府）は，同裁判所に対して，国の評価の余地（国の裁量）を根拠として国の行為が条約違反ではないと抗弁することになる。この局面では，「多様性」は，国の側から国の固有性の主張の根拠となる。

　他方，国（被告）と提訴した個人（原告）との関係では，個人は，国＝国内の多数派（国会，政府）により権利を侵害されたことを訴えており，国との関係で個々人の多様性を承認させることを求めることになる。この局面では，「多様性」は，個人の側から自己の権利保護が正当であるという主張の根拠となっている。

　すなわち，国際人権保障では，国内におけるモラルや価値の問題を，民主主義社会における価値の多様性の問題として検討するだけでなく，国際的人権規範の普遍性や各国の固有性の保護という文脈の中に置き変えて考察することが必要となる。

　本稿が検討するフランスにおいては，他のヨーロッパ諸国と同様，人権保障において最も重要な人権条約はヨーロッパ人権条約である。同条約は加盟国47か国，ヨーロッパ8億人の人権を保障している条約で，人権裁判所を備えた人権条約の中でも最も実効性の高いものの1つであると評価されている[2]。

---

2) Sous la direction de C. Teitgen-Colly, La Convention européene des droits de l'homme, 60 ans et après?, LGDJ, 2013, p. 11.

その意味で，各加盟国に対する法的な拘束力は大きい。他方，各国の裁量を一定程度認める「評価の余地」という，判例から生み出された理論を援用しており，これは，比較法的な意味での「法文化の多様性の尊重」と「国際人権規範」との調整を図ったものと考えられる。

〈国際人権保障における「文化多様性」と個人の人権保護〉

1990年代から，国際的にも，ヨーロッパ評議会においても，「文化多様性の尊重」という概念が登場している。この場合，まずは国内における少数派——特に言語——の保護が課題となってきている。ここでいう「文化多様性」という概念は，1982年のユネスコの「文化的アイデンティティの尊重」（第2回世界文化政策会議）を端緒として発展してきたもので，国内の少数民族集団や社会的弱者の文化の保護を指している。ユネスコでは2004年「文化多様性に関する世界宣言」，および2005年「文化の多様性の保護および促進に関する条約」[3]として結実している。

ヨーロッパ評議会においても，1992年の「地域言語または少数言語のためのヨーロッパ憲章」が採択されている。この憲章は，文化遺産としての言語の保護を目的とし，その言語の使用者（集団，領域，伝統）を基準として，言語の使用権を保護している。また1995年の「民族的少数者保護枠組条約」は，種族的，文化的，民族的なアイデンティティの尊重という概念に基づき，社会権をも射程に入れた保護を定めている。しかし，これらの憲章や条約ともに，国の裁量を大きく認めるものである。

ところで，前述のように文化多様性が国際条約との関係で問題となる局面は複雑である。大別して，第1に条約機関と加盟国との関係において，第2に加盟国の国内における政府と個人の関係において，の2つの場合があげられる。前者の場合は，条約上の共通の人権規範の実施において「各国の裁量」がどの程度認められるかの問題であり，後者は，国内の国と個人の関係において「国

---

[3] 2005年10月20日ユネスコ総会で採択，2007年3月18日発効。日本は未批准。

の裁量」と考えられている内容が当該国の支配的な文化を反映し少数派の権利を侵害しているのでは，という問題である。すなわち，国際的な人権規範との関係では，文化多様性とは，国が主張する場合には人権侵害を正当化する傾向があり，個人が主張する場合には国の支配的な文化による権利侵害からの救済が目的の場合となる。したがって，文化多様性とは，このような局面の異なる，相反する主張が存在するために，グローバリゼーションの進展とともに，少数民族や伝統文化の保護という肯定的な側面と，反面，人権条約という国際規範による人権保護を避けるための国家による人権の固有性の主張という消極的な側面が共存する評価の難しい概念といえる。

少数民族の保護の方向としては，ユネスコによる世界遺産条約，無形文化遺産条約，特に前述の文化多様性世界宣言，文化多様性条約が重要である。これらの条約等は，政府による少数者の文化的抑圧を承認するものではなく，たとえば文化多様性条約2条の基本原則，1項は，「人権および基本的自由の尊重」として「文化の多様性は，表現，情報および伝達の自由のような人権および基本的自由並びに文化的表現を選択する個人の能力が保障される場合にのみ，保護され，および促進される。いかなる者も，世界人権宣言にうたわれ若しくは国際法によって保障される人権および基本的自由を侵害するため，または当該人権および基本的自由の範囲を限定するため，この条約の規定を援用することはできない」と定め，文化多様性の主張が，個人の選択や国際法によって保護されている権利・自由を侵害することを禁止している。したがって，文化多様性の保護という理由により，共通の人権規範の保護から無条件に逸脱することはできない。

国際規範と多様性の問題は，条約による国家統合を目指してきたヨーロッパにおいては切実な問題であり，特に人権保障を目的とするヨーロッパ人権条約機関においては，加盟国との関係において常に課題となってきた。その過程で，ヨーロッパ人権裁判所の判決において，各国の裁量を認める傾向のある権利，認めない傾向の権利，さらに「多様性」が特に必要とされる権利—すなわち政府による制約が認められにくい権利などが明らかにされてきている。

本稿は，そうしたヨーロッパ人権裁判所における国際人権規範と各国の固有性の主張が抵触する課題の中で，近年，フランスの法制度に大きな影響を与えたメネッソン対フランス判決[4]（2014 年 6 月 26 日）を取り上げて検討する。同判決は，代理懐胎を法律で禁止しているフランスの裁判所において外国で代理懐胎により出生した子どもについて依頼夫婦との親子関係を認めなかったことが，ヨーロッパ人権条約違反となるかが争われた事件である。結論として，ヨーロッパ人権裁判所は，親子関係を定めることは「アイデンティティの権利＝私生活の尊重」としてフランスを条約違反とした。判決後，フランスは，代理懐胎禁止が，民法の中でも「人の尊厳」および「公の秩序」と位置付けられている重要な規定であるにもかかわらず，法制度こそ変えないものの破毀院民事部が判例変更を行い，事実上，外国での代理懐胎によって出生した子と依頼夫婦との親子関係を認める結果となった。

以下，ヨーロッパ人権裁判所が，国際人権規範とフランスの法文化の固有性についてどのように判断したのかを検討し，生殖や家族に関する法制度に関して，国際人権規範と各国の文化多様性の関係を考察する。

## I　ヨーロッパ人権条約と文化多様性における矛盾する要請

### 1　ヨーロッパ人権条約における「多様性」

ヨーロッパにおける「多様性」は，EU についてみると，2000 年から使用されている EU の標語が「多様性の中の統一（Unie dans la diversité）」[5]でも明らかなように，ヨーロッパ統合には欠かせないものと位置付けられている。歴史的には，初期には，東西諸国における政治哲学の違いとして，また冷戦終了後も国内の移民をはじめとするマイノリティの統合に伴う権利保護に関して主張

---

[4]　ECtHR, Mennesson c. France, Requête no 65192/11, 26 juin 2014.
[5]　ヨーロッパ連合のウェブサイトを参照。https://europa.eu/european-union/about-eu/symbols/motto_fr（2016 年 10 月 25 日参照）

されたものである。

　他方ヨーロッパ人権条約についてみると，条約本文には文化多様性（la diversité culturelle）に関する言及はない[6]。同条約は，むしろ締約国を結び付けている「同質性」を明示し，前文で「同じエスプリに導かれ」，「理念，政治的伝統，自由の尊重，法の優位という共通の遺産」を有しているとしている。つまり，こうした価値や理念の共同体だからこそ，共通の人権保障というシステムを設立することを正当化すると考えられる。前文はまた，人権の保護と進展はヨーロッパ評議会の目的に到達する方法の１つであり，「加盟国間のより緊密な結びつき」とも述べている。つまりヨーロッパ人権条約は，既存の共同体と，将来の理想とする共同体の架け橋として，現在と将来と，この２つの共同体の間で，何が現在の権利の保護なのかを問うことにより加盟国間の多様性を乗り越える要素となりうる可能性を模索しているともいえる。

　さらに，ヨーロッパ人権裁判所は，1990年代の冷戦構造の崩壊ののち，拡大するヨーロッパに対する人権の共通スタンダードを形成するというヨーロッパ人権条約の性質について，「ヨーロッパ公序」[7]と説明してきた。そうした位置づけに基づき，武力紛争後の被害者の法的救済や，文化や宗教に関連を持つ分野の人権に関する水平的な人権基準の維持が，共通の基本権の保護，すなわち准憲法的な役割としてヨーロッパ人権条約に課せられてきた。

　しかし，反面，ヨーロッパ人権裁判所は，初期のころから言語や宗教，慣習，家族概念等に関する多様性の問題に直面してきており，国や宗教，共同体の固有性や伝統的概念からの逸脱に判決の中で配慮を示している。たとえば初期のベルギー言語判決で，「批判されている措置を行った国（中略）の内部での，社会生活を形作っているような権利や事実という所与を，裁判所は無視することはできない」[8]と述べている。この事件は，国内において複数言語が公

---

6)　間接的ではあるが，14条の差別禁止の列挙事項として「少数民族への帰属」が挙げられている。

7)　Loizidou c. Turquie (GC), Requête no15318/89, 23 mars 1995, §70 et 75.

8)　ECtHR, Affaire "relative à certains aspects du régime linguistique de l'enseignement

用語の場合に,ある地域の教育において特定の言語による教育が受けられない場合に,条約14条の差別禁止に違反するかが争われたものである。裁判所は,関係締約国の社会における法的および事実上の諸要素を無視することはできないとして,個人の権利保護と条約システムの補完的な性格と両立させつつ,当該国の「評価の余地」理論を採用し判断した。こうした国内におけるマイノリティに関してだけでなく,その後も同裁判所は多様性に関して,信教の自由のみならず表現の自由に関しても固有のライフスタイル,言語,文化的伝統等についても同様な方法で判断してきている。

現在の時点で,ヨーロッパ人権裁判所における「文化多様性」の保護はいくつかの権利において進展しているが,とりわけ,条約8条「私生活の尊重および家族生活の尊重」,9条「思想,良心,信教の自由」,10条「表現の自由」第1議定書2条「教育を受ける権利」などに明らかである[9]。その他に,ヨーロッパ人権裁判所の判例において文化多様性の保護が問われているのは,上述のように,国内における少数派の文化,言語,人種に属している人々の権利保護である。たとえば,固有の文化の維持や,固有の文化や伝統に基づいた生活を送る権利などがあげられる。

しかし,こうした多様性の承認が,ヨーロッパ人権裁判所の判例の中で系統的に拡大してきていると判断することは難しい[10]。同裁判所は2001年の判決で,「少数者の固有の要請と,かれらの安全,人格,ライフスタイルを保護する義務は,少数者の利益のみならず,社会全体が享受する文化的多様性の維持をも」[11]勘案して審査されると述べており,個人と社会の双方の利益の調整が

---

en Belgique", Requête no 1474/62; 1677/62; 1691/62; 1769/63; 1994/63; 2126/64, 23 juillet 1968, §10.

9) Steven Greer, *La marge d'appréciation : interprétation et pouvoir discrétionnaire dans le cadre de la Convention europeenne des droits de l'homme*, Editions du Conseil de l'Europe, 2000, pp. 7-14.

10) Julie Ringelheim, « Le multiculturalisme aux miroirs de la jurisprudence de la Cour européenne des droits de l'homme », *L'observateur des Nations Unies, no spécial « Multiculturalisme et droit international »*, vol. 23, no 2, 2007, pp. 173-205.

必要とされているからである。

## 2　家族に関する多様性の承認と条約 8 条「私生活および家族生活の尊重の権利」

そうしたなかで，ヨーロッパ人権裁判所は，条約 8 条（私生活および家族生活の尊重の権利）について，当該国の支配的な文化とは異なる解釈に基づき判断する判決を継続してきている。発端は，1980 年代以降，ヨーロッパにおける移民の増加を背景に，移民家族の保護に関して締約国の評価の余地を狭める判決がみられるようになったことである。同裁判所は，ヨーロッパで平均的な核家族概念を移民にも適用し，家族のメンバー（多くは父親）の追放処分の取り消し，あるいは家族の再統合などの承認を行った[12]。さらに，1980 年代以降，「家族」概念について，伝統的な家族のみならず，拡大家族，核家族，性転換後の当事者による夫婦，同性カップルなどをも家族概念に含ませてきている。たとえば，本稿で検討する代理懐胎で出生した子と依頼両親との親子関係に関する事件と関連する「養子」，についてみると，外国での養子縁組判決の国内における合法性に関して，ルクセンブルク裁判所が同国では独身女性が養子縁組を認めていないことを理由に外国判決を認めない判決を下した。これについてヨーロッパ人権裁判所は，外国裁判所で確立した親子関係を認めないことは条約 8 条「私生活および家族生活の尊重の権利」に反するとした[13]。また，同性婚合法化前のフランスにおいて同性愛カップルの 1 人が養子縁組を申請したが却下された事件に関して，ヨーロッパ人権裁判所は，フランスでは独身者の養子縁組を合法としていることから 8 条および 14 条（差別禁止）と併せて判

---

11) ECtHR, Chapman c. Royaume-Un, Requête no 27238/95, 18 janvier 2001, § 93.

12) ECtHR, Boultif c. Suisse, Requête no 54273/00, 2 aout 2001 では，比例性審査を開始した。Abdulaziz, Cabales et Balkandali c. Royaumu-Uni, Requête no 9214/80; 9473/81; 9474/81, 28 mai 1985 は，外国人の追放処分に関してヨーロッパ人権条約 8 条の適用を開始した。Şen c. Pays-Bas, Requête no 31465/96, 21 décembre 2001 では，家族の再統合に関して初めてヨーロッパ人権条約 8 条違反とした。

13) ECtHR, Wagner et J.M.W.L. c. Luxembourg, Requête no 76240/01, 28 juin 2007.

断し,条約違反とした[14]。さらに,オーストリアにおいて,同性愛カップルの1人がパートナーの子を養子縁組する申請をしたところ認められなかった点について,ヨーロッパ人権裁判所は,同国では事実婚カップルがパートナーの子を養子にすることを認めていることから,8条と結合した14条違反とした[15]。すなわち,性同一性障害者の婚姻であれ,同性カップルであれ,被告国の法制度において異性カップルと同一の権利が保障されない場合に,条約14条の差別禁止に反すると判断している。

近年は,生殖補助医療に関する判例において,同裁判所は,新しい技術の実施を背景とした家族概念に関わる権利保護に関して,国の評価の余地に配慮しつつも,新たな解釈を積み重ねている。その1つが,ここで取り上げるメネッソン対フランス判決である。この事件は,フランスでは生命倫理法で禁止されている代理懐胎による出生を外国で実施した場合の,出生した子と依頼両親との親子関係についての判断である。「個人の権利保護」と,「国の固有性＝多様性」とが対立する中で,裁判所はどのような判断をしたのだろうか。

## II フランスにおける代理懐胎禁止法制
——1994年生命倫理法

生殖補助医療に関する各国の法制度には,法による規制の厳格さ,あるいは自由の行使,の観点から,いくつかに分類できる。たとえば,Nielson は規制の厳格さに従い次の4つに分類している。第1に,禁止を原則とする方針の国として,イタリア,ドイツ,オーストリア,第2に,法制度により様々な要件を課している国として,デンマーク,スウェーデン,ノルウェー,フランス,第3に,主として自由な決定に委ねているイギリス,スペイン,オランダ,第4に,ほとんど法の存在しない自由放任を原則とする国として,アメリカをあげている[16]。この分類にもあるように,フランスは,「生命倫理法」[17]を1994

---

14) ECtHR, E.B. c. France, Requête no 43546/02, 22 janvier 2008.

15) ECtHR, X et autres c. Autriche (GC), Requête no 19010/07, 19 février 2013.

年に制定し，生殖補助医療をはじめとする生命倫理にかかわる生殖をめぐる問題について，一定の原則に基づき規制を行っている。

## 1　生殖補助医療に関する民法上の基本原則（1994年生命倫理法）

フランスは，1994年に生命倫理法を制定し，上述のように生殖補助医療の実施および研究について比較的厳格に規制する国といえる。生殖補助医療に関する法制化は，フランスではいわゆる試験管ベビーが誕生した1982年以降，課題となり，1983年に生命と健康に関する科学に関する倫理国家諮問委員会（Comité consultatif national d'éthique pour les sciences de la vie et de la santé）が設立され，翌年，代理母に関しては承認しない旨の意見[18]を発表した。1985年，代理母をあっせんする機関（Alma mater）に対する行政裁判所の禁止命令が出され，それに伴い法制定に向けて政府が活動を開始した（当時は，社会党政権）。倫理国家諮問委員会は，1988年の報告書「生命の科学：倫理から法へ」において，生殖補助医療に関する実定法の制定に向けての準備を開始した。

その後，1991年のコンセイユ・デタ判決により代理懐胎が処罰されているが，その理由は人の身分と身体の不可処分性に違反するというものである。

並行して，人権に関する諮問国家委員会（Commission nationale consultative des droits de l'homme, CNCDH）の「意見」（1989），次いでNoelle Lenoirを

---

16) L. Nielson, Legal consensus and divergence in Europe in the area of assisted conception-room for harmonisation?, in D. Evans (ed), *Creating the Child,* The Hague, Maritinus Nijihoff Publishers, 1996, pp. 305-324.

17) Loi n° 94-548 du 1° juillet 1994 relative au traitement des données nominatives ayant pour fin la recherche dans le domaine de la santé et modifiant la loi n° 78-17 du 6 janvier 1978 relative à l'informatique et aux fichiers et aux libertés, La loi n° 94-653 du 29 juillet 1994 relative au respect du corps humain, La loi 94-654 du 29 juillet 1994 relative au don et à l'utilisation des éléments et produits du corps humain, à l'assistance médicale à la procréation et au diagnostic prénatal.

18) CCNE, Avis sur les problèmes éthiques nés des techniques de reproduction artificielle, Rapport n°3, 23 octobre 1984. http://www.ccne-ethique.fr/sites/default/files/publications/avis003.pdf

代表とする首相付きの生命倫理特命部による「報告書」(1991)，さらに上院，国民議会議員による2つの「報告書」(1992) などの諮問を経て，1994年6月15〜23日，18か月の国会での議論ののち生命倫理に関する3つの法案を可決した。1988年の実定法の制定に向けての報告書以来6年の歳月がかけられている。この過程における報告書は各々出版されており，多様な領域の専門家，宗教者，政治家，各当事者団体などによる意見表明の記録も残されている。

　生命倫理法は，「人体の尊重に関する1994年7月29日法律94-653号」，「人体の構成要素および産物の贈与および利用，生殖への医学的介助並びに出生前診断に関する1994年7月29日法律第94-654号」，「保健の分野における研究を目的とする記名情報の処理に関する，並びに情報処理，情報ファイルおよび政協に関する1978年1月6日法律第78-18号を改正する1994年7月1日法律第94-548号」の3つの法律で構成されている。しかし，法案可決ののち，「人体の尊重に関する法律」および「人体の構成要素および産物の贈与および利用，生殖への医学的介助並びに出生前診断に関する法律」の2法については，国民議会議長および国会議員の双方から憲法院に違憲審査の申立がなされた。結果として，憲法院は，この2つの法案を合憲とし，法律は1994年7月公布された[19]。法案との合憲性が問われた憲法規定は，第1に，「人間の尊厳」(1946年憲法前文，第2に，「個人的自由」(1789年人権宣言1，2，4条)，第3に，「子どもと家族の健康」(1946年憲法前文) であったことは特記される。つまり，判決は，生命や生殖，胚や胎児等の扱いにおける人権基準として，人間の尊厳に対する侵害が問われ，また「個人的自由」の原則に対して限界があることを示し，さらに胚や胎児に関する取扱いの審査の基準として子どもの健康の保護が憲法規定であることを明確にしたのである。これらの原則は，生命倫理法の違憲審査において，憲法院によって「憲法的価値の原則」と位置付けられている[20]。

---

19)　生命倫理法の内容，および憲法院における違憲審査に関して，建石真公子「フランスにおける生命倫理と憲法—生命倫理法の特徴と憲法院判決について—」『宗教法』15号（1996年）55-93頁。

このような法制定過程および違憲審査からは，医療技術によって補助された生殖に関して法律が一定のルールを設けることは，患者や医療現場が迷いなく不妊治療にあたることができるにとどまるものではないことが理解できる。すなわち，国や社会が，子どもを持ちたいと考えている人の要求に対して，どのような憲法規範との関係が問われるのか，具体的には，憲法上，個人的自由はどこまで保護され，またどこに限界が設けられるのかを明らかにすること，さらに胚や胎児に関してどのような法的保護が憲法上要請されるのかを示すことが，まずは生命倫理の実定法化において要請される。

それでは，このような憲法判断を経た生命倫理法が，生殖補助医療に関してどのような内容を定めているのかを概観する。

## 2　1994年生命倫理法の特徴

1994年生命倫理法の特徴は，第1に，生殖補助医療に関する基本原則が法律によって定められ，違反に対しては刑法による処罰も含めて厳格に管理（2004年，2011年改正）されることである。具体的には，民法典の諸条文による基本原則，刑法典における倫理規則，実施規則は公衆衛生法の諸法律に規定されている。

同法は，対象とする生殖補助医療について，「体外受精，胚移植，人工授精を可能とする臨床的・生物学的実践，および自然なプロセスの外で生殖を可能とするような，これらに該当する効果を持つすべての技術」と定め，また生殖補助医療の目的を，「医学不妊の治療またはカップルのパートナー間若しくは生まれてくる子に重篤な疾患が感染もしくは遺伝する可能性がある場合にそれを回避すること」に限定している。また同医療を利用できる者は，「2人とも生存しており，生殖年齢にある男女のカップル」であり，第三者の介入する生殖に関しては，「カップルの中で生殖補助医療が成功しない場合に限り，精子または卵子の提供を受けること」が認められている。その場合，提供者と提供

---

20)　Décision n° 94-343/344 DC du 27 juillet 1994.

を受けて出生した子との間に親子関係は生じず，提供を受けることを承諾したパートナーは，後で出生した子との間に血縁関係がないことを理由に親子関係を否認することはできない。また，代理懐胎に関しては禁止している。

2013年5月，同性婚法が施行され，同性カップルの婚姻および養子が認められたが，生殖補助医療の利用は，男女のカップルのみに限定され，その点が，カップル間の平等という意味で新たな課題となっている。

代理懐胎の禁止は，生命倫理法の原則である身体の不可侵性，不可処分性と密接に関連しているため，フランス生命倫理法の根幹でもあるが，それらの基本原則は以下のように民法に挿入された。

### (1) 生殖補助医療に関する民法上の基本原則規定

1994年7月29日生命倫理法によって，民法に挿入された条文は次の通りである。これらの規定は，生殖補助医療を初めとする生命倫理にかかわる事象に関する基本原則となっている。

「民法典第Ⅰ部第1編第2章　人体の尊重」
16条　　　法律は，人間の優越性を確保する。人間の尊厳に対する侵害は禁止され，生命の始まりからの人間の尊重を保障する。
16-1条　　各人は，その身体への尊重への権利を有する。身体は不可侵である。身体，その構成要素，産物は，財産権の対象としてはならない。
16-1-1条　身体への尊重は，死によって消滅するものではない。
16-2条　　裁判官は，身体，または身体の要素および産物への侵襲を停止しまたは禁止するための特別の措置をとることができる。
16-3条　　身体の完全性（integrite）に対する侵襲は，本人に対する医学上の必要性がある場合，または例外的に第三者の治療上の利益になる場合にしかなすことができない。当事者の同意は，その状態が治療処置を必要としている者の同意を表明することができない場

合を除き，事前に取得されなければならない。

16-4 条　何人も，人間の完全性を侵害してはならない。
人の選別的な目的によるいかなる優生学的な実践も禁止される。他の人間，生者および死者を含む，と生物学的に同一の子供を出生させる目的を有するいかなる医学的介入も禁止される。遺伝性の疾病の予防および治療を目的とする研究を別にして，子の子孫を変えるためのいかなる遺伝子の改変も行ってはならない。

16-5 条　身体および構成要素，産物に対して財産的価値を付与することを目的とした契約は無効である。

16-7 条　生殖または代理懐胎を内容とするいかなる契約も無効である。

16-9 条　この章の条項は，公の秩序である。

## (2) 身体の不可侵性という原則

これらの条文のうち，身体の不可侵性を定める民法16-1条は，生命科学の進展による，人間への医学的「操作」を禁止する目的で規定され，次のように解釈されている。

① 同意のない，身体への侵襲は禁止，② 同意がある場合でも，身体の完全性への侵害は禁止される。③ 原則の例外，である。例外としては，一般的利益がある場合（たとえば刑事法）および医学的利益がある場合とされる。たとえば，16-3条「人体実験（生物学または医学の進展の目的に限定）」，2004年法改正における「胎児（受精卵）の研究」の承認（限定条件つき）などがあげられる。

## (3) 身体の不可処分性という原則

身体の不可処分性は，身体が，契約の対象となることを禁止（本人の意思であっても）禁止する内容であり，具体的には，民法 6 条の「固有の契約により，公の秩序および善良の道徳に違反してはならない」，および民法1131および1133条の「契約が，法律に禁止され，あるいは善良の道徳または公の秩序

に反する場合には，当該契約は無効である，また民法 1128 条の「契約の対象となりうる取引は，物についてのみ認められる」等を内容としている。これらの規定における「身体の不可処分性」は，自己決定の自由，および契約の自由を制約する原則となっており，具体的には，たとえば身体の譲渡の禁止，臓器，身体の産物，および構成要素の譲渡の禁止などを内容である。

これらの原則の例外としては，身体の完全性に対する侵襲は医学上の必要がある場合で，本人の同意が必要とされている。たとえ本人の同意があったとしても絶対的に禁止されるものとしては，「選別目的の優生学的実践」，「クローン」，「代理懐胎禁止」である。

## 3　代理懐胎の禁止

1994 年生命倫理法は代理懐胎を禁止し，その後，2004 年改正，2011 年改正においても禁止規定は改正されていない。この禁止規定は，1991 年の破毀院判決を契機としてそれを実定法化したものである。1994 年法制定期の代理懐胎に関する議論は，身体の不可処分性，身体の商業化の禁止に基づくもので，刑事罰を伴っている。

### (1) **代理懐胎の禁止に関する民法規定および刑事罰**

民法 16-7 条は，「生殖または代理懐胎を内容とするいかなる契約も無効である」と定めるが，この規定は破毀院判決（1991 年 5 月 31 日）[21]を背景としている。事件は，代理懐胎を依頼した夫婦の妻からの，代理懐胎で出生した子の完全養子縁組に関する訴訟に関するものであったが，破毀院は，代理懐胎契約は，人体と民事身分の譲渡不可能性を侵害するもので，公序に反し，また養子縁組の濫用である，とした。この判決により，代理懐胎を実現するための養子縁組も禁止されたことになる。

また，民法規定を担保するために，刑法上の刑事罰規定も創設され，刑法典

---

21) C. Cass., civ., ass. ple., 31 mai 1991, JCP 1991, II, 21752, concl., H. Dontenville.

第227の12条第3項は,「子を得たいと望む人もしくは夫婦と,子を引き渡す目的で子を受胎することを承諾した女性との間で合意する行為は,本条第2項に定める規定で処罰する。この行為が,常習としてまたは営利目的でなされたときは,その刑は2倍とする」としている。なお,フランス新刑事法典第227条の12第2項[22]は営利を目的とした仲介行為に対しても罰則を規定する。すなわち「営利の目的を持って,養子を望む者と出生した子または出生すべき子の遺棄を望む者との間を仲介する行為は,1年間の拘禁刑および1万5000ユーロの罰金で罰する」(フランス新刑事法典の翻訳については法務大臣官房司法調査部編『フランス新刑法典』法曹会(1995)によるもの)。また同法同条第4項は「本条第2項および第3項に定める犯罪の未遂は,既遂と同一の刑で罰する」[23]と規定している(訳は法務大臣官房司法調査部編『フランス新刑法典』による)。

## (2) 身体の不可処分性・身体の商業化の禁止と「公序」

こうした代理懐胎に対する厳格な禁止の理由としては,1994年法の国会議論においては,身体の利用や売買につながる危険性があるという観点から,「公共の福祉」対「子どもを持ちたいという願望」の関係において,前者を優遇する意図によるものであったという[24]。

このような法制度のもとで,代理懐胎でなければ子の出生を得られないカップルは,近年,外国における代理懐胎による出生を企図して当該国へ渡航する

---

[22] 新刑法典227条の12「子を得たいと望む人若しくは夫婦とこの子を引き渡す目的でこの子を受胎することを承諾した女性との間で合意する行為は,1年の拘禁刑及び15,000ユーロの罰金。この行為が常習としてまたは営利目的でなされたときは,その刑は2倍とする。」

[23] 227条の13第1項「故意による子の取替え,偽装または隠匿によって,その子の民事身分を害する行為は,3年の拘禁刑及び45,000ユーロの罰金で罰する。」同第2項「未遂は,既遂と同一の刑で罰する」

[24] D. Roman, La gestation pour autrui, un débat féministe?, *La Découverte,* Travail, genre et sociétés, 2012, no. 28, p. 193.

例が増えている。2008 年には両議会議員により代理懐胎を容認する「報告書」[25]が出されるなど，現実の状況およびこの親子関係の形成をめぐる問題が指摘されている。

　もちろん，フランスの国内法制度においては，違法な行為であり，上記の刑法上の処罰を受ける行為となる。また，刑法による処罰だけでなく，フランスの民法上，親子関係は，母親の出産に基づくことが判例上，確立しており，子と依頼両親との親子関係もまた法的な問題を提起することになる。

　そうした例の 1 つが，メネッソン夫妻に関する事件である。この事件は，フランスの国内裁判所では出生した子と依頼両親との間の法的な親子関係が認められなかったが，その後，ヨーロッパ人権裁判所判決により，条件付きで子どもと父親の親子関係が認められ，フランスを条約 8 条の私生活尊重の権利に違反すると判示した。

## Ⅲ　外国での代理懐胎により出生した子と依頼夫婦との親子関係に関するヨーロッパ人権裁判所メネッソン対フランス判決（2014 年 6 月 24 日）

　この事件は，外国において代理懐胎によって出生し，外国裁判所の判決で依頼夫婦との親子関係が認められている場合に，フランス法においてもその親子関係を認めるか否かが問われたものである。事件の背景には，そもそも代理懐胎がフランス法では禁止されており外国における代理懐胎による出産はフランス法では違法であること，反面，代理懐胎禁止の法制度と，代理懐胎によって出生した子との間の法的な親子関係を認めるかに関する法制度は連動しているものではなく，後掲[26]のように，ヨーロッパ諸国の法制度においても，代理

---

25)　Sénat, Contribution à la réflexion sur la maternité pour autrui, *rapport* n° 421, 25 juin 2008. http://www.senat.fr/rap/r07-421/r07-4211.pdf

26)　223 頁，資料 1 および 2 を参照。

懐胎法制と代理懐胎によって出生した子と依頼両親との親子関係の承認は別になっているという問題がある。

こうした背景において，メネッソン夫妻は，妻の不妊のため代理懐胎が合法とされているアメリカ（カリフォルニア）で代理出産を依頼し，夫の配偶子と第三者の卵子による胚を代理懐胎した女性が出産したことにより子をもうけた。メネッソン夫妻と懐胎された子の親子関係について，カリフォルニア最高裁 2000 年 7 月 14 日判決は，第三者が現に懐胎し近々出生してくる子に関して，依頼した夫を「父」，依頼した妻を「夫の配偶者として法的母」の地位を認めた。しかし，メネッソン夫妻がロサンジェルスのフランス領事館においてカリフォルニアの出生証明書に基づきフランス法への登録を申請したところ拒否された。これに対して，メネッソン夫妻は，フランス国内裁判所に親子関係の成立を求めて提訴した。

## 1　破毀院判決[27]

破毀院は，外国の裁判所が，合法的に締結された代理懐胎により出生した子と依頼両親との親子関係を認めることは国際的公序に違反するものではない，としつつ，しかし国内法における公序には違反するとする。また，憲法 55 条に基づき子どもの権利条約は国内法に優位し「子どもの最善の利益」何よりも重要な権利であるとする。しかし，「家族生活の尊重に関する判断では，代理出産はフランス法の核心となる原則―人間の不可処分性―に反し，代理出産で出生した子にフランス法としての効力を付与することは，民法 16-7, 16-9 の定める公の秩序に反し無効であ」り，「親子関係の登録を認めないことは，ヨーロッパ人権条約 8 条の私生活および家族生活の尊重の権利を侵害するものではなく，子の自然の利益に反するものでもない。なぜなら，両親と子の親子関係は，カリフォルニア法で認められており，それにより子がメネッソン夫妻とフランスで生きるのにあたり，不都合を生じるものではない」として訴えを退

---

[27] L'arrêt de la Cour de casaation du 6 avril 2011. https://www.courdecassation.fr/jurisprudence_2/premiere_chambre_civile_568/370_6_19628.html

けた。この破棄院判決ののち、メネッソン夫妻は、ヨーロッパ人権裁判所に提訴した。

## 2 ヨーロッパ人権裁判所判決[28]

メネッソン事件は、ヨーロッパ人権裁判所が、本国で代理出産が禁止されているなかで外国で出生した子と依頼両親との親子関係を認めるか否かについて初めて判決を下す事件である。同裁判所は、2014年6月24日判決で、フランスに対して依頼夫婦と子の間の親子関係を認めないことは条約8条「私生活の尊重」違反とした。

① 「公序」の判断を巡るカリフォルニア州裁判所判断の位置づけ

破毀院は、外国の判決がフランス法の基本的原則である人の不可処分性に反する内容を含むことを根拠に、フランスの国際的公序概念に基づき、子の出生証明書の転記を認めない、とした（§82）。これに対してヨーロッパ人権裁判所は、国際私法における「国際的公序の例外」であっても、国内裁判所は、集団の利益と当事者の利益――子どもの最善の利益を含む――、すなわち私生活および家族生活の権利を十分に行使しうること、との均衡を図る必要があるとした。そのうえで「親の家族生活の尊重の権利」と「子の私生活の尊重の権利」とを別々に検討を行った（§86）。

② 親の権利――家族生活を尊重される権利

同裁判所は、「ヨーロッパにおいて、代理出産、および外国で合法的に代理出産により出生した子と依頼夫婦との間の法的な親子関係に関する共通の法制度は存在しない」とし、「加盟国の法制度は多様であり、このような法制度に共通性がない状態は、代理出産が、倫理の問題として難しいからであり、各国に広い裁量の余地がある。この事件は、親子関係という個人のアイデンティティに係るものであることも考慮する必要がある。この点では裁量の余地は狭くなる（§77）」と述べる。そのうえで、フランス法上の国籍のないことにより

---

28) Mennesson 対フランス判決，前掲注 4）。

幾多の困難が予測されるが，フランス帰国以来家族がともに暮らしていること，国籍のないことはフランスで子どもが暮らすことの障壁にはならないことから，「破棄院の判断は申立人の利益と国の利益の正当な均衡をとっている（§93）」として，両親に関しては家族生活の尊重違反を認めなかった。

### ③ 子どもの権利─「私生活の権利」・「子供の最善の利益」

他方，子どもの権利に関しては，ヨーロッパ人権条約8条の「私生活の尊重は，各人が人としてのアイデンティティの詳細─親子関係を含む─を確立しうることを要請する。したがって，親子関係に関する場合には，個人のアイデンティティの本質的な面に関わることになる（§96）」とし，ヨーロッパ人権条約8条は「国籍を得ることを権利として保護するものではないが，国籍が人のアイデンティティの1つであることには変わりがない（§97）」とする。そして，フランスは，国内で禁止されている代理出産を外国で実施することを制約する政策をとることはできる。しかし，出生した子と依頼夫婦の間の親子関係を認めないという方法は，どのような方式で子を持つかを決める両親の選択を制約するわけではない（§99）と法制度の不備を指摘したうえで，「子は，各人が自身のアイデンティティを確立する権利─親子関係を含む─が明白に侵害される。この状況は，子の最善の利益との適合性という重大な問題を提起する。両親の片方は，生物学的親であることが証明され，当該親は親子関係を望んでいることを考慮し，親子関係の登録を認めないことは個人のアイデンティティに対する重大な侵害をもたらし，私生活の尊重を侵害し，したがって，国の行為はヨーロッパ人権条約8条私生活の尊重（§99）に反する」とした。

ヨーロッパ人権裁判所は，「人のアイデンティティを確立する権利」に関して多様な解釈を行ってきているが，本判決によって親子関係も明示的に認められ，破毀院が認めなかった「子の最善の利益の侵害」と位置付けたのである。

## 3 フランスにおけるヨーロッパ人権裁判所判決の履行

### (1) 判決の履行

　メネッソン判決は，フランスで違法とされている代理懐胎の結果として出生した子に，フランス法上の地位を与えることを要請するものである。そのため，国内に賛否の議論を誘発した。しかしフランス政府は上訴せず，その後の各裁判所の対応も判決の履行に向けて行われている。まずコンセイユ・デタは，2014年12月に，2013年1月25日に出された法務大臣通達[29]に法的効力を認めるとした。同通達は，外国で代理出産契約を締結した場合（たとえその契約がフランス法上は違法であっても），フランス人の父の子であれば，出生した子に国籍を付与しないことは子の私生活の尊重と適合しないとして子の国籍を認める内容である。

　ただこの行政通達によっても，国籍は付与されるがフランスの出生証明の登録が行われるわけではない。出生証明書の問題に関しては，破毀院は，2015年7月3日の破棄院全部会における2つの判決[30]で，2011年判決における「親子関係を認めないことは私生活の尊重および子の利益に反しない」という判断を変更し，ヨーロッパ人権裁判所判決を踏襲した。すなわち，「代理懐胎であることのみでは，フランス人の親を持つという外国の出生証明書のフランスへの出生証明書への転記の拒否を正当化しない」とした。

　同判決以降，父親がフランス人であるという条件の下で，外国で代理懐胎によって出生した子についても，外国の出生証明書に基づきフランス人との親子関係が認められることとなった。他方，代理懐胎を希望する親の権利に関して

---

29) Circulaire du 25 janvier 2013 relative à la délivrance des certificats de nationalité française –convention de mère porteuse - Etat civil étranger, NOR: JUSC1301528C http://www.textes.justice.gouv.fr/art_pix/JUSC1301528C.pdf この通達は，同性婚法案の審議中であり，同性婚カップルに対する生殖補助医療の利用に関しては争点になっているために，通達は適用中止となっていた。

30) Cass., ass. ple., 3 juillet, 2015, no. 14-21. 323 et no. 15-50.002, D. 2015, 1438, obs. I. Gallmeister.

は，各国の裁量に委ねられた形になり，代理懐胎は民法 16-7 条「代理懐胎禁止」および 16-9 条「公序」に反するとした破毀院の判断は維持され，代理懐胎は，身体の不可処分原則および公序に反するという位置付けは変わっていない。

## (2) メネッソン判決後のヨーロッパにおける外国における代理懐胎に関する状況

　メネッソン事件は，フランスにおいて，国内法原則や国内裁判所判決が，ヨーロッパ人権裁判所判決によって変更を余儀なくされたことに対する批判を喚起した。さらに，同時期にヨーロッパ議会は，人権年次報告書[31]に，代理懐胎に関して，パラグラフ 114 で，「代理懐胎の実施は，女性が，その身体および生殖器官を商品として使用することにより，女性の尊厳をおとしめる」と非難している。他方，ヨーロッパ評議会では，代理懐胎を進める方向での決議の検討をしていたことから代理懐胎の是非をめぐる議論を再燃させた[32]。

　これに対して，ヨーロッパ人権裁判所は，ロシアにおける商業的代理懐胎によって出生した子の法的地位に関する 2015 年 1 月 27 日のパラディソ (Paradiso) 対イタリア判決[33]でもメネッソン判決の判断基準である「子の最善の利益」をさらに進化させ，子の保護を行っている。また，メネッソン判決に類似した 2016 年 7 月 21 日のフーロン (Foullon) 対フランス判決（10 月 21 日に確定判決）でも，メネッソン判決の判旨を維持し，両親の家族生活の尊重の権利については条約違反を認めなかったが，子の私生活の尊重の権利に関し

---

[31] Le rapport annuel de 2014 sur les droits de l'homme et la démocratie dans le monde et sur la politique de l'Union européenne en la matière (2015/2229 (INI)).

[32] ヨーロッパ評議会の議員総会では，Petra De Sutter（ベルギーの産婦人科医，上院議員）により，代理懐胎の承認及び出生した子の親子関係の保護を内容とする決議のための報告書を 2014 年以来作成していたが，最終的に 2016 年 10 月 12 日，この報告書は否決された。

[33] ECtHR, Paradiso et Campanelli c. Italie, Requête no 25358/12, 27 janvier 2015. 大法廷移送 2015 年 6 月 1 日。

ては条約違反とした[34]。

　このように外国における代理懐胎の実施の増加に伴い，「国際的公序」の適用において，国際的公序の例外に関する審査が課題となってきている。国内法，特に国内的な公序に反するという理由で，国際的公序の例外としうるのか，あるいはそのような国際的公序の例外に対して，普遍的な人権保護を考慮する可能性が要請されるのかが問われている。フランスにおいては，公序 (ordre public) は，民法の一般原則として同法 6 条に規定され，公序に反する契約は無効とされる。ヨーロッパ人権裁判所は，そのような場合でも，当事者の利益と集団の利益とを均衡を図る必要があり，すなわち比例性審査を要請している。

## IV　メネッソン判決における評価の余地
　　　――国際人権規範と文化多様性

### 1　メネッソン判決における「評価の余地」と「個人の権利保護」

　条約による共通の人権保護に対し，国の固有性の主張として国の評価の余地の範囲の問題がある。評価の余地とは，ヨーロッパ人権裁判所が，国による条約上の義務の履行に関して判断する際に，一定の国の裁量を認めることである。この表現は，これまでのところ，条約上にも起草過程にも見つけることができない[35]。評価の余地が最初に登場するのは，ギリシア対イギリス事件といわれ[36]，その後，ヨーロッパ人権裁判所判決の中に定着してきている。評価の

---

34) ECtHR, Foulon et Bouvet c. France, Requêtes nos 9063/14 et 10410/14, 21 juillet 2016.

35) H.C. Yourow, *The Margin of Appreciation Doctrine in the Dynamics of European Human Rights Jurisprudence,* La Haye, Boston, Londres: Kluwer, 1996, p. 14. しかし，2013 年に採択されたヨーロッパ人権条約第 15 議定書は，条約前文に「補完性」とともに「評価の余地」をも規定するという条約改正を内容としている。現在，締約国による批准の段階である。

36) L'Affaire de Chypre (Grèce c/ Royaume-Uni), *Annuaire de la Convention européenne*

余地が適用されるのは，主として，免脱規定（15 条），財産権（第 1 議定書 1 条），差別禁止規定（14 条），8-11 条などに対してである。

　このように評価の余地は判例によって形成されてきた理論であるが，健康や道徳の分野に関しては，特に国の広い裁量が認められるとされている。それは，これらの観念や実態が国によって多様だからである。代理懐胎のような生殖補助医療に関しても，健康や道徳と関連が深いこと，技術の進展に対処する国の方針にもいまだ共通性が見られないために，広い裁量が国に認められる傾向がある。

　メネッソン判決も，まず代理懐胎の可否に関する国内法制についてヨーロッパ諸国の間に法的な一致が見られないため国には広い評価の余地が認められるとされている[37]。すなわち，同裁判所が締約国 35 か国の法制を検討した結果，13 か国が，外国で合法的に行った代理出産に関して，外国裁判所の判決，身分を確定しうる外国での出生証明書，あるいは養子により，出生した子と依頼両親との親子関係を認めている。また，代理懐胎を禁止している 11 か国においても，同様に親子関係は認められている。しかし残りの 11 か国では，そのような場合の親子関係を認めていないのである。すなわち被告国の評価の余地を認めつつ，そのうえで国内裁判所が親子関係を認めない点に焦点を絞り，当事者の権利保護についてヨーロッパ人権条約違反か否かを判断したものである。そして，親の家族生活の尊重の権利に関しては，それを認めないとした破毀院判決は申立人の利益と国の利益の正当な均衡をとっているとした。それに対し親子関係を築くという子の権利については，子のアイデンティティの権利（身分に関する権利）と位置付け，国内法制の如何を問わず，条約 8 条の私生活の尊重によって保護されるとした。つまり法的な一致が見られず広い評価の

---

　*des Droits de l'Homme*, 1958-59, volume 2, pp. 172-197.

37) 生殖補助医療に関して同様の判断は，生殖補助医療で親になる権利に関して Evans 対イギリス判決，2007 年 4 月 10 日，胎児の法主体性に関する ECtHR, Evans c. Royaume-Uni, Requête no 6339/05, 10 avril 2007. ECtHR, Vo c. France, Requête no 53924/00, 8 juillet 2004 などがある。

余地が認められるような場合でも，権利の性質によっては，その裁量に対する制約を認めたものである。

このような評価の余地が広いとされる分野に関してヨーロッパ人権裁判所が国の裁量に制約を設けた例としては，たとえば「国家が，道徳の保護の領域において，統制不可能な絶対的な評価権限を有しているとは認めない」[38]とした判決，法的に重要な問題という認識[39]，国内法に反して生殖補助医療（出生前診断）を利用する親の権利の承認[40]，憲法上の中絶禁止規定における母体の生命尊重条項の不備[41]などがあげられる。

## 2　生殖補助医療分野における「評価の余地」の多様性と8条による権利保護

生殖補助医療に関しては，生命や生殖細胞，胚に対する医学的操作，生殖や家族に関する伝統的概念の多様性，ヨーロッパ諸国における法の不備の中で，どのように判断するかが問題となる。これまでは，コンセンサスが存在しない場合，国の評価の余地を広く判断している。例えば，生殖補助医療を利用して親になる権利に関するエヴァンス（Evans）対イギリス判決[42]（2007年4月10日），「人」，特に「胎児」の法的概念に関するヴォー（Vo）対フランス判決[43]（2004年7月8日），「卵子提供」の可否に関するS. H. 対オーストリア判決[44]（2011年11月3日）などがあげられる。これらの判決では，申立人の権利と国の裁量との均衡において，国の裁量をより広く認めたものである。

こうした傾向に比べると，メネッソン判決は，子の「親子関係を確立する権

---

38) ECtHR, Open Door et Dublin Well Woman c. Irlande, Requête no 14234/88; 14235/88, 29 octobre 1992, § 68.
39) ECtHR, Rees c. Royaume-Uni, Requête no 9532/81, 10 octobre 1986.
40) ECtHR, Costa et Pavan c. Italie, Requête no 54270/10, 28 août 2012.
41) ECtHR, A, B et C c. Irlande, Requête no 25579/05, 16 décembre 2010.
42) 前掲注37)。
43) 同上。
44) 前掲注39)。

利」を 8 条のアイデンティティの権利として重要な位置づけをした点が注目される。ヨーロッパ人権裁判所は 8 条「私生活および家族生活の尊重の権利」の解釈において，① 子どもを持つ持たないという決定を含む[45]，② カップルが子供を持つことを決め，生殖補助医療によって子を持つことを決めることは，8 条の私生活，家族生活の権利に含まれる[46]，③ 性的アイデンティティとしての性別決定[47]，④ 人格権としての親子関係を確定する権利[48]，誰と親密な関係を結ぶのかを決める権利[49]，などを認め，国の裁量を狭めてきている。

このような，裁判所による家族概念や家族生活の尊重，私生活の尊重に関する権利解釈の拡大の背景には，ヨーロッパ人権裁判所が，1990 年代から，移民の権利保護として外国人の追放処分，家族再統合の拒否などにおける比例性審査で，国の評価の余地を制限してきた経緯がある。また，伝統的家族には組み入れられない人々などについて，「家族生活」の概念を拡大してきている。たとえば，非嫡出子，性同一性障がい者の家族，同性カップル，受刑者の家族形成権，生殖補助医療で家族を形成する権利などである。Mazurek 対フランス判決（2000 年 2 月 1 日）では同裁判所は，「婚姻制度は，歴史的にも社会学的にも，また法的にも，硬直したものではない」と述べ，非嫡出子の権利を認めている。その根拠として，同裁判所は，ヨーロッパにおける人々や社会の意識の進展を上げている[50]。すなわち，実際の問題に実効的に対処するため，法制度における伝統的な概念を相対化し，権利保護の面で個々人の多様性を尊重してきたといえる。このことは，同時に，国に対して，判決の積み重ねによって，個々人の多様性を認める方向で，国に対して「人権規範の共通化」を進めているともいえる。反面，こうした条約による人権保障は，国の条約義務の履

---

45) Evans 対イギリス判決，前掲注 37)。
46) ECtHR, Dickson c. Royaume-Uni (GC), Requête no 44362/04, 4 décembre 2007.
47) ECtHR, Christine Goodwin c. Royaume-Uni, Requête no 28957/95, 11 juillet 2002.
48) Mennesson 対フランス判決，前掲注 4)。
49) ECtHR, Dudgeon c. Royaume-Uni, Requête no 7525/76, 24 février 1983.
50) D.J. Harris, M. O'Boyle, and C. Warbrick, *Law of the European Convention on Human Rights,* Butterworths, 1995, pp. 312-313.

行の独立性との関係で「補完性」原則が要請され，またヨーロッパ人権裁判所は国内裁判所に対する「第4審」ではない[51]という位置づけの確認など，国の同意を基盤とする人権保障システムという限界を持っている。生殖補助医療また生殖技術に関するグローバリズムのような新しい分野に関しては，権利と公序の対立に関する明確な権利解釈と基準が求められている。

## おわりに

　以上のように，生殖補助医療のようにいまだ法的な共通性がヨーロッパ諸国においてみられず，しかも家族やモラルに密接に関わる分野に関しては，ヨーロッパ人権裁判所においては，人権条約システムとして，各国の多様性＝評価の余地を尊重しつつ，重要と判断する権利の保護を実現するという姿勢がみられる。つまり，共通の人権を加盟国において保障する目的のために，締約国（政府，裁判所，議会等）の多様性の主張を退けている結果となる。

　しかし，そのことは，国内における少数派の権利の保護を実現するという面があり，国際人権が，「すべての人々に，共通の人権」を保護することであれば，ヨーロッパ人権裁判所の判断は，国の伝統や文化の多様性によって基本となる権利が制約される人々に対して，重要な人権の保護を実現していると評価することができる。文化多様性条約にも，文化の多様性の承認による基本的な人権の制約は禁止されている。その意味で，国際的な人権規範は，社会的少数派の人権制約的な国の伝統に対する救済と位置づけることもできるのではないだろうか[52]。

　もちろん，この問題は，国の主権とかかわって，裁判所における人権条約の

---

51) J.P. Costa, Conférence devant le conseil d'Etat, Paris, 19 avril 2010, Intervention introductive. http://www.conseil-etat.fr/content/download/1803/5437/version/1/file/intervention_jp-costa_19042010.pdf

52) Patricia Wiater, Le dialogue interculturel dans le système européen de protection des droits de l'homme, Editions du Conseil de l'Europe, 2011, pp. 8-9.

適用の問題として，違憲審査制，条約適合性審査，条約の民主的正当性，グローバリゼーションを背景とした価値の対立への対処と国際裁判所の限定的な能力，すなわち国際人権裁判所の補完性の問題など，様々な法的な課題を提起していることは明らかである。

現在，ヨーロッパ人権条約は，「補完性」および「評価の余地」を条約前文に挿入するという，条約システムに大きな変更をもたらす内容の「第15議定書」の批准段階にある。これまで，条約による統合の一般原則とされてきた「補完性」，また判例理論として形成されてきた「評価の余地」が条約に規定されることにより，今後のヨーロッパ人権裁判所の審査に何がもたらされるのかは未知数である。テロリズムや経済危機に直面しているヨーロッパ諸国や国際社会において，国際人権規範に対する「国」の人権領域における多様性の主張が強くなっていることは否めない。対話や調和という解決策の背景にある「国による固有性の主張」すなわち「主権」と，条約に基づく「共通の国際人権規範」の実効性，との間の原理的な課題について，また新たに登場する人権問題について，問い続けることが必要である。

日本においては，生殖補助医療における権利保護の問題は，未だ国内法制がほとんど存在しないという意味で，検討の端緒についたばかりである。医学における治療の概念，科学技術の進展とその利用，配偶子等の提供，また人類の生物学的遺産の保護など，多様な当事者の権利や人類という時間軸の長い領域の権利などの対立するなかで，フランスの生命倫理法の諸原則は，「厳格な規制モデル」による人権保護のあり方として参考となろう。また，ヨーロッパ人権裁判所の判決は，医療技術の進展が提起する現代的な人権課題について，どのような観点から従来の人権概念を発展させているのか，また生殖という文化的要素の影響の強い領域において当事者の権利の保護と条約による共通規範の保護とをどのように調整しているのかなどを知るうえで示唆に富むものである。さらに，フランスによる同裁判所判決の履行は，国の法制度にとって同裁判所判決が適合的でないという問題をはらみつつも，出生した子の権利保護を優先するという判決の趣旨を受容する点で，ヨーロッパ諸国におけるコンセン

サスがない場合においても同裁判所の解釈した共通の法規範の尊重と解釈することもできる。

　文化多様性の尊重は，宗教，言語，そして家族や私生活，道徳の分野など，多岐にわたって主張されている。人権ごとにその問題の文脈は異なっており，何が個々人にとって重要な権利なのかを個別に明らかにしていく必要がある。そのうえで，国内の民主主義に基づく多数派による法制度や政策では救済されない少数派の権利に関しては，それを保護しうる手段の1つが人権条約である。人権条約は，そもそも国の法制度を補完するものであるが，人権条約が第2次世界大戦後に登場した歴史的理由に立ち戻るなら，日本の法制度においても，国際的に共通な人権保護のレベルを維持することが求められるのは明白である。ヨーロッパ人権裁判所の人権解釈の進展は，その人権レベルの1事例となろう。

〈資料〉

1．代理出産に関するヨーロッパ諸国の法制度（2015年）

| 法律によって禁止している国（17か国） |
|---|
| ドイツ，オーストリア，スペイン，エストニア，フィンランド，フランス，アイスランド，イタリア，モルドバ，モンテネグロ，セルビア，スロベニア，スイス，スウェーデン，トルコ，ブルガリア，ノルウェー |
| 一般法で抑制的に適用され，実施が事実上禁止されている国（10か国） |
| アンドラ，ボスニア・ヘルツェゴビナ，ハンガリー，アイルランド，リトアニア，ラトビア，マルタ，モナコ，ルーマニア，サンマリノ |
| 厳格な要件で代理懐胎を容認している国（5か国） |
| アルバニア，ジョージア，ギリシャ，オランダ，イギリス |
| 法律はなく，代理懐胎の実施が容認されている国（4か国） |
| ベルギー，チェコ，ルクセンブルク，ポーランド |
| 商業的代理懐胎を認める国（3か国） |
| ジョージア，ロシア，ウクライナ |

2．代理懐胎で出産した子と依頼親との親子関係に関するヨーロッパ諸国の法制度

| 親子関係を認める国（13か国） |
|---|
| アルバニア，スペイン，エストニア，ジョージア，ハンガリー，アイルランド，オランダ，チェコ，ギリシャ，イギリス，ロシア，スロベニア，ウクライナ |
| 代理懐胎を禁止あるいは法律で容認しているわけではないが，親子関係を認める国（11か国） |
| オーストリア，ベルギー，フィンランド，アイスランド，イタリア（父と生物学的つながりがある場合），マルタ，ポーランド，サンマリノ，スウェーデン，スイス，ルクセンブルク |
| 親子関係を認めない国（11か国） |
| アンドラ，ドイツ（父親が生物学的親の場合は認める），ボスニア・ヘルツェゴビナ，リトアニア，ラトビア，モルドヴァ，モナコ，モンテネグロ，ルーマニア，セルビア，トルコ |

出典（表1，表2ともに）
(1) Mennesson 対フランス判決，2014年6月26日，§40-42．
(2) Agence de la biomédecine, Encadrement juridique international dans les différents domaines de la bioéthique, 2010, p. 18.
(3) European Centre for Law and Justice, La gestation pour autrui, une violation des droits de l'homme et de la dignité, pp. 3-5.

# 第 2 章

# LGBT/SOGI の人権と文化多様性

谷　口　洋　幸

## はじめに

　近年，いわゆる「同性婚」を認める国家が増加している。2015 年 6 月にはアメリカ連邦最高裁判所が州憲法における同性婚の禁止を連邦憲法違反と判断し[1]，全米で同性どうしの婚姻が認められることなった。カトリック教の影響が強いアイルランドでは，同年 5 月に憲法改正の国民投票が行われ，同性どうしの婚姻が可能となった。ルクセンブルクの首相が同性のパートナーと婚姻したことも世界の注目を集めた[2]。ローマ教皇庁のあるイタリアでも，2016 年にパートナーシップ法が成立し，OECD 加盟国のうち，「同性婚」の法制度をもたないのは日本だけとなっている。東京都渋谷区をはじめ，いくつかの自治体では同性どうしの関係性を結婚相当と認めるパートナーシップ証明書の発行手続も開始されたが，国会ではこの手の動きに慎重な意見が多勢を占めている[3]。他方，同性どうしの関係性について，刑事罰をもって対処している国もある。イランなど 13 か国では最高刑として死刑が規定されており，15 年以上の懲役から終身刑を科す国も 14 か国ある。全体では 73 か国で同性どうしの関

---

1) Obergefell v. Hodges, 576 U.S. ___ (2015).
2) 各国の比較について，本山敦ほか「小特集　同性婚の比較研究」『法律時報』第 88 巻 5 号（2015 年）参照。
3) 大島梨沙「渋谷区同性パートナーシップ条例の意義と課題」『法学セミナー』第 60 巻 8 号（2015 年）1-5 頁。

係性が違法とされている[4]。これらの諸国はイスラーム圏に集中しているが，1980 年代までは西ヨーロッパ諸国のキリスト教圏でも同様の刑事罰が存在していた。また，ロシアは 2013 年に同性愛宣伝禁止法を制定し，公の場において同性愛に肯定的な情報や意見を述べることを禁止している[5]。東ヨーロッパ諸国ではパレードが暴力行為によって阻害され，アフリカのいくつかの国では殺害行為なども確認されている。国際社会を構成する国々の法制度は，同性どうしの親密な関係性について，法的保障，刑事処罰，行動規制など，かくも多様な態度をとっている。

　国際人権法が人権の国際基準，とくに最低限の共通項として国家が守らなければならない規範であるとすれば，このように多様な法制度が混在する課題はどのように捉えられるのか。とくに宗教や歴史，伝統を起源とした人権の制限は，どこまでが国内の裁量の範囲内となるか。国連では 2011 年以降，LGBT ないし SOGI の人権課題として議論が活発化している。「LGBT」とは，レズビアン（Lesbian），ゲイ（Gay），バイセクシュアル（Bisexual），トランスジェンダー（Transgender）の頭文字である。この省略形は日本でも外来語として浸透しつつあり，性に関する少数派を包括する言葉として用いられている。一方「SOGI」とは，性的指向（Sexual Orientation）と性自認（Gender Identity）の頭文字である。こちらは日本であまり浸透していないが，国連や国際 NGO では積極的に用いられている。

　本章では，国連における LGBT/SOGI の主題化に至る過程でみられた議論を検証することで，この主題が文化多様性の確保と普遍的人権保障をめぐる確執の好例であることを示したい。そこにみられる特徴は，文化多様性を尊重した人権保障のあり方に関する議論の縮図といえる。まず，転機となった 2011 年の国連人権理事会決議について，決議に至るまでの経緯を整理する。その上

---

[4]　ILGA, 2016, "Sexual Orientation Laws in the World: Criminalisation," at www.ilga.org (as of 30 August 2016).

[5]　小泉悠「ロシア：ゲイ・プロパガンダ禁止法の成立」『外国の立法』第 256 号（2013 年）16-17 頁。

で，LGBT/SOGI を人権課題と認識する際の2つの重要な確執を検証する。さらに，この問題に関する日本の立場を確認した上で，LGBT/SOGI の人権課題の今後のあり方について検討を加える。

## I　SOGI決議

　国連人権理事会は，かつての国連人権委員会における人権問題の政治化や二重基準を克服し，人権保障の普遍性や非選別性を確保するため，2006年に改組された機関である[6]。2011年，国連人権理事会は1つの決議を採択した。「性的指向・性自認と人権に関する決議」（以下，SOGI決議）である。賛成23，反対19，棄権3という僅差での採択であった[7]。これ以降，国連が取り組むべき人権課題の1つに，性的指向と性自認が明確に付け加えられることとなった[8]。

　決議は2つの行動を要請している。1つは国連人権高等弁務官（以下，HCHR）による報告書の作成である。2011年11月に提出された報告書は，世界各地で生じている人権侵害の調査結果を紹介するとともに，加盟国が講ずる

---

[6]　国連人権理事会の成立経緯については，戸塚悦朗『国連人権理事会：その創造と展開』（日本評論社，2009年）が詳しい。

[7]　投票行動は以下のとおり。賛成（23）：アルゼンチン，ベルギー，ブラジル，チリ，キューバ，エクアドル，フランス，グアテマラ，ハンガリー，日本，モーリシャス，メキシコ，ノルウェー，ポーランド，韓国，スロヴァキア，スペイン，スイス，タイ，ウクライナ，イギリス，アメリカ，ウルグアイ。反対（19）：アンゴラ，バーレーン，バングラデシュ，カメルーン，ジブチ，ガボン，ガーナ，ヨルダン，マレーシア，モルジブ，モーリタニア，ナイジェリア，パキスタン，カタール，セルドバ，ロシア，サウジアラビア，セネガル，ウガンダ。棄権（3）：ブルキナファソ，中国，ザンビア。

[8]　個別の議論としては，超法規的処刑に関する国連総会決議など，2000年代前半から性的指向が明記されてきた経緯もある。*E.g.* U.N. Docs. A/RES/57/214, 18 December 2002, para. 6; A/RES/61/173, 16 December 2006, para. 5 (b); A/RES/65/208, 21 December 2010, para. 6 (b).

べき措置などを勧告している[9]。もう1つは公式パネル討議の開催である。討議は2012年3月7日に実施され，潘基文事務総長のビデオメッセージとナパネセム・ピレイ人権高等弁務官の報告の後，南アフリカ政府司会のもと，専門家のパネルディスカッション，各国政府代表，NGO，国内人権機関などの発言が続いた。イスラーム諸国の政府代表らは，討議開始時に議場を退席する形で反対の意思を表明し，イスラーム協力機構（OIC）を代表して出席したパキスタン政府代表は，SOGIを人権の主題とすること自体に抗議する発言を行った[10]。

SOGI決議は，このように明示的な反対をうけながらも，国連がSOGIを人権課題として取り上げる正統性を与えることに成功した。以後，国連人権高等弁務官事務所（以下，OHCHR）による専門サイト「Free and Equal」（www.unfe.org）の開設や同サイトにおける啓発動画・冊子の配信，LGBTコアグループ[11]の結成など，取り組みは活発化している。2014年9月には国連人権理事会において再びSOGI決議が採択された[12]。ブラジル，チリ，コロンビア，ウルグアイの4か国が共同提出した決議案は，賛成25，反対14，棄権7で可決されている[13]。新たな決議に基づいて，HCHRの第二次報告書が作成され，

---

9) U.N. Doc., A/HRC/19/41, 17 November 2011.
10) OHCHR, "Summary of Discussion: Human Rights Council Panel on Ending Violence and Discrimination against Individuals based on their Sexual Orientation and Gender Identity," at www.ohchr.org/Documents/Issues/Discrimination/LGBT/SummaryHRC19Panel.pdf (as of 30 August 2016).
11) アルゼンチン，ブラジル，クロアチア，フランス，イスラエル，日本，オランダ，ニュージーランド，ノルウェー，アメリカ，EU，および，HCHR．さらに，国際NGOであるヒューマン・ライツ・ウォッチ（www.hrw.org），アウトライト・アクション・インターナショナル（www.outrightinternational.org．加盟当時の組織名は国際ゲイ・レズビアン人権委員会（IGLHRC））により構成される。
12) U.N. Doc. A/HRC/RES/27/32, 2 October 2014.
13) 投票行動は以下のとおり。賛成（25）：アルゼンチン，オーストリア，ブラジル，チリ，コスタリカ，キューバ，チェコ共和国，エストニア，フランス，ドイツ，アイルランド，イタリア，日本，メキシコ，モンテネグロ，ペルー，フィリピン，韓国，ルーマニア，南アフリカ，マケドニア共和国，イギリス，アメリカ，ベネズエ

世界各地で生じている SOGI を理由とする殺人や暴力，拷問，差別的な法律や慣行の一端が明らかとなった。さらに 2016 年には特別手続のテーマ別手続きとして SOGI に関連する独立専門家の任命が決議され，初代の独立専門家として，ヴィティット・ムンタボーン（チュラロンコン大学教授）が選任された[14]。

## II SOGI 決議以前

### 1 国連人権委員会における決議案

SOGI 決議の採択は，国連人権委員会の時代にも試みられたことがある。2003 年にブラジル政府が提案した「人権と性的指向」決議案である[15]。当時，性自認という言葉は人権の文脈であまり浸透しておらず，議論の蓄積があった性的指向のみが決議案に盛り込まれた。しかし，イスラーム諸国から反論権の行使や手続きの引き延ばし提案などが繰り返され，結果，決議案は投票に付されないまま，次年度への継続審議となった[16]。2005 年に決議案が正式に取り下げられたため，国連史上初の決議案は，投票なきまま終焉を迎えた。強硬な反対国が多かったこともさることながら，ブラジル政府の提案が事前の折衝なく行われたため，ヨーロッパ諸国も明確な支持表明を躊躇していたことも指摘されている。

### 2 SOGI に関する権利内容の定式化

政府間機関としての国連の議論が進まない中，人権の専門家による権利内容

---

ラ，ベトナム。反対（14）：アルジェリア，ボツワナ，コートジボワール，エチオピア，ガボン，インドネシア，ケニア，クウェート，モルジブ，モロッコ，パキスタン，ロシア，サウジアラビア，アラブ首長国連邦。棄権（7）：ブルキナファソ，中国，コンゴ，インド，カザフスタン，ナミビア，シエラレオネ。

14) U.N. Doc., A/HRC/RES/32/2, 30 June 2016.
15) U.N. Doc., E/CN.4/2003/L.92, 17 April 2003.
16) U.N. Doc., E/CN.4/DEC/2003/118, 25 April 2003.

の定式化も試みられるようになった。2006年に採択された「性的指向と性自認に関する国際人権法の適用に関する原則」(以下，ジョグジャカルタ原則) がその代表例である[17]。この原則は，国際法律家協会（ICJ, International Commission of Jurists）が作成した素案をもとに自由権規約委員会のマイケル・オフラーティ委員（当時）によって起草された[18]。正式名称が示すとおり，新しく特別な権利を創設したものではなく，既存の国際人権法がそのまま「適用」可能であるとの考えに基づく。全部で29原則からなるこの文書には，国家に課せられる義務が権利ごとに列挙されている。文書そのものは国連や国家によって作成・採択されたのではないため，根本的に法的拘束力をもつものではない。しかし，国連の特別報告者や条約履行監視機関の委員らが起草から採択まで直接関与しており，事実上の権威ないし解釈論としての正統性が担保されている。もっとも，条約履行監視機関の一般的意見や総括所見のような任務の範囲内で実施された解釈でない点において，同原則の規範的意味合いはより薄い。しかしながら，OHCHRが2度の報告書の中で同原則を引用したり，条約履行監視機関の国家報告書審査の過程でも活用されていることに鑑みれば，個人的な立場で作成した試論的な文書の域を超えた法的意味をもつものと評価できる。

　文化多様性という視点から特筆すべきは，ジョグジャカルタ原則における「婚姻する権利」の扱いである。国際人権章典にある権利規定はほぼ網羅されているにもかかわらず，「婚姻する権利」のみ起草過程で排除された。家族や婚姻に関する定義は多様であり，「婚姻」という概念に同性どうしの関係性を含めるか否かはあくまで国家の裁量の範囲内にあるとの考えに基づいている。

---

17) *The Yogyakarta Principles: The Application of International Human Rights Law in relation to Sexual Orientation and Gender Identity,* www.yogyakartaprinciples.org (as of 30 August 2016).

18) 起草者による解説として，Michael O'Flaherty and John Fisher, "Sexual Orientation, Gender Identity and International Human Rights Law: Contextualising the Yogyakarta Principle," *Human Rights Law Review,* Vol. 8, No. 2 (2008) pp. 207-248.

ただし，排除されたのは「婚姻」のみであり，家族生活に関する権利は他の規定と同様に盛り込まれている。

## 3　決議採択への準備

国連人権委員会での失敗は，SOGIを国連の人権課題にのせたい国々にとって貴重な経験であった。この手の決議の採択には強硬な反対行動がとられること，ならびに，賛同国を着実に増やしていく必要性が認識されたのである。後者を満たすために採用されたのが，採択に付さない共同声明（Joint Statement）という形式での意見表明である。国連人権委員会でブラジル政府の決議案が正式に取り下げられた2005年，ニュージーランド政府は32か国の賛同を得て「性的指向と人権に関する共同声明」を発表した[19]。翌年に改組された国連人権理事会では，ノルウェー政府の提案に理事国18か国を含む54か国が賛同し，「SOGIに基づく人権侵害に関する共同声明」が提出されている[20]。この共同声明で初めて性自認が登場したが，性的指向とは異なり，国連の人権施策においてほとんど触れられてこなかった概念であった。2011年にも，コロンビア政府の提案に85か国が賛同した共同声明が提出されている[21]。2008年には，国連人権理事会の上部機関である国連総会にも「SOGIと人権に関する共同声明」が66か国の賛同を得てアルゼンチン政府から提出された[22]。このようにSOGIに関連する共同声明は回を重ねるごとに賛同国が増加しており，2011年に前述のSOGI決議の採択へと土壌が整えられていった様子がわかる。

---

19)　Joint Statement, "Sexual Orientation and Human Rights," Commission on Human Rights, March 2005.

20)　Joint Statement, "Human rights violations based on sexual orientation and gender identity," Human Rights Council, 1 December 2006.

21)　Joint Statement, "Ending acts of violence and related human rights violations based on sexual orientation and gender identity," Human Rights Council, 22 March 2011.

22)　Joint Statement, "Human rights, sexual orientation and gender identity" U.N. General Assembly, 18 December 2008.

## III　SOGI決議をめぐる攻防

### 1　SOGIの人権課題化への反対

　SOGI決議に反対する諸国は，国連人権委員会の頃から今日までほぼ一貫している。中心的な役割を果たしているのは，イスラーム協力機構の加盟国ならびにロシア政府である。たとえば，2008年，国連総会に「SOGIと人権に関する共同声明」が提出された際，これに反対する共同声明が提出された。シリア政府の原案に対して59か国による意見表明であり[23]，賛同国は国連加盟国193か国のうち，実に約4分の1を占める。また，前述のとおり，2011年のSOGI決議に基づいて開催された公式パネル討議では，公式行事であるにもかかわらず一部の理事国が議場から退場し，議場に残ったパキスタン政府がOICを代表して反対意見を述べている[24]。

　SOGIの人権課題化に反対する諸国は主に3つ理由に依拠している。1つは，そもそもSOGIという概念が既存の国際人権文書に明示的な根拠をもたない点である。国家間の合意によって国際法が形成されるという原則のもと，人権条約に明記されていない問題を国連が主導して取り組むことへの懸念である。2つめは，SOGIの範囲や科学的根拠への疑念である。性的指向に基づく差別を禁止することは，小児性愛を含むあらゆる性癖の承認へと拡大しかねないこと，ならびに，性自認のあり方が遺伝的に解明されていない以上，人権の文脈に位置づけることに慎重を期すべきとの意見である。さらに，3つめとして，論争的な課題を強引に進めることは国連への信頼の失墜につながる点である。国際社会の一定数が明確に反対している事項を強引に推進することは，加盟国間に深刻な亀裂を生じさせかねない。とくに宗教や歴史，伝統，また，家族観にかかわる問題は慎重でなければならないとの主張である。

---

23)　Joint Statement, "Response to SOGI Human Rights Statement," U.N. General Assembly, 18 December 2008.

24)　*Ibid*, note 10.

SOGI 決議への反対は，別の決議を採択し，実質的に SOGI への取り組みを否定する試みまで進んでいる。代表的な決議がロシア政府の提案により，2009年，2011年，2012年の3度にわたり可決された「人類の伝統的価値観（traditional values of humankind）のより良い理解を通じた人権および基本的自由の促進」決議（以下，TV 決議）である[25]。TV 決議の投票行動は，SOGI 決議のそれと見事な対称をなす[26]。宗教や歴史に基づく伝統的価値を尊重しながら人権保障を考えていく主張は，世界人権会議において一定の収束をみた人権の普遍性と相対性をめぐる論争を彷彿させる。TV 決議に基づいて実施された国連人権理事会諮問委員会の研究報告書では，第一次予備報告書の段階で人権よりも宗教や伝統的価値を重視する記述が多いことに懸念が示され[27]，最終報告書には伝統的価値が人権の促進保護に与える肯定的側面と否定的側面がバランスよく記述されることとなった[28]。文化多様性も1つの人権として重要であるが，同時にそれが人権侵害を正当化する根拠となってはならないことが確認されたものである。OHCHR の実践例集[29]では，宗教やコミュニティの指導者を介した人権意識の醸成や学校教育における実践などがまとめられている。また，2014 年に国連人権理事会で採択された「家族の保護（Protection of the family）決議」（以下，家族決議）も，賛否の構成が SOGI 決議とほぼ逆転し

---

25) U.N. Docs. A/HRC/RES/12/21, 2 October 2009; A/HRC/RES/16/3, 24 March 2011; A/HRC/RES/21/3, 27 September 2012.
26) たとえば，2012年の TV 決議の投票行動は以下のとおり。賛成（25）：アンゴラ，バングラデシュ，ブルキナファソ，カメルーン，中国，コンゴ，キューバ，ジブチ，エクアドル，インド，インドネシア，ヨルダン，クウェート，キルギスタン，リビア，マレーシア，モルジブ，モーリタニア，フィリピン，カタール，ロシア，サウジアラビア，セネガル，タイ，ウガンダ。反対（15）：オーストリア，ベルギー，ボツワナ，コスタリカ，チェコ，ハンガリー，イタリア，モーリシャス，メキシコ，ノルウェー，ポーランド，ルーマニア，スペイン，スイス，アメリカ。棄権（7）：ベナン，チリ，グアテマラ，ナイジェリア，ペルー，モルドバ，ウルグアイ。
27) U.N. Doc., A/HRC/AC/8/4, 12 December 2011.
28) U.N. Doc., A/HRC/22/71, 6 December 2012.
29) U.N. Doc., A/HRC/24/22, 17 June 2013.

ている[30]。多様な家族像の承認はSOGIの権利保障へと繋がっていくため、家族決議を支持する諸国が、家族の固有性を示す定冠詞のついた"the family"をあえて採用したものである。SOGI決議に賛成した諸国による"families"への修正提案は否決され、家族の多様性を否定するこの決議は、TV決議と同様の対立構図となった。

## 2　用語選択をめぐる相克

　文化多様性の視点からは、国連がSOGIという用語を採用してきた事実も注目に値する。日本において、この種の問題は「同性愛（者）」や「性同一性障害（者）」の人権問題として扱われてきた[31]。また、セクシュアル・マイノリティ、性的マイノリティ、性的少数者といった表現も多く用いられている[32]。2010年以降は「LGBT」という用語も浸透しはじめており、法学研究や法実務の領域でもさまざまな特集が組まれるようになってきた[33]。ところで、「同性愛（者）」という概念は19世紀末頃から欧米諸国で用いられはじめたものであ

---

30) U.N. Doc., A/HRC/RES/26/11, 26 June 2014. 投票行動は以下のとおり。賛成 (26)：アルジェリア、ベナン、ボツワナ、ブルキナファソ、中国、コンゴ、コートジボワール、エチオピア、ガボン、インド、インドネシア、キルギスタン、ケニア、クウェート、モルジブ、モロッコ、ナミビア、パキスタン、フィリピン、ロシア、サウジアラビア、シエラレオネ、南アフリカ、アラブ首長国連邦、ベネズエラ、ベトナム。反対 (14)：オーストリア、チリ、チェコ共和国、エストニア、フランス、ドイツ、アイルランド、イタリア、日本、モンテネグロ、韓国、ルーマニア、イギリス、アメリカ。棄権 (6)：アルゼンチン、ブラジル、コスタリカ、メキシコ、ペルー、マケドニア共和国。

31) たとえば、風間孝・関口千恵「同性愛者の人権を考える」『法学セミナー』第465号（1993年）1-3頁、建石真公子「性と人権：性転換はどのような人権か」『法学セミナー』第43巻9号（1998年）22-25頁など。

32) たとえば、谷口洋幸・齊藤笑美子・大島梨沙編『性的マイノリティ判例解説』（信山社、2011年）など。

33) たとえば、棚村政行ほか「特集『セクシュアル・マイノリティ』：その先の多様化社会を見つめて」『月報司法書士』第533号（2016年）、寺原真希子ほか「特集1：LGBTと弁護士業務」『自由と正義』第67巻8号（2016年）など。

り，もともと日本語として形成された概念ではない。同性愛，あるいはそれを主体化する同性愛者ないしレズビアン，ゲイ，バイセクシュアルといった表現は，地理的にも歴史的にも普遍性をもつものではない。また「性同一性障害（者）」という概念にいたっては，精神医療の診断名を個人の属性として用いる日本独特の用法である。英語圏ではトランスジェンダーという概念が用いられるが，日本の「性同一性障害（者）」とは用語形成の経緯や用法，概念の外延について全く異なるものである。そのトランスジェンダーという概念自体も，地理的，歴史的に普遍性をもつものではない。また，「性的マイノリティ」という用語も国連の実行とは大きなズレがある。マイノリティ（少数者，minorities）の定義そのものは困難であるが，国連がこれまでマイノリティの概念で取り上げてきたのは「国民的，種族的，宗教的，言語的」（マイノリティ権利宣言第 2 条）という属性のマイノリティである。これらの要素が近代国家の形成過程で生じてきた人権課題であることに鑑みれば，そこに「性的」という概念を読み込むことは難しい。事実，SOGI の問題が国連のマイノリティに関する人権課題の文脈に位置づけられたことはない[34]。

　そこで国連の実行において採用されたのが SOGI という概念である。2006 年のジョグジャカルタ原則は，人間の属性である SOGI に基づいて人権が制限されてはならないことを明確にした。それが生得的か否か，変更不可能か否かといった「科学的」立証とは関係なく，また，同性愛者や性同一性障害者，レズビアン，ゲイ，バイセクシュアル，トランスジェンダーというアイデンティティをもつか否かを問うていない。SOGI は，異性愛者や性別違和をもたない人々も含めて，すべての個人がもつ属性である。にもかかわらず，既存の人権保障の議論は，一部の SOGI しか想定してこなかった。性的指向は異性に向くことを前提として，性別は身体と一致していることを当然視して社会制度が構

---

[34] 「性的マイノリティ」の語が用いられた国連人権小委員会の報告書も，「マイノリティの権利」ではなく「奴隷制・現代的奴隷慣行」の議題のもとで提出されたものであった。Jean Fernand-Laurent, "The legal and social problems of sexual minorities," U.N. Doc., E/CN.4/Sub.2/1988/31, 13 June 1988.

築され、そのような人しか存在しないかのように人権保障の議論がなされてきたのである。ジョグジャカルタ原則は新たな権利を創設するものではなく、世界人権宣言にはじまる既存の国際人権文書が、SOGI によって制限されてはならないことを確認したにすぎない。人権侵害を受けるのは LGBT というアイデンティティをもつ当事者だけではなく、侵害する側から「そのように認識されていること（perceived to be）」も人権侵害の理由となりうる。SOGI に基づく人権侵害は、すべての人がその対象となりうるのであることが、この表現にあらわれている。OHCHR は SOGI の人権啓発キャンペーンに世界人権宣言第1条に掲げられたフレーズ「Born Free and Equal」を採用した。SOGI はすべての人に備わった属性の1つである。当事者のアイデンティティに向けられたものであれ、社会の側の認識や権力構造に由来するものであれ、1つの属性のみを理由とする人権侵害に正当性はない。このように SOGI という用語は、社会や文化の違いを超えた人権の普遍性を示すために採用されたものである。

## IV　SOGI と日本

### 1　国連における日本政府の立場

　国内ではあまり注目されていないが、SOGI 決議を契機とする国連の動きの中で、日本政府は積極的な役割を果たしている。一連の共同声明では常に賛同国に名を連ねているだけでなく、2008年に国連総会で提出された共同声明は原案の共同提案国でもある。2011年と2014年の SOGI 決議は、理事国としていずれも賛成票を投じた。逆に、SOGI 決議に対抗する TV 決議（2011年）や家族決議（2014年）には反対票を投じている。国連総会第三委員会における超法規的処刑に関する非難決議採択の際には、イスラーム諸国から出されていた SOGI の文言削除の修正提案に反対し、SOGI を明記することの意味を次のように説明した。「……我々は SOGI を理由とするいかなる殺人も許容するものではない。我が国は、LGBT の人々の権利を保護する観点から、それらの言及が意義をもつと考え、同パラグラフに対する修正提案に反対する」と。さら

に，SOGI の人権保障に主導的な役割を果たす LGBT コアグループの一員として，2013 年に開催された初の閣僚級会合にも参加している。

## 2 日本の人権状況審査における SOGI

このように積極的な役割を果たしている日本は，条約履行監視機関や国連機関における人権状況審査においても SOGI の人権保障に肯定的な評価を得られているか。答えは否である。

たとえば，2008 年に自由権規約委員会の日本審査の結果として出された総括所見において，LGBT と総称される人々が雇用，居住，社会保険，健康保険，教育などにおいて差別的処遇をうけていることに懸念が表明され，次の 2 点が勧告された。1 つは差別禁止の根拠に性的指向を含めるよう法律を改正すること，もう 1 つは同性どうしの関係性を異性どうしの事実婚と同等に保護することである。後者については，具体例として公営住宅法や DV 防止法からの排除が懸念として表明されている[35]。この勧告を受け，第 6 回日本政府報告書では，2011 年の公営住宅法の改正により，入居者資格が地方自治体の所管事項となり，「同居親族」要件が削除され，「親族関係にない同性の同居を含め，同居親族による入居者資格の制限はなくなっている」との記載がなされた[36]。他方，差別禁止の根拠への性的指向の明記，ならびに，DV 防止法の同性どうしの関係性への適用については言及がなかった。2014 年の日本審査において自由権規約委員会は，公営住宅法改正が同性どうしの入居可能性を開いたことを肯定的に評価しつつも[37]，実質的には地方自治体が同居親族の入居要件を維持していることに触れ，実質的に同性どうしを排除する差別的規定となっていることに懸念を表明した[38]。DV 防止法による保護が同性どうしの関係性に適用され

---

35) U.N. Doc., CCPR/C/JPN/CO/5, 30 October 2008, para. 29.
36) U.N. Doc., CCPR/C/JPN/6, 9 October 2012, para. 255.
37) U.N. Doc., CCPR/C/JPN/CO/6, 25 July 2014, para. 3 (c).
38) *Ibid.*, para. 11. 2011 年の公営住宅法改正により入居資格の「同居親族」要件はされたものの，権限を委譲された地方自治体の多くは，公営住宅の入居要件として旧 23

ていないことにも再度懸念が示され,これを含めた DV 防止法の強化が勧告された[39]。さらに,SOGI 差別の項目が設けられ,SOGI を含めた包括的な差別禁止法の制定や LGBT に関する啓発活動やハラスメントへの対策も勧告されている[40]。社会権規約委員会も,包括的な差別禁止法の制定を勧告する際,同性どうしの関係性にかかわる社会権が十分に実現されていないことを懸念の 1 つとして明示した[41]。女性差別撤廃委員会の日本審査においても,建設的対話の中で SOGI に関連する質問がほぼすべての条文について取り上げられ,「不利な状況にある女性グループ」の 1 つに LBT 女性が明記されるに至った[42]。

SOGI に関する人権保障への懸念は,政府代表で構成される国連機関の人権状況審査でも同様に示されている。国連人権理事会の普遍的定期審査制度に基づく第 1 回審査 (2008) では,カナダ政府から SOGI 差別撤廃のための措置について勧告を受けた[43]。そこで,第 2 回国家報告書には,性同一性障害者特例法によって法的な性別が変更可能であること,第 3 次男女共同参画基本計画に「性的指向」と「性同一性障害」への取り組みが明記されていること,法務省人権擁護機関が「性的指向」と「性同一性障害」を人権課題に掲げていること,国連において SOGI の人権に積極的な役割を果たしていることなどが盛り

---

条 1 項を引き継いで「同居親族」要件を課している。2015 年 4 月から同性パートナーシップ証明の発行を開始した渋谷区も,証明書発行の手続きを定めた条例において「渋谷区営住宅条例及び渋谷区区民住宅条例…の適用に当たっては,この条例の趣旨を尊重しなければならない。」(16 条) と定めている。すなわち,公営住宅の使用条件として公営住宅法旧 23 条 1 項と同じ「同居親族」要件が明記されているからこそ,パートナーシップ証明書の交付を受けた場合に,「男女の婚姻関係と異ならない」ものとして扱うことが要請されることとなったものである。自由権規約委員会に提出された第 6 回報告書の「同居親族」要件の削除により同性どうしで入居が可能となったという報告内容には重大な誤りがあるといえる。

39) *Ibid.,* para. 10.
40) *Ibid.,* para. 11.
41) U.N. Doc., E/C.12/JPN/CO/3, 17 May 2013, para. 10.
42) U.N. Doc., CEDAW/C/JPN/CO/7-8, 7 March 2016, para. 47.
43) U.N. Doc., A/HRC/8/44, 30 May 2008, para. 60. 11.

込まれた。しかし，いずれも理念的なものにとどまり，明確な成果や施策は実施されていない。このため，第2回審査（2012）では，カナダ，スイス，チェコ，ノルウェー，アルゼンチンの5か国からSOGI差別撤廃のための具体的な法整備や関係措置の実施が勧告されるに至った。それぞれの勧告について政府は条件などを付すことなくフォローアップに合意している[44]。

## 3　SOGIの人権保障を阻害するもの

自由権規約委員会が日本に対して性的指向の人権保障の実現を勧告したのが2008年である。以後，社会権規約委員会，女性差別撤廃委員会，そして国連人権理事会の普遍的定期審査制度のもとで，SOGIに関する具体的な法整備を勧告され続けている。しかし，最近に至るまでSOGIの人権はほとんど世間の耳目を集めることもなかった。

ところが，2015年2月に東京都渋谷区が同性どうしの関係性を結婚相当と認める「パートナーシップ証明書」の発行に関する条例案を公表するや否や，LGBT/SOGIに関する人権保障の問題が国会を巻き込む大論争へと発展した。パートナーシップ証明書は，区内在住者しか申請できず，証明書そのものの実質的な法的効果は皆無に等しいにもかかわらず，である[45]。一般雑誌や経済誌があらためて特集を組んだこともあり[46]，世間一般にも「LGBT」という言葉が浸透し，主要な新聞社などによる意識調査も実施されてきた。また，国家報告書普遍的定期審査の第2回にあるとおり，2000年代前半から法務省の人権

---

[44]　「UPR第2回日本政府審査・勧告に対する我が国対応（仮訳）」at www.mofa.go.jp/mofaj/gaiko/jinken_r/pdfs/upr2_taiou.pdf（2016年10月25日アクセス）。

[45]　エスムラルダ・KIRA『同性パートナーシップ証明，はじまりました。』ポット出版（2015年）。

[46]　たとえば，『日経ビジネス』第1804号（2015年8月24日，「究極のダイバーシティLGBT：あなたの会社も無視できない」）24-45頁，『経済界』第1046号（2015年8月25日，「LGBTと向き合う」）100-114頁，『AERA』第1525号（2015年9月14日，「LGBTあなたに会えて未来が開けた」「企業の対策はアライが鍵」）35-47頁など。

擁護週間の課題として「性的指向」や「性同一性障害」が盛り込まれ，意識啓発活動は続けられてきたはずである。地方自治体の条例や基本計画などにも，人権や男女共同参画の文脈でこれらが明記されている例も多く，少なくとも文面上は人権の保障が進められていた。にもかかわらず，なぜ渋谷区の条例が国会を巻き込む議論になったのか。それは婚姻や家族に関係する事案であったからに他ならない。参議院本会議では，同性婚の可能性に関する質問に対して，首相は，「現行憲法の下では，同性カップルの婚姻の成立を認めることは想定されていない」として，「同性婚を認めるために憲法改正を検討すべきか否かは，我が国の家庭のあり方の根幹にかかわる問題で，極めて慎重な検討を要する」を述べた[47]。与党幹事長（当時）も記者会見において，「こういう問題はいわゆる性的マイノリティの権利というような形で近頃しばしば議論されるわけですが，……所帯単位とか家族単位などで制度を作っているという仕組みの国と，むしろ個人個人で制度を作っている国というようなところで，こういう家族関係の法制をどうしていくかというのは扱いがずいぶん違っていると思うのですね」と述べた[48]。日本の婚姻や家族に関する法制度が「所帯」や「家族」という単位に基づくとの見解は，憲法24条が否定したはずのイエ制度の肯定に等しく，大きな疑問が残る。いずれにせよ，これらの発言には，婚姻や家族に関する既存の法制度の保持が性的指向に関する人権保障に優先するという考えが垣間見える。事実，SOGIに関連する人権保障の法整備においても，同性どうしの関係性への保障を盛り込むことには否定的な意見も多い[49]。

　ここで今一度，国連における日本政府の立場を振り返りたい。日本はSOGI決議の実現に向けて重要な役割を果たしてきた。しかしながら，国内の人権保

---

[47] 朝日新聞 2015 年 2 月 28 日．

[48] 「谷垣禎一幹事長記者会見（役員連絡会後）」（2015 年 3 月 27 日），自由民主党ウェブサイト at http://www.jimin.jp/news/press/chief-secretary/127415.html（2015 年 9 月 7 日アクセス）．

[49] 「性的少数者（LGBT）の超党派議連発足へ：同性パートナー条例案には『同床異夢』」産経ニュース 2015 年 3 月 11 日 at http://www.sankei.com/politics/news/150311/plt1503110044-n2.html（2015 年 3 月 15 日アクセス）．

障は遅々として進んでいない。そのことは国連人権理事会の普遍的定期審査や条約履行監視機関の再三にわたる勧告が示すとおりである。さらに注目したいのは，国連におけるSOGIの人権保障に抵抗する行動に，日本は明確な反対を表明してきた事実である。先述のとおり，日本は伝統的な価値を尊重する反面で人権を軽視しがちなTV決議に反対票を投じ，固定的な家族観に基づく家族決議にも反対票を投じた。ところが国内で，国連の場面で明確に反対票を投じた決議が主張する内容，すなわち，伝統的価値の尊重や旧来からの家族制度の保持を根拠に，人権保障の遅れを正当化する。国際的に明確な反対を表明した考え方に基づいて国内の法政策を正当化することは，二枚舌という表現を超えた極めて深刻な矛盾である。この矛盾こそSOGIの人権保障が文化多様性と普遍的人権の狭間をゆれうごく課題であることを示している。

## おわりに

　SOGIに関連する法政策は，宗教や文化，伝統などを背景に，国家によってさまざまである。国連人権理事会のSOGI決議によって，国際的なSOGIの人権保障は進展するかのようにみえた。しかし，かつてから反対の立場を表明してきた諸国は，別の決議を採択することによって，実質的にSOGI決議を無化しようと試みている。その対立構図は人権の普遍性と相対性をめぐる議論の構図と近似する。文化多様性や伝統的価値が人権の促進と矛盾するとき，国家の裁量はどこまで認められるのか。「性」という人間の最も内面的とされている領域にかかわる課題は，「文化」の内側に置かれやすい。しかし，その「文化」が直接的・間接的な暴力や，構造的不利益とつながると，「性」のあり方をめぐる個人の尊厳が重視されていく。もっとも，その構造的不利益の解消に社会制度の変革が必要となると，再び国家の裁量が「文化」の名の下に尊重されていく。このようにSOGIの人権課題は，「文化」と「人権」が行き来する場所にある課題といえる。

# 第 3 章

# 文化多様性の尊重と女性の権利の保護
―― ヨーロッパのイスラム服装規制を例として ――

高 崎 理 子

## はじめに

「文化的多様性に関するユネスコ世界宣言」（2001 年）は，1 条で「文化の多様性は人類の共同遺産である」[1]と謳っている。グローバリゼーションの進展に伴い各地域固有の文化が損なわれることへの危機感から，人種，民族，宗教，言語，性別等にかかわりなく多元的な価値の尊重を求める国際社会の声が高まり，「文化的表現の多様性の保護および促進に関する条約（以下，文化多様性条約）」（2005 年）も採択された。

ところが，文化多様性の尊重は人間の生活を豊かにする反面，人間の発展に反する伝統に閉じこもる文化的保守主義につながる危険性を指摘されることがある[2]。そして，女性に関して，人権侵害のおそれのある有害な伝統的慣行が文化を口実に正当化されているとの批判が目立つ。自由権規約委員会は，一般的意見 28 の中で，世界中で女性が男性と同等の権利を享有できない原因が各

---

1) 同様の理念は，ユネスコの「国際文化協力の諸原則に関する宣言」（1966 年採択）1 条 3 項「すべての文化は，多様性をもち，相互に影響を及ぼし合うことによって，全人類に共通の遺産を形づくるのである」にも認められる。at http://portal.unesco.org/en/ev.php-URL_ID=13147&URL_DO=DO_PRINTPAGE&URL_SECTION=201.html (as of October 17, 2016).
2) 西海真樹「UNESCO 文化多様性条約の意義― Hélène RUIZ-FABRI 論文に即して―」西海真樹『現代国際法論集　開発・文化・人道』（中央大学出版部，2016 年）241 頁．

国の伝統的,歴史的,文化的,宗教的態度にあると指摘し,締約国はこれらを女性の権利侵害の正当化根拠にしないよう求めた[3]。

　確かに,人間の生命・身体の安全が危機に瀕しているときに国家による不作為の口実として文化多様性を濫用することは許されない。また,女性を男性に従属する地位に留め置き,その基本的自由を侵害するような文化まで尊重されるべきではない。この点に関し,文化多様性条約は,人権が保障される場合にのみ文化多様性は保護・促進の対象になるのであって,人権を制約するために同条約の規定を援用することはできないと定めている（2条1項）[4]。しかし,たとえ異なる文化の目には女性差別的に映る慣行であっても,文化多様性保護の理念に基づいて一定の敬意を払うべき場合もあるのではないか。

　こうした問題意識に基づき,本稿は,文化多様性の尊重と女性の権利の保護との関係性について考察する。まず,第Ⅰ節において,文化が女性の権利と対置することが規定等の文言から認識される主な国際文書を概観する。次に,第Ⅱ節では,文化が女性の権利を侵害しているか否かが問題になったフランスにおけるイスラムのヴェール論争を取り上げる。そして,文化と女性の権利との関係性について考察する上で重要な示唆を得られると思われるヨーロッパ人権裁判所の判例法に注目する。特に,宗教的標章としてのヴェールの意味を人権裁判所がいかに評価したかという点について第Ⅲ節で分析する。さらに,第Ⅳ節において,文化多様性の尊重との関係で女性の権利をどのように捉えるべきかを考察する。

　なお,「文化」の定義にはさまざまなものがあるが[5],本稿で「文化」とは,

---

3) Human Rights Committee, General Comment No. 28, Article 3 (The Equality of Rights between Men and Women), U.N. Doc., CCPR/C/21/Rev.1/Add. 10 (2000), para. 5.
4) 岩沢雄司編集代表『国際条約集　2016年版』（有斐閣,2016年）573頁。
5) 1968年にユネスコで「人権としての文化的権利」会議が開かれた際,ダウ（A.N. Daw）は,「文化」とは広義では「人間の本質そのもの。知的・倫理的・物理的・技術訓練等,人間の活動のすべてを包含するもの」を意味し,狭義では「生活様式・信念・理念の集合体として人々に意識されるもの」であると定義付けた。

「文化的多様性に関するユネスコ世界宣言」(2001年)の「特定の社会あるいは社会集団に特有の精神的,物質的,知的,感情的特徴の総体であり,芸術・文学に加えて生活様式,共生の方法,価値観,伝統,信念も含まれる」[6]ものとする。

## I　女性の権利と文化との関係

### 1　文化と人権の対立

　伝統的慣習と女性の権利との関係において,文化多様性の尊重と普遍的人権概念との間に衝突が生じている。経済社会理事会の人権委員会決議(2001/49)の求めにより提出された「女性に対する暴力,その原因と結果についての特別報告者ラディカ・クマラスアミ(Radhika Coomaraswamy)による報告(2002年1月31日)」は訴える。世界の至る所に女性に対する家庭内暴力と健康に有害な慣習があるが,耐え忍び尊重する価値のある文化的な慣行とみなされてきたために,国家および国際的な監視を回避してきた。しばしば文化相対主義[7]は,共同体における女性に対する非人道的で差別的な慣行を認めるための口実となっている[8]。

　以上のような指摘は,国連人権委員会の特別報告書等で数多くなされている。そのため,女性の権利に関しては,文化多様性の持つ肯定的な側面が影を

---

　　United Nations Educational, Scientific and Cultural Organization, *Cultural Rights as Human Rights* (Istituto grafico Casagrande SA, Bellinzona, 1970), pp. 15, 20.

6)　United Nations Educational, Scientific and Cultural Organization, *UNESCO Universal Declaration on Cultural Diversity, Records of the General Conference, 31st Session, Paris, 15 October to 3 November 2001*, Vol. 1, p. 62, at http://unesdoc.unesco.org/images/0012/001246/124687e.pdf (as of October 17, 2016).

7)　国際人権概念をめぐる文化相対主義の意義については,北村泰三「国際人権概念の生成と展開―人権の普遍性をめぐる議論を中心に」国際法学会編『日本の国際法の100年』(三省堂,2001年) 26-30頁参照。

8)　Economic and Social Council, Commission on Human Rights, *Integration of the Human Rights of Women and the Gender Perspective: Violence against Women*, U. N. Doc. E/CN. 4/2002/83 (2002), para. 1.

潜め,その否定的な側面が顕著となって人権と対立関係にあるかの如き印象を受ける[9]。

この点についてカレン・エングル（Karen Engle）は,文化と人権法の関係をめぐって2つの異なる立場があると分析する。一方は,文化と人権法は両立しないとする立場である。この見解は,女性の権利に関する論争に反映されており,文化を人権と対立するものとして位置づける。他方,人権法は文化を保護すべきであり,また現に保護しているのだとする立場がある。これは,先住民族の権利に関する議論に反映される見解で,人権法が文化を保護するものとして位置づけられる[10]。

さらにエングルは指摘する。文化は人権によって保護されるべきものとみなされているにもかかわらず,女性の権利に関しては,文化と人権の衝突の典型例として引き合いに出されることが多い。その場合に文化は,人間の権利として肯定的に主張される代わりに人権に対置させられる,と[11]。

では,このことは女性の権利に関連する国際文書からも読み取ることができるか。以下,主な文書について概観する。

## 2　文化と人権の対立関係が認識される国際文書

### (1) **女子に対するあらゆる形態の差別の撤廃に関する条約（1979年）**[12]

同条約の中で重要な位置を占めると評価される2条（f）号は,女性に対す

---

9) ヨーロッパ評議会議員会議も,締約国に対し,宗教の自由と文化・伝統の尊重が女性の権利侵害の正当化根拠にされないよう求めている。Parliamentary Assembly of the Council of Europe, resolution 1464 (2005), para. 7.4.

10) Karen Engle, "Cultural and Human Rights: The Asian Value Debate in Context," *New York University Journal of International Law and Politics,* Vol. 32, No. 2-3 (1999), pp. 294, 316.

11) *Ibid.,* p. 294, para. 2.

12) 女性差別撤廃委員会は,我が国の現状に対して多くの問題点を指摘している。たとえば,日本政府に対する総括所見（2016年3月）において「家父長制に基づく考え方や家庭・社会における男女の役割と責任に関する根深い固定観念が残っていることを依然として懸念する」（パラ20）と述べて,伝統的な男女の役割を補強する社

る差別となる慣習および慣行を修正・廃止するため，すべての適当な措置をとることを求める[13]。5条 (a) 号も，両性いずれかの劣等性あるいは優越性の観念，男女の定型化された役割に基づく偏見および慣習を撤廃し，男女の社会的・文化的行動様式を修正するため，適切な措置をとることを締約国に義務付けている。

　これらの規定は，時として文化が女性の基本的権利の行使を制約する役割を果たす場合があるという事実を認めている[14]。すなわち，文化というものを，尊重すべき対象としてではなく，女性の権利保護の障害として修正または廃止すべき対象と捉えていることが読み取れる。それは，女性差別撤廃委員会の一般勧告第23号10節が，「すべての国において，文化的伝統と宗教的信条が，女性を私的活動領域に閉じ込め，公的活動への積極的参加から女性を排除する役割を果たしてきた」[15]と述べていることからも伺われる。

## (2) 世界人権会議（ウィーン）行動計画，女性に対する暴力の撤廃に関する宣言（1993年）

　ウィーン行動計画は，国家に対し，女性に対する差別的な慣行に対抗する措

---

　　会規範を変えるとともに女性や女児の人権を促進する取組の強化（パラ21）を要請した。CEDAW/C/JPN/CO/7-8, at http://www.gender.go.jp/international/int_kaigi/int_teppai/pdf/CO7-8_j.pdf (as of December 29, 2016). このような勧告は，社会や家庭における男女の伝統的な役割を変更することが両性平等達成のために必要であることを認識する「女子に対するあらゆる形態の差別の撤廃に関する条約」前文14段，2条(f)および5条(a)との関係から導出される。Convention on the Elimination of All Forms of Discrimination against Women (CEDAW), at http://www.un.org/womenwatch/daw/cedaw/text/econvention.htm (as of October 17, 2016).

13) 山下泰子『女性差別撤廃条約の研究』（尚学社，1996年）101頁。田畑茂二郎『国際化時代の人権問題』（岩波書店，1988年）124頁。

14) General recommendations made by the Committee on the Elimination of Discrimination against Women, General Recommendation No. 21 (13th session, 1994). 山下泰子，辻村みよ子，浅倉むつ子，二宮周平，戒能民江編『ジェンダー六法〔第2版〕』（信山社，2015年）39頁。

15) 山下『前掲書』注14) 45頁。

置をとること,女性の権利と一定の伝統的・慣習的な行為,文化的偏見,宗教原理主義による有害な影響との間で発生する紛争を除去するよう求めた[16]。また,第48回国連総会で採択された「女性に対する暴力の撤廃に関する宣言」4条は,いかなる慣習,伝統または宗教的考慮も国の義務を回避する理由として援用されてはならない,とする。さらに同条 (j) は,両性いずれか一方の劣等性または優越性の観念,男女の定型化された役割を基礎とする偏見・慣習的慣行等を撤廃するため,教育分野で適切な措置をとることを促している[17]。

これらの宣言および綱領の文言からも,女性の権利が,特定の宗教や国家や地域の文化と衝突する可能性,すなわち文化が女性の権利と対置するものとして認識されていることが理解できる。

### (3) 北京宣言および北京行動綱領 (1995年)

第4回世界女性会議で採択された北京宣言の32節は,言語,民族,文化,宗教等の要因の故にさまざまな障害に直面している,女性の人権および基本的自由の保障に向けた努力の強化を宣言する。また,北京行動綱領第118節は,全ライフサイクルを通じた女性に対する暴力の源には,家庭,職場,地域および社会が女性に与えた,男性より低い地位を永続させる伝統的・慣習的慣行があると指摘する[18]。

ここでは,文化というものが女性の直面するさまざまな障害の要因として,あるいは女性に対する暴力の根源的な原因として捉えられていることがわかる。

以上の国際文書が述べるように,女性を男性に従属する地位に留め置き,その基本的自由を侵害する文化や,女性の生命・身体を害する慣習・伝統的慣行

---

16) World Conference on Human Rights, Vienna Declaration and Programme of Action, U.N. Doc. A/CONF. 157/23 (1993), paras. 36-44.

17) General Assembly, Declaration on the Elimination of Violence against Women, U.N. Doc. A/RES/48/104 (1993).

18) 山下,前掲書注14) 137, 146頁。

まで尊重されるべきではない。しかし，たとえ異なる文化の目には一見，女性差別的に映る慣行であっても，文化的な差異が寛容に扱われなくてはならない場合があるのではないだろうか。文化多様性保護の理念に基づいて一定の敬意を払うべき場合もありうる，と筆者は考える。

この点について大沼は，イスラムや儒教，ヒンドゥー教が問題となるときは女性差別等に代表される反人権性のみが論じられている現状を問題視する。阿部も，ジェンダー主流化戦略において批判されるのは非欧米文化であり，欧米文化には何も問題がないかのような扱い方に対し，疑問を投げかけている[19]。

そこで，次節では，文化が女性の権利を侵害するとしてヨーロッパ諸国で論議の的となったイスラムのヴェール問題に注目する。女性差別撤廃という禁止理由が最も強く主張されたのはフランス国内であるため，本稿では，特にフランスにおける論争を取り上げる。

## II　フランス国内のヴェール論争

フランスのヴェール問題は，その着用をめぐって賛成派と反対派が鋭く対立し，文化多様性の受容について問題提起がなされた近年稀に見る事例である[20]。なお，イスラムのヴェールには，ブルカ（全身を覆い，目の部分前方も薄い網状の布で隠す），ニカブ（両目だけを出し，顔面を含めて全身を覆う），

---

19) 大沼保昭「文際的人権論の構築に向けて―欧米中心的人権観の克服による人権の普遍化―（一）」『国家学会雑誌』第111巻3・4号（1998年）201頁。阿部浩己「ジェンダーの主流化／文明化の使命―国際法における〈女性〉の表象―」島田征夫，古谷修一編『国際法の新展開と課題　林司宣先生古稀祝賀』（信山社，2009年）290頁。なお，西洋文化にも女性差別的な実例があり，たとえば，女性は男性に比べて美しさや瘦身，若さが，知的業績や技能，強さよりも一層重きを置かれている，との指摘がある。Susan Moller Okin, "Is Multiculturalism Bad for Women?," *Boston Review*, Vol. 22, No. 5 (1997), p. 16.

20) United Nations Development Programme, *Human Development Report 2004: Cultural Liberty in Today's Diverse World* (New York: UNDP, 2004), p. 101.

チャドル（顔面を出し，全身を覆う），ヒジャブ（頭髪だけを覆う）などさまざまな種類がある。その中で，ヘッドスカーフと呼ぶ場合には，一般的にはヒジャブのことを指している。

反対派の第1の論拠は，ライシテ（laïcité：世俗主義，政教分離，非宗教性）の確保である。ライシテの原則は，「国家と教会の分離に関する法律」（1905年）によって確立されたフランス共和国の基本原理で，現行の第5共和制憲法（1958年）1条（「フランスは，不可分にして非宗教的，民主的，社会的な共和国である」）に明記されている[21]。フランスは歴史的経緯から徹底した宗教的中立性をとっている。そして，このライシテ原則から，公共の場における宗教的シンボルの着用規制および私的領域における宗教的行為の尊重が導出される。

第2の論拠は，女性差別の撤廃である。西洋社会では，女性が顔や体を覆い隠す行為は女性の男性に対する従属（未婚女性は父親，既婚女性は夫に対して）を象徴するものと認識される傾向がある[22]。そのため，ヴェールは女性の権利を抑圧する道具であり，両性平等の保障された共和国に女性の従属化を持ち込むことになるとみなされる[23]。この論拠は，イスラムのヴェール着用という伝統的慣行が女性の権利を侵害していると捉えるものであり，文化と人権の間で衝突が生じていると言えよう。

そこで，第2の論拠に着目しつつ，ヴェール論争の経緯を辿ってみる。

## 1　第1次ヴェール論争

1989年，フランス北部の公立中学校で，モロッコとチュニジア系のイスラ

---

21）　内藤正典『アッラーのヨーロッパ―移民とイスラム復興』（東京大学出版会，1996年）135-136頁。https://www.legifrance.gouv.fr/affichTexteArticle.do?idArticle=LEGIARTI000019240997&cidTexte=LEGITEXT000006071194&dateTexte=vig (as of October 17, 2016).

22）　内藤，前掲書注21）41頁。

23）　ジョーン. W. スコット著，李孝徳訳『ヴェールの政治学』（みすず書房，2012年）175頁。

ム教徒である 3 人の女生徒が，校長の命に背きチャドル着用のまま登校を続けた。学校側は，宗教的標章を教室に持ち込むことは公教育の中立性を害すると考え，彼女たちの登校を禁じた。これに対し，生徒の親やイスラム復興組織，人権擁護組織 SOS ラシスムが異議を唱え，マスコミにも取り上げられる事件に発展した[24]。

1989 年 11 月 27 日，この問題について政府から付託を受けたコンセイユ・デタ（Conseil d'Etat：フランスの最高行政裁判所，国務院）は，答申の中で，次のように述べた。公教育の場における宗教的標章の着用は，生徒が自らの宗教を表明する自由等の実践であり，それ自体はライシテ原則と矛盾するものではない。ただし，それが，これ見よがしな（ostentatoire）場合や社会的な権利要求的（revendicatif）である場合等にはライシテの原則と対立する[25]。

なお，この答申は，イスラムのヴェールは女性の従属性の象徴か否かという論点には触れていない。宗教的標章としてのヴェールの持つ意味に関して価値判断を行うことは，ライシテ原則に反すると考えたためであると思われる[26]。

コンセイユ・デタの答申を受けたジョスパン国民教育大臣は，この種の争いが生じた時は生徒側との対話によって解決するよう全国の学校長に通達した。そして，それでもなお相手が応じない場合には，生徒の教育を受ける権利を重視し，ヴェール着用による登校を認めることもやむを得ないとの判断を示した[27]。

---

[24] 内藤，前掲書注 21) 25, 137 頁。人権擁護組織 SOS ラシスムは 1984 年に設立された人種差別に反対する非営利組織（at http://sos-racisme.org/ (as of October 17, 2016))。

[25] Jean-Claude William, "Le Conseil d'Etat et la laïcité. P ropos sur l'avis du 27 novembre 1989," *Revue Française de Science Politique*, Vol. 41, No. 1 (Février 1991), pp. 40-41.

[26] 小泉洋一『政教分離の法―フランスにおけるライシテと法律・憲法・条約―』（法律文化社，2005 年）179-180 頁。

[27] 内藤正典『ヨーロッパとイスラム―共生は可能か―』（岩波書店，2004 年）155 頁。

## 2 第2次ヴェール論争

### (1) スタジ報告書

　その後，ヴェール問題は沈静化していたが，2003年4月にサルコジ内務大臣がフランス・イスラム組織連合（UOIF）本部大会で，身分証明書写真の撮影時にはヴェールを脱ぐことを義務付けると発言したことが契機となり，ヴェール着用の法的規制の是非をめぐる論争が再燃する。11月，北部の公立高校で2人の姉妹がヴェール着用を理由に退学処分を受けた[28]。

　この問題に関し，シラク大統領が諮問機関スタジ委員会[29]に意見を求めたところ，同委員会は，コンセイユ・デタ答申（1989年）とは異なり，女性差別撤廃の論点に取り組んだ。スタジ報告書（2003年12月11日）はいう。未成年の少女たちにはヴェール着用を強制する圧力がかかっている。イスラムのヴェールは，ライシテ原則と結びつく両性平等原則の侵害である。学校は，自由と解放の場として存在し続けなければならない[30]。さらに報告書は，ヴェールを含むあらゆる宗教的標章を学校内で身に付けることを禁ずる法律の制定を提案した。

　これを踏まえ，2003年12月17日，シラク大統領は，公立小学校のライシテを維持するにはヴェール着用を法で禁止する必要がある，という内容の演説を行う。その中で，「男女平等・女性の尊厳というフランス共和国の成果を切

---

28) 姉妹は自発的にイスラム教に改宗しており，ヴェール着用についても家族からの圧力はなかった。森千香子「フランスの『スカーフ禁止法』論争が提起する問い―「ムスリム女性抑圧」批判をめぐって―」内藤正典，阪口正二郎編著『神の法 vs. 人の法―スカーフ論争からみる西欧とイスラムの断層』（日本評論社，2007年）159-160，179頁。

29) 正式名称は「共和国内のライシテ原則の適用に関する検討委員会」。2003年7月設置。

30) STASI Bernard, *Commission de Réflexion sur l'application du Principe de Laïcité dans la République: Rapport au Président de la République*, le 11 Décembre 2003, pp. 36, 46, 57-58, at http://www.ladocumentationfrancaise.fr/var/storage/rapports-publics/034000725.pdf (as of October 17, 2016).

り崩そうとする一部の人々を，我々は受け入れることができない」と強調した[31]。

(2) ヴェール着用禁止に関する法律

2004年3月15日，フランスで「公立学校における誇示的な宗教的標章の着用禁止法」[32]が成立した。第1条は「公立の小・中・高等学校において，生徒の宗教的帰属を誇示的に示す標章または衣服を禁止する」と規定し，この規則を実行するための懲戒手続については事前に生徒と話し合うよう求めている[33]。

ここで，「誇示的な（ostensible）」とは，直ちに宗教的帰属のわかるものを意味することが，同法実施のための通達（2004年5月18日）に明記された。たとえば，イスラムのヴェールの他に，過度に大きな十字架やユダヤ教徒の男性が被るキパ（頭蓋帽），シーク教徒のターバンなどを指しており，大型メダル，小さな十字架，ダヴィデの星，ムスリムがお守りにするファティマの手，小さなコーランのような控えめな（discret）ものは含まれない[34]。

その後，ブルカを着用する外国人女性が国籍取得を拒否されたことがきっかけとなり，サルコジ大統領の強い働きかけによって，「公共の場所で顔を覆うことを禁止する法律」が2010年10月11日に制定された[35]。同法は第1条で

---

31) Les discours de Jacques Chirac, 17 déc. 2003, at http://www.lemonde.fr/societe/article_interactif/2007/05/15/les-discours-de-jacques-chirac_910136_3224_8.html (as of October 17, 2016).

32) Loi n° 2004-228 du 15 mars 2004 encadrant, en application du principe de laïcité, le port de signes ou de tenues manifestant une appartenance religieuse dans les écoles, collèges et lycées publics, JORF n°65 du 17 mars 2004, p. 5190 texte n°1, at https://www.legifrance.gouv.fr/affichTexte.do?cidTexte=JORFTEXT000000417977&categorieLien=id (as of October 17, 2016).

33) 2004年2月10日に国民議会（494対36），3月3日に元老院（276対20）で可決され成立した。3か条からなる。2004年9月1日施行。

34) 山元一「多文化主義の挑戦を受ける〈フランス共和主義〉」内藤，前掲書注28) 120頁。

35) Loi n° 2010-1192 du 11 octobre 2010 interdisant la dissimulation du visage dans

「何人も，公の場においては，その顔を隠すことを目的とした衣服を着用することはできない」[36]と規定する。「公の場（l'espace public）」は，公道，公衆に開かれた場所または公的サービスに供される場所から構成される（2条1項）。1条の違反者には罰金刑[37]（3条1項）と併せて，または罰金刑の代わりに，公民研修[38]を行う義務が課される（3条2項）。この法律がヨーロッパ人権条約で保障される権利（9条）を侵害するとしてヨーロッパ人権裁判所に提訴された事件が，S.A.S. 対フランス事件である。

では，ヨーロッパ人権裁判所は，ヴェール着用が女性の従属性を象徴する意味合いをもつという論拠をどのように扱ったか。この点に着目しつつ，次節では，S.A.S. 対フランス事件を含む3つの事件について考察する。

## Ⅲ　ヨーロッパ人権裁判所判例

以下の事例は，申立人の身分や被告国は異なるものの，申立人が自由意思に基づきイスラムのヴェールを着用している点で共通する。また，ヴェール着用禁止が，主にヨーロッパ人権条約9条2項（信仰や信念を表明する自由）に適合する制約であるか否かが問題となっており，ヨーロッパ人権裁判所は，当該制約が①法律の規定に基づくか，②正当な目的があるか，③民主社会において必要かを審査した[39]。

---

l'espace public. 公に顔を隠すことを禁じる法に関する問題は，他の多くのヨーロッパ諸国でも議論され，ベルギーではフランスと類似の法律が制定された。ECtHR, S.A.S. v. France, Application No. 43835/11, 1 July 2014, para. 40. 中島宏「『共和国の拒否』：フランスにおけるブルカ着用禁止の試み」『一橋法学』第9巻3号（2010年）133頁。

36) Article1: Nul ne peut, dans l'espace public, porter une tenue destinée à dissimuler son visage, at https://www.legifrance.gouv.fr/affichTexte.do?cidTexte=JORFTEXT000022911670&categorieLien=id (as of October 22, 2016).
37) 罰金の最高額は150ユーロである。
38) フランスの習慣などを学ぶ市民教育の講習（le stage de citoyenneté）。
39) この三段階目の審査は，さらに，権利を制約する措置が正当な目的を追求してい

## 1 イスラムのヴェールに関する主な判例

### (1) ダフラブ事件 (2001年2月15日)

#### (a) 事　　実

申立人は，スイス・ジュネーブ州の公立初等学校で教師を務めるスイス国籍の女性（1965年生）である。コーランの教えに基づき，1990年から1991年の間にイスラムのヘッドスカーフを教室で着用し始めたところ，学校の同僚，生徒や親から苦情はなかった。1996年，州の初等教育長官によってスイス国内法（ジュネーブ州公教育法6節）[40]違反を理由に仕事中の着用を禁じられたが，これに従わなかったため，勤務停止が命じられた。そこで申立人は，この措置が不当であるとしてスイス連邦裁判所で争った。しかし，公立学校における宗教的中立性と両性平等の保護を理由に同措置の合法性が認められ，敗訴した（1997年11月12日）。

この判決について申立人は，ヨーロッパ人権条約9条1項，2項，14条（性に基づく差別禁止）[41]違反を理由にスイスを相手取り，ヨーロッパ人権裁判所

---

るか，当該目的と措置を実施する際にとられた手段とが釣り合っているか，に区分される。

[40] ジュネーブ州公教育法6節 (Section 6 of the Canton of Geneva Public Education Act of 6 November 1940) は「公教育制度は，生徒および両親の政治的宗教的信念が尊重されることを保障する」と規定する。ECtHR, Dahlab v. Switzerland, Application No. 42393/98, 15 February 2005, para. 6.

[41] 14条に関し判決は次の旨，述べる。両性平等の促進は今日のヨーロッパ評議会加盟国の主要目標であるため，性に基づく取り扱いの差異が人権条約違反ではないとみなされるには，非常に説得力のある理由が求められる。この点，ヘッドスカーフの着用禁止措置は，女性としての申立人に向けたものではなく，初等教育制度における国家の中立性確保という正当な目的を実現するためのものである。同様の措置は類似の状況の（たとえば，異なる信仰を持つと明確に識別できる服装の）男性にも適用され得るので，性に基づく差別は認められない。*Ibid.*, p. 12, para. 2. なお，ヨーロッパ人権裁判所が，性別を理由とする異なる取り扱いに対し厳格な審査基準を採用している点については，アヴドゥラジズ事件判決（1985年）参照。Abdulaziz, Cabales and Balkandali v. the United Kingdom, Application No. 9214/80; 9473/81;

に提訴した。2001年2月,人権裁判所は,スイス連邦裁判所判決は9条2項に適合しており申し立てには明白で確かな根拠がないとして受理可能性を認めず,本案審理には至らなかった(35条3項,4項)[42]。

(b) 判　　旨

裁判所はまず,スイス国内法に基づく制約が,公教育制度の中立確保という「他の者の権利および自由」,「公共の安全」と「公の秩序」の保護(9条2項)を目的とするものであることを理由に正当性を認めた。

次に,民主社会における必要性についても肯定した。その際,重視したのは,申立人が公立学校の教師(公務員)で,生徒が低年齢(4歳～8歳)であったことである。

裁判所はいう。義務教育の行われる公立学校では宗教的な中立性が求められる。しかも低年齢の生徒は好奇心旺盛で,教師の様子から重大な影響を受けやすい。ヘッドスカーフが実際にどれほどの影響力を生徒に及ぼすかを測るのは難しいが,何らかの改宗勧誘的効果を持つ可能性は否定できない。また,男女平等原則と調和し難いイスラムのスカーフと,生徒に伝えるべき差別禁止等のメッセージとを両立させるのは困難である[43]。

(c) ヴェールの意味に対する評価(判旨)

裁判所は次のように述べる。コーランに規定される教えによってヘッドスカーフの着用が女性に押しつけられているように見えることからすれば,スイス連邦裁判所の指摘するとおり,男女平等原則と調和させるのは難しい。それ故に,民主社会において全教員が生徒に伝えなければならない「寛容,他者の尊重,とりわけ平等と差別禁止」というメッセージと,イスラムのスカーフ着用とを両立させるのは困難に思われる[44]。

なお,ここで裁判所の参照するスイス連邦裁判所の指摘とは,スカーフ着用

---

9474/81, 28 May 1985, para. 78.

42) ECtHR, Dahlab v. Switzerland, Application No. 42393/98, 15 February 2005, para. 3.

43) *Ibid.*, p. 11, para. 3.

44) *Ibid.*

は男女平等原則と両立し得ない。同原則は，スイス連邦憲法4条2項に記されている我々の社会の基本的な価値であり，学校によって考慮に入れられなければならない，という内容である[45]。

### (2) レイラ・サヒン事件（2005年11月10日）

#### (a) 事　　実

申立人のレイラ・サヒン（Leyla Şahin, 1973年生）は，トルコの国立大学（イスタンブール大学）医学部の5年生（編入生）である。彼女は伝統的なムスリム家庭に育ち，イスラムのヘッドスカーフ着用を宗教的な義務と考えていた。ヒジャブを被って講義等に出席していたところ，授業および試験中のスカーフ着用を禁ずる学長通達（1998年2月23日）違反によって停学処分を受けたため，国内裁判所で争ったが敗訴した。

そこで申立人は，この通達による措置が信教の自由（人権条約9条1項）等を侵害するとして，トルコを相手取りヨーロッパ人権裁判所に提訴した。これに対し第4小法廷は，条約違反を認めなかった（2004年6月29日）。さらに，申立人の請求によって大法廷に付託されたが，大学側の措置は人権条約9条に違反しないと16対1で判示された[46]。

#### (b) 判　　旨

裁判所はまず，大学側のヘッドスカーフ着用規制は，「他の者の権利および自由」と「公の秩序」の保護という正当な目的に適うものである，と判断した。

次に，制約の民主社会における必要性については，以下のように述べて肯定

---

45) ECtHR, Dahlab v. Switzerland, Application No. 42393/98, 15 February 2005, para. 2. 男女平等原則は，現行のスイス連邦憲法では8条3項に規定されている。Federal Constitution of the Swiss Confederation of 18 April 1999, at https://www.admin.ch/opc/en/classified-compilation/19995395/201601010000/101.pdf (as of October 17, 2016).

46) ECtHR, Leyla Sahin v. Turquie, Application No. 44774/98, 10 November 2005, paras. 112-114.

した。学長通達による制約は,ライシテの原則に基づくものである。同原則はトルコにとって基本原則の1つであり,民主制度を守るために必要な原則と考えられる。大学での宗教的標章の着用を禁ずる際,最も考慮すべきはライシテの原則である。この原則を尊重しない態度をとる者は,人権条約9条の保障する宗教を表現する自由を享受できないだろう[47]。

(c) ヴェールの意味に対する評価(判旨)

大法廷は,第4小法廷の次の見解を踏襲する。憲法上,女性の権利保護と両性平等に重きを置くトルコでスカーフ問題を検討する場合には,このような強制的な宗教的義務と認識されるシンボルがスカーフを着用しない人々に及ぼす影響に留意しなければならない。

さらに大法廷は,ダフラブ事件を以下の旨,参照する[48]。ダフラブ事件決定で裁判所が特に強調したのは,教師のヘッドスカーフ着用が何らかの改宗勧誘的効果を持つ疑いがあり,男女平等原則との調和が困難な宗教的規範によって女性に強要されているように見えたことである。そして,この点に照らすと,イスラム教徒のスカーフ着用は,「寛容,他者の尊重,中でも平等と差別撤廃」と容易に調和し得ない,と述べている,と。

その上で,多元主義の価値,他者の権利の尊重,とりわけ男女の法の下の平等が教えられ実践される場では,イスラムのスカーフを含む宗教的服装を認めることが,こうした価値に反すると関係当局が考えた点は理解できる,と大法廷は評価した[49]。

唯一の反対意見を述べたトゥルキンズ(F. Tulkens)判事は,スカーフ着用は「女性の疎外」と同義とみなされているので着用禁止は両性平等を促進するように思われるが,実際には禁止と両性平等との間には何の関係があるのだろう,と疑問を呈する。そして,この議論に欠けているのはスカーフを着用する女性と着用しないことを選択する女性双方の意見である,と指摘する[50]。さら

---

47) *Ibid.,* paras. 99, 114, 116.
48) *Ibid.,* paras. 111, 115.
49) *Ibid.,* para. 116.

に，ダフラブ事件決定がスカーフ着用を両性平等原則と相容れない宗教上の教えによって女性に押しつけているように見えると解釈したことに対し，このように一方的で否定的に宗教や宗教的実践を評価することは裁判所の仕事ではない。スカーフ着用の意味を一般的かつ抽象的な方法で決定するのは裁判所の役割ではない，と批判する。そして，もし，ヘッドスカーフの着用がいかなる場合にも男女平等原則に反するとすれば，国家は，公的か私的かを問わずすべての場所において，それを禁ずる明白な義務があるだろう，と述べている[51]。

### (3) S.A.S. 対フランス事件（2014年7月1日）

#### (a) 事　　実

申立人は，フランス在住でフランス国籍をもつパキスタン出身のイスラム教徒の女性（1990年生）である。信仰，文化，個人的信念に従って生きるため，公的かつ私的な場所で自発的にブルカとニカブを着用している。着用目的は他者に不快感を与えることではなく，ただ自身が内的な平和を感じることにある。よって，たとえば医師の診察を受ける場合には着用せず，自らの霊的な感覚（spiritual feelings）に従い着用するかどうかを選択できることを望んでいる。ただし，銀行や空港での保安検査や身元確認の際は顔を出すことに同意している[52]。

申立人は，「公共の場所で顔を覆うことを禁止する法律」（2010年）が，ヨーロッパ人権条約 8 条 1 項（私生活が尊重される権利），9 条等を侵害するとして，フランスを相手取り，ヨーロッパ人権裁判所に訴えた。これに対し裁判所は，8 条，9 条について 15 対 2 で条約適合性を認めた。

---

50) ECtHR, Leyla Sahin v. Turquie, Application No. 44774/98, 10 November 2005, Dissenting Opinion of Judge Tulkens, para. 11.
51) *Ibid.,* para. 12.
52) ECtHR, S.A.S. v. France, Application No. 43835/11, 1 July 2014, Information Note on the Court's case-law no. 176, p. 1.

(b) 判　　　旨[53]

　まず，裁判所は，申立人がジレンマ（信仰を選んで処罰されるか，法を守って信仰を犠牲にするか）に晒されている状況が，8条および9条に基づく権利行使を制約することを確認した。その上で，正当な目的として，「他者の権利および自由の保護」（8条2項，9条2項）に締約国の主張する「男女平等」，「人間の尊厳」は該当しないとし，「社会生活において最低限要求されるものに対する尊重」は認めた。

　「男女平等」については，次の旨，述べる。女性に顔を隠すよう強制することを男女平等の名の下で禁じた締約国は，8条2項，9条2項の範囲内で「他者の権利および自由の保護」に相当する目的を追求していると言えるが，本件申立人のような女性に支持されている慣行を禁ずるために男女平等を援用することはできない。この点については，コンセイユ・デタが報告書（2010年3月25日）の中で類似の結論に達している[54]。

　さらに裁判所は，「他者の権利および自由の保護」の要素として，「共生」すなわちフランスでは顔が社会的なふれあいにおいて重要な役割を果たすとの主張を考慮に入れて，制約目的の正当性と，民主社会における必要性を認めた[55]。

---

53) *Ibid.*, paras. 110-116, 118, 119, 122.
54) これは，2010年3月25日，フィヨン首相の諮問によりコンセイユ・デタが提出した報告書のことで，全身を覆うヴェールだけを法律で一般的に禁ずることは憲法およびヨーロッパ人権条約上，正当化できないと述べている。同報告書は，男女平等原則は男女差別に直接適用されるか，両性平等を実現するために援用されるものであって，自発的にヴェールを着用する女性には適用できないと結論付けている。Conseil d'État, Section du rapport et des études, *Étude relative aux possibilités juridiques d'interdiction du port du voile intégral*, Rapport adopté par l'assemblée générale pléniére du Conseil d'État, le jeudi 25 mars 2010, p. 8, para. 4, p. 18, para. 5, p. 20, para. 4.
55) ECtHR, S.A.S. v. France, Application No. 43835/11, 1 July 2014, para. 122. 馬場里美「判例紹介 ブルカ禁止法と宗教の自由：S.A.S対フランス事件［ヨーロッパ人権裁判所（大法廷）2014年7月1日判決］」『国際人権』第26号（2015年，信山社）122-

(c) ヴェールの意味に対する評価（判旨）

　女性による全身を覆うヴェールの着用はフランスで一般に容認されている男女平等原則を侵害するので，多くのフランス人にショックを与える，という締約国の主張に関し多数意見はいう。問題になっている服装が，それを目にする多くの人々から奇妙なものと認識されていることには気付いている。しかし，それは民主社会に本来備わっている多元主義に資する「文化的アイデンティティの表現」である，と[56]。

　なお，共同で一部反対意見を書いた2人の裁判官は，ヴェールの規制措置には，抑圧されていると推測される女性の解放に望ましい効果は期待できず，かえって彼女たちを社会から追放し，その状況を悪化させるだろう，と警告する[57]。また，たとえ異なる文化が伝統的なフランスやヨーロッパの生活様式とかけ離れていようと，文化的あるいは宗教的アイデンティティの異なる型によってショックや刺激を与えられない権利などというものはない，と強調した[58]。

## 2　人権裁判所の判例法の傾向と意義

(1)　ヴェール問題に関する判例法の全体的傾向

　コンセイユ・デタ判決は，1989年答申に示された内容（公教育の場での宗教的標章の着用は信仰を表明する権利の実践であり，ライシテ原則と矛盾するものではない）との見解を踏まえ，当初は学校内における生徒のヴェール着用を信教の自由の行使として尊重する傾向があった[59]。

---

　　124頁。
56)　*Ibid.*, para. 120.
57)　*Ibid.*, Joint Partly Dissenting Opinion of Judges Nussberger and Jaderblom, para. 21.
58)　*Ibid.*, para. 7.
59)　たとえば，1996年の判決では，生徒のヴェール着用による受講を禁じた学校側の措置を違法であると判断している。Conseil d'Etat, 4/1 SSR, du 20 mai 1996, N° 170343, publié au recueil Lebon, at https://www.legifrance.gouv.fr/affichJuriAdmin.do?idTexte=CETATEXT000007939119（as of October 22, 2016）もっとも，2008年6

他方，ヨーロッパ人権裁判所判例は，全体的に締約国の「評価の余地」を広く考慮し，ヴェール着用規制の人権条約適合性を認める傾向にある[60]。信仰を表明する行為に対する制約が人権条約上認められるか否かについてはヨーロッパに統一的な解釈基準がないことから，各国の裁量にゆだねる方針を採用しているためである。

　もっとも，この「評価の余地」理論には批判がある。北村は，人権と文化多様性との間に衝突が生じた場合，この理論は文化多様性を支持する方向にも規制する方向にも作用し得ると警告する。そして，ヴェール着用により男女平等が歪められた結果，実際に被害を受けたと主張する者が存在しなくても，他者の権利侵害のおそれがあるという推量解釈を無批判に容認する結果になっているという[61]。この点についてアナスタシア・バクレンコ（Anastasia Vakulenko）も，ジェンダーが具体的な申立人や他の女性たちをほとんど考慮しない抽象的な概念として作用していると指摘する[62]。また，キャロリン・エヴァンズ

---

　　月27日判決では，男女平等原則を理由に，政府による外国人女性（ブルカ着用）国籍取得拒否決定の適法性を認めている。Conseil d'État, 27 juin 2008, N° 286798, at https://www.legifrance.gouv.fr/affichJuriAdmin.do?idTexte=CETATEXT000019081211 (as of October 22, 2016) なお，フランス憲法院は，ヴェールで顔を隠す女性は憲法上の自由・平等原則と両立しえない排除された低い地位に置かれているとして，「公共の場所で顔を覆うことを禁止する法律」（2010年）の合憲性を認めた。Les Cahiers du Conseil constitutionnel Cahier n° 30, Décision n° 2010-613 DC – 7 octobre 2010, Loi interdisant la dissimulation du visage dans l'espace public, p. 5, at http://www.conseil-constitutionnel.fr/conseil-constitutionnel/root/bank/download/2010613DCccc_613dc.pdf (as of October 22, 2016).

60) ヴェール問題に関する他のヨーロッパ人権裁判所判例としては，Kurtulmus v. Turkey, Decision of 24 January 2006. と Dogru v. France, Judgement of 5 December 2008. が挙げられる。

61) 北村泰三「ヨーロッパ人権裁判所の判例にみる人権と多文化主義との相克」『世界法年報』第29号（2010年）111，113頁。

62) Anastasia Vakulenko, "Islamic Dress in Human Rights Jurisprudence: A Critique of Current Trends," *Human Rights Law Review*, Vol. 7, No. 4 (2007), p. 731, para. 3. バクレンコは，ジェンダー平等に関する一般的見解は西洋文化を源とする西洋的かつ自由主義的法秩序（国際人権法）に根差すものであり，ジェンダー平等の観念を文化

(Carolyn Evans) は，裁判所による曖昧で大ざっぱなアプローチは，「コーランとイスラム教は女性抑圧的である」との西洋で共有されたイスラムに対する一般的見解に依拠しているように思われる，と述べている[63]。

## (2) 各判決におけるヴェール着用の意義

先述の事例は，時の経過にしたがってヴェール着用を制約される対象が教師（公務員），大学生，一般国民に，場所が公立初等学校，国立大学，公的空間へと拡大しているが，これらすべての制約について人権条約適合性が認められたものである。よって，制約の許される範囲が対象・場所ともに広がっていると言える。

「イスラムのヴェールは女性抑圧の象徴か」という点に関しては，3つの事例の中でダフラブ事件決定が最も踏み込んだ判断を行った。同決定は，ヘッドスカーフ姿の教師が生徒に与える印象と，男女平等のメッセージは両立し得ないと評価している。2番目のレイラ・サヒン事件の多数意見も，こうしたダフラブ事件決定の見解を参照しつつ，イスラムのスカーフを含む宗教的服装を認めることが男女平等に反するとのトルコ政府の主張に理解を示した。このことから，ダフラブ事件決定ほど明示的ではないが，裁判所はヴェール着用を両性平等原則とは相容れないものとして捉えていることが読み取れる。3番目のS.A.S. 対フランス事件では，ヴェールの解釈に関して変化が見られる。裁判所

---

的困難性を解決するために追求することは無邪気であると同時に横柄であると思われる，と述べる。*Ibid.,* p. 733, para. 1.

[63] Carolyn Evans, "The 'Islamic Scarf' in the European Court of Human Rights," *Melbourne Journal of International Law,* Vol. 7 (2006), p. 65, para. 3. エヴァンズは，学校や大学といった重要な公的空間からの排除は，両性平等の名の下で，女性の教育を受ける権利と勤労の権利を侵害するものである，と批判する。*Ibid.,* p. 68, para. 2. さらに，エヴァンズはいう。ダフラブ事件とレイラ・サヒン事件の申立人は，従属的な女性ではない。2人とも，教育を受けた知的職業に従事する女性（教師と医学生）であり，自らの権利を守るため，国内および国際裁判で訴訟を起こす準備をした。その行動は，自身の衣服に対する規制に抑圧されることを拒絶する，強い意志と知性を持つ女性であることを示している。*Ibid.,* p. 66, para. 1.

は，ヴェールが多くの人々から奇妙なものと認識されている事実に気付いているとしつつも，「文化的アイデンティティの表現」であると述べており，「女性抑圧の象徴」としての価値評価はなされていない。

以上より，イスラムのヴェールという宗教的標章のもつ意味の解釈については，人権裁判所は次第に慎重な姿勢をとる傾向にあると考えられる。

では，ヴェール着用の意義に関連して，いかなる議論があるか。

まず，ダフラブ事件決定では，男女平等に反する意味合いをもつとの明確な価値評価が行われた点が注目に値するが，論議を呼ぶ箇所ともなっている。たとえばバクレンコは，裁判所が，男女平等と相容れないコーランの戒律によって女性に押しつけられているように見えると述べるにとどまり，それ以上の具体的な説明を何もしていないと批判する[64]。エヴァンズも，豚肉やアルコールの規制がイスラム教徒に，あるいは十戒がユダヤ教徒とキリスト教徒に強制されているとは言わず，なぜ，ヘッドスカーフだけがコーランによって女性に押しつけられていると言えるのかがはっきりしない。その上，コーランで規定される教えとして裁判所が参照しているのはどの部分か説明することを避けている，と指摘する[65]。

2番目のレイラ・サヒン事件判決に関しては，レイチェル・ロブシェ（Rachel Rebouché）が，「歴史と背景」等を含め判決文全体に両性平等の議論が広く行きわたっているが，なぜスカーフ着用が女性を下位に置くことになるのかとい

---

64) Anastasia Vakulenko, "Islamic Dress in Human Rights Jurisprudence: A Critique of Current Trends," *Human Rights Law Review*, Vol. 7, No. 4 (2007), p. 731, para. 2. 同様に，レイラ・サヒン事件判決についても，両性平等に関して具体的な説明を試みようとしなかった点をバクレンコは批判している。

65) Carolyn Evans, "The 'Islamic Scarf' in the European Court of Human Rights," *Melbourne Journal of International Law,* Vol. 7 (2006), p. 65, para. 2. なお，ムスリム女性のヴェール着用は，一般的には聖典コーランの「目を伏せて隠し所を守り，露出している部分のほかは，わが身の飾りとなるところをあらわしてはならない。顔おおいを胸もとまで垂らせ」という箇所が根拠になっているとされる。藤本勝次責任編集『世界の名著17　コーラン』（中央公論社，1979年）333頁。

う点について十分な説明がなされていない，という[66]。また，反対意見を述べたトゥルキンズ判事は，スカーフ着用禁止と両性平等とのつながりを疑問視するが，タルヴィキ・フープス（Talvikki Hoopes）も「スカーフ禁止措置は実際に両性平等を促進するのだろうか」と同様の疑問を呈している[67]。これと関連して，トゥルキンズ判事による，スカーフ着用が真に男女平等原則に反するのならば，すべての場所で国家はそれを禁ずる明白な義務がある，との指摘は非常に鋭く，説得力が感じられる[68]。

なお，トゥルキンズ判事は，ダフラブ事件において裁判所はヴェールの価値評価をすべきではなかったと批判するが，この見解には賛同できない。その判断内容の是非はさておき，法的議論に含まれる文化的な論拠に対して人権裁判所が評価を行ったこと自体には意義があると思われる。なぜなら，この種の事件においては，ヴェールという宗教的標章のもつ意味というものが本質的な問題になっているため，その解釈を避けることは，真に当事者の納得の得られるような終局的解決につながらない可能性があると考えるからである。

ところで，ヴェールの意味をめぐっては，「女性抑圧の象徴」とは別の見方がある。

実際にヴェールをまとった経験のある人々の感想として散見するのが，従来の「観る者」（男性）と「観られる者」（女性）の関係を逆転させ，かえって女性に自由をもたらすという捉え方である[69]。コーラン等に基づくイスラム法の

---

66) Rachel Rebouché, "The Substance of Substantive Equality: Gender Equality and Turkey's Headscarf Debate," *American University International Law Review,* Vol. 24 (2009), p. 720.

67) Talvikki Hoopes, "The Leyla Sahin v. Turkey Case Before the European Court of Human Rights," *Chinese Journal of International Law,* Vol. 5, No. 3 (2006), p. 721, para. 3.

68) これと同趣旨の見解を，村田が「…イスラム＝スカーフがムスリム女性を抑圧するものであるとすれば，その着用は，学校施設内に限らず規制されなければならなくなる」と述べている。村田尚紀「公共空間におけるマイノリティの自由―いわゆるブルカ禁止法をめぐって―」『関西大学法学論集』第60巻6号（2011年3月）34頁。

シャリアはアラーの神の啓示たる神聖な法と考えられていることを理由に，女性への敬意を示す衣装であるとの見方もある[70]。

さらに，スカーフは女性差別の象徴なので解放しなければならない，という主張の裏には反イスラム感情が潜んでおり，それを正当化するために「スカーフ姿の女性の後進性」を執拗に主張している，との指摘がある[71]。歴史的な観点から，イスラム社会の女性抑圧は，植民地時代の帝国官僚や宣教師が現地文化への攻撃を正当化する口実として利用してきた，と分析する研究者もいる[72]。

---

69) 中西久枝『イスラムとヴェール―現代イランに生きる女たち―』（晃洋書房，1996年）1，6頁。なお，18世紀のイギリスの作家・旅行家のモンタギュー夫人（Mary Wortley Montagu, Lady, 1689-1762）は，トルコのヴェールを着用するのが「私にとって心地良いものになってきている」と1718年4月10日付けの手紙に書いている。Lord Wharncliffe, *The Letters and works of Lady Mary Wortley Montagu* (London: Henry G. Bohn, 1861), p. 353.

70) ヴェンカトラマン（Bharathi Anandhi Venkatraman）は，シャリアの最大の特徴は，宗教的なものと世俗的なもの，法的な問題と道徳的な問題，イスラム教徒の生活の公的側面と私的側面の間に区別を設けない点にある，と述べる。Bharathi Anandhi Venkatraman, "Islamic States and the United Nations Convention on the Elimination of All Forms of Discrimination Against Women: Are the Shari' a and the Convention Compatible?," *The American University Law Review,* Vol. 44, No. 1949 (1995), p. 1964. リーム・アフマド「イスラムにおける女性の位置づけ―エジプトを中心に」河田尚子編著『イスラムと女性』（国書刊行会，2011年）158頁。

71) 内藤正典『イスラムの怒り』（集英社，2009年）144頁。

72) ライラ・アハメンド著，林正雄，岡真理，本合陽，熊谷慈子，森野和弥訳『イスラムにおける女性とジェンダー―近代論争の歴史的根源』（法政大学出版局，2000年）219頁。なお，イランを訪問した国連人権委員会の特別報告者アブデルファタ・アモ（Abdelfattah Amor）は，服装に関するコミュニティの様々な伝統と行動は等しく尊重されるべきであると強調しつつ，服装は政治的な道具にされるべきではなく，柔軟で寛容な態度が示されるべきであると主張した。Economic and Social Council, Commission on Human Rights, Implementation of the Declaration on the Elimination of All Forms of Intolerance and of Discrimination based on Religion or Belief, Report submitted by Mr. *Abdelfattah Amor,* Special Rapporteur, in accordance with Commission on Human Rights resolution 1995/23, U.N. Doc. E/CN.4/1996/95/

アン・ナイム（Abdullahi Ahmed An-Na'im）はいう。1つの文化的伝統に属するフェミニストが，他文化の女性は自分たちの社会と同じ葛藤や不安を有している（または有するのが当然である）と想定したり，自分たちと同じ答えを求めている（または求めるのが当然である）と想定したりすることはよくある，と[73]。

そもそも人権というものは，文化や宗教，伝統とは異なり，人間の生や死に関する根源的な問いかけに対する答えを提供するものではないので，文化と同列に論じることはできないのかもしれない[74]。とはいえ，西欧以外の国々の伝統や慣習にも文化的価値があることに鑑みれば，女性の人権を保障する際も，それらを過小評価すべきではない。

## Ⅳ　文化多様性と女性の文化的権利

エングルは，文化が女性の権利と衝突する場合には文化を尊重すべきだと主張する側も，女性の権利を擁護するために文化を変えるべきであると主張する側も，めったに文化を法的権利として議論することがない点では共通していると指摘する[75]。

---

　　Add. 2 (1996), para. 97. アモはスーダンからの報告書でも同様の主張を行っている。General Assembly, Human Rights Questions: Including Alternative Approaches for Improving the Effective Enjoyment of Human Rights and Fundamental Freedoms, Implementation of the Declaration on the Elimination of All Forms of Intolerance and of Discrimination based on Religion or Belief, U.N. Doc. A/51/542/Add. 2 (1996), para. 140.

73)　Abdullahi Ahmed An-Na' im, "Toward a Cross-Cultural Approach to Defining International Standards of Human Rights: The Meaning of Cruel, Inhuman, or Degrading Treatment or Punishment," edited by Abdullahi Ahmed An-Na' im, *Human Rights in Cross-Cultural Perspectives: A Quest for Consensus* (University of Pennsylvania Press, 1995), p. 23, para. 4.

74)　Heiner Bielefeldt, "Muslim Voices in the Human Rights Debate," *Human Rights Quarterly,* Vol. 17 (1995), p. 601, para. 3.

人は何を着るかについて1人で決める権利を有しており，イスラムのヴェール着用は，それが自由意思に基づく場合には文化的権利の対象となりうる。そして，女性の衣服の選択の自由という個人的な権利は，文化多様性という集合的な範疇と結びついていると考えられる[76]。

とすれば，ヴェール着用規制は，女性の権利の保護，男女平等という普遍的原理によって，個人の多様な文化に関する権利を制限したことが問題となる[77]。

ここで文化的権利とは，文化を享受する権利・文化を創造する権利・文化活動に参加する権利から成る文化領域に関する個人の権利の総体を意味する。この権利は，人権および人間の尊厳を侵害する伝統・慣習に関与しない権利，既存の伝統・価値観・慣行をその起源にかかわらず修正する権利も含むと解される[78]。他の権利（市民的，政治的，経済的，社会的権利）と比して適用範囲や強制力の点で未開発であると言われるが[79]，法的な根拠に基づく権利である。その主な法的基盤は，世界人権宣言27条と「経済的・社会的及び文化的権利に関する国際規約」15条，「市民的及び政治的権利に関する国際規約」27条である。

中でも世界人権宣言27条は，文化的生活のあり方について広く規定し，文化を享受する権利が自由権的側面のみならず社会権的側面としても深められた

---

75) Karen Engle, "Cultural and Human Rights: The Asian Value Debate in Context," *New York University Journal of International Law and Politics*, Vol. 32, No. 2-3 (1999), p. 295, para. 2.

76) Vesselin Popovski, "Cultural Diversity and Freedom of Expression," in Paul Meerts (ed.), *Culture and International Law* (Hague Academic Press, 2008), p. 57, para. 4.

77) 辻村みよ子，大沢真理編『ジェンダー平等と多文化共生―複合差別を超えて―』（東北大学出版会，2010年）227頁。

78) 西海『前掲書』（注2）237頁。General Assembly, Cultural rights, U.N. Doc. A/67/287 (2012), paras. 25, 28.

79) ヤヌシュ・シモニデス著，富田麻里訳「文化的権利」ヤヌシュ・シモニデス著，横田洋三監修『国際人権法マニュアル 世界的視野から見た人権の理念と実践』（明石書店，2004年）236頁。

ものである。また，自由権規約人権委員会は，公共の場における女性の服装に対する特別な規制が，女性の主張しうる文化と衝突する場合，「市民的及び政治的権利に関する国際規約」27条の保障する少数者の文化享有権を侵害する可能性がある，と一般的意見28で強調している[80]。人権理事会決議12/21により開かれた「人類の伝統的価値観に関するワークショップ」(2010年)では，伝統を文化遺産・文化的権利の対象とみなす必要性を主張する見解も見られた[81]。

この文化的権利は，女性の人権や両性平等よりも優越して援用され得るとの批判もあるが，ユネスコの発表した国際的な行動指針「人権としての文化的権利の保護」によれば，文化的権利の尊重は女性の権利の尊重（男女平等，リプロダクティブ・ライツ，暴力を受けない権利等）を含むと解されている[82]。

## おわりに

文化多様性条約によって「文化」は国際法上，保護される価値のあるものとみなされているにもかかわらず，女性の権利に関する議論になると一転し，人権と対立するものとして位置づけられることが多くなるのはなぜだろうか。恐らく，「文化」はどのように定義してみてもその意味が広範にわたっており，人権に反する内容のものもあれば，保護に値するものもある，ということなのだろう。

---

80) Human Rights Committee, General Comment No. 28, Article 3 (The Equality of Rights between Men and Women), U.N. Doc., CCPR/C/21/Rev.1/Add. 10 (2000), para. 13.

81) General Assembly, Human Rights Council, Workshop on Traditional Values of Humankind, U.N. Doc. A/HRC/16/37 (2010), paras. 30, 32, 34.

82) Human Rights Council, Intersections between Culture and Violence against Women, U.N. Doc. A/HRC/4/34 (2007), para. 36. UNESCO, *Our Creative Diversity: Report of the World Commission on Culture and Development,* 2$^{nd}$ ed. rev., (Oxford &IBH., 1996), Action 7. 4-5.

しかし，ここで留意しなければならないのは，その区分の目安である。明らかに人権を害する「文化」と，一般に保護する価値の認められた「文化」との間に，その文化に属する者だけが真の価値の理解できる「文化」が存在すると思われる。この中間領域にある「文化」を人権保障の名の下に規制することは，文化多様性の尊重の見地からも避けなければならない[83]。

なお，対立関係として捉えられることの多い「女性の権利と文化」の関係において，文化的権利が肯定的な役割を演じる可能性を期待させるのが，「文化的権利の分野における特別報告者の報告」である。報告者ファリダ・シャヒード（Farida Shaheed）は，男性と同等の文化的権利を女性にも実現させることは，女性の劣等性・従属性概念を超えて，ジェンダーを再構築にするのに有益であるという。さらに，このことは，文化を女性の権利に対する障害とみなす観点から，女性の文化的権利の保障を追求する観点へと総体的な見方を変えるであろう，と述べている[84]。

以上に鑑みると，文化多様性は人権を掘り崩す手段としてではなく，人権を促進する可能性として理解されるべきである[85]。国際的な文書は，文化多様性を尊重することによって人権の普遍性を傷つけてはならないと繰り返し強調するが，文化多様性と文化的権利の尊重は，世界中で普遍的に受容された人権の適用・享有を増進させるはずである[86]。

本来，人権の普遍性と文化多様性は必ずしも対立関係にあるわけではない。

---

83) ハイナー・ビールフェルト（Heiner Bielefeldt）は，「多くのムスリムが，いまだに伝統的宗教的規範と現代的法的標準との関係について不安を感じていることを考慮すべきである」と述べている。Heiner Bielefeldt, "Muslim Voices in the Human Rights Debate," *Human Rights Quarterly,* Vol. 17 (1995), p. 615, para. 3.
84) General Assembly , Cultural rights, U.N. Doc. A/67/287 (2012), para. 78.
85) General Assembly, Resolution Adopted by the General Assembly on 16 December 2005, Human Rights and Cultural Diversity, U.N. Doc. A/REW/60/167 (2006), paras. 6, 8.
86) General Assembly, Cultural rights Note by the Secretary-General, A/67/287 (2012), para. 57.

文化多様性の尊重と女性の権利保護とは常に対立する概念ではなく，両立し，相互に補完し合う関係にもなり得ると考える。

# 第IV部

# 司法と文化多様性

# 第1章

# 「普遍的正義」か「地域的秩序」か？
―― 「国際刑事裁判所（ICC）」とアフリカ連合（AU）の対立 ――

妻 木 伸 之

## はじめに

　集団殺害犯罪・人道に対する犯罪などコア・クライムの処罰・抑圧を目的とする初の常設かつ一般的な国際的な刑事裁判所として，2003年に始動した「国際刑事裁判所[1]（以下，ICC）」の活動は，10年余りにおよび，現在も，非締約国に関するものも含め活発な捜査・訴追が進められている。なかには，コンゴ民主共和国事態のルバンガ事件のように，有罪が確定し，刑の執行が既に開始されているものもある。このように，ICCは，コア・クライムの訴追・処罰において，一定の成果をあげているといえる。

　しかしながら，ICCの活動がすべて順調というわけではなく，いくつかの深刻な問題を抱えていることも，また事実である。その1つが，ICCとアフリカ諸国との対立の問題である。アフリカ諸国は，ICCの活動開始当初は，自発的な事態付託を行うなどICCとの協力を進めてきたようにみえる。しかしながら，近年，ICCの捜査や訴追方針に対し「アフリカを狙い撃ちしている」として[2]，

---

[1]　本稿では，個人の刑事責任を追及する国際的な裁判所一般を，"国際的な刑事裁判所" と呼ぶ。また，「国際刑事裁判所規程（以下，ICC規程）」に基づき設立された常設の国際的な刑事裁判所については，その他の国際的な刑事裁判所と区別するために "「国際刑事裁判所」" とする。

[2]　2016年9月の時点でICCが捜査・訴追の対象としている事態は，ウガンダ，コンゴ民主共和国，中央アフリカ共和国（第1期・第2期），スーダン・ダルフール，リビア，ケニア，マリ，コートジボワールおよびジョージア（グルジア）の10の

アフリカ連合[3]（以下，AU）を中心に激しい反発を示している。なお，このような反発は，スーダンのバシール（Bashir）大統領，ケニアのケニヤッタ（Kenyatta）大統領およびルト（Ruto）副大統領といった，現職の政府高官の責任追及のケースに関して顕著にみられ，ICCへの活動の大きな障害となっている。

本稿では，まず，このようICCとアフリカ諸国の対立について，ICCへの司法援助における免除をめぐるものとして，スーダン事態のバシール事件を，また，捜査・訴追の延期などをめぐるものとして，ケニア事態のケニヤッタ事件およびルト事件をとりあげる。これらの事件の検討あたっては，関連するAU総会決議[4]でのICCへの要望・要求をみることを通じ，アフリカ諸国がどのような不満をICCに覚えていたのかを探るとともに，そのような反発に対して，ICCがどのように対応してきたのかをみる。これを通じて，両者の間の対立およびICCへの捜査・訴追への影響の実情を把握する。そのうえで，このような対立について，グローバルな国際社会全体における「多様性」とローカルな社会における「多様性」という，2つの「多様性」の観点から，どのようなことがいえるかを検討することにより，今後の状況を好転させるための示唆を得ることを目指すものとする。

---

　事態であるが，南オセチア紛争に関するジョージア事態についての捜査が，2016年1月に開始されるまで，その捜査・訴追対象がアフリカ諸国のみであったことはたしかである。
3）　AUは，アフリカ統一機構（OAU）を改組・発展する形で，2002年に発足したアフリカにおける地域的国際機構である。なお，2016年9月現在の加盟国は54か国で，アフリカ諸国のうちで未加盟なのはモロッコ1か国のみである。その意味で，AUの主張は，アフリカ諸国の考えを把握するための手段の1つとしてみることができる。
4）　AU総会は，加盟国の国家元首またはその代理を構成員とするAUの最高機関であり，毎年1回以上開催されるものとされている（The Constitutive Act of the African Union, 11 Jul. 2000, Art. 7）―なお，2005年以降は毎年2回開催。また，その決議の採択はコンセンサスを基本とするが，コンセンサスが成立しない場合，3分の2の多数で決定を行うことができる（*Ibid.*, Art. 8）。

## I アフリカに関する事態・事件をめぐる「国際刑事裁判所」とアフリカ連合の対立

### 1 司法援助における免除 (immunity) の問題をめぐる対立
　　——スーダン事態・バシール事件

　スーダンの現大統領であるバシールに対しては，ダルフール紛争における政府軍および政府側民兵ジャンジャウィードによる住民の殺害・追放などに関して，2009 年 3 月に戦争犯罪および人道に対する犯罪の容疑で，2010 年 7 月に集団殺害犯罪の容疑で，ICC から逮捕状が発行され，その逮捕・引渡しが各国に要請されている[5]。バシールが権力を握るスーダンからの協力が期待できないなかで，その逮捕・引渡しについて，それ以外の国々，特に ICC 規程締約国からの協力が，その訴追の成否にとって大きな意味を持っている。

　しかしながら，現在，アフリカ諸国のなかには，ICC 規程締約国であるにもかかわらず，バシール大統領の逮捕を行わない，または拒否するという実行が散見される。バシールの逮捕状の発行後すぐに，ICC は，すべての締約国に対し，その逮捕・引渡しに関して協力するよう要請している[6]。また，バシールの訪問が予想される国々に対しては，その訪問の際に，バシールを逮捕し，その身柄を ICC へ引き渡すことを，個別に求めることも行ってきた[7]。このよう

---

[5] *See.* ICC-02/05-01/09-1, 4 Mar. 2009; *See also.* ICC-02/05-01/09-95, 12 Jul. 2010.

[6] *See.* ICC-02/05-01/09-7, 6 Mar. 2009; ICC-02/05-01/09-96, 21 Jul. 2010.

[7] たとえば，2009 年 10 月 14 日のマラウイ訪問については，前日の 13 日，ICC 書記局は，バシールの訪問の可能性を知らせるとともに，その逮捕・引渡しについての ICC に対する協力義務などについて想起するために，ブリュッセルのマラウイ共和国大使館に口上書を送付している (*See.* ICC-02/05-01/09-139, 12 Dec. 2011, paras. 5-6)。また，2014 年 2 月 26 日からのコンゴ民主共和国訪問の際も，予審第 2 裁判部は，コンゴ民主共和国に対してバシールの逮捕・引渡しを要請することを決定し，この決定をコンゴ民主共和国に送付することを ICC 書記局に命じている (ICC-02/05-01/09-186, 26 Feb. 2014)。

なICCからの要請にもかかわらず，バシールの逮捕・引渡しは，現在においても実現していない[8]。では，このアフリカ諸国の「非協力」の状況はなぜ生じたのであろうか。その背景には，一連のAU総会決議に示されてきたICCへの「非協力」の呼びかけの存在がある。

(1) アフリカ連合による「非協力」の呼びかけ

ICCによるバシールの訴追の可能性がとりざたされていた2009年2月，AUは，その総会決議221において，バシールについてICCが立件することに対して，懸念を表明した[9]。このような懸念の表明にもかかわらず，ICCは，上でみたように，バシールに対する逮捕状を発行したわけであるが，このICCによる逮捕状発行に対する反発もあり[10]，2009年7月，AUは，その総会決議245において，バシールの逮捕・引渡しについて，AU加盟国は，ICCへ協力してはならないことを決定したのである[11]。さらに，これ一度に限らず，その後も，AU総会決議を通じた，バシールの逮捕・引渡しについての「非協力」の呼びかけは続く。たとえば，翌2010年7月にも，バシールの逮捕・引渡しについては協力しないとの決定を再確認する総会決議が採択されている[12]。また，この「非協力」の方針に同調する加盟国について，バシールを自国に受け入れることはAUのこれまでの決定を実施するものであり，そのことは地域の平和と安定に資するものであるとか，AU憲章やICC規程にも沿うものである

---

8) 近年の事例では，2015年6月南アフリカ共和国で開催された「AUサミット」にバシールが出席した際も，南アフリカは，その出国を阻止できず，その身柄拘束には至らなかった（朝日新聞，2015年6月16日朝刊，11面）。
9) Assembly/AU/Dec. 221(XII), 3 Feb. 2009, para. 1.
10) 稲角光恵「国際刑事裁判所（ICC）とアフリカ諸国との確執」『金沢法学』第56巻2号（2014年）74頁。
11) Assembly/AU/Dec. 245 (XIII) Rev. 1, 3 Jul. 2009, para. 10.
12) Assembly/AU/Dec. 296 (XV), 27 Jul. 2010, para. 5; なお，この決議は，集団殺害犯罪の容疑を追加した第2逮捕状の発行を受けてのもので，この点への不満の反映とみることができるかもしれない（稲角，前掲論文注10），76頁参照）。

との決定を行い[13]、加盟国による「非協力」の実行を肯定する意向が複数の決議において示されている。

　なお、このような「非協力」の主たる根拠とされたのがICC規程98条1である。これによると、ICCへの協力の実施が第三国との関係で免除に関する国際法上の義務の違反にあたる場合、当該第三国によって免除の放棄がなされない限り、ICCは当該の協力を要請する手続を進めることができないとされている。つまり、被疑者が国家元首・政府の長など免除を享受できる者である場合――バシールは現職のスーダン大統領、つまり、国家元首であり、このような免除を享受できる者に該当する――、ICCは当該被疑者の逮捕・引渡しの要請を行うことができない、また、そのような要請は被要請国により拒否されるおそれがあることになる[14]。この規程98条1によりICCの訴追活動に支障が出る可能性に対する危惧は、ICC規程の採択直後より示されていたが[15]、現在、それは理論上の可能性にとどまらず、バシールの逮捕・引渡しの拒否という形で現実のものとなったわけである。

---

13) Assembly/AU/Dec. 334 (XVI), 31 Jan. 2011, para. 5; Assembly/AU/Dec. 366 (XVII), 1 Jul. 2011, para. 5.

14) ICCが独自の警察力を有せず、被疑者の身柄確保などに諸国の協力を必要としていること、また、原則として欠席裁判が許されていないことを考えると、このことは、その訴追・処罰を、事実上、不可能にすることを意味する。
　なお、この規程98条1だけではなく、ICCへの引渡しの実施が、その対象者の派遣国の同意を要するとする国際約束（駐留軍の地位協定などが想定されている）と抵触する場合を扱うICC規程98条2も、まったく同じ効果を持ちうる。ただし、本稿では、紙数の関係上、この規程98条2についての詳細は検討しえない。なお、これについては、村井伸行「ICCに対する国家の協力」村瀬信也・洪恵子編『国際刑事裁判所 最も重大な国際犯罪を裁く（第2版）』（東信堂、2014年）266-270頁などを参照。

15) 薬師寺公夫「国家元首の国際犯罪と外国裁判所の刑事管轄権からの免除の否定――ピノチェト事件を手がかりに」『国際人権』第12号（2001年）、2-11頁；拙稿「『国際刑事裁判所（ICC）』の非当事国国民に対する管轄権――その行使の実効性・『国際刑事裁判所規程』第98条からの検討」『国連研究』第5号（2004年）、243-263頁など。

(2) 「国際刑事裁判所」による一連の非協力決定

　もちろん，このような「非協力」に対して，ICC も手をこまねいていたわけではない。これまで，マラウイ，チャド，コンゴ民主共和国（以下，"DRC"），ジブチおよびウガンダによるバシールの逮捕・引渡しに関する「非協力」に対して，AU の総会決議および規程 98 条 1 は「非協力」を正当化するものではなく，これらの国々が ICC 規程締約国としての協力義務に反していることを認定する決定を行っている。以下では，これらの決定のうち，代表的なものとして，2011 年 12 月のマラウイの非協力に関する予審第 1 裁判部決定（以下，"マラウイ非協力決定"）と 2014 年 4 月の DRC の非協力に関する予審第 2 裁判部決定（以下，"DRC 非協力決定"）をとりあげ[16]，それぞれの決定において，AU やその方針に従うアフリカ諸国の主張に対し，ICC がどのように反駁しているかをみる。

① マラウイ非協力決定（予審第 1 裁判部・2011 年 12 月 12 日）

　マラウイは，バシールが現職の元首として，国際法上，外国当局による逮捕等からの免除を有していること，および，AU 加盟国として，マラウイは AU の方針に従わなければならないことの 2 つを，ICC に協力しないことの正当化事由としてあげていた[17]。

　これに対して，予審第 1 裁判部は，まず，マラウイの AU 加盟国としての義

---

[16] このほか，2011 年 12 月のチャドの非協力に関する予審第 1 裁判部決定は，マラウイ非協力決定をそのまま引用・踏襲し，チャドの義務違反を認定している（ICC-02/05-01/09-140, 13 Déc. 2011, para. 13）。また，2013 年 3 月のチャドの非協力に関する予審第 2 裁判部決定では，チャドの抗弁の遅延のため，免除や AU 総会決議の扱いについては検討されなかった（ICC-02/05-01/09-151, 26 Mar. 2013, paras. 17-19）。なお，残りの 2 つ，2016 年 7 月のジブチおよびウガンダの非協力に関する予審第 2 裁判部決定は，DRC 非協力決定をそのまま踏襲するものである（ICC-02/05-01/09-266, 11 Jul. 2016, paras. 11-13; ICC-02/05-01/09-267, 11 Jul. 2016, paras. 11-13）。したがって，マラウイ非協力決定および DRC 非協力決定をみることのみで，ICC が，公的地位に関する免除の問題や AU 総会決議の影響などについて，どのように考えてきたかを把握することができる。

[17] ICC-02/05-01/09-139, 12 Dec. 2011, paras. 8 and 13.

務については，AU総会決議が「非協力」の根拠とするのはICC規程98条1であり，この規定が本件にどのように関連するかを検討することによって，AUの方針が法的に正当か否かに答えるとした[18]。つまり，AU総会決議の問題も免除の問題いかんに還元されると考えられたわけである。そのうえで，コア・クライムの責任追及のために国際的な刑事裁判所が逮捕を求めている場合，その対象者に免除を与えるべきではないという規範意識が，国際共同体において，相当に醸成されているとした[19]。なお，その理由として，次のようなものがあげられている。第1に，第一次世界大戦以来，国際的な刑事裁判所において国家元首の免除は一貫して否定されてきたこと[20]。第2に，近年，国際的な刑事裁判所による国家元首の訴追の事例が増加しており（ミロシェビッチ，カダフィ，テイラーなど），国家元首の訴追・処罰が慣行として受容されていること[21]。第3に，多くの国々がICC規程の締約国となり，かつて認められていた免除の放棄に同意していること（27条2）および国連安保理もICCに事態付託をしているが，非締約国を含む安保理構成国もその付託により国家元首が訴追される可能性を認識していたはずであること[22]。第4に，協力拒否を正当化するような規程98条1の解釈はICCの司法活動を不可能としてしまい，そのことは規程の批准やICCへの付託を行う目的と矛盾することである[23]。そして，本件は，慣習国際法上，このような免除を付与すべきでない例外に該当するので，マラウイがバシールの免除を尊重する義務とICCへの協力義務の抵触は存在せず，その逮捕・引渡しを妨げるものはなにもないとした[24]。このように，マラウイ非協力決定では，コア・クライムの訴追に関して

---

18) *Ibid.*, para. 15.
19) *Ibid.*, para. 42.
20) *Ibid.*, para. 38.
21) *Ibid.*, para. 39.
22) *Ibid.*, para. 40.
23) *Ibid.*, para. 41.
24) *Ibid.*, para. 43; さらに，協力の実施もICCの訴追の不可分の一部であり，締約国は国際共同体の処罰権限（*jus puniendi*）を執行するための道具であるとして，ICC

国際的な刑事裁判所からの逮捕・引渡しが要請されているような場合は，現職の国家元首といえども免除を主張できないとする，新たな慣習国際法が確立しているとの踏み込んだ見解が示され，AU の主張する国家元首の公的免除に基づく「非協力」の根拠は完全に否定されたといえる。

② コンゴ民主共和国非協力決定（予審第 2 裁判部・2014 年 4 月 9 日）

2014 年の DRC 非協力決定も，①でみたマラウイ決定と同じく，結論においては，スーダンとの関係において，DRC がバシールに対する逮捕状を執行することに法的な障害はないとしたが，その立論は大きく異なるものになっている。

この DRC 決定において，予審第 2 裁判部は，まず，コア・クライムがかかわる場合についても，現職の国家元首が刑事司法に関する免除・外国国内裁判所からの不可侵の権利を有することに争いはないとする[25]。さらに，免除の例外を定める ICC 規程 27 条も，条約法上の大原則により，非締約国に対して，いかなる義務も課すことはできないとした[26]。つまり，非締約国の元首の逮捕・引渡しに関しては免除の問題が生じうる。また，そのような場合，ICC への協力の実施によって被要請国が免除の尊重義務に違反することを防ぐために，規程 98 条 1 による解決が図られることになるとする[27]。つまり，免除の存在により，ICC が逮捕・引渡しを要請できないおそれがありうることを認めている。

にもかかわらず，上でみたような結論に至ったわけであるが，その根拠はいかなるものであろうか。依拠されているのは，安保理決議 1593 である。この

への協力においては，国家間関係で適用される免除を問う必要がないとする（*Ibid.*, paras. 44-46）。

25) ICC-02/05-01/09-195, 9 Apr. 2014, para. 25; さらに，国際司法裁判所（ICJ）もこれを肯定するとしている（*Ibid.*; *See.* Arrest Warrant of 11 April 2000 (Democratic Republic of the Congo v. Belgium), Judgement, 14 Feb. 2002, ICJ Reports 2002, paras. 51-59)。

26) ICC-02/05-01/09-195, 9 Apr. 2014, para. 26.

27) *Ibid.*, para. 27.

決議は，スーダンに，ICC に対する完全な協力および必要な援助を義務付けているが[28]，ここでいう協力の義務は，元首の免除の剥奪を含め ICC の訴追の障害になりうるものをすべて排除しなければならないことを意味する，したがって，安保理決議によるこのような義務の賦課によってスーダンやバシールが主張できる免除は既に放棄されているとみなしたのである[29]。

また，AU 総会決議についても，国連憲章 25 条に従い，国連加盟国は安保理決議に従う法的義務を負うこと，また，憲章 103 条により，安保理決議に従う義務は，それに抵触する他の国際法上の義務に優越し，DRC は，AU 総会決議によるものを含め安保理決議に反するいかなる義務も主張できないことから[30]，逮捕・引渡しの妨げにはならないとした。

このように DRC 非協力決定は，マラウイ非協力決定とは違い，安保理決議に大きく依拠する形に，その立論を変更したとはいえる。しかしながら，その理由の違いはともかく，法的な観点からはアフリカ諸国の主張が受け入れられないという立場を，ICC が一貫して採ってきたことはたしかである。

### (3) 一連の非協力決定後のアフリカ連合の動き

ICC は，(2)でみたような一連の非協力決定を通じて，アフリカ諸国によるいわゆる「非協力」の実行が ICC 規程上の義務に反するものであることを，継続的に認定してきた。しかしながら，AU がその加盟国に対して ICC への「非協力」を求める傾向は，依然として変わっていない。たとえば，マラウイ非協力決定直後の 2012 年 1 月の AU 総会決議 397 でも，バシールの逮捕状について ICC へ協力しないようにとするこれまでの決定の遵守を加盟国に呼びかけているし[31]，また，2013 年 5 月の総会決議 482 でも，バシールを自国に受

---

28) UN Doc. S/RES/1593, 31 Mar. 2005, para. 2.
29) ICC-02/05-01/09-195, 9 Apr. 2014, para. 29.
30) *Ibid.*, paras. 30-31.
31) Assembly/AU/Dec. 397 (XVIII), 30 Jan. 2012, paras. 6-8; なお，このような「非協力」を呼びかける，これまでの決定の遵守の必要性を再確認するものは，最近の

け入れることは AU の決定を遵守するものであり，そのような国が処罰されるべきでないことが再確認されている[32]。また，バシール事件に特定する形での言及ではないが，慣習国際法上，国家元首および政府高官に与えられる免除が存在することに，一般的な形で言及する決議も，複数確認することができる[33]。このようなことからすると，ICC は，一連の非協力決定によっても，AU およびアフリカ諸国の態度を変えさせるには至っていないといえるだろう。

### 2　訴追延期などをめぐる対立——ケニア事態・ケニヤッタ事件およびルト事件

ケニヤッタおよびルトについては，ケニアにおける総選挙をめぐって発生した 2007 年から 2008 年にかけての暴力事件における殺人などに関して，2011 年 3 月に，ともに人道に対する犯罪の容疑で ICC に召喚され[34]，その後，この召喚に自発的に応じる形で訴訟手続が進められていた。訴追手続が進むなか，2013 年 3 月の選挙により，ケニヤッタおよびルトは，それぞれケニア大統領および同副大統領に就任して，現在に至っている。

---

　　AU 総会決議においても，ふたたびよくみられるようになっている（Assembly/AU/Dec. 590 (XXVI), 31 Jan. 2016, para 4; Assembly/AU/Dec. 616 (XXVII), 18 Jul. 2016, para 2(iii)）。

32)　Assembly/AU/Dec. 482 (XXI), 27 May 2013, para. 3; なお，ごく最近の決議においても，このような形で，バシールの逮捕・引渡しに協力しない特定の国を賞賛した上で，これまでの AU 総会決議に従う必要性を強調するもの（Assembly/AU/Dec. 547 (XXIV), 30 Jan. 2015, paras. 17-18），また，それは国際法上の義務に従った行動であると認定するもの（Assembly/AU/Dec. 590 (XXVI), 31 Jan. 2016, para 3）が散見される。

33)　たとえば，2013 年 10 月の AU 総会臨時会合決議 1 は，国内慣習法および慣習国際法によれば，現職の国家元首および政府高官は，その職にある間，免除を享有することを再確認している（Ext/Assembly/AU/Dec. 1 (Oct. 2013), 12 Oct. 2013, para. 9）。なお，このような一般的な形での国家元首等が享受する免除への言及は，最近の決議でもみられる（Assembly/AU/Dec. 547 (XXIV), 30 Jan. 2015, para. 7）。

34)　ICC-01/09-02/11-1, 8 Mar. 2011; ICC-01/09-01/11-1, 8 Mar. 2011.

(1) ケニヤッタおよびルト事件に対するアフリカ連合の懸念・反発

AUは、それまでも、ケニア事態全体について、ICC規程16条に従い、捜査を延期することを安保理などに求めていたが[35]、ケニヤッタの大統領への就任およびルトの副大統領への就任の直後の2013年5月のAU総会第21会期で、AUの反発の矛先は、ケニア事態だけではなく、ケニヤッタおよびルトの訴追そのものへも向けられる。そこでは、ケニヤッタおよびルトの訴追により、ケニアやその周辺地域における平和および国内和解の促進、法の支配および安定のための現状の努力に対する脅威が発生しかねないことに深い懸念が示されたのである[36]。

さらに、2013年10月開催されたAU総会の緊急会合で採択された緊急総会決議1では、ケニヤッタおよびルト事件を特にとりあげ、より深い懸念を示し、これらの事件に関して、ICCや関係国などに対して、様々な要求を行っている。まず、ケニヤッタおよびルトに対する訴追は、国際的な刑事裁判所における現職の正副大統領の訴追の初めてのケースであり、また、これを含めアフリカの指導者に対するICCによる訴追の濫用および政治化に対する懸念を示すとともに、また、ケニヤッタおよびルトの訴追は、ケニアおよびAU構成国の主権、安定および平和を脅かしかねない重大な状況であることが強調された[37]。さらに、このような状況にもかかわらず、ICCの訴追に協力するケニヤッタおよびルトを称賛するとともに、ICC側も同程度の協力をすべきことが要求された[38]。そのうえで、ケニア事態ならびにケニヤッタおよびルト事件に関し、ケニアが、ICC規程16条[39]に従った訴追の延期を求めるように安保理に

---

35) *e.g.* Assembly/AU/Dec. 366 (XVII), 1 Jul. 2011, para. 4; Assembly/AU/Dec. 397 (XVIII), 30 Jan. 2011, para. 4.
36) Assembly/AU/Dec. 482 (XXI), 27 May 2013, para. 5: またケニヤッタ事件など特定の事件だけでなく、ケニア事態そのものについても、ICCの基本原理である、補完性原則に従い、ケニアによる捜査・訴追にゆだねるべきとされている (*Ibid.*, paras. 6-7)。
37) Ext/Assembly/AU/Dec. 1 (Oct. 2013), 12 Oct. 2013, paras. 4-5.
38) *Ibid.*, para. 8.
39) この規定は、ICCの捜査・訴追が安保理の任務遂行を阻害するおそれがある場合

対して要請すべきこと[40]，また，その要請の問題が処理されるのを待つため，直近に予定されている 2013 年 11 月 12 日のケニヤッタおよびルトの公判を延期すること[41]，および，その大統領および副大統領としての任期が終了するまで，ケニヤッタおよびルトの訴追そのものを中断・延期をすることを，ICC に対して要請すべきことなどが[42]，決定された．

(2) ケニヤッタ事件の起訴取下げおよびルト事件の訴訟手続終了の決定

上記(1)でみたような AU による何度かの要請にもかかわらず，国連安保理は，ケニア事態ならびにケニヤッタ事件およびルト事件のいずれについても，これまで ICC の捜査や訴追を延期するための決議の採択に向けた具体的な行動には至っていない[43]．このため，AU は，(1)でみた決議以降も毎年のように，安保理が AU の要請を容れないことへの懸念および安保理の態度変更の必要性を訴え続けている[44]．このように，規程 16 条に基づく捜査・訴追の延期の発

---

などに対応できるようにするものである．これによれば，安保理が憲章 7 章に基づく決議で捜査・訴追の猶予および延期を求めた場合，その対象になっている事態・事件について，ICC は，決議の採択後 12 か月の間，いかなる捜査・訴追も開始または実施してはならないとされている．

40) Ext/Assembly/AU/Dec. 1 (Oct. 2013), 12 Oct. 2013, para. 10 (ix).
41) *Ibid.*, para.10 (x).
42) *Ibid.*, para.10 (ii); このほか，ケニヤッタおよびルトは ICC への出廷を差控えるべきことも決定された（*Ibid.*, para. 10 (xi))．
43) 規程 16 条に関する安保理決議の採択は，特定の事態・事件についてのものはこれまでなく，国連 PKO や多国籍軍のために ICC 規程非締約国から提供された要員についての決議 1422 およびその期間を更新した決議 1487 のみである（UN Doc. S/RES/1422, 12 Jul. 2002, para. 1; UN Doc. S/RES/1487, 12 Jun. 2003, para. 1)．なお，これらも，グアンタナモやアブグレイブなどにおける虐待事件の影響から，2004 年 7 月の更新はなされなかった．
44) たとえば，ケニア事態などに関して，規程 16 条に関する安保理への要請がよい結果に至っていないことに深い失望を示すとともに，AU の要請に従い，安保理が態度を変える必要性について強調するもの（Assembly/AU/Dec. 493 (XXII), 31 Jan. 2014, paras. 6-8)．ケニア副大統領などに対する手続の延期に関するこれまでの AU

動させようとする AU の安保理への働きかけは功を奏していないといえる。また，ICC についても，AU からの公判の延期の要請を受け入れる様子は特にみられなかったといえる。

　しかしながら，このような要求を認めたわけではもちろんないだろうが[45]，証人をめぐる問題などから，ケニヤッタ事件は，2014 年末の検察官による起訴取下げをうけた 2015 年 3 月の第一審裁判部決定によって，また，ルト事件は，2016 年 4 月の第一審第 5（A）裁判部による起訴無効の決定によって，その訴追手続は終了することになる。

　まず，ケニヤッタ事件については，2013 年末，ある検察側証人がその証言内容を翻したことおよび他の検察側証人が証言できなくなったことなどを受けて[46]，ベンソーダ（Bensouda）検察官は，追加的な捜査のために，予定されていた公判期日を 3 か月間延期することを要請した[47]。これに対し，弁護側は，容疑確定後の追加捜査は許されず，ケニヤッタに対する手続をこのまま終了することを求めた[48]。検察官は，これに反論するとともに，ケニア政府が ICC に協力していないことの認定，および，その非協力が解消されるまで訴追手続の期日を延期することを求めた[49]。これらをうけて，2014 年 3 月，第一審第 5

---

　　の決定を再確認するもの（Assembly/AU/Dec. 547 (XXIV), 30 Jan. 2015, para. 3），国連安保理が過去 5 年間 AU の要請に応えてこなかったことに深い悲嘆を表明するもの（Assembly/AU/Dec. 590 (XXVI), 31 Jan. 2016, para. 8）などが，これに当たるだろう。

45）　たとえば，ルト事件を終了させた決定において，エボ・オスジ（Ebo-Osuji）裁判官は，ICC 外部の政治的キャンペーンによっては，その裁判官の判断は左右されない旨，強調している（See. ICC-01/09-01/11-2027-Red-Corr, 16 Jun. 2016 (Reasons of Judge Ebo-Osuji), paras. 146-149）。

46）　ICC-01/09-02/11-875, 19 Dec. 2013, paras. 1-2 and paras. 6-13; See also. Statement of the Prosecutor of the International Criminal Court, Fatou Bensouda, following an application seeking an adjournment of the provisional trial date, 19 Dec. 2013.

47）　ICC-01/09-02/11-875, 19 Dec. 2013.

48）　ICC-01/09-02/11-878-Red, 23 Jan. 2014 (13 Jan. 2014).

49）　ICC-01/09-02/11-892, 31 Jan. 2014.

(B) 裁判部は，ケニア政府および検察官に ICC からの協力要請の実施に協力することなどを命じるとともに，ケニヤッタ事件の公判期日を 2014 年 10 月 7 日まで延期することを決定した[50]。このような第一審裁判部の決定にもかかわらず，状況の好転がみられないなか，検察官は更なる公判期日の延期を求めたが[51]，2014 年 12 月 3 日，第一審第 5 (B) 裁判部は，これを認めないことを決定した[52]。この決定をうけて，当該決定から 2 日後の 12 月 5 日，ICC 検察官は，合理的な疑いをこえてケニヤッタの刑事責任の存在を立証するに足る証拠を得ることができなかったとして，将来，追加の証拠に基づき再び起訴する可能性を保留した上で[53]，ケニヤッタに対する起訴を取下げた[54]。

直後の 2015 年 1 月の AU 総会決議 547 において，AU は，いまだケニヤッタの召喚が継続されていることに深い懸念を示したうえで[55]，このような検察官による起訴取下げを歓迎した[56]。なお，この後，2015 年 3 月の第一審第 5 (B) 裁判部決定によって，ケニヤッタに対する訴追手続は終了することになり，また，その必要のなくなったケニヤッタに対する召喚も取り消された[57]。

---

50) ICC-01/09-02/11-908, 31 Mar. 2014.
51) ICC-01/09-02/11-944, 5 Sep. 2014；ケニア政府の十分な協力が得られず，必要な証拠が収集できていないため，予定された 10 月 7 日には公判開始はできないとの検察官の立場が示され，ケニア政府の十分な協力が得られるまでの再延期が求められた。
52) ICC-01/09-02/11-981, 3 Dec. 2014.
53) ICC-01/09-02/11-983, 5 Dec. 2014, para. 3.
54) ICC-01/09-02/11-983, 5 Dec. 2014；なお，起訴取下げの際の声明において，ベンソーダ検察官は，重要証人が死亡したこと，また証人の中には恐怖から証言を拒む者や証言内容を後に変える者が現れたこと，また，ケニア政府の非協力といった困難に直面したため，この時点で，ケニヤッタを有罪とできるだけの証拠を用意できなかったと述べている（Statement of the Prosecutor of the International Criminal Court, Fatou Bensouda, on the withdrawal of charges against Mr. Uhuru Muigai Kenyatta, 5 Dec. 2014）。
55) Assembly/AU/Dec. 547 (XXIV), 30 Jan. 2015, para. 4.
56) *Ibid.*, para. 8.
57) ICC-01/09-02/11-1005, 15 Mar. 2015.

ただし，これによる手続の終了については，一事不再理（*ne bis in idem*）の適用の対象ではなく，十分な証拠が得られるならば，同一または類似の事実状況について，新たに起訴することを妨げるものではないとし[58]，先にみた将来の再起訴の可能性に関する検察官の主張はふたたび認められることになった[59]。

こうしてケニヤッタ大統領に対するICCの訴追手続が終了したことで，AUの非難・反発の矛先は，ケニア副大統領であるルトの事件へと向けられることになる。先ほどの決議547は，アフリカの指導者の訴追が継続していることについて，深い懸念を示すとともに[60]，特にルト事件に明示的に言及し，その継続に懸念を表明し，その訴訟手続を終了させることの必要性を再確認している[61]。そして，バシール事件とともに[62]，その訴訟手続を終了または延期などをICCや安保理に要請することを決定した[63]。さらに，2016年初めには，ルト事件に関する手続がいまだ継続していることを深く懸念し，ルトを有罪とする証拠が存在しないことに疑いはなく，訴追の根拠がない以上，遅滞なく手続を終了させるべきであることが，ICCに要求された[64]。

このようななか，ケニヤッタ事件と同様に，証人の問題などをかかえていたルト事件についても[65]，2016年4月5日，第一審第5（A）裁判部は，将来再

---

58) *Ibid.*, para. 9.
59) なお，このような将来の再起訴の可能性は，以前の第一審裁判部の決定でも，認められていた（ICC-01/09-02/11-981, 3 Dec. 2014, para. 56）。
60) Assembly/AU/Dec. 547 (XXIV), 30 Jan. 2015, para. 4.
61) *Ibid.*, para. 9.
62) *Ibid.*, para. 17 (e).
63) *Ibid.*, para. 17 (d)；なお，このルトに対する手続きの延期の要求の決定については，後の決議においても，何度か再確認されている（Assembly/AU/Dec. 586 (XXV), 14 Jun. 2015, para. 2; Assembly/AU/Dec. 590 (XXVI), 31 Jan. 2016, para. 2 (ii)）。このほか，ルト事件については，AU委員会が，ICCの手続証拠規則に基づき，利害関係者として，訴訟手続に参加できるよう要請すべきことも言及されている（Assembly/AU/Dec. 586 (XXV), 14 Jun. 2015, paras. 2 and 6）。
64) Assembly/AU/Dec. 590 (XXVI), 31 Jan. 2016, para. 5.
65) ルト事件に関するこの決定は，直接的には弁護側の無罪評決による手続終了を求める動議に対するものであったが（*See. e.g.* ICC-01/09-01/11-1990-Corr-Red, 26 Oct.

び起訴できる可能性を保留した上で、現状の起訴を取り消し、その訴追手続の終了が決定された[66]。なお、上訴は行われず、そのまま確定した[67]。

このように、ケニヤッタ事件およびルト事件は、一連のAU総会決議により醸成された反ICCの雰囲気のなかで、将来、ふたたび訴追する可能性は排除されていないものの、その訴追手続を中途で終えることになった。

### (3) ルト事件の訴追手続終了後の動き——バシール事件ふたたび

これまでも、AUでは、ケニヤッタ事件・ルト事件についてだけではなく、

---

2015)、決定翌日のベンソーダ検察官の声明にみられるように、検察側証人やその家族への様々な圧力などによって、検察官の証拠収集が阻害されていたことも、その背景として大きいことを指摘できる (Statement of the Prosecutor of the International Criminal Court, Fatou Bensouda, regarding Trial Chamber's decision to vacate charges against Messrs William Samoei Ruto and Joshua Arap Sang without prejudice to their prosecution in the future, 6 Apr. 2016)。なお、本稿注66)も参照。

[66] ICC-01/09-01/11-2027-Red-Corr, 16 Jun. 2016 (5 Apr. 2016); なお、この決定において、法廷意見に賛成したフレマー (Fremr) 裁判官は、主に組織的政策の存在が十分に立証されていないことなどから、無罪にむけて手続きを進めるべきことが通常のあり方となるが (ICC-01/09-01/11-2027-Red-Corr, 16 Jun. 2016 (Reasons of Judge Fremr), paras. 131 and 147; *See also. Ibid.*, para. 143)、今回の事件については、証言の妨害への被告人の関与の証拠はないが、証人への影響により被告人が結果として利益を得る可能性がある特別の事情からすると、将来の再起訴という選択肢の可能性をふさぐべきではないとしている (*Ibid.*, para. 148)。また、同じく法廷意見に賛成するエボ・オスジ裁判官も、証人に対する直接・間接の様々な干渉や妨害が行われていること認め (ICC-01/09-01/11-2027-Red-Corr, 16 Jun. 2016 (Reasons of Judge Ebo-Osuji), paras. 141-142 and para. 150)、今回の事件における証人への干渉は被告人を無罪とすることは不公正といえるほどであり (*Ibid.*, para. 141)、証拠不十分として無罪評決を下すための前提が欠けているとして、審理無効 (mistrial) を宣言し、将来の適当な時期の新たな起訴にゆだねるべきとした (*Ibid.*, para. 140)。これらからすると、ルト事件が中途で終了することになった実質的原因は、検察側証人の証言を妨げる様々な干渉・妨害であったといえる (本稿注65) も参照)。

[67] なお、このルト事件の手続終了について、AUは、その総会決議590の要求 (*See.* Assembly/AU/Dec. 590 (XXVI), 31 Jan. 2016, para. 5) を信任するものとして、歓迎する意向を示している (Assembly/AU/Dec. 616 (XXVII), 18 Jul. 2016, para. 3)。

ダルフール（スーダン）事態やバシール事件についても，ICCへの捜査などの延期や安保理への事態付託の取下げを求める決議が継続的に採択されてきたが[68]，(2)でみたようにケニヤッタ事件・ルト事件の訴訟手続が終了していくなかで，AUの攻撃は，唯一残った国家元首対象事件であるバシール事件へと集中しはじめている。たとえば，(2)でもみた2015年1月の総会決議547は，ルト事件にならべて，バシール事件の延期をICCに要請することおよび安保理にスーダン事態の取下げを要請することを決定している[69]。なお，この点は，後の決議において，何度も再確認されている[70]。このように，ケニヤッタ事件・ルト事件の手続終了という偶発的な「成功」を得て，勢いづいたAUは，残るバシール事件においても，訴追手続の終了または中断といった成果をあげようとしているように思われる[71]。

## II　検討・考察——2つの「多様性」の観点から

### 1　「不処罰（impunity）」の根絶という普遍的正義対「安定」という地域的利益？

Iにおいてみたように，ICCとAUの対立は相当に根深い[72]。また，AUの

---

68) *e.g.* Assembly/AU/Dec. 221 (XII), 3 Feb. 2009, para. 3; Assembly/AU/Dec. 397 (XVIII), 30 Jan. 2012, paras. 3-4; Assembly/AU/Dec. 493 (XXII), 31 Jan. 2014, paras. 6-8.
69) Assembly/AU/Dec. 547 (XXIV), 30 Jan. 2015, para. 17 (e).
70) Assembly/AU/Dec. 586 (XXV), 14 Jun. 2015, para. 2; Assembly/AU/Dec. 590 (XXVI), 31 Jan. 2016, para. 2; Assembly/AU/Dec. 616 (XXVII), 18 Jul. 2016, para. 2 (ii); さらに，2016年7月の決議616は，安保理に対し，スーダン事態の付託を取り下げることも要求している（*Ibid.*）。
71) AU決議におけるバシールの逮捕・引渡しに関する「非協力」の呼びかけが，近年ふたたび頻繁にみられる傾向にあることも（本章注31・注32参照），これを肯定する。
72) 最近の総会決議をみると，Iでとりあげたもの以外にも，ICC規程からの集団的な脱退の可能性を含む包括的な戦略の準備（Assembly/AU/Dec. 590 (XXVI), 31 Jan.

非協力的な姿勢により ICC の捜査・訴追は滞っており，両者の対立は，ICC の将来に暗い影を投げかけていることは否定できない。たとえば，Ⅰ2(2) でみたように，ケニヤッタ事件・ルト事件は，直接的な原因ではないが AU からの大きな反発のなかで，その訴追手続を中途で終えることになった。また，バシール事件についても，Ⅰ1(3) および 2(3) でみたように，一連の非協力決定という ICC からの反撃によっても，AU およびアフリカ諸国はその態度を変えておらず，近い将来においてバシールの逮捕・引渡しは実現しそうにない——これは，その訴追が事実上不可能となることを意味する[73]。

それでは，このような AU の態度の背景には何があるのだろうか，つまり，AU は，ICC の活動のどのような点に不満を抱いていたのであろうか。これについては，現職の国家元首や政府高官が ICC の捜査・訴追の対象となっていることがその不満の１つであろうことが考えられる。なぜならば，ICC に関する AU の一連の決議において具体的に名をあげて言及されているのは，バシール，ケニヤッタおよびルトといった現職の国家の政治指導者に関するもののみであったからである[74]。また，現在，ICC ではコートジボワールのバグボ (Gbagbo) 前大統領も訴追されているが[75]，バグボについては，他の者とは異

2016, para. 10 (iv); Assembly/AU/Dec. 616 (XXVII), 18 Jul. 2016, para. 5 (iii) (b)）や PKO 部隊へ ICC の逮捕状等を執行する権限を付与させようとする ICC の計画への懸念・反対およびその阻止のための協力（Assembly/AU/Dec. 590 (XXVI), 31 Jan. 2016, para. 2 (iv); Assembly/AU/Dec. 616 (XXVII), 18 Jul. 2016, paras. 5 (ii) and 5 (iii) (d)）への言及など，AU が，新たな主張を始めていることが指摘できる。

73) 唯一考えられる打開策は，ICC の一連の非協力決定においても言及されているように，安保理によって執られる何らかの措置である（*See. e.g.* ICC-02/05-01/09-151, 26 Mar. 2013, para. 22; ICC-02/05-01/09-195, 9 Apr. 2014, para. 33; ICC-02/05-01/09-266, 11 Jul. 2016, para. 17; ICC-02/05-01/09-267, 11 Jul. 2016, para. 16）。しかしながら，この点につき，特筆すべき具体的な安保理の動きは，現状はみられない。

74) これ以外には，AU が具体的な名前を挙げて言及したのは，当時，現職のリビア大統領であったカダフィのみである（Assembly/AU/Dec. 366 (XVII), 1 Jul. 2011, para. 6）。

75) バグボは，2010 年から 2011 年にかけての選挙後の騒乱における，殺人，強姦，迫害およびその他非人道的行為について，人道に反する罪で立件され，2011 年 11

なり，AU 総会決議でも表立った言及はなされてはいないことも指摘できる。

　それでは，このような現職の政治指導者に対する捜査・訴追が特に問題と考えられるのは，なぜだろうか。これについては，現職の政治指導者に対する捜査および訴追により，地域の安定や平和が害されるとアフリカ諸国が考えているからだということが，一連の AU 総会決議からみてとれる。たとえば，これまでの ICC に関する諸決議は，正義の追求は恒久的平和を促進する努力を阻害したり，危険にさらしたりすることなく行われるべきであるとする確信や，アフリカの指導者の誤った立件に対する AU の懸念を繰り返し表明してきたとする決議 482 は[76]，その典型であろう。このほかにも，バシールの立件にむけた動きを懸念し，その延期を安保理に求める理由として，和平にむけて進行中プロセスが繊細なものであることから，その立件がダルフールにおける紛争解決を台無しにしてしまいかねないおそれをあげていることも[77]，そのようなものと捉えることができる。また，ケニヤッタおよびルトの訴追について，ケニアや AU 構成国の主権，安定と平和を脅かしかねない重大な状況であるとの指摘や[78]，加えて，アフリカおよび国際社会におけるテロとの戦いにおいてケニアは最前線の国であり，その大統領などの訴追は，ケニアや地域の安全保障を含めて，その職務執行を害する危険性があることが強調されたり[79]，AU がそれまで実施してきた和解プロセスの阻害の可能性への懸念などが示されたりしていることも[80]，その表れの 1 つであると考えられる。このように対象国の安定やアフリカ地域内で進められている和平プロセスへ悪影響を与えるおそれが，アフリカ外部の存在である ICC による現職の政治指導者の訴追，また，

---

　　月，その身柄が ICC へ引き渡された。なお，2016 年 9 月現在，第一審の手続が進行中である。

76)　Assembly/AU/Dec. 482 (XXI), 27 May 2013, para. 4.
77)　Assembly/AU/Dec. 221 (XII), 3 Feb. 2009, para. 2; *See Also.* Assembly/AU/Dec. 245 (XIII) Rev. 1, 3 Jul. 2009, para. 3.
78)　Ext/Assembly/AU/Dec. 1 (Oct. 2013), 12 Oct. 2013, paras. 4-5.
79)　*Ibid.*, para. 6.
80)　*Ibid.*, para. 7.

ICC そのものへの反発につながっていることがうかがわれる[81]。

　これからすると，あたかも，ICC によるコア・クライムの訴追・処罰を通じた「不処罰（impunity）」を許容しないという普遍的正義の追求と，「秩序・安定」というアフリカの地域的利益とがぶつかっているというのが，ICC と AU の対立の本質にあるようにみえる。

## 2　2つの「多様性」——グローバルな国際社会全体における「多様性」とローカルな社会における「多様性」

　では，近年の ICC と AU の対立を，「不処罰」の根絶という普遍的正義の追求と「秩序・安定」という地域的利益の衝突の現れと捉えるのは本当に妥当であろうか。

　たしかに，このような見方は，一見すると，現状を的確に捉えているように思われる。これまで，AU においては，ICC に対しての反発以前にも，地域外の国々——特にヨーロッパ諸国が想定されている——が，普遍的管轄権に基づき，アフリカの政治指導者を訴追・処罰することへの反発の声があげられてきた[82]。たとえば，普遍的管轄権の濫用および誤用によりアフリカ諸国の政治的指導者を訴追・処罰することは，国際法，国際秩序および安全を害するおそれがあること，また，その対象国の主権などの侵害，地域の政治的，社会的および経済的な発展を不安定化させることなどが指摘されている[83]。このことは，コア・クライムについては「不処罰」を許さないという普遍的な立場から否定しがたい目標に対しても，現行の政治体制を維持することなどによって得られる地域内の安定や地域的な利益を優先・重視する空気が，アフリカ諸国にあっ

---

81) *See also.* Assembly/AU/Dec. 334 (XVI), 31 Jan. 2011, para. 6; Assembly/AU/Dec. 366 (XVII), 1 Jul. 2011, para. 6; Assembly/AU/Dec. 484 (XXI), 27 May 2013, para. 5.

82) なお，このような反発については，稲角光恵「刑事司法を通じた新植民地主義——欧州諸国の普遍的管轄権に対するアフリカの反発」松田竹男ほか編『現代国際法の思想と構造Ⅱ』（東信堂，2012 年）などを参照。

83) *e.g.* Assembly/AU/Dec. 199 (XI), 1 Jul. 2008, para. 5.

第 1 章 「普遍的正義」か「地域的秩序」か？　*295*

たことを示唆しているように思われる[84]。これからすると，ICC に対する AU の反発も，「普遍的正義」の追求に対する，アフリカ地域の平和・安定，つまり「地域的秩序」の重視から生じているとみることができる。また，そのような正義の追求がアフリカ地域の外部のものによりなされる場合に，こういった傾向が顕著であるとするのは，相当に説得的であろう。

　そうであるならば，そこには，ICC が体現するところのグローバルな国際社会全体の価値ないしは「国際社会」の共通利益の体裁をとった欧米的な価値と，AU が体現するところのローカルな地域の価値・利益との衝突，いわゆる「多様性」の問題が発生しているとみることができる。つまり，アフリカの立場からすると，ICC は，「普遍的正義」の名のもとに，その地域の安定化の必要を無視して，一方的に，「不処罰」を許さないという施策を押しつけている。そこに，国際社会において主流とされる考え方とは異なるものを認めない不寛容さ・傲慢さを感じているとみるわけである。また，逆に，ICC のほうからみると，AU は，「多様性」を口実に現行体制の維持を図っているだけで，結果，コア・クライムの実行者を受けるべき訴追・処罰から庇いだて，「不処罰」の根絶という国際社会全体の利益・目的を毀損しているとの批判は可能であろう。

　しかしながら，このような一面は否定できないが，これだけですべてを説明できるのだろうか。なぜならば，ICC が目指す「普遍的価値」の内容は，国家や地域内部におけるマイノリティの保護の追求でもあるからである。つまり，ICC がコア・クライムの訴追・処罰によって実現しようとしているものには，民族的または政治的な少数者に属する者であっても不当に扱われないということ，すなわち，ローカルな地域内部における「多様性」の確保も含まれている。このように考えるならば，ICC と AU の対立を，単に，正義の追求という

---

84）　このほか，ICC が，アフリカの主張より「市民社会（civil society）」の見解を優遇することに固執しているとの AU の懸念も（Assembly/AU/Dec. 590 (XXVI), 31 Jan. 2016, para. 9 (i)），ここでいう「市民社会」を欧米の人権 NGO の連合と想定できるならば，同じような傾向として捉えることができる。

"普遍"と"多様"な地域的利益の衝突の現れとするのは，いささか単純な見方かもしれない。

また，このことは，アフリカ諸国も決して「不処罰」を指向しているわけではないことからも肯定しうる。たとえば，ICCに関するAU総会決議のほとんどにおいて，「不処罰」と戦うというAUおよびその構成国のコミットメントが継続的に表明されてきている[85]。さらには，アフリカ独自の国際的な刑事裁判所も模索されている。現在，AUの枠組みにおいて，「アフリカ人権裁判所」を改編して設置される予定の「アフリカ司法・人権裁判所（African Court of Justice and Human Rights）」に，コア・クライムの訴追・処罰を行わせる動きが[86]，これにあたる。また，コア・クライムを犯した諸国の元指導者を，国際

---

85) Assembly/AU/Dec. 245 (XIII) Rev. 1, 3 Jul. 2009, para. 4; Assembly/AU/Dec. 270 (XIV), 2 Feb. 2010, para. 4; Assembly/AU/Dec. 296 (XV), 27 Jul. 2010, para. 3; Assembly/AU/Dec. 334 (XVI), 31 Jan. 2011, para. 2; Assembly/AU/Dec. 366 (XVII), 1 Jul. 2011, para. 2; Assembly/AU/Dec. 397 (XVIII), 30 Jan. 2012, para. 2; Assembly/AU/Dec. 482 (XXI), 27 May 2013, para. 2; Ext/Assembly/AU/Dec. 1 (Oct. 2013), 12 Oct. 2013, para. 2; Assembly/AU/Dec. 493 (XXII), 31 Jan. 2014, para. 2; Assembly/AU/Dec. 547 (XXIV), 30 Jan. 2015, para. 2; Assembly/AU/Dec. 590 (XXVI), 31 Jan. 2016, para. 2 (i); Assembly/AU/Dec. 616 (XXVII), 18 Jul. 2016, para. 2 (i).

86) 当初，欧米諸国による普遍的管轄権に基づいたアフリカ諸国の指導者の訴追・処罰への懸念から始まったこのような動きは（Assembly/AU/Dec. 213 (XII), 3 Feb. 2009, para. 9），ICCへの反発により，その作業を加速する（*e.g.* Assembly/AU/Dec. 245 (XIII) Rev. 1, 3 Jul. 2009, para. 5; EX/Assembly/AU/Dec. 1 (Oct. 2013), para. 10 (iv)）。結果，2014年6月，「アフリカ司法・人権裁判所規程に関する議定書の改正議定書」が採択され（Assembly/AU/Dec. 529 (XXIII), 27 Jun. 2014, para. 2 (e)），将来，設置される「アフリカ司法・人権裁判所」に「国際刑事法部門（International Criminal Law Section）」を新たに設け，この「国際刑事法部門」に，集団殺害犯罪，人道に対する犯罪および戦争犯罪といった現在のICCの事項的管轄権の対象となっている犯罪について訴追・処罰する権限をもたせることになった（AU Website (< http://au.int/en/sites/default/files/treaties/7804-treaty-0045_-_protocol_on_amendments_to_the_protocol_on_the_statute_of_the_african_court_of_justice_and_human_rights_e.pdf >), as of 15 Sep. 2016）。ただし，現状，「アフリカ司法・人権裁判所」自体が設立されておらず，また，2016年4月1日現在で，この改正議定書の批

的な刑事裁判所や混合裁判所において訴追・処罰する実行は，アフリカ地域においてもみられてきたものである[87]。これらからすると，アフリカ諸国やAUも，「不処罰」を許さないという普遍的な必要性をまったく無視しているというわけではない。この意味で，ICCとAUとの対立は，普遍と「多様性」の対立というより，「多様性」を実現するための方法をめぐるものとして捉えることもできるだろう。

### 3 「多様性」の実現方法をめぐる相違──現職の政府高官の取扱い

それでは，ICCおよびAUは，ともに「不処罰」の根絶を通じ，地域内部における「多様性」の実現を目指しているとして，両者の間の相違はなんであろうか。それも，現職の政治指導者に対する捜査・訴追をどうするのかという点である。

まず，ICCは最も重大な犯罪を行った者を裁く裁判所である。また，その基本原則である「補完性の原則（the principle of complementarity）」からすると，

---

准国は1か国もなく，未発効である（AU Website（< http://au.int/en/sites/default/files/treaties/7804-sl-protocol_on_amendments_to_the_protocol_on_the_statute_of_the_african_court_of_justice_and_human_rights_19.pdf >), as of 15 Sep. 2016）。

[87] 1994年のルワンダ虐殺を裁いた「ルワンダ国際刑事裁判所」は，このような国際的な裁判所の典型であろう。なお，混合裁判所の例としては，国連とシエラレオネの合意により設置された「シエラレオネ特別裁判所（SCSL）」がある。2012年5月，SCSL第1審裁判部は，テロ行為，殺人および強姦などについて，人道に対する犯罪および戦争犯罪で，元リベリア大統領のテイラーを有罪とし（See. SCSL-03-01-T-1283, 18 May 2012），禁固50年の刑を言い渡している（See. SCSL-03-01-T-1285, 30 May 2012）。その後，SCSL上訴裁判部において，この禁固50年の刑は確定した（See. SCSL-03-01-A-1389, 26 Sep. 2013）。なお，直近においても，AUとの協力の下，セネガルに設置された「アフリカ特別法廷（Chambre Africane Extraordinarie d'Assise）」が，2016年5月，イッセン・ハブレ元チャド大統領に対し，その独裁時代に行われた，奴隷化，殺人および略式の処刑などについて，人道に対する犯罪および戦争犯罪で，また，拷問で有罪とし，終身禁固の刑を言渡している（See. Ministère Public v. Hissène Habré, Jugement, 30 Mai 2016 (disponible à < http://www.chambresafricaines.org/pdf/Jugement_complet.pdf >)）。

関係国の国内裁判所が訴追することが不可能または困難なものが対象となることが予定されているといえる。その帰結として，その捜査・訴追の対象は，組織において高い地位を有する者，つまり，国家の指導者や高位の軍人などが中心になることが考えられる。なお，ICCの検察局も，限られた資源を有効活用し，将来のコア・クライムを有効に抑止するために，被疑者のうち中程度および高い地位にある者を優先して立件する方針を，訴追戦略として採用している[88]。これからも，ICCにとっては，被疑者が現職の政治的な指導者であることは，その捜査・訴追の動きを加速させるものであったとしても，断念させるものではないといえる。

これに対して，アフリカ諸国は，そのようには考えていない。たとえば，Ⅱ1でみたように，AUの懸念や反発は，現職の国家元首や政府高官に関するものに集中している。また，2で言及した「アフリカ司法・人権裁判所」も，その規程46条A *bis* に現職の国家元首およびその他の政府高官に関する免除に関する規定をおき，それらの者に対しては，訴追の開始および継続は許されないとしている[89]。これらからすると，アフリカ諸国は，その職を辞した後はともかく，被疑者が現職の指導者である場合，コア・クライムについてであったとしても，その訴追・処罰は実施すべきではないと考えているように思われる。

このように，コア・クライムについての刑事責任の存在自体やその追及の必要性そのものは否定されないとしても，現職の指導者の訴追の実施の可否に関する両者の見解には，大きな断絶がある。この訴追・処罰のありかたに関する見解の相違が，現状の両者の対立につながり，ひいてはICCの活動を大きく阻害しているといえる。

---

88) *e.g.* ICC OTP, Strategic plan 2016-2018, 6 Jul. 2015, para. 34; ICC OTP, Policy Paper on Case Selection and Prioritisation, 15 Sep. 2016, para. 41.

89) 同規程48条B2は，国家元首等の公的地位は免責や刑の減免の事由とならないとしており，それらの者の刑事責任の存在そのものは否定されていないが，実際にその追及ができないのであれば，それは「画餅」といわざるをえない。

## おわりに

　以上みたように，AUの懸念は，ICCによる訴追・処罰そのものというより，そのありかたに対するものという側面が強いように思われる。その意味では，両者の対立から生じる問題に対処するにあたり，AUおよびアフリカ諸国も「不処罰」を指向しているわけではないということをきちんと認める姿勢は重要であるように思われる。ただし，そのようにみたとしても，ICCへのAUの反発は想像以上に根強いものがあり，また，そのために，実際，ICCの先行きには暗い影が落ちている。

　なお，現状において，ICCとAUとの調整を制度上行いうるものの1つとして考えられるものとして，国連安保理がある。まず，地域や国際社会の平和の実現などへの配慮から捜査や訴追の中断・延期を要求する権限をもっているのは，安保理である。また，国家元首としての免除がバシールの逮捕状の執行の障害とならない理由として安保理決議の存在に大きく依拠したDRC非協力決定以降，公的地位に基づく免除の問題の処理についても，安保理の存在はより大きくなっているといえる。しかしながら，その常任理事国のうち米露中の3国はICC規程非締約国であり，また，安保理はICC以上に欧米中心的かつ政治的な機関である。このような安保理が大きな役割を果たすことが望ましいかについては，いずれの立場からも相当の疑問がありうる。その意味では，安保理も対立解消の「特効薬」とはいえない。

　ゆえに，このような状況のなかでは，コア・クライムの訴追・処罰のありかたに関する両者の対話を通じて，何らかの均衡点を探っていくしか方法がない。たしかに刑事司法という分野の特性として，公平性を保つため，その実践にはある程度の統一性が要求される。その意味では，被疑者・被告人の地位に関係なく，普遍的な正義を追及するというICCの現在の姿勢は，原則としては肯定しなければならない。しかしながら，ICCをはじめとする国際的な刑事裁判所は，独自の捜査機関を有せず，諸国の協力なしでは，コア・クライムの

処罰・抑止という，その目的の達成は困難である。よって，どこかで妥協しなければ，すべてを失ってしまうことは否定できない。また，ICCにはヨーロッパ主導のきらいはあるものの，多くのアフリカ諸国が加盟し，また，アフリカ出身の裁判官も少なくない[90]。その意味で，アフリカにとって全くの外部の存在というわけではない。これらの裁判官などを通じて，また，締約国会合の場で，アフリカの声をICCに反映させていく道筋は存在している。もちろん，これまでその声にはあまり耳を傾けられなかったことなどを考えると[91]，それは相当困難なものになることが予想される。しかしながら，それでも，その訴追・処罰の望ましい形態についての対話を続けてゆくしかほかに方策がないのである。

　したがって，今後のICCとAUの間の対話・相互作用を通じて，コア・クライムの実効的な訴追・処罰の追求という国際社会全体の利益と国家主権の尊重を目的とする免除制度に基づく地域・国家の安定の確保との間で，いかなる均衡点が見出されるのか，注意深く観察してゆくことが当面の課題となる。つまり，このような課題への取り組みを通じ，多様な存在および多様な声からなる現代の国際社会における正義の追求のありかたを模索してゆくことが求められているわけである[92]。

---

90)　2016年9月現在で，ICC加盟国124か国のうち34か国はアフリカの国々であり，地域別では一番多い。また，裁判官18名のうち，アフリカ出身者は，裁判所第1次長のアルーチ（Alouch）裁判官をはじめとして，エボ・オスジ裁判官，ミンドゥア（Mindua）裁判官およびモナゲング（Mongeng）裁判官の4名がおり，地域別では「西欧・その他の諸国（北米）」の5名に次いで2番目である。また，2012年から検察局のトップを務めるベンソーダ検察官も，アフリカのガンビア出身である。
91)　なお，連絡事務所開設の申出の拒否など（Assembly/AU/Dec. 296 (XV), 27 Jul. 2010, para. 8），AU自ら，その道を閉じるような動きがあったことは指摘されうる。
92)　なお，脱稿の直前，自国に関する予備捜査への反発からブルンジが，また，免除をめぐる問題などから南アフリカが，ICCからの脱退にむけて，手続を進めているとの報道に接した（毎日新聞2016年10月13日夕刊9面，毎日新聞2016年10月22日夕刊2面）。このような脱退の動きが，アフリカ諸国のあいだで更に拡大するのか，それとも一過性のものに終わるのか，注視していくことも，また必要である。

# 第2章

# 国内裁判所における国際人権訴訟の可能性
——国際的な企業活動に関するアメリカの外国人不法行為法（ATS）判例を中心に——

小 沼 史 彦

## はじめに

　現代の国際社会において，人権の保障は主要な課題の1つであり，個別の人権やその内容については国家により理解が異なる部分はあっても，人権概念そのものは普遍性を獲得しているといってよい。国際人権規範を実現する制度としては，国際社会における一般的な制度として，国際人権規約をはじめとする普遍的人権条約が有する条約の履行確保制度や国連人権理事会などの国連の諸機関によるものがある。また，地域的な制度としては，欧州人権条約に基づく欧州人権裁判所や，米州人権条約に基づく米州人権裁判所がよく知られている。さらに，諸国家それぞれの憲法体制に基づいて国際人権規範は各国に受容され，裁判所などで国内的に実現されている。このように，国際社会には，国際人権規範を実現する多様な制度・裁判所が存在し，機能している。

　アメリカ合衆国においては，大部分の人権条約の批准に際して，議会上院がnon-self-executing[1]の宣言をしているために，多くの人権条約が直接裁判で適用されない[2]。その代わりに，外国人不法行為法（Alien Tort Statute, 以下，

---

1) (Non-)self-executing は，条約の「(非)自動執行性」と訳されることも多いが，ある条約の特定の条文が，国内の裁判において直接適用が可能か否かに関する問題であり，そのニュアンスが正確に伝わるような訳を executing に与えることは難しい。本章では，日本語を当てずに，(non-)self-executing のままとする。

2) 宮川成雄「アメリカの国際人権訴訟と国際慣習法—外国人不法行為法の判例展開

ATS）に基づく慣習国際法上の人権規範を適用した，合衆国に特有の裁判が行われている。この訴訟の特徴の１つは，慣習国際法違反を基に外国人が訴訟を提起できるという点である。この訴訟は，国際社会に対して大きなインパクトをもたらし，国際法学の研究においても大きく取り上げられる。しかしながら，国際社会に対して大きな影響力をもちうる訴訟でありながら，裁判所が実際に認定するのは，あくまでアメリカの連邦コモン・ローとしての慣習国際法なのである。

また，ATSを用いた訴訟は，グローバルに展開する国際的な企業活動の過酷な人権侵害の側面を告発する手段としても，しばしば利用されている。そのため，一方では，企業活動の阻害要因としてとらえられ，他方では，国際的な企業活動から人権を擁護したり，特定の地域住民の生活環境（「生命に対する権利」との関わりなど）を保全したりという役割が期待されている。

一見して様々な矛盾を抱えていると思われるATS訴訟に関して，本章では，国際人権規範を実現する多様な裁判の１つとしてのATS訴訟の有用性と問題点を，「アメリカ法としてのATS」の観点から検討する。さらに，ATS訴訟が国際法にとってどのような意義を持つのかを，特に国際的な企業活動と人権が問題となった事件を中心に取り上げ考察する。

## I 外国人不法行為法と国際人権訴訟

「はじめに」で述べたように，アメリカは，国際人権規約などの人権条約の批准に当たり，議会上院が"non-self-executing"の宣言をしていることから，連邦裁判所において，人権条約を直接援用することが困難である。しかし，裁判において条約に基づく主張が直接できなくても，慣習国際法化した国際人権規範を主張することは可能であるかもしれない。パケット・ハバナ[3]（Paquete

---

―」『同志社法学』63巻5号（2011年）173頁．
3) The Paquet Habana, 175 U.S. 677 (1900).

Habana)判決において,連邦最高裁判所は,慣習国際法もまた合衆国法の一部であるとし,アメリカの裁判所において適用されることを明確にしているからである。そこで,アメリカにおける人権訴訟の可能性として,ATSを用いた慣習国際法の援用が試みられたのである。

ATSはJudiciary Act of 1789の一部であり,「(連邦)地方裁判所は,国際法(慣習国際法)または合衆国が当事国である条約に違反した不法行為についてのみ,外国人による民事訴訟の第一審管轄権をもつ」と定める[4]。立法の経緯はそれほど明らかではないが,新興国であるアメリカにとって,国際法違反に対する外国人の救済手段を用意することが必要だったと考えられる[5]。制定以来,ほとんど使われたことのない法律であったが,1980年の連邦第2巡回区控訴裁判所によるフィラルティガ(Filartiga)判決によって注目を浴びた[6]。

本件は,パラグアイにおいて警察官の拷問によって死亡したパラグアイ人である被害者の遺族が,ニューヨーク東部地区連邦裁判所に提起したものである。同地裁は管轄権を否定して却下したが,控訴裁判所は管轄権を認め,原告の損害賠償請求を認めたものである。

フィラルティガ判決は,ATSは管轄権の基礎を提供するだけでなく,慣習国際法または合衆国が締結した条約の違反に対する救済を求めている外国人に限って,訴訟を提起する権利の存在も認めているとし,ある規範が慣習国際法であるためには,「明確性」(clear and unambiguous)および「普遍性」(well-

---

4) The district courts shall have original jurisdiction of any civil action by an alien for a tort only, committed in violation of the law of nations or a treaty of United States. 28 U.S.C. § 1350.

5) ATSの立法の経緯について。Cf. William S Dodge, The Historical Origins of Alien Tort Statute: A Response to the "Originalists", *Hastings International and Comparative Law Review* Vol. 19, 221 (1996).

6) Filartiga v. Pena-Irala, 630 F. 2d 876 (2d Cir. 1980). 日本の国際法学においても大いに注目を集め,「画期的判決」として紹介された。山崎公士「拷問禁止の慣習法化―フィラルティーガ事件―」山本草二ほか(編)『国際法判例百選』(有斐閣,2001年)6頁。

established, universally recognized norms of international law) が要求されるという考え方を示した。ATS 訴訟において管轄権が認められる慣習国際法違反は，ATS 制定当時の慣習国際法違反（外交使節に対する侵害行為，安導権の侵害，そして海賊行為）だけではなく，それらに匹敵するほど明確かつ国際社会に普遍的に受け入れられた規範の違反でなければならないとしたのである。

　フィラルティガ事件が契機となって，1991 年に拷問被害者保護法（Torture Victim Protection Act, 以下 TVPA)[7]が制定された[8]。TVPA は，外国政府機関またはその外観の下で行われた拷問という不法行為を訴訟原因とした損害賠償請求の管轄権を連邦裁判所に認める。ATS で管轄権が認められる慣習国際法違反のうち，拷問について個別具体的な立法を行ったのである。アメリカにおいて，拷問は「明確性」および「普遍性」の要件をみたしていると考えられていることの証左である。アメリカはさらに，「拷問及びあらゆる他の残虐な，非人道的な又は品位を傷つける取扱い又は刑罰に関する条約」（以下，拷問禁止条約）を 1994 年に批准した。

　TVPA は，ATS に基づいて訴訟を提起できるのが外国人のみであったのに対して，アメリカ合衆国市民にもその対象を広げた。他方で，行為発生時から 10 年の出訴期限を設け，さらに拷問の行為地国において国内救済を完了していることの要件を定めた。

---

7) Torture Victim Protection Act, Pub. L. No. 102-256, Stat. 73 (1992).

8) TVPA はフィラルティガ判決の法典化（codification）であるという。Lori Delaney, Flores v. Southern Peru Copper Corporation: The Second Circuit Fails to Set a Threshold for Corporate Alien Tort Claims Act Liability, 25 *Nw. J. Int'l L. & Bus.* 205 (2004-2005). ATS と TVPA との関係について，See also, Ekaterina Apostolova, The Relationship between the Alien Tort Statute and the Torture Victim Protection Act, 28 *Barkeley Journal of International Law* 640 (2010). Available at: http://scholarship.law.berkeley.edu/bjil/vol28/iss2/14 (as of September 17, 2016).

## II　国際的な企業活動に対する ATS 訴訟[9]

本節では，本章の問題関心にしたがって国際的な企業活動と人権との関係が問題となった事件を中心に ATS 訴訟を見ていく。ただし，連邦最高裁判所の判決については，ATS 解釈の基本的な枠組みを提供するものであるから，企業活動が訴訟の対象であるか否かにかかわらず，本節においても取り上げ検討する[10]。

### 1　フローレス（Flores）判決[11]

本裁判は，ペルーのイロ（Ilo）居住者およびイロ居住者であった被相続人の代理人が，アメリカの会社である南ペルー銅会社（South Peru Copper Corporation，以下，SPCC）に対して，ATS に基づく損害賠償請求を提起したものである[12]。本件の事実の概要は，次のとおりである。

イロおよびその周辺での，SPCC による銅の採掘，精製，そして精錬作業から生じた汚染は，原告ならびに原告の被相続人に深刻な肺疾患を引き起こした。原告の行為は，慣習国際法上の「生命に対する権利」，「健康に対する権

---

9) ATS と企業の国際法上の責任を扱った研究。*Cf.* Michael Koebele, *Corporate responsibility under the Alien Tort Statute: enforcement of international law through US torts law*, (Nijhoff, 2009). Koebele は，本章でいう国際企業活動について，Transnational Organizations (TNOs) の語を使用して研究している。

10) 本章で扱う判決の他にも連邦控訴裁判所が ATS 訴訟の管轄権を認めた事例がいくつかある。

11) Flores v. S. Peru Copper Corp., 343 F. 3d 140 (2d Cir. 2003). 本判決については，小沼史彦「Ullonoa Flores v. Peru Copper Corp., 343 F. 3d 140 (2d Cir. 2003) ―生命に対する権利および健康に対する権利は，十分に明確な慣習国際法上の規則でないとして，外国人不法行為請求法に基づく訴えの管轄権を否定した事例」『成蹊法学政治学研究』32 号，2006 年，52 頁参照。*Supra*, Delaney, note 8.

12) 本件では，ATS を外交人不法行為請求法（Alien Tort Claim Act），略して ATCA の名称で呼んでいる。

利」，そして「持続可能な開発に対する権利」を侵害している。原審ニューヨーク州南部地区連邦地方裁判所は，原告が慣習国際法違反を主張しなかった（生命，健康，そして開発に対して害を引き起こすような国内環境汚染が，十分確立し，かつ普遍的に承認された国際法規に違反することを論証しなかった）ので，事物管轄権の欠如により訴えを棄却すべきであると判示した[13]。さらに原審は，仮に原告が慣習国際法を主張したとしても，本件は不便宜法廷を理由に却下しなければならないだろうと判示した。ペルーが，原告の訴えのための適当な裁判所を提供しているからである。原審は，被告による本件請求の却下の申し立てを容認した。控訴審では，原告は「生命に対する権利」および「健康に対する権利」の侵害を主張した[14]。

　判決は，「生命に対する権利および健康に対する権利は，十分に明確な慣習国際法上の規則ではない」として裁判所の管轄権を否定した。

　法廷意見は，国内法違反の不法行為と慣習国際法違反の不法行為を区別するために，「甚大さ」（shockingly egregious）の基準を提案したが，これを認めなかった。また，原告が依拠した「生命に対する権利」および「健康に対する権利」を定義する諸文書（世界人権宣言，国際人権社会権規約，環境と開発に

---

13) Flores v. S. Peru Copper Corp., 253 F. Supp. 2d 510 (S.D.N.Y. 2002), *affd* 343 F. 3d. 140 (2d Cir. 2003). この事件については，本裁判とは別の原告による訴えが，テキサス州コモン・ローの下で提起されていた。連邦問題管轄権および州籍相違管轄権によってテキサス州合衆国最高裁判所に移送されたが却下された（ATSに基づいた訴えは主張されなかった）(Torres v. S. Peru Copper Corp., 965 F. Supp. 895 (S.D. Tex. 1995))。さらに，第5巡回区控訴裁判所は，不便宜法廷および国際礼譲に基づき，地方裁判所の却下を維持した（Torres v. S. Peru Copper Corp., 113 F. 3d 540 (5th Cir. 1997))。

　Delaneyは，本件原審は典型的なフォーラム・ショッピングの例であるとする。Delaney, *supra* note 8 at 218.

14) 控訴審では，「持続可能な開発に対する権利」については争われていない。Delaneyは，すでにペルー政府がPCAAの環境汚染およびペルー環境法違反を調査し，かつ制裁を科していたことが理由の1つであろうという。Delaney, *Supra* note 8, p. 219., Flores, 343 F. 3d at 144.

関するリオ宣言等）は，不明瞭かつ曖昧であって「明確かつ明瞭」とはほど遠いとした。さらに原告は，越境環境汚染についての慣習国際法規則の下での訴えを主張しているが，そのような慣習国際法規範を論証することができなかったとした。最後に，以上の論点で管轄権が否定されたので，不便宜法廷については論じる必要がないとした。

また，本件は，私人間の紛争であるが，原告が主張した慣習国際法上の規範の存在が認定されなかったので，慣習国際法違反から生じる責任の私人への帰属については議論にならなかった。本判決後まもなく，ATS に関する初めての連邦最高裁判所判決が下された。次項で紹介するソーサ判決である。

## 2　ソーサ（Sosa）判決[15]

本判決は ATS についての最初の連邦最高裁判所判決である。本件事実の概要は次のとおりである。

1985 年，メキシコにおいて，合衆国麻薬取締局（Drug Enforcement Administration, DEA）の捜査官が任務遂行中に捉えられ，2 日間にわたって拷問を受けた上殺害された。目撃者の証言により，DEA 長官は，メキシコ人医師アルバレス（Alvarez-Machain）が，尋問と拷問を長引かせるために，捜査官に対する延命措置をとっていたと信じるにいたった。

1990 年に連邦大陪審は，捜査官に対する拷問と殺人を理由にアルバレスを起訴した。カリフォルニア州中部地区連邦地方裁判所が逮捕状を発したが，引き渡しを得られなかったため，DEA は，本件原告ソーサを含む数人のメキシコ人に対して，アルバレスをアメリカに連行するために，メキシコにおいて誘

---

15) Sosa v. Alvarez Machain, 542 U.S. 692 (2004). 本判決については，小沼史彦「〈最近の判例〉Sosa v. Alvarez-Machain, 542 U.S. 662 (2004) ― Alien Tort Statute（ATS）は，管轄権に関する法であって，新たな訴訟原因を創設するものではないことを明らかにした上で，ATS の適用に当たって，訴訟原因となるコモン・ローとしての慣習国際法を，裁判所が認定する権限を認めた事例」『アメリカ法』2005-1 号（2005 年）153 頁，宮川成雄「外国人不法行為法の裁判管轄権― Sosa v. Alvarez-Machain, 124 S. Ct. 2739 (2004)」『比較法学』第 39 巻 1 号（2005 年）272 頁参照。

拐することを認めた。

　アメリカでの裁判で無罪判決を受けたアルバレスは，恣意的な逮捕を理由に連邦不法行為法（Federal Tort Claim Act, 以下 FTCA）に基づき合衆国を，そして ATS に基づいてソーサを訴えた。第9巡回区連邦控訴裁判所は，地方裁判所の，ATS に基づくアルバレスの請求を容認した部分を維持し，FTCA に基づく請求を棄却した部分については破棄，差し戻した。この判決を受けてソーサと合衆国が上訴した。本章では，ATS の論点に絞って紹介する。

　ATS 規定の性格について，スーター（Souter）裁判官の法廷意見は，「ATS は管轄権に関する法（jurisdictional Statute）であって，新たな訴訟原因（cause of action）を創設するものではなく，立法当時に個人の責任（personal liability）を伴うとされたいくつかの国際法（Law of Nations）違反について，その訴訟原因をコモン・ローが提供しうるとの理解に基づき，実践的な効果を意図して立法された」と判示した。すなわち，フィラルティガ判決で示された考え方を否定し，ATS が管轄権のみを規定する法であるとの立場を明らかにしたのである。

　その上で法廷意見は，コモン・ローとしての慣習国際法を認定する裁判所の権限に言及する。国際法を private rights of action（私人の法的権利）[16]に適用する際には，次の理由から慎重でなくてはならないとして，5つの理由を述べた。(1) 今日，新たにコモン・ロー原則の宣明または定式化を裁判所が求められる場合において，コモン・ローは，作られるあるいは創造されるものとして理解されている。(2) このような概念上の発展は，連邦最高裁判所の役割の再考をもたらした[17]。(3) private rights of action を創設するような決定は，ほとん

---

16) 「裁判所に訴訟を提起する権利。一般的な「裁判を受ける権利」は access to courts とよばれ，right of action は，具体的な情況のもとで裁判所に救済を求めうるか否かが問題となる場合に用いられる。」「したがって，日本語としては「法的権利」と訳したほうがしっくりいくことが多い。」田中英夫（編）『英米法事典』（東京大学出版会，1991 年）。

17) *Cf.* Erie R.R. v. Tompkins, 304 U.S. 64; 58 S. Ct. 817; 82 L. Ed. 1188; 1938 U.S. LEXIS 984 (1938).

どすべての場合，立法権の判断に任せた方がよい[18]。(4)国際法違反に対してprivate causes of action を認めることは，合衆国の外交関係に影響を与えうるので，裁判所は，外交問題の処理における立法府および行政府の裁量を侵害する可能性につき，特に注意を払わなければならない。(5)当裁判所は，新しい異論のある国際法違反を探し出し，そして，それを定義するための委任を，合衆国議会から受けてはいない。この分野について，合衆国議会が，裁判所の新たな法創造を奨励しているとは考えられない。そして，最高裁判所は，原告が主張する恣意的な逮捕の禁止について，原告は，そのような規則が慣習国際法化していることを示す先例を挙げることができなかったとして，原判決を破棄した。

## 3　アブドゥラヒ（Abdullahi）判決[19]

本判決は，同意なき医学人体実験の禁止は慣習国際法であると認定した上で，不便宜法廷（forum non convenient）の争点について地方裁判所へ差戻した判決である。本件事実の概要については，次のとおりである。

本件控訴人は，ナイジェリアの未成年者たちとその後見人である。本件被控訴人世界最大の製薬会社の1つファイザー（Pfizer）である。ファイザーは，トロバン（Trovan）というブランド名で知られる抗生物質を開発していた。1996年にコレラ，髄膜炎，そして胃腸炎の流行の発生後直ちに，経営幹部，科学者，そして医者からなるチームを，ナイジェリアのカノ（Kano）州にある感染症病院（Infection Disease Hospital, 以下，IDH）に，小児患者への実験のために派遣した。原告は，トロバンはいまだに「新しい，未実験の，そして未立証の薬である」と主張する。トロバンは，生命を脅かす効果の側面を有していることもまた知られていた。先行する動物実験は，小児に対して関節疾患，軟骨発達異常，骨軟骨症を引き起こす可能性がり，さらにそれが異常な骨格形成および臓機能障害の原因となり得ることを示していた。

---

18)　*E.g.* Correctional Service Corp. v. Malesko, 534 U.S. 61 (1938).
19)　Abdullahi v. Pfizer, Inc., 562 F. 3d 163 (2d Cir. 2009), cert. denied, 130 S. Ct. 3541 (2010). 本判決については，宮川，前掲論文注2）参照。

IDHにおいて，ファイザーは「数百人のナイジェリア人の子ども」を実験に参加させるために選抜したが，子どもたちもしくはその親たちのインフォームドコンセントを得ていなかった。実際に，ファイザーは，子どもやその親たちに，トロバンは実験用であるから，患者はそれを拒否し，代わりに「安全が証明され，かつ効果的な治療」を受けられることを説明していなかった。

治療センターにおいて，ファイザーは患者を2つのグループに分けた。子どもたちの半分は，トロバンを用いて治療を受けた。それに対して対照グループは，「意図的に低い服用量の標準薬セフトリアキソン—FDA（アメリカ食品医薬局）の承認薬で，髄膜炎の治療に効果があると証明されていた—が不適切に投与された」。すなわち，トロバンの比較結果を拡大するために，ファイザーは推奨服用量の3分の1のセフトリアキソンを投与したのである。さらにファイザーは，定期的に患者の血液検体を分析せず，自社の試験プロトコルを逸脱した。その結果，患者たちに特有の顕著な恒久的被害を示すまで，トロバンに対する患者の反応の評価を怠ったのである。試験中に，ファイザーの従業員の1人は，ファイザーの上級管理者に対して，その行為は非道で不適切，かつ違法であると繰り返し報告していた。

国境なき医師団（Medecians Sans Frontieres，以下，MSF）もまた同時に，IDHの患者たちを治療していた[20]。しかしながら，ファイザーの試験を理由に，参加している患者たちは，さもなければMSFによる治療を受けることができたであろうにもかかわらず，適切な医療および治療を拒否された。2週間の試験の後，ファイザーのチームはカノを去り，評価のフォローアップのために戻ってくることはなかった。トロバンもしくは不適切な服用量のセフトリアキソンを投与された子どもたちの多くが死亡した。

2001年8月，ナイジェリア住民である本件控訴人は申し立てられた，ファイザーの国際法，特に，ニュルンベルグ・コード，国際医療法人協議会（the Council for International Organizations of Medical Service，以下，CIOMS）が

---

20) See Abdullahi I, 2002 U.S. Dist. LEXIS 17436, 2002 WL 31082956, at *1.

作成したガイドラインであるヘルシンキ宣言，市民的及び政治的権利に関する国際規約（以下，自由権規約）7条，世界人権宣言，そしてFDA規制の違反が原因の損害を回復するため，ATSの下で訴訟を提起した。ニューヨーク南部地区連邦地方裁判所は，2005年事物管轄権の不存在，および不便宜法廷を理由に訴えを却下した。本判決は，この地方裁判所判決に対する控訴審である[21]。

第2巡回区連邦控訴裁判所は，第2次世界大戦後のアメリカ合衆国軍事裁判所によるナチス医師15名に対するニュルンベルク医師裁判判決の一部であるニュルンベルク・コード，自由権規約，そしてCIOMSによるヘルシンキ宣言などを根拠に，同意なき医学人体実験の禁止は，慣習国際法であると認めたのである[22]。

また，ファイザーが私企業であるという問題については，ナイジェリアの国立病院において，その病院に勤務するナイジェリア人医師によって実験が行われたことから，法の概観の下で行われたものと判断された。さらに，本件事実にかかわるナイジェリアで提起された不法行為訴訟が実効的に進展していないことから，不便宜法廷の論点について，地方裁判所への差戻しを命じた。その後，ナイジェリアでの訴訟に関して，2009年3月，ファイザーと被害者との間に，示談が成立した[23]。

---

21) 原審地方裁判所判決は，Adamu v. Pfizer, Inc., 399 F. Supp. 2d 495 (S.D.N.Y., 2005) および Abdullahi v. Pfizer Inc., 2005 U.S. Dist., LEXIS 16126 (S.D.N.Y. Aug. 9 2005) である。前者はATSの他に，コネティカット州法違反も争われた。
22) 宮川，前掲論文2) 191-198頁を参照。
23) AFP通信は，2009年2月26日，「米医薬品大手のファイザー（Pfizer）がナイジェリア北部のカノ（Kano）州で，髄膜炎の子どもに未承認薬の薬を試験的に投与し，11人が死亡，多数の子どもに重度の後遺障害が残ったとして，犠牲者の家族らがファイザーに賠償を求めていた問題で，ファイザーは賠償金の支払いに合意した」と発信した。「交渉筋に近い関係者が明らかにした内容によると，ファイザーが賠償金を支払うことで両者は基本的に和解し，3月にイタリア・ローマ（Rome）で示談書の調印を行う予定だという。数百万ドルといわれる和解金の正確な額は明らかにされていない」とも報じ，巨額の示談金が支払われるであろうことが推測される。交渉を仲介したのはナイジェリアの軍事政権時代に最高指導者を務めたヤクブ・ゴ

2010年6月29日，連邦最高裁判所は本件のサーシオレイライ（certiorari）[24]を拒否した。

### 4 キオベル（Kiobel）判決[25]

本判決は，連邦最高裁判所が，ATSにも域外適用否定の推定則（presumption against extraterritoriality）が適用されることを明らかにしたものである。域外適用否定の推定則は，「制定法に域外適用についての明確な指示がないときには（域外への）適用がない」[26]とする原則であり，合衆国法は世界を支配しないという推定を反映する[27]。また，この判決は，前後して連邦最高裁判所が取り上げた，法人に対するTVPA訴訟を否定したモハマド判決と，アメリカ企業の海外展開に関連して，2つセットで捉えるべきだと考えられる。

本件における事実の概要は次のとおりである。

被上訴人であるオランダ石油会社（Royal Dutch Petroleum Company）とシェル会社（Shell Transport Development Company, p.l.c）は，それぞれオラン

---

ウォン（Yakubu Gowon）氏と，ジミー・カーター（Jimmy Carter）元アメリカ合衆国大統領であるという。http://www.afpbb.com/articles/-/2575877 (as of September 16, 2016).

24）「上訴を受理するか否かが，上訴を受ける裁判所の完全な裁量にかかる場合をいう。上訴は，重要な法律問題を含むと上級審が判断した場合に許される。合衆国最高裁判所への上訴の大部分はこの手続きによっている。実際には事件の重要性や判例の統一の必要等を考慮のうえ，9名の裁判官のうち4名の賛成があれば，certiorariを認めるものとされている（rule of four）」。裁量上訴（受理令状）と訳される。田中，前掲書注16）134頁。

25）Kiobel v. Royal Dutch Petroleum Co., 133 S. Ct. 1659 (2013). 本判決については，小沼史彦「外国人不法行為法と域外適用否定の推定則─ Kiobel v. Royal Dutch Petroleum Co., 133 S. Ct. 1659 (2013) ─」『比較法学』47巻3号，2014年，336頁，宮川成雄「〈最近の判例〉Kiobel v. Royal Dutch Petroleum Co., 133 S. Ct. 1659 (2013)─外国人不法行為法の域外適用を否定した事例」『アメリカ法』2015-1号（2015年）166頁参照。

26）Morrison v. National Australia Bank, Ltd., 130 S. Ct. 2869, 2878 (2010).

27）Microsoft Corp. v. AT & T Corp., 550 U.S. 437 (2007).

ダとイングランドにおいて合併した持株会社であり，ナイジェリアにおけるその合弁会社であるナイジェリア・シェル会社（Shell Petroleum Development Company of Nigeria, Ltd.）は，ナイジェリアのオゴニランド（Ogonilanad）における石油の調査および生産に従事していた。

　オゴニランド住民であった上訴人によると，オゴニランドの関係住民が，ナイジェリア・シェル会社の操業による環境への影響に抗議を始めた後，被上訴人たちはナイジェリア政府に対して，急増するデモを暴力的に抑圧するように協力を求めたとされる。上訴人は，1990 年代を通して，ナイジェリア軍および警察がオゴニ（Ogoni）村を攻撃し，むち打ち，強姦，殺害，および住民の逮捕，そして財産の破壊または略奪をしたと主張する。さらに，被上訴人たちは，ナイジェリア軍が被上告人の所有地を，攻撃のための移動部隊基地として使用することを認めただけでなく，ナイジェリア軍に食料，輸送そして補償を提供することによって，残虐行為を教唆および幇助したと訴える。

　主張された残虐行為の後に，上訴人たちは，政治的亡命により合衆国へと移動し合法的住民となり，ATS に基づく管轄権および慣習国際法の下での救済要求を主張して，ニューヨーク南部地区連邦地方裁判所に訴訟を提起した。

　上訴人によると，被上訴人は，(1) 裁判によらない処刑（extrajudicial killing），(2) 人道に対する犯罪，(3) 拷問および残虐な取り扱い，(4) 恣意的な逮捕および抑留，(5) 生命，自由，安全，および団結に対する侵害（violation of the right to life, liberty, security, and association），(6) 強制国外退去，そして (7) 財産の破壊を示唆および幇助したことによって慣習国際法に違反した。

　地方裁判所は，訴えを根拠付けるとして主張された 7 つの主張のうち，(1)，(5)，そして (7) を退けた。裁判所は，残りの主張に関する被上告人による訴え却下の申立てを拒否したが，仮の上訴のための命令を下した。

　連邦第 2 巡回区控訴裁判所は，慣習国際法は企業の不法行為責任を認めていないとして訴えをすべて却下した[28]。

---

28) 621 F. 3d 111 (2d Cir. 2010).

連邦最高裁判所は，その問題を考慮するためにサーシオレイライを許可した[29]。口頭弁論の後で，補足的な準備書面を求め，「ATSは，合衆国以外の国家の領域内で生じる国際法違反を理由に，裁判所が訴訟原因を認めるか否か，そしてそれはいかなる状況の下か」という追加問題を検討させ，再度口頭弁論を開いた後，(1) ATSにも域外適用否定の推定則が適用され，(2)，本件ではその推定は覆されないとして，原判決を維持した。

## 5　モハマド（Mohamad）判決[30]

キオベル判決では，第 2 巡回区控訴裁判所は，慣習国際法は企業の不法行為責任を認めていないと判示したのであるが，連邦最高裁判所は，この論点ではなく，「域外適用否定の推定則」の適用の有無を争点として判決を下した。しかしながら，慣習国際法上の企業の不法行為責任が認められるか否かは，企業が被告となるATS訴訟においては，重要な問題であり続ける。

モハマド判決は，キオベル判決と同時期に出された連邦最高裁判所判決であって，TVPAが法人に対して適用されないことを明らかにした判決である。ATS訴訟ではないが，先にも述べたように，キオベル事件とセットで重要な意味を持つと考えられるので紹介する。

本件の原告は，合衆国市民に帰化し，ウェストバンクを訪問中にパレスチナ当局の諜報機関によって逮捕，拘禁，拷問され，殺害されたアザム・ラヒム（Azzam Rahim）の親族である。原告は，TVPAの下で，パレスチナ当局およびパレスチナ解放機構を訴えた。TVPAは，いかなる外国の当局または法の外観の下で行われた拷問行為または裁判によらない処刑も，「個人」に対する訴訟原因として認める[31]。地方裁判所は，ここで関係するように，TVPAの「個人」に対する訴訟の許可は自然人に対してのみ責任を拡張したのであると結論づけて，訴訟を却下した。コロンビア特別区連邦控訴裁判所は，上訴を棄却した[32]。

---

29) 132 S. Ct. 1738 (2012).

30) Mohamad v. Palestinian Authority, 132 S. Ct. 1702 (2013).

31) 106 Stat. 73, note following 28 U.S.C. § 1350.

連邦最高裁判所は，TVPAにおいて使用される場合，「個人」（individual）の語は，自然人のみしか含まないので，TVPAは，団体（organization）に対しては責任を課さないとして，原審[33]を維持した。原告による，「団体の責任を除外することは，被害者とその親類にとって実効的な救済を妨げるだろう」との主張に対して，そのような目的論的な議論は，平明な規定ぶり（plaintext）に打ち勝つことはできない。さらに，合衆国議会はTVPAの下で確立された訴訟原因の限定的性格について，十分承知していたと考えられると反論した。

ソーサ判決で示されたように，ATSが対象とするコモン・ロー違反の訴訟原因は，ATS立法当時に慣習国際法とされていた，外交使節の権利侵害，安導権の侵害，および海賊行為に相当する程度に確立された慣習法規でなければならない。また，連邦最高裁判所で扱う国際法違反は，個別の法律によって，合衆国議会の意図が明らかであることが望ましい。

TVPAは，そのような慣習国際法違反を具体化した法律であるが，モハマド判決によって，法人への適用が否定されたのである。その結果，キオベル判決と合わせることによって，合衆国外での企業による重大な人権侵害について連邦裁判所で争うことが困難となった。

## Ⅲ　ATS訴訟の合衆国法における制約[34]

### 1　ATSは，実体的な法か，それとも管轄権に関する法か

ATSの法的性格として，先ず問題となるのは，ATSが，連邦裁判所が裁判を行うための，新たな訴訟原因（cause of action）を創出する法か否かという問題である。

フィラルティガ判決は，ATSが現代の慣習国際法に基づく新たな訴訟原因

---

32)　634 F. 3d 604.
33)　*Ibid.*
34)　ATS訴訟の歴史とその制約についての概観。Curtis A. Bradley, *International Law in the U.S. Legal System*, (Oxford Univ., Pr. 2015), pp. 201-231.

を創設する旨判示したが，その後，ATSが規定する国際法の定義の問題と，ATSが，連邦裁判所の管轄権を規定することを超えて，それ自体であらたな訴訟原因を創設するものか否かの問題については，学説のみならず連邦裁判所においても，巡回区ごとに立場が割れていた。この論点に対して，初めて連邦最高裁判所が見解を明らかにしたのがソーサ判決である。

ソーサ判決は，ATSは管轄権に関する法（jurisdictional statute）であって訴訟原因を創出しないと判示した。「ATSは，制定当時に個人責任（personal liability）を伴うと考えられていた，いくつかの国際法違反について，その訴訟原因をコモン・ローが提供しうるとの理解に基づき，実践的な効果を意図して立法された」との理解からである。次に問題となるのは，連邦裁判所がコモン・ローを認定して新たな訴訟原因を創出する権限と，裁判所が認定するコモン・ローとしての慣習国際法とは何かという問題である。

## 2　連邦裁判所が認定するコモン・ローとしての慣習国際法

ソーサ判決が，ATSは管轄権に関する法であり，実体的な訴訟原因となる慣習国際法違反については，連邦裁判所がコモン・ローとして認定すると判示したことはすでにみた。そして，連邦裁判所がコモン・ローとしての慣習国際法を認定する権限については，5つの理由から熟慮を有すると述べたことは先述したとおりである。この説明の中には，連邦裁判所が慣習国際法を認定するという問題のみならず，連邦裁判所が認定するコモン・ローとは何かという問題が含まれている。

合衆国全体に適用される一般的なコモン・ローがあるとすると，それは，各州のコモン・ローであり，連邦のコモン・ローでもあるということになる。州と連邦に共通のコモン・ローがあるならば，たとえ州法の問題であっても，コモン・ローの問題である限り，連邦の規律が，裁判を通して州に及んでしまうということになる。イーリ（Erie）判決[35]以降，連邦裁判所が認定するのは，

---

35) Erie, *supra* note 17.

州際問題などの連邦問題[36]にかかわる連邦コモン・ロー (federal common law)[37]であるとされ，今日に至っている[38]。慣習国際法の認定という問題は，連邦問題にかかわるから，連邦コモン・ローの認定の問題となる。ソーサ判決

---

36) 「Federal question (case) 連邦問題（事件）合衆国憲法，連邦議会の法律または合衆国と外国との間の条約の適用もしくはその解釈に直接かかわる争点。連邦地方裁判所は，連邦問題を含む訴訟事件については，1980年の法律以来，訴額 (amount in controversy) にかかわりなく，裁判権を有する。このような裁判権を federal question jurisdiction（連邦問題裁判権）とよぶ。これらの事件のうち，破産事件，特許事件など若干のタイプについては法律により連邦裁判所に専属管轄権が認められているが，それ以外の事件については州裁判所も競合的に管轄権をもつ。事件がfederal question を含むか否かは，原告の訴状によって判断される。なお，連邦裁判所が連邦問題の存在を理由に裁判権をもちうることは当初から合衆国憲法に定められていたが，実際に連邦の法律でそれが一般的な形で認められたのは，1875年のことである。」田中，前掲書注16) 338頁。

37) 「Federal common law《米》連邦コモン・ロー；連邦判例法；連邦判例実体法 Swift v. Tyson (1842) 判決以降 Erie R.R. v. Tompkins (1938) 判決にいたるまでのほぼ100年間に，diversity case（州籍の相違に基づく訴訟）において，連邦裁判所が，州裁判所であれば州判例法を適用すべき場合に，それには拘束されずに独自に発展させた連邦の判例実体法をいう。Swift 判決により，商事法，契約法，不法行為法など一般的性格をもつ分野においては連邦のコモン・ローで規制しうるとされた。その結果，general law（一般法）とよばれた実体法の分野においては，連邦裁判所の適用する判例法と各州の判例法とが併存することになり，州外の訴訟当事者は自己に有利な法を適用する裁判所を選んでそこに事件をもちこめるという forum shopping（法廷地漁り）の弊害が生じたため，最高裁判所は，Erie 判決において Swift v. Tyson を覆し，diversity case で連邦裁判所の適用する実体法は，州に制定法がないときには州の判例法でなければならないとした。広義には，連邦裁判所が連邦制定法規の解釈を通じて発展させる判例法の意味に用いられることもある。」田中，前掲書注16) 336頁。

　連邦裁判所におけるコモン・ローについては，浅香吉幹「19世紀アメリカのコモン・ローの構造（1，2・完）―スウィフト対タイスン判決の再評価」『法学協会雑誌』112巻12号1995年，1頁，113巻1号（1996年）1頁を参照。

38) 連邦裁判所が扱うべき問題については，浅香吉幹「合衆国における連邦裁判所の領分（1-4・完）―連邦制に基づく管轄権行使の限界」法学協会雑誌109巻2号1頁，3号108頁，4号74頁，5号（1992年）82頁を参照。

によれば，合衆国議会は，裁判所に法創造の役割を期待していないから，連邦裁判所は，現に存在する法を認定すべきだと考えられているのである。そのため，ソーサ判決以外の各判決においても，裁判所が認定する慣習国際法の基準については，厳しい要件が議論されているのである。ソーサ判決は，訴訟原因の認定という点において，現に存在する法というのは，海賊に代表されるような，ATS 制定当時の慣習国際法違反に匹敵するのでなければならないとした。海賊のように争いのない慣習国際法違反に匹敵する国際法規範を新たに発見することは容易ではない。ソーサ判決は ATS 訴訟を非常に困難とする考え方を示したのであるが，訴訟の可能性自体はわずかであっても残したといえる。ただし，連邦裁判所が認定するのは，慣習国際法そのものではなく，アメリカ合衆国憲法の下での連邦コモン・ローであることに注意が必要である。

### 3　Executive Authority, Legislative Authority との関係（合衆国憲法における権力分立と ATS 訴訟）

連邦裁判所が，慣習国際法を連邦コモン・ローとして認定し，ATS 訴訟を行うにあたって，ソーサ判決は，前述のように，裁判所は外交問題の処理における立法府および行政府の裁量を侵害する可能性につき，特に注意を払わなければならないと判示した。連邦裁判所が慣習国際法を扱う場合には，常に合衆国憲法下の三権分立の制約を強く意識し，議会や行政府に配慮しながら議論を行わなければならないのである。そのことが，ATS を判断する際の，他の制約をも導くのである。

### 4　域外適用否定の推定則

ソーサ判決において，ATS 訴訟に対する連邦最高裁判所の基本的な考え方が示されたのであるが，本章の問題関心との関係からは，企業による人権侵害が問題となった，キオベル判決が重要である。キオベル判決において連邦最高裁判所は，域外適用否定の推定則が ATS にも適用され，本件においては推定を覆す事実がないとしたが，これは，第一義的には，前項で述べた，立法権を

有する合衆国議会の権限との関係での制約である。また，合衆国の外交関係に影響するという点では，外交権を有する行政府との関係にもかかわる。

　域外適用否定の推定則は，「制定法に域外適用についての明確な指示がないときは，（域外への）適用がない」[39]とするものであり，合衆国法は国内問題に関して統治し，世界を支配しないという推定を反映する[40]ものである。この推定は，合衆国の法と他国の法との軋轢を生じさせるような意図しない衝突を防ぐために役立つとされる[41]。キオベル判決は裁判所が域外適用否定の推定則を典型的に適用するのは行為を規律する合衆国法が，外国で適用されるか否かを識別するためであるとするが，域外適用否定の推定則の基礎にある法解釈の原理は，ATS の下で持ち込まれる訴訟原因を裁判所が考慮するときにも拘束すると考えるという。そして，管轄権に関する規定である ATS であっても，この推定則を覆すためには，ATS が「域外適用の明確な意図」を示していることが必要であるが，ATS はそれを示していないとしたのである。また，海外で行われた行為がこの推定を覆すためには，強力な「接触」と「関わり」が必要であるとした（"touch and concern" test）[42]。

　しかしながら，裁判所の管轄権の設定は国内の行為であり，純粋に管轄権に関する法律に対しては，域外適用否定の推定則は適用されないのではないか，ATS が管轄権に関する法であるとするならば，管轄権の有無の判断をする際に，本当に域外適用の問題が生じているのかという疑問については，最高裁判所の説明が十分に説得的であるようには思われない。この点に関して，アレックス・グラスハウザー（Alex Glashausser）は，最高裁判所は ATS が純粋に管轄権の法律であることを認めていると同時に，ATS が，「十分に内容の定まっ

---

39) Morrison v. National Australia Bank Ltd., 130 S. Ct. 2869, 2878 (2010).
40) Microsoft Corp. v. AT & T Corp., 550 U.S. 437 (2007).
41) EEOC v. Arabian American Oil Co., 499 U.S. 244 (1991).
42) Kiobel, 133 S. Ct. 1659, 1663-1669 (2013). キオベル判決以降の ATS 訴訟において，コロンビア特別区連邦地方裁判所は，域外適用否定の推定則が部分的に覆されるとした。See, Doe v. Exxon Mobil Corp., 2015 U.S. Dist. LEXIS 91107 (2015).

た国際法に基づき一定の訴訟原因を設定する権限を裁判所に認めている」と述べ，ATS に対して準実体法的な説明を与えている点が不正確であるとする。すなわち，「(1) アメリカ法を外国での行為に適用しないという推定が，外国人不法行為法の下で連邦裁判所に提起される国際不法行為法上の請求に適用される。(2) したがって，本件請求は事物管轄権の不存在を理由に却下される」という結論を導くという2段階での誤りを構成しているというのである。正しく理解するならば，ATS は，キオベル事件においてもソーサ事件においても，事物管轄権を設定しており，事案の処理は実体法上の問題として処理されているという。域外適用の問題や事物管轄権の問題を幻影の問題であるとし，これらを避けるためには，ATS を無視すべきだと主張する[43]。この主張については，次節において扱う。

## Ⅳ　アメリカにおける人権訴訟の可能性

前節までにみたように，に ATS 訴訟の可能性は次第に狭められ，特に企業による人権侵害を伴う経済活動については，他の法律（TVPA など）との組み合わせによっても封じ込まれる傾向にある。それを踏まえた上で，ここでは，ATS 訴訟あるいはそれに代わる訴訟の可能性について考えてみたい。

### 1　ATS 不要説・合憲性に関する議論

前節において，ATS を無視すべきとの主張があることを述べたが，学説においては，ATS の合憲性を争うものもある[44]。ATS を違憲であるとする立場は，合衆国議会は，連邦裁判所の権限を定める合衆国憲法3条[45]の範囲内でのみ，

---

43)　アレックス・グラスハウザー（宮川成雄訳）「人権と管轄権の正誤——外国人不法行為法の解釈の誤謬」比較法学 48 巻 1 号（2014 年）121, 126-129 頁。
44)　「同論文」129-131 頁参照。
45)　アメリカ合衆国憲法3条2節（連邦裁判所の管轄権）　第1項　司法権は，次の事件および争訟に及ぶ。(1) この憲法，合衆国の法律，および合衆国の権限に基づい

連邦裁判所に権限を授権できるが，合衆国憲法 3 条は，慣習国際法に関しては言及していないので，議会は ATS を制定する権限を持たないと主張する[46]。それに対して，合憲であると主張する立場は，合衆国憲法 3 条 2 節第 1 項は，慣習国際法を含んでいると，解釈するのである[47]。この対立に対してグラスハウザーは，ATS の立法の経緯からは，明確な結論を導けないとしつつ，フェデラリスト・ペーパーズにおける記述[48]や，憲法制定 1 年後に ATS が成立していることなどの合衆国憲法および ATS 制定時の状況を挙げ，ATS は合衆国憲

---

て締結され，または将来締結される条約の下で生じる，コモン・ローおよびエクイティ上のすべての事件，(2)大使その他の外交使節および領事に関係するすべての事件，(3)海洋および海事の裁判権に関するすべての事件，(4)合衆国が当事者である争訟，(5) 2 以上の州の間の争訟，(6)《ある州と，他の州の市民との間の争訟》，(7)相違なる州の市民の間の争訟，(9)《州または州の市民と外国または外国の市民もしくはその統治に服する者の間の争訟》。

＊《　》内は，修正 11 条により修正。土井真一（訳）「アメリカ合衆国憲法」高橋和之（編）『新版　世界憲法集（第 2 版）』岩波書店（2012 年）。注 49) に引用する条文も本書の訳にしたがった。

46) *E.g.,* Curtis A. Bradley, The Alien Tort Statute and Article III, 42 *Virginia Journal of International Law* 587 (2002).

47) *E.g.* Anne-Marie Burley, The Alien Tort Statute and the Judiciary Act of 1789: A Badge of Honor, 83 *American Journal of International Law* 461 (1989); *see also* William S. Dodge, The Constitutionality of the Alien Tort Statute: Some Observations on Text and Context, 42 *Virginia Journal of International Law* 687 (2002).

48) たとえばジェイは，1787 年 11 月 3 日に次のような記事を載せている。「全国政府の下では，国際法も条約や条約の個々の条項も統一した解釈が加えられ，その統一的見解の下で実施されることになるであろう。これに対し，13 の邦や，3 ないし 4 の邦連合の下では，同一の論点や問題点についての判断が必ずしも一致しないし，また一貫していないであろう。それは，異なった独立の政府によって任命された独立の裁判所や判事が当然相互に異なっていることに基づくのみならず，彼らに影響を与え左右するそれぞれの地方の法律や利害関係が異なっていることに基づくのである。この点，憲法会議が，その様な問題を，1 つの全国的政府によって任命され，そこにのみ責任を負う裁判所の管轄と判断とに委ねた英知は，まさに賞賛に値する。」A. ハミルトン・J. ジェイ・J. マディソン，斎藤眞・中野勝郎（訳）『ザ・フェデラリスト』27 頁，岩波書店（1999 年）。

法3条の範囲内で制定されたとの結論を導く。さらにパケット・ハバナ判決および対外関係法理ステイトメント第3版から，慣習国際法が合衆国法であることは明らかであり，フィラルティガ判決がATSの合憲性を擁護して以降，最高裁判所におけるソーサ判決およびキオベル判決においても，ATSの合憲性に疑問が差し挟まれたことはないと述べる[49]。

さらにグラスハウザーは，ATS立法当時の状況や訴額要件との関係で，ATSは独自の存在意義を持っていたが，1980年の訴額要件の完全廃止により，特別な管轄権に関する法律は実際的な意味を失ったという。そして，キオベル判決の口頭弁論においてギンズバーグ（Ginsburg）裁判官が，「外国人不法行為法を気にかける必要はない」と発言したことを評価した上で，「国際法の問題は連邦問題である」とのルイス・ヘンキン（Louis Henkin）の言葉[50]を引用し，連邦裁判所がATSの事件を扱うに際して，ATSは不要であり，むしろ，ATSに関する管轄権や域外適用に関する議論が，本質的な議論を行うためには障害にさえなっている旨を述べている[51]。

この見解は，連邦裁判所における国際人権訴訟を促進しうる考え方という点で注目に値するが，域外適用否定の推定則の検討において言及した，この原則は「合衆国法は国内問題に関して統治し，世界を支配しないという推定を反映する」という裁判所の言葉を想起させる[52]。ATS訴訟が扱ってきたような問題を，合衆国憲法を直接の根拠として連邦裁判所が扱うならば，それはアメリカ

---

49) グラスハウザー，前掲論文注44) 129-131頁参照。それに加えて，筆者は，アメリカ合衆国憲法1条8節（合衆国議会の権限）10項が，「公海上で犯される海賊行為および重罪，並びに国際法に違反する犯罪を定め，処罰すること。」と定めていることから，慣習国際法に対する裁判所の権限に関する立法を行う議会の権限は，当然のものと考える。

50) Louis Henkin, *Foreign Affair and the United States Constitution* 239 (2d ed. 1996).

51) グラスハウザー，前掲論文注44) 131-133頁。こう述べた後で，グラスハウザーは，アメリカの裁判所が外国人どうしの裁判を審理する際の制限法理として，対人管轄権，不便宜法廷の法理，代替救済完了の原則とその他いくつかの法理を挙げる。「同論文」134-138頁。

52) Microsoft Corp. v. AT & T Corp., *supra,* note 40.

合衆国憲法による「世界の支配」にならないかとの疑念を禁じ得ないのである。

## 2　ヘンキンからの示唆

　前項では，ATS の合憲性に関する議論と，ATS は不要であり，連邦裁判所は合衆国憲法に基づいて，外国人どうしの国際法に関する裁判を直接行うことができるとする議論を紹介した。前者については，ATS 訴訟を取り巻く歴史背景や，連邦裁判所の判例の流れから，ATS の合憲性については問題にならないとうことでほぼ決着しているように思われる。しかしながら，後者に関しては，前項において筆者が抱く懸念を表明したが，ATS 訴訟に代わる国際人権訴訟のオルタナティブを提案していると考えられるので，論者のグラスハウザーが引用するヘンキンの議論に立ち返って，検討してみる。ここで検討するヘンキンの論考は，グラスハウザーが引用した著書の該当部分をさらに詳細に検討した「合衆国法としての国際法」論文である[53]。この論文の構成は，1．連邦法としての国際法，2．合衆国法のヒエラルヒーにおける国際法，3．大統領の国際法違反，4．結論となっており，主に，1．連邦裁判所が国際法を扱う権限について，2．国際法と議会制定法との関係について，3．合衆国の国益を実現するために，大統領が国際法を破る合衆国憲法上の権限について，それぞれ議論が行われている。ヘンキンは，国際法が連邦法として合衆国法に編入される過程を分析した後，連邦裁判所が（合衆国法としての国際法を含む）合衆国法を外国の行為に適用するためには，議会がそのような意図を有していたか否かによる旨述べている。また，議会が制定法によって国際法の国内法としての効力を否定しうること，慣習国際法を合衆国法として認定する裁判所は国際法を創造せず[54]，国際法の形成については，行政府が関わっているこ

---

[53] Louis Henkin, *International Law as Law in the United States*, Michigan Law Review vol. 82, 1555 (1984).

[54] したがって，慣習国際法を連邦コモン・ローと呼ぶのはミスリーディングであるとしている。

と，アメリカの国益のためには大統領は国際法に違反する権限があることなどにも言及する。そして，結論において，連邦裁判所の役割について次のように述べている。

「建国当時と同じように，今日においても，国際法は合衆国法の一部であると主張され，かつそのことは受け入れられている。しかし，諸国家および国際法と合衆国およびその諸国家における位置は，今日，異なっている。我が国の判例における名目上の連続性は，多くが現代に生じているその急進的な発展を覆い隠してしまう。合衆国が国家として責任を負っている国際法は，国家の（連邦の）法として，我が国の国内判例に組み込まれるものとみられることは正しい。合衆国の裁判所は，他国に対する責任に関して，国がどのように振る舞うべきかについて最終決定権として主張すべきではなく，議会または大統領が国際規範を履行するように命令すべきでないということは正しいと思われる。私には，議会が，それらが合衆国の国内法であることを拒絶するために動くまでは，裁判所は，合衆国が当事国である国際法の発展に効果を与え続けるべきであるということもまた，正しいと思われる。」[55]

ATS訴訟に引きつけて考えるならば，ここには2つの異なる方向性が示されている。一方では，連邦裁判所が積極的に慣習国際法を認定することによって，国際法の発展を合衆国法に取り込むことができる。国際人権訴訟の観点からは，新たに発展した慣習国際法化した国際人権規範を積極的に認定していくべきであり，そのことは，合衆国における人権規範の発展に寄与するということになる。また，副次的に，連邦裁判所が国際社会において国際人権規範を実現する役割を果たすことになる。しかしそれは，大統領の国際法に対する姿勢を縛ることはできないし（破られることもありうる），合衆国議会の立法によって後に否定されることもあり得る。

---

55) *Ibid.*, p. 1569.

他方で，ヘンキンは，連邦裁判所は法創造をするのではなく，現に存在する慣習国際法，あるいは国際法の発展を，合衆国法として認定するのであると考えているが，実際には，合衆国の法文化が裁判所による慣習国際法の認定に反映せざるを得ない。典型的には，合衆国憲法の三権分立の枠組みであり，他の権力との憲法上あるいは政治的緊張関係である。そのなかで，連邦裁判所の判断は，合衆国内の政治的事情とは全く無関係ではいられないのである。ATS訴訟のような裁判の場合には，合衆国憲法，あるいはアメリカの政治的な事情に適合的な慣習国際法の認定になりやすいと思われる。特に，本章で取り上げたような，人権侵害をともなう国際的な企業活動に関する事件においては，海外に展開する合衆国企業の活動を抑制する方向性の判決は，下されにくいと考える。しかしながら，国際的インパクトも大きいため，その影響を国際的に伸張していく効果があるのではないかと思われる。

さらに，国際法学や国際裁判もしくは国際法を扱う国内裁判においては，諸国の国内判例を参照することが一般に行われている。実際に，フィラルティガ判決は，拷問禁止の慣習国際法化の判例として取り上げられている[56]。本章で取り上げたフローレス判決，ソーサ判決，アブドゥラヒ判決，そしてキオベル判決のいずれにおいても，連邦裁判所が，国際法学でも争いのあるような慣習国際法規範の存在／不存在の認定を行っていた。ヘンキンは，裁判所は法創造をしないと述べているが，それは合衆国内のことであり，国際法の平面においては，アメリカの裁判所は積極的あるいは消極的な形で慣習国際法の形成に寄与しているのだといえる。

## おわりに

連邦最高裁判所は，2つの判決のみではあるものの，訴訟原因を提供する連邦コモン・ローとしての慣習国際法の認定基準をきわめて厳格に設定したり，

---

56) 注6）を参照。

域外適用否定の推定則を適用することで，合衆国との関わりがよほど強くないと管轄権が設定できないようにしたりと，ATS 訴訟の可能性を狭める傾向にある。また，拷問の禁止にかかわる TVPA については，法人に対して適用がないと明示し，ATS 訴訟で示された考え方と合わせて，国際的な企業活動に対する連邦裁判所における人権訴訟を封じ込めようとしているようにみえる。人権侵害を伴う国際的な企業活動に対する人権訴訟としての ATS 訴訟は，その存在意義をもはや失ったのであろうか。

　実際上の問題としては，企業活動に伴う人権侵害の被害者は，ATS 訴訟を提起することによって，その事実を，国際社会に広くアピールすることができる。本章で取り上げた，フローレス，キオベル，そしてアブドゥラヒのいずれの事件も，企業活動によって引き起こされた人権侵害は非常に過酷なものであった。アメリカ合衆国の国際社会における影響力に鑑みれば，そのような事実を連邦裁判所に持ち込むことによって国際社会に与えるインパクトは大きい（その影響は，日本の企業にとっても無縁ではないと思われる）。このことによって，国際社会におけるイメージを重視する企業が，より人権に配慮した活動に改める可能性が期待できる。また，被害者にとっては，ATS 訴訟で勝つことができなくても，企業との和解によって，高額の示談金を勝ち取ることができるという実利的なメリットがある。しかしながら，このような実際的なメリットについていえば，法的にみて，それが必ずしも ATS 訴訟である必要はないのである。国際的な人権保障制度が確立するまでの間，便宜的に使用されているものに過ぎないともいえるかもしれない。

　このように国際的に影響力を持つ ATS 訴訟が，アメリカにおいて維持されているのは，アメリカ社会の，企業の論理，人権，多様性（人種・移民）といった多様な価値相互間の緊張関係の反映であるようにも思われる。

　本章でみてきたとおり，現在の ATS 訴訟も，慣習国際法を扱ってはいるものの，あくまで合衆国法の文脈において行われている。特に，合衆国憲法の枠組みを中心としたアメリカの法文化を強く反映した訴訟形態であるといえる。

　ATS 訴訟においては，連邦裁判所が慣習国際法を扱い，国際法が連邦裁判

所の判例を参照することによって，アメリカ法と国際法との相互参照が盛んに行われている。

　国際法の研究においては，ATS 訴訟の問題が，国内裁判所における国際人権法の実現の問題でもあり，国際法によるアメリカ法の受容の問題でもあることに留意する必要がある。

## 第 3 章

# ヨーロッパ人権条約と英国最高裁判所
—— The European Convention on Human Rights
and the United Kingdom's Supreme Court ——

ブライス・ディクソン<br>
北 村 泰 三 訳

## は じ め に

　本章の主な目的は，ヨーロッパ人権条約（European Convention on Human Rights，以下では人権条約または本条約と略記する）に対して新設された英国最高裁判所の裁判官が採ってきた対応を探ることにある[1]。以下では，まず本条約の基本的な特徴を述べ，次いで 1998 年人権法（Human Rights Act 1998）の制定の結果，英国にもたらされた法的な意味合いを概観することから始める。その後，英国法における本条約の影響に対処する際の最高裁の特別な役割について焦点を転じて，この新しい裁判所の性質および組織・構成の特徴を述べる。また，ヨーロッパ人権裁判所のいくつかの判例への対応と人権法に基づく条約上の権利保障への対処法についても論じておく。さらに本稿では最高裁による「ウルラ」（*Ullah*）原則の承認がなぜ憂慮すべきなのかを明らかにする。というのも，同原則は，ヨーロッパ人権裁判所の判断に対して（国内裁判所が）「それ以上でも以下でもなく」（no more and no less）人権条約を解釈する

---

1) 本章は，2014 年 1 月 29 日に中央大学で行われた講演の内容を敷衍したものである。この問題に関する著者の詳細な見解は，B. Dickson "*Human Rights and the United Kingdom Supreme Court*" (Oxford University Press, 2013) を参照のこと。また，論文として "The record of the House of Lord in Strasbourg" (2012) 128 *Law Quarterly Review* 354 も参照のこと。

ことを意味しているからである。結論としては、最高裁の内部での対応が予測可能な将来においてどのように展開していくかについて、簡潔な考察を加えておくこととする。

## I　ヨーロッパ人権条約

　本条約は、1950年に採択され、署名のために開放された。本条約が保護するのは、おおむね市民的・政治的権利であって、経済的・社会的権利や環境権若しくは良い統治（good governance）などの「第3世代」の人権ではない。しかし、財産権は本条約の第1議定書に含まれており、労働の権利を保護するためには他の条項が間接的に用いられている[2]。英国は、1951年に本条約を最初に批准した国である。1953年に本条約は10か国の批准の後、直ちに発効した。このことは、それ以後、他の国が英国を相手取ってストラスブールのヨーロッパ人権委員会および人権裁判所に対して申立を提起することができるという意味である。人権裁判所は、1960年に最初の判決を下した。英国については、最初でまた今のところ唯一の国家間の申立事件に関する判決は、1978年に下された[3]。

　英国が自国内に居住する人々にヨーロッパ人権委員会に対する申立を提起する権利を認めたのは1966年になってからであった。個人は人権委員会の結論に不服であれば、人権裁判所の小法廷に申立を提起できるようになったのは、1994年のことである。それ以前は、ヨーロッパ人権委員会または被申立国のみが人権裁判所に訴えることができたにすぎない。英国に関する個人申立についての人権裁判所の初判決は、1975年に言い渡された[4]。それ以後、約300の人権裁判所の（英国に関する）判決が存在している。最近4年間のストラスブ

---

2) R. O'Connell, The right to work in the European Convention on Human Rights' [2012] EHRLR 176.
3) Ireland v. UK (1979-80) 20 EHRR 117.
4) Golder v. UK (1979-80) 1 EHRR 524.

表1　ストラスブールにおける英国に対する申立件数（2010-2013年）[5]

|  | 2010年 | 2011年 | 2012年 | 2013年 |
|---|---|---|---|---|
| ヨーロッパ人権裁判所への付託件数 | 2,475 | 1,542 | 1,702 | 912 |
| 住民1万人当たりの申立付託件数 | 0.44 | 0.25 | 0.27 | 0.14 |
| 受理可能性が認められた申立件数 | 27 | 26 | 21 | 5 |
| 人権裁判所による判決数 | 21 | 19 | 24 | 13 |
| 最低1以上の違反が認められた判決数 | 14 | 8 | 10 | 8 |

ールにおける英国に関する申立の統計は，表1の通りである。

　これらの数字からみて明らかなように，ストラスブールで受理された申立の件数は，急速に減っている。2013年には，英国における住民1人当たりの申立付託率は，アイルランドを除けばどの国よりも低かった[6]。また，ストラスブールでの受理可能性の障壁を乗り越えるだけの十分な根拠を有する申立は1パーセントに過ぎなかった[7]。最終的にこれらの申立の本案が審理されたとしても，1つ以上の条項について違反が認定された判決は約半分に過ぎなかった。

　1998年には，ヨーロッパ人権委員会が廃止され，常設的な人権裁判所が誕生した。ヨーロッパ評議会の47の加盟国から各1人の裁判官が選出される。裁判所の各小法廷は，7人の裁判官で構成される。その中には，被申立国から

---

[5] 統計の典拠は，ヨーロッパ人権裁判所年報，ヨーロッパ人権裁判所が発行する年次統計分析およびA. Donald, J. Gordon and P. Leach, The United Kingdom and the European Court of Human Rights (Equality and Human Rights Commission, London, 2012).

[6] アイルランドの率は，10,000人当たり0.13であった。もっとも率の高いのは，センテネグロの4.70だった。

[7] これらの受理可能性の要件とは，匿名の申立であってはならず，すべての国内的救済手段を尽していなければならず，申立に関する国内決定の6か月以内に付託されなければならず，また（一般的に）著しい不利益を被ったことなどである。さらに，申立は既に国際的な解決の手続きに付託されていてはならず，明白に根拠不十分であってもならない。本条約34条を参照。

指名を受けた裁判官が含まれる。言うまでもなく，各裁判官は，自国の政府からは完全に独立して行動することになっている。人権裁判所の大法廷は，17人の裁判官によって構成される。申立人は，小法廷の判決に不服であれば，大法廷の審理を求めることができるが，それらの要請のうち認められるのはごくわずかであり，おそらくは10パーセントに満たない。また，大法廷は，小法廷の判決と異なる結論に達することはあまりない。もっとも，大法廷が展開する推論が小法廷のそれと同一であることは余り多くはない。

　1970年代後半以降，特に1998年以降は，人権裁判所は，本条約の解釈に積極的なアプローチを採用してきた。人権裁判所は，本条約を「生きた文書」(living document) として扱い，また条約上の諸権利は，架空で理論的なものではなく，動態的でかつ実効的な権利であるべきと考えている。また，条約中に新たに黙示的な権利を読みこむことによって，「積極的な義務」(positive obligations) という概念を発展させてきた。すなわち，これは国家は条約上の権利を侵害しないというだけではなく，将来にわたって権利侵害を防止する措置をとるべき義務があるという意味である。例えば，疑念を伴う死亡事件を捜査するためには適切な訓練を積んだ警察官を配置して，効果的な対策をとることなどが含まれる。

## II　最高裁判所を創設する以前のヨーロッパ人権条約に対する英国の裁判所の対応

### 1　2000年以前の地位

　1998年人権法が2000年10月2日に発効するまでは，英国の裁判所は，本条約を法源として制限的に活用することができたにすぎない[8]。国内法が曖昧であれば，裁判所は，条約と両立するように国内法を解釈することを選択でき

---

8)　1998年以前の関連する立場については，B. Dickson (ed), *Human Rights and the European Convention* (Sweet and Maxwell, 1997) および M. Hunt, *Using Human Rights in English Courts* (Hart Publishing, 1997).

た。裁判所はまた，コモン・ローをどのように発展させるべきかを決める際に，ヨーロッパ人権裁判所の判決を考慮することもできた。しかし，人権裁判所の判決にコモン・ローを一致させる義務はなかった。貴族院上訴委員会 (Appellate Committee of the House of Lords) によって審査の対象となった後にストラスブールに付託された事件の数を筆者が検討したところ[9]，人権法が発効する以前には，70件の判決がストラスブールで審理され，そのうち26件が受理可能性の要件を通過して本案審査に及んだ。これらの26件のうち10件はストラスブールにおいて「是認」され，16件が「否認」された。つまり，この期間中に人権に関する判決に異議を主張した事件のうち[10]，すべての判決の23パーセントでは，貴族院はヨーロッパ人権裁判所の期待に添って本条約を適用していないと認められたということである。

　貴族院裁判官が，なぜかくも頻繁に誤りを犯したのかについて確たることはいえないけれども，少なくとも次の3つの理由が考えられる。第1は，人権概念よりも市民的自由の概念に対する以前からのこだわりのために[11]，貴族院の法官貴族たちは「人権」そのものに関して長年のコモン・ローの伝統に頼ることができなかったからである。というのも，貴族院は議会が予め禁止していない限り人の行為は合法とされるという前提に基づく原則を発展させてきた。議会は，人の基本権には介入するべきではないという異なる出発点に基づく理論を発展させることには慣れていなかったのである。筆者は，かつて別の機会にも述べたことがあるのだが，英国法は人権法を制定することによって人権保障制度を「国際化」したときに，コモン・ロー上の「憲法的権利」という概念の

---

9)　Dickson (2012) 前掲注1)。Dickson (2013), 前掲注1) の補遺3ではこれらのすべての判例のリストを掲げている。同リストにはヨーロッパ人権裁判所の以下の判例を追加すべきである。Berry v. UK App Nos 19064/07, 31588/09 and 38619/09, 2012年10月16日判決。Animal Defenders International v. UK (2013) 57 EHRR 1 and Jones v. UK, App No 34356/06, 2014年1月14日判決。
10)　最初の異議は，R対キルボーン（R v. Kilbourne）事件である。[1973] AC 729.
11)　1998年法以前は，現在われわれが人権法と呼ぶものは，市民的自由に関する法であり主として憲法を扱う著作において詳述されている。

拒否を通じてコモン・ローー上の保護の「憲法化」を拒否したまさにそのときに，人権保障の国際化を行ったのである[12]。

　貴族院裁判官が「誤り」を犯す第2の理由は，英国の裁判官は本来保守的で，先例を確立しコモン・ローを拡大する憲法上の権利を持っているにもかかわらず，議会主権に異を唱えるつもりがないからかもしれない。彼らは，法の支配の原理を平等と公正性の原則とともに支持しているが，彼らは英国の「法的」な憲法とは異なる「政治的な」憲法（それは1つの合意された文書の形式で成文化されたことがない）の下では，議会での投票で選出された政治家たちが表明した期待には従わなければならないというダイシー流の仮説（Diceyan fixation）を背景にして自重しているのだ。英国の裁判官が人々から尊敬されていることは間違いないが，裁判官が議会に対しては自ら恭しく振る舞うからこそ尊敬されているのだと思っているようであり，この習慣を断念しようとは思っていない。しかし，そうした理由は，なぜ貴族院裁判官が本条約に言及することによって（議会はその領分に未だ介入したことのない）コモン・ローの範囲を発展させようとさえしないのかにつき十分な根拠とはなっていない。

　第3の理由は，英国の裁判官は，判決に際して，人権以外にも多くの点を考慮しなければならないという点が挙げられる。本条約は，英国に法として移植されたものなので，数世紀以前からとは言わなくても，数十年前に移植された多くの確立した諸原則を有する法文化のなかでそれを成長させなければならないのである。これらの諸原則とは，エクイティ，公平性，合理性，プロセスの濫用および「司法の利益」などの概念から成り立っており，国内裁判官は，これらの豊富な伝統のなかで，権利，正当性，必要性および比例性などの一連の新しい諸原則を取り入れるのが困難であることを認めている。ストラスブールの裁判官は，人権の保護にほとんどすべてを集中することが任務であるのに対

---

[12] Dickson (2013), 前掲注1), 20-30頁。同書の他の箇所において，筆者は本条約上の各権利について，英国の最高位の裁判所のアプローチがヨーロッパ人権裁判所のアプローチとどの程度まで一致しているのかを詳述した。その記録は混合的であったが，一般的には「思いのほかずっとましである。」という結論であった。

して，国内裁判官は，少なくとも英国では（裁判官に初めて任用されたときの宣誓文を念頭に置けば），「恐怖または好意，感情または悪意もなしに，法と慣行に従って，人々の行為を正しく評価する」ように求められているのである[13]。

## 2　2000年から2009年までの間

　貴族院が人権法を適用して上訴事件の審理を開始してから[14]，ストラスブールで審査された判決は63件存在していて，そのうち30件が受理可能性の要件を通過して，本案の審理に及んだ。これらの30件のうち，16件はストラスブールで「是認」され，また14件が「否認」された。つまりこの期間中には[15]，英国の最高位の裁判所は，22パーセントの判決ではヨーロッパ人権裁判所の期待に添うようには本条約を適用しなかったということである。これは，人権法施行以前の判決の（否認の）率が28パーセントであったのと比べれば，是認されなかった率としてそれほど高くはないけれども，国内裁判所による人権条約の解釈とヨーロッパ人権裁判所の解釈との間には，依然としてかなりの食い違いがある。一方では，ゆるやかな改善にはおそらく次の3つの理由がある。

　第1は，2000年に1998年人権法が発効した後は，貴族院と最高裁はストラスブールの判例を非常に綿密に検討してきたことである。というのは，特に1998年人権法の2条によって英国の裁判所は，ストラスブールの判例法を考慮するように求められているからである。実際に最高位にある英国の裁判官は，もしストラスブールの判例法が明確で，英国の現行法と矛盾しないなら

---

13)　「約束宣誓法」（Promissory Oaths Act 1868）4条。
14)　上掲注5)の最後の2つの文を参照のこと。
15)　貴族院による人権法の導入後の最初の判決は，R (Wardle) v. Crown Court at Leeds事件である。[2001] UKHL 12. ヨーロッパ人権裁判所は，Wardle v. UK事件（Application No. 72219/01, 2003年3月27日）において本件申立を受理しないと認定した。

ば，それに従う義務があると考えている。ニューバーガー卿（Lord Neuberger）は，マンチェスター市役所対ピノック（*Manchester City Council v. Pinnock*）事件で，次のように述べていた。

「しかし，（ストラスブールには）明確で一貫的な判例法の筋道があり，その趣旨は，わが国法の根本的な実体規定または手続規定にも一致していて，かつまたその理由づけが主張または要点を看過したり誤解したりしていない場合には，われわれがそれに従わないのは誤りであると考える。」[16]

第2に，現在では，特に新奇でなく当該問題への取組み方法についてヨーロッパ諸国間に合意が形成されつつある分野については，ストラスブールの判例法の発展傾向に関する調査に基づきヨーロッパ人権裁判所の見解を予測するだけの能力が国内裁判所には備わっている。このような事情をみれば，貴族院裁判官は，拷問犠牲者が外国政府を相手として訴訟を提起する権利よりも国家免除の原則の方が優先するという主張をヨーロッパ人権裁判所がどのように処理するのかを正確に予測できたのかが理解できる[17]。同様に，選挙期間中の政治的宣伝行為に課せられた制限に関する異議申立[18]やさらに公共の安全を理由としてデモ隊を取り囲む行為（これは「ケトリング」"kettling" と呼ばれる）の警察による正当化などもヨーロッパ人権裁判所の対応が予測された例である[19]。他方で，貴族院の裁判官が著しく判断を誤ったこともあった。たとえば，

---

16) [2010] UKSC 45, [48]. R (Chester) v. Parole Board [2013].

17) Jones v. Ministry of the Interior of Saudi Arabia [2006] UKHL 26. 本件の結論はヨーロッパ人権裁判所の Jones v. UK 事件判決（Application No. 34356/06, 2014年1月14日）で是認された。

18) R (Animal Defenders International) v. Secretary of State for Culture, Media and Sport [2008] UKHL 15. 本件は，ヨーロッパ人権裁判所の Animal Rights Defenders v. UK 事件判決（2013年）により是認された（57 EHRR 1）。

19) Austin v. Metropolitan Police Commissioner [2009] UKHL 5. 本件は，Austin v. UK 事件において是認された。55 EHRR 14.

イラクに派兵されていた英国軍兵士が，本条約2条および5条に従う義務があるという主張に対して人権裁判所がどのように応じるかという点について[20]，またイスラム急進派の聖職者をヨルダンに追放しても，拷問によって獲得された証拠を同人の裁判で有罪証拠としては用いないとヨルダン政府が保証している以上は，英国政府は同人をヨルダンに追放することが認められると判断した点でも英国の裁判官は誤りを犯したことになる[21]。

第3に，現在では，ヨーロッパ人権裁判所は，本条約の規定がどのように解釈されるよう期待しているかを幾分詳しく定めるようになった。それは，たった10年ほど前に考えられていたよりも判例法の発展の幅は狭くなっているという意味でもある。同時に，ヨーロッパ人権裁判所は，国内裁判所が本条約に基づく請求をどのように処理するべきかという点についても，現在では（特に，いわゆるパイロット判決[22]を通じて）かつてよりも明確な指標を示すようになっている。また，若干の条約上の権利について国家が享有する評価の余地の範囲についても同様である[23]。

人権法の施行以後，貴族院上訴委員会のストラスブールにおける記録が少々

---

20) R (Al-Skeini) v. Secretary of State for Defence [2007] UKHL 26. 本件は，ヨーロッパ人権裁判所大法廷の Al-Skeini 対英国事件判決によって否認された。Al-Skeini v. UK (2011) 53 EHRR 18.

21) RB (Algeria) v. Secretary of State for the Home Department [2009]. which was disapproved in Othman v. UK (20012) 55 EHRR 1.

22) ヨーロッパ人権裁判所の Factsheet, *Pilot Judgments*（2013年10月版）を参照（同裁判所のウェブ上で入手できる）。最初のパイロット判決は，Broniowski v. Poland 事件であった。40 EHRR 21, 2004年6月22日判決。

23) これは，2002年のモスクワのドブロフカ劇場で起こった人質事件（事件の起きた劇場の換気装置に送り込こまれた毒性ガスによって，170名以上の人々が死亡した）の処理についてのロシアへの対応においてはっきりと例証される。Finogenov v. Russsia, Application Nos. 18299/03 & 27311/03. 2011年12月20日判決。ヨーロッパ人権裁判所は，ガスの使用に関しては，国家の評価の余地の範囲内にあるので，条約2条（生命権）の侵害を認定しなかったが，ロシア当局は市民の生命の損失を最小限に抑えるためにすべての可能な事前の警告措置をとらなかったことにより2条の侵害があったと判示した。

改善した理由がどうであれ，本章の問題意識は，2009年10月以降，貴族院上訴委員会が最高裁判所に引き継がれてからの足跡に，さらなる変化が生じたかどうかという点にある。そこでまずは，最高裁の基本的な特徴について若干の情報を提供しておきたい。というのは，この新しい制度について日本の読者に紹介するとともに，本条約に関する裁判官の所見を後に分析する際のいくつかの要点との関連性を示すのに役立たせるためである。

## Ⅲ　英国最高裁判所

既に触れたように，英国の最高裁は2009年に以前の英国における最高位の裁判所であった貴族院上訴委員会に代わって創設された。同委員会は，1876年の法[24]によって設置されたものであるが，貴族院は，14世紀以来，イングランドの（後には連合王国［United Kingdom］の）最高位の裁判所として法律に基づかずに運用されてきた[25]。2009年9月30日の時点で貴族院裁判官（Law Lords，常任上訴裁判官［Lords of Appeal in Ordinary］とも呼ばれる）であった裁判官は，2009年10月1日付けで最高裁判所裁判官となった[26]。最高裁は，新たな建物において活動を開始した。それは，ウェストミンスター宮殿（英国の国会議事堂）内ではなく，議事堂とウェストミンスター寺院（1066年以後，英国の国王・女王の戴冠式が行われる）の道路を挟んで向かい側に位置するパーラメント広場のミドルセックス・ギルドホールに置かれた。

現在，最高裁は，12人の裁判官によって構成されている。そのうち4人は，以前から貴族院裁判官を務めていた。これらの4人のなかで，長官であるニュ

---

24) Appellate Jurisdiction Act 1876.
25) David Lewis Jones, 'The judicial role of the House of Lords before 1870', in L Blom-Cooper, B Dickson and G Drewry (eds), *The Judicial House of Lords 1876-2009* (Oxford University Press, 2009), ch 1.
26) 1人の法官貴族（スコット卿）は，9月30日に定年退職し，10月1日付けで新しい裁判官（クラーク卿）が任命された。最高裁判所の法的基礎は，2005年憲法改革法（Constitutional Reform Act 2005）の23条から60条である。

ーバーガー卿（Lord Neuberger）は，2007 年から 2009 年まで貴族院裁判官として在職し，2012 年に最高裁長官に名称変更されるまでは，控訴院民事部を統括していた。副長官のレディ・ヘイル（Lady Hale）は，2004 年に貴族院裁判官に任命され，現在なお英国最高裁における唯一人の女性である。他の 2 人はマンス卿（Lord Mance, 2005 年に任命）とケール卿（Lord Kerr, 2009 年に任命）である。最高裁判所は，英国内の 3 つの管轄区域からの上訴事件を裁定する。したがって，最高裁には法的専門性が混在していなければならないので，12 人の裁判官のうちリード卿（Lord Reed, 2012 年任命）とホッジ卿（Lord Hodge, 2013 年任命）の 2 人は前職がスコットランドの裁判官であったし，もう 1 人のケール卿（Lord Kerr, 2009 年に任命）は，北アイルランド出身の裁判官であった。ニューバーガー卿，レディ・ヘイルとマンス卿以外のイングランドとウェールズ出身の裁判官は，クラーク卿（Lord Clarke, 2009 年任命），ウィルソン卿（Lord Wilson, 2012 年任命），サンプション卿（Lord Sumption, 2012 年任命），カーンワス卿（Lord Carnwath, 2012 年任命），ヒューズ卿（Lord Hughes, 2013 年任命）およびトゥルソン卿（Lord Toulson, 2013 年任命）である。

　12 人の裁判官のうち 2 人以外はすべて（授業料の必要な）独立学校（independent school）の出身である。ケール卿とレディ・ヘイルだけが公立学校（grammar school）の出身である。サンプション卿とカーンワス卿の 2 人は英国で最も有名な独立学校であるイートン校の出身である[27]。さらに 2 人を除くすべての裁判官は，オックスフォード大学かケンブリッジ大学で教育を受けている。ヒューズ卿は，ダラム大学出身であり，ケール卿はベルファストのクイーンズ大学の出身である。すべての裁判官は，任官前はバリスタであった。ただし，レディ・ヘイルとサンプション卿とヒューズ卿の 3 人は，一時期は大学の研究者であった。もっとも，サンプション卿は法学ではなく歴史学を

---

27) ディビッド・キャメロン首相とボリス・ジョンソン・ロンドン市長もイートン校の出身である。

教えていたのだが[28]。サンプション卿は，最高裁判事に任命される以前には専任の裁判官として任ぜられたことはなかったので，1949年以来，弁護士会から直接に英国最高位の裁判官としてはじめて任命されたのだった。

2006年以降は，新たに発足した裁判官任用委員会[29]——これは，最上席の裁判官の任命を除いて，すべての裁判官の任命に責任を有している——が採用した慣行に基づいて，英国の最高位の裁判所への任命は，空席情報が告示された後に，候補者からの申請を受理した後，上席裁判官と法律専門家以外の委員が混ざりあっている選考委員会により選考のための面接が行われる[30]。現在の12人の裁判官の平均年齢は66歳である。彼らの定年は70歳であるが，1995年以前にいずれかのレヴェルの裁判官として最初に任命されていた場合にはこの限りではなく，もし自ら望めば75歳まで続けることができる。現在の12人の裁判官のうち4人はその範疇に該当する。すなわち，レディ・ヘイル，マンス卿，カール卿，それにクラーク卿である。

その他のコモン・ロー諸国と同様に英国最高裁判所の判決は，「先例」を構成する。すなわち，将来の事件において英国のすべての下級裁判所を拘束する。したがって，裁判官は，準立法官でもある。最高裁は，毎年60件ないし80件の判決を言い渡している[31]。判決ごとに法廷は，通常法5人の裁判官によって構成されるが，貴族院または最高裁が下した先例に誤りがないかについて疑義が生じた場合などの重要な案件では，7人の裁判官で法廷を構成する。また，非常に重要な事件（例えば，基本的な憲法上の問題または「法の支配」に関する問題が生じた場合）には，9人の裁判官で法廷を構成する。2013年に下された81の判決のうち6件は7人の法廷により，また2件は9人の法廷に

---

28) サンプション卿は，"The Hundred Years War in Europe"という3巻の歴史書を公刊した。
29) 憲法改革法（Constitutional Reform Act 2005）の61条および付則12によって設立された。
30) 2009年以後は最高裁への任命手続は，2005年憲法改正法の25条から31条に定められている。
31) 2010年の判決は58件，2011年は60件，2012年は63件，2013年は81件だった。

よって判決が下された。

　裁判官は，皆似たような専門的背景の出身であり，したがって一定の社会的慣習を共有しているとはいえ，裁判官は，どのように訴えを決すべきかという点ではしばしば意見が異なる。2012年には，21パーセントの判決では，反対意見を付した裁判官がいた。2013年には，反対意見が付された判決の率は12パーセントに下落した。というのは，一部にはニューバーガー卿（2012年10月以後の長官）が，個別の判決の寄せ集めでなく，1つの共同の判決文を示すように同僚裁判官に勧めているからである。2013年には81の判決のうち46件（57パーセント）は共同判決文であった。2014年の本稿執筆時（4月中旬）までに下された最高裁判決の24の判決のうち15は単一の判決文のものであった。

## Ⅳ　ヨーロッパ人権条約に対する最高裁判所の態度

　最高裁判所は，厳密には新しい裁判所である。新たな所在地に設けられ，手続規則も新しく制定されているけれども，多分に先代の模造品でもある。「権限委譲問題（devolution issue）」と呼ばれる問題，即ちスコットランド，ウェールズおよび北アイルランドにおいて権限が委譲された事柄に関する決定についての異議申立事件の管轄権のように[32]，（先代よりも）わずかに広い管轄権を有しており，はるかに有用なウェブサイトを構築していて，また年報も公表しているけれども，その他の点では以前と殆ど同じ方法で上訴事件を審理している。判決は，貴族院裁判官が採ってきたのと同一の方法により言い渡されており，裁判官の3分の1は旧貴族院上訴委員会の裁判官である。とりわけ最高裁は，同上訴委員と同じように旧上訴委員会の決定に従うことを誓約している[33]。

---

32) これらの問題は，枢密院司法委員会（いずれにしても現在の最高裁である上訴委員会の裁判官によってほとんどが構成される）によって公式には扱われていた。

33) この点は，次の判決においてホープ卿により明らかにされている。Austin v. London Bourgh of Southwalk [2010] YKSC 28, at [25]. また，次も参照のこと。J.

確かに，新たな裁判所の創設は，英国の最高位の裁判官が英国憲法の下で果たす役割を何らかの方法により変革したわけではない。また，裁判官はヨーロッパ人権条約に関連して旧上訴委員会がとった立場と異なる立場を採ろうとしたことはなかった。特に，上訴委員会によるケイ対ランベス自治区参事会（Kay v. Lambeth London Borough Council）事件[34]の判決——英国の法制度の下では最も権威のある機関がヨーロッパ人権裁判所ではなく，貴族院（現在の最高裁）であるという趣旨——を批判しなかった。この判決の意味は，ヨーロッパ人権裁判所がいかなる立場を採用しているかにかかわらず，下級審は国内の最高位の裁判所が述べたことに常に従わなければならないという意味である。最高裁だけが，ストラスブールの判例法に関する英国の法的立場を変更することができるのである。

英国の最高裁は，他のヨーロッパ諸国におけるいかなる最高位の国内裁判所よりもストラスブールの判例法に従順であるともっともらしく思われている[35]。ストラスブールの裁判官もこの点では確かに好感を強く持っている。というのも，英国を相手とする申立事件では，十分な法的理由付けがなされているので，審理がずっとやりやすいからである。今日までに，最高裁の判決のうちストラスブールの法廷により審理されたのは1件だけである。もっとも，当該判決がストラスブールに付託された結果，審理が行われた訳ではない。その判決とは，2009年9月に貴族院上訴委員会において争われたR対ホーンカッスル（R v. Horncastle）事件であって，2009年12月に7人の裁判官の判決が下される前に最高裁へと名称が変更されたのであった[36]。裁判官は，最近のヨ

---

Lee, 'The doctrine of precedent and the Supreme Court, *Inner Temple Fellow's Lecture*, 23 April 2012. 本論文は，インナーテンプルのウェブサイトで入手可能。この問題は，1996年に法官貴族が発行した「慣例集」（Practice Statement）により定められている。

34) [2006] UKHL 10, at [44]. ビンガム卿の言葉。

35) ニューバーガー卿は，2014年のケンブリッジ・フレッシュフィールド法学講演会「演題；英国とヨーロッパ」において遠まわしに述べている（31パラグラフ参照）。

36) [2009] UKSC 14. 7人中の1人は，ニューバーガー卿であり，2009年10月1日付けで最高裁の判事には就任しなかったが，それに代えて「記録長官」（Master of the

ーロッパ人権裁判所のアル・カワジャおよびタヘリィ対英国（Al-Kawaja and Tahery v. UK）事件[37]の小法廷における審理において，既に死亡していたために法廷で反対尋問を行うことができない人物が提供した証拠を被告人を有罪とする主な理由として用いることができないという書面証拠の受理可能性に関する英国法を誤解していたのはなぜなのかを相当長く説明した。最高裁は，判決の補遺において伝聞証拠の許容は，本条約6条に違反するという人権裁判所の判例の分析を公表して，もしこれらの事件が英国の裁判官の前に提起されたとしても，同じ結果となるだろうと指摘した[38]。その後，最高裁の見解は，ヨーロッパ人権裁判所の大法廷において再度，アル・カワジャおよびタヘリィ事件を審理した際に注意深く考慮された。2件の申立のうち1件については，小法廷の結論と同じであったけれども，大法廷は，国内法システムがある種の刑事事件では伝聞証拠の採用を埋め合わせるために不公正に対する防止措置を有していると認めたことにより，小法廷判決における英国法への批判を和らげたのである[39]。最高裁とヨーロッパ人権裁判所との間のこうした相互作用は『対話』と呼ばれるが，実際は親書の交換のようなものである。

　最高裁による少なくとも他の5つの判決は，ヨーロッパ人権裁判所が採用したアプローチについての裁判官の思考方法を反映している。第1の判決は，前述のマンチェスター市役所対ピノック（Manchester City Council v. Pinnock）事件[40]である。本件では，9人の最高裁判事は，数週間前にヨーロッパ人権

---

Rolls, すなわち控訴院民事部長官）に就いた。もう1人はジャッジ卿であり，Lord Chief Justice of England and Wales が通常の任務なので，特別裁判官として上訴案件に出廷する。彼は，控訴院刑事部長官に任じられた。

37）　(2009) 49 EHRR 1.
38）　補遺の作成者であるジャッジ卿は，イングランドとウェールズの主席裁判官（Lord Chief Justice）としての立場から，少なくともストラスブールの裁判官に関する限りは，最高裁の判決に一層の権威を付与するであろうという理由により出廷が求められたようである。
39）　Al-Kawaja and Tahery v. UK (2012) 54 EHRR 23.
40）　[2010] UKSC 45.

裁判所がケイ対英国（Kay v. UK）事件[41]で採用した立場を受け入れると決定した。争点は，市営住宅の入居者に対して入居契約期間が満了したときに明け渡しを請求することが，入居者の本条約 8 条に基づく家庭生活の尊重を受ける権利を侵害するかどうかにつき市当局が考慮しないままに明け渡し請求を行うことができるかどうかという点だった。それ以前は，貴族院上訴委員会は，一連の判決において市営住宅局に対して 8 条を考慮するように求めていなかったが，本件で最高裁はヨーロッパ人権裁判所からの圧力に屈した。この対応は，特定の方向を示す大法廷の明確な判決があったからではなく，それを指示する 4 件もの小法廷判決が存在していたからである。これらのすべての判決は，2009 年と 2010 年のものであり，それらとは調和していない 3 つの貴族院判決の後に言い渡されたものであった。最高裁はこれでどうにか屈辱を受けずに済んだ。というのは，最高裁は，おそらく心中は穏やかという訳ではないが，ケイ対英国事件のヨーロッパ人権裁判所判決よりも前から，8 条を考慮すべきであると考えていたと述べることによって，最高裁が次にとるべき当然の処置であると表現したのであった。

　2011 年の 3 件の判決において最高裁は，さらに本条約への自らの立場を明確にした。R（GC）対メトロポリス警察長官（R (GC) v. Commissioner of Police of Metropolis）事件[42]では，最高裁は個人情報の保有に関する過去の貴族院判決に対してヨーロッパ人権裁判所がどのように対応してきたかという点について見解を表明した。その背景には，S およびマーパー対英国（S & Marper v. UK）事件[43]でヨーロッパ人権裁判所は，警察が人々から採取した指紋および DNA サンプルを無期限にわたって保有することを認めており，しかもいかなる罪も問われないというのは本条約 8 条が保障する私的生活に対する

---

41)　(2012) 54 EHRR 30. 本件判決でヨーロッパ人権裁判所は，Kay v. Lambeth London Borough Council 事件（[2006] UKHL 10）における貴族院上訴委員会の判決を否認した。

42)　[2011] UKSC 21.

43)　(2009) 48 EHRR 50.

権利を侵害すると判示していたことを指摘できる。本判決は17人の裁判官の全員一致の意見であり，英国の貴族院が4年半前に公にした全員一致の意見を覆したのである[44]。英国政府は，最終的に2012年の自由保護法（Protection of Freedom Act 2012）[45]によってイングランドとウェールズの法をヨーロッパ人権裁判所の判決に一致するように改正した。（人権裁判所の）大法廷事件では，最高裁は，過去の国内判決において選択してきた解釈よりもむしろヨーロッパ人権裁判所の意見を受け入れたのである。すなわち，問題の個人情報保有制度は，本条約の8条と両立しないので，違法であると認めた。注目すべきは，GC事件を担当した7人の裁判官のうちロジャー卿，レディ・ヘイルそれにブラウン卿の3人は，7年前にSおよびマーパー事件を担当していたことである。いずれの裁判官も以前の（最高裁）判決をヨーロッパ人権裁判所が逆転させたことに従うことを躊躇していたとは思われない。ロジャー卿とブラウン卿は，当該立法の目的は[46]，生体データの無期限の保有を「命じて」（required）いたのであるから，警察はその問題とされた仕組みを採用する以外に選択肢は無かったと述べることにより，自らの以前の判断を間接的に正当化しようとした。レディ・ヘイルはむしろ寛大であった。というのも同判事は，暗黙のうちに自尊心を捨てて，一般の人々はSおよびマーパー事件に関するヨーロッパ人権裁判所判決には関心がなさそうだったので，貴族院は人々の気持ちを読み違えていたことを認めたのだった[47]。

---

44) R (S) and R (Marper) v. Chief Constable of South Yorkshire [2004] UKHL 39.
45) Ss 1-28 前政権では，2010年の犯罪治安法（Crime and Security Act）の14条を通じて本法の改正も行ったが，これは施行されず，実際には2012年法によって廃棄された。北アイルランド議会は，英国の当該地域における法を改正した。刑事裁判法（Criminal Justice Act, (NI) 2013, s 9 and Sch 2）。スコットランド法は，英国の他の地域よりも苛酷ではなかったので改正する必要がなかった。
46) 警察および刑事証拠法（Police and Criminal Evidence Act, 1984）64条（1A）。
47) 同裁判官は，「もし大衆紙が世論の指標であれば，ヨーロッパ人権裁判所のSおよびマーパー事件判決は，他の多くの判決よりもはるかに首尾よく英国内で世の中の風潮をとらえた判決となったでしょう。」と述べている。[2011] UKSC 21, [61]。

マッコーニー（In re McCaughey）事件[48]では，最高裁判所は，ヨーロッパ人権裁判所のシリフ対スロヴェニア（Šilih v. Slovenia）事件[49]の大法廷判決と相対することになった。同判決において（人権条約2条の適用を招くような）争いのある殺害事件を調査する義務は，関係国が人権条約を批准した日よりも前に発生した殺害事件についても遡って適用されるか否かという点では，余り明確ではなかった。2条によって採られるべき調査の「重要部分」が，同条が適用される以前には採られていなかったという事実は，何を意味しているのかが問題のすべてであった。北アイルランドのテロリスト容疑者の疑義ある殺害事件であるマッコーニー事件において，最高裁は調査の重要部分は時宜にかなうようには行われなかったので，2条の侵害があったと判断した。本件は，7人の最高裁の判事による意見であった。ただし，ロジャー卿は反対した。ヨーロッパ人権裁判所の判決には明確性に欠ける部分があることについては丁重な批判があった[50]。加えて同意意見を述べた人権裁判所の裁判官らが表明した難題にも思いをめぐらせる必要がある。しかし，最高裁は，最終的に同判決を適用する方法をともかくも探し当てたのである。レディ・ヘイルは，「ストラスブールが語ったのだから裁判は終わったのだ。」というロジャー卿が述べたラテン語の格言を引用して[51]，「私たちは，まだ大法廷判決に従っていないと決めつけるべきではありません。」と強調した[52]。マッコーニー事件判決は，最高裁は何が争点であるかに関わりなく，ひたすら大法廷のアプローチと一致す

---

48) [2011] UKSC 20.
49) (2009) 49 EHRR 37.
50) たとえば，「手続上の義務が『独立的かつ独自の義務』として生じうる正確な状況を識別する際には難題を抱えているのは私1人ではない。」とのフィリップス卿の発言を参照せよ。[2011] 20 UKSC, at [46]. また，ケール卿は「この項の最終部分は，余りに広くかつ一般的な文言であるので，それにあてはまる事例の範囲を予測することは不可能である。」と述べている。*Ibid.*, at [115].
51) '*Argentoratum locutum, iudicium finitum*" in Secretary of State for the Home Department v. AF (No 3) [2009].
52) [2011] UKSC 20, at [93].

るように判決を下そうとしていることを明確に示している。

　2011 年には第 3 の判例として，E 事件（子の奪取および監護権に関する事案）がある[53]。本件は，一方の親による子どもの国際的な奪取事件である。最高裁は，ノエリンガーおよびシュルク対スイス（Neulinger and Shuruk v. Swizerland）事件[54]の最近の判決でヨーロッパ人権裁判所の大法廷は何と言ったかを確認する際に困難に直面した。レディ・ヘイルは，大法廷判決は「懸念を引き起こしたが，一部の人々を愕然とさせた。」と公言した[55]。問題は，人権条約は 1980 年の「国際的な子の奪取の民事上の側面に関する条約」にどのように関連しているかという点であった。最高裁で争われた事件では，当該事件の母親はノルウェーから 2 人の幼い娘を奪取して英国に連れ帰ったのだが，娘をノルウェーに帰さなければならないと裁判官は考えた。判決文によれば，これは人権条約 8 条の下での家庭生活の尊重を求めるための母親または娘たちの権利のいずれをも侵害しないと述べていた。最高裁は，ヨーロッパ事件裁判所の長官の某会議における発言を頼りにして[56]，ノエリンガー事件判決は想像されているほどには心配に及ばないと説明することができた。この見解は，後の X 対ラトビア（X v. Latvia）事件[57]における大法廷判決によって承認された。本件では，オーストラリアから奪取された申立人の娘を同国に連れ戻すべきではないと判示するにあたって，娘が重大な危険にさらされるかどうかに関する効果的な審査がまず存在している必要がある，と述べていた。

　ヨーロッパ人権裁判所の判決に対する最高裁の対応を示す 5 つの判決のうち最後のものは，（チェスター）対法務大臣事件（R (Chester) v. Secretary of State for Justice）[58]である。これは，英国において大変に論争的な問題となっ

---

53)　[2011] UKSC 27.
54)　Application No. 41615/07，2010 年 7 月 6 日判決．
55)　[2011] UKSC 27, at [1].
56)　*Ibid*, at [25]. 当時の長官はフランスのジャン・ポール・コスタ裁判官であった．
57)　Application No. 27853/09, 2013 年 11 月 26 日判決．
58)　[2013] UKSC 63.

ている受刑者の選挙権に関する事件である。この問題は，ハースト対英国（第2）事件（Hirst v. UK *(No 2)*）[59]を端緒としている。同事件でヨーロッパ人権裁判所は，英国の受刑者の選挙権の制限は余りに広範囲であるから人権条約第1議定書3条[60]に違反すると判示した。この判決に対する政治家とジャーナリストの反応は，圧倒的に否定的なものが多かった。実際に，2010年にディビッド・キャメロン（David Cameron）首相は，「刑務所にいる人間に選挙権を認めるなどとは，思っただけでも虫唾が走る。」と公言した[61]。2011年の議会における審議では，選挙権の制限を維持することについての賛否の比は，賛成234，反対22という結果であった。同年，グリーンズ他対英国事件（Greens and others v. UK）[62]で小法廷は，6か月以内に選挙権の制限を廃止する法案を提出しなければならないとしたので，英国政府はこれを大法廷に付託しようと試みて失敗に終わった。さらに6か月の延長が認められ，2011年9月には同種の事件であったスコッポラ対イタリア（第3）（Scoppola v. Italy）事件[63]において，政府は第3者として意見を申し入れる機会を得ることに成功した際には，再々度の延長が認められた。2012年5月の同事件判決で大法廷は，ハースト対英国（第2）事件判決に誤りがないことを認めた上で，受刑者の選挙権をどのように具体的に規制するかについては，国家は広範囲の評価の余地を有することを認めた[64]。英国に関する6か月の延長措置は，2012年11月まで延期され，その期間の満了の当日に政府は，受刑者選挙権資格法案（Voting Eligibility (Prisoners) Draft Bill）を公表して，法案審議を両院合同委員会に委ねた。同委員会は，2013年12月に最終報告書を提出し，12か月以下の有期刑

---

59) (2006) 42 EHRR41.
60) 本条は次の通り。「締約国は，立法機関の選出にあたって人民の意見の自由な表明を確保する条件のもとで，妥当な間隔をおいて，秘密投票による自由選挙を行うことを約束する」。
61) 下院議事録，517巻921集（2010年11月3日）。
62) (2011) 53 EHRR 21.
63) (2013) 56 EHRR 19.
64) *Ibid.*, at paras. 83-86.

により服役中の受刑者は，国会とヨーロッパ議会の選挙において投票権を認められるべきであると勧告した。

英国最高裁が，チェスター事件の審理を求められたのは，合同委員会における法案審議期間中であった。ヨーロッパ人権裁判所の大法廷の権威を認めながらも，最高裁は国内政治に関係しないように努めている良い例である。すなわち，本件で最高裁は，受刑者の選挙権の否定は英国法の下では違法ではないが，ヨーロッパ人権条約には違反すると述べることによって，ヨーロッパ人権裁判所のハースト対英国事件判決を承認した。判決では，1998年人権法4条に基づく不適合の宣言は行わなかった（なぜならば，法律の立場は既に明らかであったからである）が，（殺人罪により終身刑に服していた請求人に対していかなる損害賠償も認めなかった。最高裁の本件の扱いは，とても巧妙であったので，首相でさえも幻惑されたようであった。というのは，本判決をまずは歓迎して「この最高裁判決は常識の偉大な勝利である。」と発言して，「このすばらしい結果」[65]に対して下院法務長官に祝辞を述べたほどだった。しかし，勿論最高裁判決はハースト対英国（第2）事件で述べられた原則をあらゆる点において是認していたので，チェスター事件における政府の成果は，実は割に合わない勝利（a Pyrrhic victory）だったのである。

## Ⅴ　1998年人権法に対する最高裁判所の対処法

前節における判例の分析は，英国の最高裁がヨーロッパ人権裁判所の特に大法廷判決で採用された人権条約の解釈と一貫的であるために熱心な努力を傾けてきたことを示そうとしたものである。しかし，ヨーロッパ人権裁判所が争点をいまだ直接的に審査していないような場合に，人権法に従って本条約をどのように解釈し，適用すべきかという問題を考えることも重要である。

この問題は，2004年に貴族院上訴委員会の当時の上級裁判官（Senior Law

---

65）　下院議事録568巻736集（2013年10月16日）。

Lord) であったビンガム卿 (Lord Bingham) がウルラ対特別審判官 (R (Ullah) v Special Adjudicator) 事件[66]において同僚裁判官を説得する際にとった立場であり，それは人権条約の権利の範囲を解釈する際には，ヨーロッパ人権裁判所が述べた限度において解釈するべきであり，それ以上ではないというものである。この原則は，「反射鏡」(mirror) 原則または「それ以上でもそれ以下でもない (no more no less)」の原則として知られるようになった。ビンガム卿の実際の言葉は次の通りである。

「条約によって保護されるよりも広範囲の権利を提供することは，締約国の裁量である。しかし，条約の意味は締約国間を通じて統一的であるべきなので，そのような権利の提供は，国内裁判所による条約解釈の所産であってはならない。国内裁判所の義務はストラスブールの判例の発展の経過と足並みを揃えることであり，それ以上でもそれ以下でもない。」[67]

この言葉が公にされて以来，「反射鏡」の理論には多くの学界および司法界からの批判があったが[68]，依然として最高裁の好みとしている立場である。現在それに強く反対しているのはレディ・ヘイル（副長官）とケール卿（北アイルランド選出の裁判官）である。2人とも裁判所外での講演会において「ウルラ」原則はもはや厳密な意味においては踏襲するべきではないという主張を行っている[69]。他方で，サンプション卿は，ヨーロッパ人権裁判所が個人の権利

---

66) [2004] UKHL 26.
67) *Ibid.*, at [20].
68) 特に有益な論文は，J. Lewis, 'The European ceiling on human rights law' [2007] Public Law 720。
69) Lady Hale, '*Argentoratum locutum*: is Strasbourg or the Supreme Court supreme?' (2012) 12 *Human Rights Law Review* 65 and 'What's the point of human rights', the Warwick Law Lecture, 28 November 2013. 最高裁のウェブサイトから入手できる。Lord Kerr, 'The UK Supreme Court: the modest underworker of Strasbourg?' and 'Human rights and the war on terror', the MacDermott Lecture at Queen's University

と社会における他の利益との間の均衡をどのように確保するべきかという点に関する政府の立場をないがしろにしている点で，既に一線を越えているとの見解を強く持っている[70]。その限りでは，サンプション卿は貴族院上訴委員会が最高裁に引き継がれる以前の 2009 年に退職するまで 14 年間在任した有能な法官貴族であったホフマン卿からバトンを引き継いだのである。彼もまた，ある重要な講演において，ヨーロッパ人権裁判所は多くの判例において自らの権限を越えてしまったと考えると明言していた[71]。(奇しくも，講演会は最高裁判事が特定の事件の事実関係にとらわれることなく法に関するメッセージを伝えるごく普通の方法となっている。最高裁のウェブサイトには，2009 年の創設以来行われた 89 回におよぶ講演の複製が置かれている。それらは 14 人の裁判官の講演であり，最も多いのはレディ・ヘイルの講演（23 回）であり，続いてニューバーガー卿の 14 回，ホープ卿の 13 回などである)。

　筆者は，ウルラ原則は，完全に廃棄するべき時期が既に来ていると考えている。同原則は，最高裁の想像力の足かせとなっており，「補完性」の原則―すなわち，それによれば，人権条約を適用する主要な責任は国内法体系に依拠しているので，人権裁判所は国内システムが必要とされる最低基準を保護していない場合に第 2 次的な代替的機能を果たすということ―にも違背している。さらに人権条約 53 条によれば[72]，もし望むのであれば，国内法のシステムが人権条約を越えることができると特別に定められている。実際に，貴族院上訴委

---

　　Belfast, 2 May 2013. 双方ともに最高裁のウェブサイトから入手可能。
70) Lord Sumption, "Judicial and political decision-making: the uncertain boundary", the 2011 FA Mann Lecture. ケンブリッジ大学ペンブローク・カレッジ（Pembroke College）のウェブサイトから入手可能。同様に，'The limits of law', the 27th Sultan Azlan Shah Lecture, 20 November 2013. 同記事も，最高裁のウェブサイトから入手可能。
71) Lord Hoffmann, 'The universality of human rights' (2009) 125 *Law Quarterly Review* 416.
72) 同条は次の通り。「この条約のいかなる規定も，いずれかの締約国の法律または当該締約国が締結しているいずれかの他の協定に基づいて保障されることのある人権および基本的自由を制限しまたはそれから逸脱するものと解釈してはならない。」

員会は，いくつかの判決において自らの原則を無視して，当時のヨーロッパ人権裁判所が求めていた水準よりも広範囲の権利に保護を与えたことがある[73]。アンブローズ対ハリス（Ambrose v. Harris）事件におけるケール卿のように，裁判官の個別的反対意見が同様の意義を果たすこともある[74]。同事件では，容疑者が警察に連行され，弁護士に接見する権利を認められる以前に警察によって行われた取調べにおいて述べられた証言は，被疑者に不利な証拠として認められるべきではない，という見解を支持していた。同様に，ケール卿は，マクゴーワン対B（McGowan v. B）事件[75]においては（再度の反対意見において），被留置人が弁護士との接見を明確に拒否している間に獲得された証言は，（証拠として）認められないと判断していた。また，A対エッセクス州参事会（A v. Essex County Council）事件[76]での反対意見においてレディ・ヘイルとケール卿は，人権条約第1議定書2条の下で地域教育当局は子どもの特別の必要性に応じて，また財源の額に関わりなく，すべての子どもに効果的な教育を提供する最低限度の義務を負っていると判断した。

　ウルラ原則に秘められた自己抑制的な命題は別として，最高裁の裁判官は，まるでストラスブールの判例法という巨大な縦坑を掘り進めていく熱心な坑夫のようである。幾度となく彼らは人権を支援するようにその判例法を進んで適応している。それを証明するには，3つの例を引用すれば十分であろう。第1は，R（F）（子ども）対内務大臣事件（R (F) (A Child) v. Secretary of State for the Home Department）[77]において最高裁は，性犯罪によって有罪判決を受けて警察に住所の変更や海外渡航の計画を継続的に通知する義務が課せられてい

---

73）　R (Limbuela) v. Secretary of State for the Home Department [2006] UKHL 66; In re G (Adoption: Unmarried Couple) [2008] UKHL 38; Rabone v. Pennine care NHS Trust [2012] UKSC 2. Smith v. Minisry of Defence [2011] UKSC 41 も参照。これについては以下で述べる。
74）　[2011] UKSC 43. 他の4人の裁判官は，そこまでは述べていない。
75）　[2011] UKSC 54.
76）　[2010] UKSC 33.
77）　[2010] UKSC 17.

る者でも，いつしかの段階ではこうした終身の義務を解除してもらうよう申請することができるべきであって，もしそうでなければ，人権条約8条の下での私的生活と家族生活に対する権利の侵害に当たると述べた。受刑者の権利に関するヨーロッパ人権裁判所の判決と同様に，本判決も政府部内では大仰天を引き起こした。テレーザ・メイ内務大臣（当時）は，この判決に唖然とすると発言し，また（キャメロン）首相は，判決に従うとしても，最小限度で済ませることを約束した。内相は，次のように付け加えた。

「今こそ，法を作るのは裁判所ではなく議会であることを主張するときです。犯罪者の権利よりも以前に人々の権利があるのです。とりわけ，こうした事を正常にするために法律があるのです。」[78]

もちろん最高裁が政治家や一部のメディア関係者には不評であることは百も承知の上で，全員一致の判決を言い渡すことができたということ自体がすばらしいことである。

第2の例は，スミス対防衛省事件（Smith v. Ministry of Defence）[79]である。この事件で7人の最高裁判事は，イラクで英国軍の兵士たちが殺害された際に，人権条約の適用上，英国の管轄権の下にあったと全員一致により認めた。ホープ卿の判決は[80]，最高裁がヨーロッパ人権裁判所の判決の分析を注意して開始していることを集約的に示している。本件における実質的要素は，ヨーロッパ人権裁判所は，海外派遣された兵士が自国の管轄権下にいるのと同じように権利を保護されるとは，これまでに判示したことはなかったけれども，英国軍の兵士は，イラクに派兵されている間は英国の管轄権内にいるという考え方

---

78) *The Guardian* 紙（2011年2月16日）からの引用。
79) [2013] UKSC 41.
80) 特に [17]-[55] を参照。ウォーカー卿，レディ・ヘイルおよびケール卿は，ホープ卿の判決に賛同した。マンス卿とウィルソン卿は，これらの段には特別に賛成した（[102] 参照）。

を採用する用意ができているという点にあった[81]。ウルラ原則があるにもかかわらず[82]、裁判官はアル・スケイニ対英国事件（Al-Skeini v. UK）[83]においてヨーロッパ人権裁判所が設定した人権条約の域外適用の原則から結論を導くことができたのである。もっともこれは、3年前のR（Smith）対オックスフォード州副検死官助手事件（R (Smith) v Oxfordshire Assistant Deputy Coroner）[84]で最高裁が下した判決からも逸脱しているという意味も含んでいた。本事件は、最高裁が過去の判例を覆すことに合意した最初でまた今のところ唯一の判例である。その時の7人の裁判官は、兵士らはイギリスの管轄権内にいたとしながらも、ランドローバーの貧弱な装備に関する異議申立が人権条約2条（生命に対する権利）の範囲に該当するか否かについては意見が合わなかった。つまり4対3で管轄権の下にいたと考えたので、裁判所内で審理を継続することができたのである。

　1998年人権法に対する最高裁の献身ぶりを示す第3の例は、オズボーン対仮釈放委員会（Osborn v. Parole Board）事件である[85]。もっとも本件では、人権条約の影響は直接的ではなく、間接的なものだった。人権条約5条4項は、英国法にいう「人身保護令状」（*habeas corpus*）の原則を掲げており[86]、「逮捕または抑留によって自由を奪われた者は、裁判所がその抑留が合法的であるかどうかを迅速に決定するように、およびその抑留が合法的でない場合には、その釈放を命ずるように手続きを採る権利を有する。」と定めている。オズボーン事件における最高裁での争点は、仮釈放委員会は受刑者が許可により早期釈放されるべきか否かの決定にあたり、当該受刑者との面接を行うべきか否かという点であった。最高裁は、リード卿の判決を通じてこのような場合に手続的

---

81)　*Ibid.*, at [42].
82)　*Ibid.*, at [43]-[44].
83)　(2011) 53 EHRR 18.
84)　[2010] UKSC 29.
85)　[2013] UKSC 61.
86)　ヨーロッパ人権裁判所の次の判例を参照。*Sanchz-Reisse v. Switzerland* (1986) 9 EHRR 71, at 88.

な公平性を確保するために，英国のコモン・ロー上，何が必要かを問うことで争点に接近しようとした。その結果，口頭での面会は「受刑者に対する公正性を確保するために，そのような面会が必要とされる場合には，事実に照らしてかつ案件の重要性に鑑みて必要な場合には」，常に実施すべきであると結論づけた[87]。最高裁は，このようにしてコモン・ローを発展させることによって，人権条約5条4項の下で期待される水準を引き上げることもできたのである。なぜならば，拘禁が引き続き合法であるか否かは各国が自ら決定するからである。リード卿が言うように，「人権保障はヨーロッパ人権裁判所の判例法に基づく特別に異なる法分野ではなく，私たちの法制度に浸透しているのである。」[88] 同裁判官は，最近のR（Faulkner）対司法大臣（R (Faulkner) v. Secretary of State for Justice）事件[89]の最高裁判決において，英国の国際条約上の義務に一致するように国内裁判所がコモン・ローを適用し発展させ，かつ制定法を解釈するためには「出発点はわれわれ自身の法原則にあるのであって，国際裁判所にあるのではない」と強調している[90]。

それはともあれ，今日なお最高裁は，国内の人権法の発展方法に関して慎重すぎる傾向がある。この領域での最近の判例であるケネディ対慈善団体委員会事件（Kennedy v. The Charity Commission）[91]において，最高裁は公共の利益に資する場合には，公の機関から情報を得る権利が個人に認められるように国内法を発展させる機会を否定した。本判決の際に7人中5人の裁判官は，ヨーロッパ人権裁判所の大法廷がそのような一般的な権利に対して明確な支持を未だ表明していなかったということによって制約を感じていたのだった。ただし反対意見を述べた2人の裁判官（ウィルソン卿とカンワース卿）は，過去5年間の一連の小法廷判決は，そのような一般的な権利に向けた「進むべき方向」

---

87) [2013] UKSC 61, at [2].
88) *Ibid.*, at [55].
89) [2013] UKSC 23.
90) [2013] UKSC 61, at [62].
91) [2014] UKSC 20.

(direction of travel) をはっきりと示していると論じていた。マンス卿は，多数意見の立場から[92]，本件においてウルラ原則を見直すべきとの考えを拒絶した[93]。カーンワス卿は，これとは対照的にウルラ原則によって課せられた制限を緩和する準備はできていると暗に述べ，また，最高裁は「合理的に予見可能」な問題では，ヨーロッパ人権裁判所の判例をもって指標とすることができるというレディ・ヘイルの意見に賛成して[94]，さらに次のように付言した。

「1998年人権法2条の『考慮に入れる』という文言が暗に意味する柔軟性は，当該問題がヨーロッパにおいてどのように決定されるかという点についての最終的な見解に達する必要性から国内裁判所を解き放つであろう。その場合に，判例法の現状は，非現実的となるし，その他の政策要素も勘案することにもなる。」[95]

もしケネディ氏が最高裁の多数意見に異議を主張して，ストラスブールに申立を付託し，さらにその申立が大法廷に繋属し，小法廷が筋道を付けてきた目的地に大法廷が到達したと宣言することになれば，さぞや素晴らしいことだろう。

## おわりに

最高裁判所が人権条約に関連する事件を裁定するための方法論が近い将来に変化するとは思われない。裁判官は，付託された事件に関するストラスブール

---

92) *Ibid.*, at [57]-[96]. 他にもニューバーガー卿，クラーク卿，サンプション卿それにトゥルソン卿が多数意見に賛同した。もしレディ・ヘイルとケール卿が本件審理に参加していたならば，ウィルソン卿とカーンワス卿に賛同していたであろう。
93) *Ibid.*, at [100].
94) これは R (Gentle) v Prime Minister 事件を参照。[2008] UKHL 20, at [56]-[57].
95) *Ibid.*, at [213].

の判例法を引用するようにバリスタ（弁護士）を引き続き奨励するであろうし，また常にかなり詳細に判例法を分析しようと欲している。最高裁がヨーロッパ人権裁判所の大法廷判決に対する恭順的な姿勢から脱すると期待するのは現実的ではない。今日までヨーロッパ人権裁判所と相反するように行動してきた訳ではないので，（大法廷の側で英国国内法の解釈上の困惑を招くような誤りを除けば），最高裁が態度をすぐに変える見込みはない。しかしながら，最高裁の裁判官は，ヨーロッパ人権裁判所が未だ扱っていないような方法で人権に関するコモン・ローを自由に発展させることができるようにウルラ原則を修正することは紛れもなく可能である。スミス対防衛大臣事件[96]とオズボーン対仮釈放委員会事件[97]などの重要な判決は，大胆な裁判所の実現に向けた予兆でもある。もっとも，ケネディ対情報局長官事件[98]は，異なる方向を示してはいる。もし，1998年人権法が政治的な支持を失うようなことになれば（保守党は2015年の総選挙に勝利したならば同法を廃棄すると公約している）最高裁は，英国における高次の人権保障体制を維持するためのかつてないほどのきわめて重要な機関となるであろう。

『比較法雑誌』（48巻2号，2014年，15-46頁）

## （補遺）　Brexitが英国の人権保障にもたらす帰結

　2016年6月23日の英国における国民投票の結果は，多くの論者に衝撃を与えた。つまり，英国は，おそらく2019年にはヨーロッパ連合（European Union; EU）を離脱するということである。論者の中には，英国における人権保障の程度が下がるだろうと主張する者もいる。私自身はEUからの離脱（Brexit）に反対票を投じたものの，そのような帰結は回避できると考えている。

---

96）　[2013] UKSC 41.
97）　[2013] UKSC 61.
98）　[2014] UKSC 20.

EUは，幅広い事項に対して権限を有する政府間組織である。ブリュッセルで作られる法の中には，構成国において直接適用可能なものがある（規則regulation）。しかし，（EU指令などの）ほとんどの法は，構成国の通常の立法手段を通じて，国内法体系に転換された後にのみ，適用可能となる。英国がEUを離脱したときには，EUの影響を受けて制定されたが，その時点では廃止されていない膨大な国内法が，まだ存在していることになる。最もあり得ることは，英国法のうちEU由来のものは，英国自身の立法手段によって作られた新しい法律によって改正されない限りは（改正されるまでは），有効なままであり続けるということである。これは，かつて大英帝国の一部だった諸国が独立したときに採用された技術である。また，1921年に南アイルランド（アイルランド共和国のこと〔訳者〕）が英国から独立したときも同様であった。

さまざまなEU条約が個人に権利を付与しているが，その中で人権を付与するものはほとんどない。構成諸国間を自由に移動し，労働し，事業を始めるEU市民の権利は，そうした人権ではない権利の例である。全てではないとしても，それらの中には，Brexitの結果，英国から消滅するものがあるだろう。しかし，主に国際連合（国連）の下で採択されている無数の国際条約でも認められている基本的人権は，影響を受けないだろう。

とりわけEUを離脱するからといって，英国はヨーロッパ人権条約に否定的なわけではない。同条約は，1998年人権法（Human Rights Act 1998）によって国内法として編入されており，英国の国内法の一部である。ヨーロッパ人権条約は，47か国で構成され，EUより大きく古い政府間組織であるヨーロッパ評議会によって作られたものである。英国は1949年のヨーロッパ人権条約の起草を支援し，ほとんどの場合に強力な支持者であり続けてきた。

しかし，近年では，英国の中にもヨーロッパ人権条約に幻滅している者が多い。そのような人々は，同条約が，主に犯罪者のほか，保護に値しない人物を保護していると考えている。性犯罪者がその後の生涯の間，反論の機会を与えられることなしに，警察への連絡先の提供を強制されないとした英国最高裁判所の決定は，政治家の多くや大衆紙に否定的に受け止められた（F (A Child),

2010年)。受刑者の選挙権を認めない点について，英国の条約違反を認めたストラスブールのヨーロッパ人権裁判所の判決も同様であった（Hirst (No 2) v. UK, 2005年)。

　このような幻滅は，Brexitを支持する人々を勢いづけたのかもしれない。それというのは，ヨーロッパ評議会のことを聞いたことがない平均的な投票者は，ヨーロッパ人権条約がEUによって作られたものだと考えているからである。しかし，Brexitは同条約に何ら影響を及ぼすものではないだろう。1998年人権法を廃止し，「英国」権利章典に置き換える動きに，英国政府が関与したことがあるのは確かである。しかし，今回の新しい法案では，英国の国内法廷におけるヨーロッパ人権条約上の権利の適用可能性を維持することが保証されている。

　ヨーロッパにおける最も包括的な人権文書は，EU基本権憲章である。同憲章は，2007年に署名されたリスボン条約が発効した2009年12月1日以降，EUの28構成国の国内法の一部をなしている。EU基本権憲章は，ヨーロッパ人権条約に見られる条文を繰り返しているだけでなく，職業に従事する権利（15条1項）や遺伝的特徴に基づく差別を受けない権利（21条1項）といった権利も追加している。しかし，新たに追加された権利の多くは，EU自体に対して，あるいは「EU法，または国内の法と慣行に合致する場合」に限って，行使可能である。さらに，同憲章は，構成国が「EU法を執行している」場合のみに適用される（51条1項）。したがって，Brexitが実施され，基本権憲章が英国で適用できなくなったとしても，人権の面では大きな影響はないと考えられる。

　EU構成国が，EU法上要請されている以上の権利を保障することは，常に可能である。英国でも，労働法や家族法の分野において，そのような現象が数多く見られる。同様に，刑事告訴された際に利用可能な権利は，その大部分が各構成国において保障されているが，EUの高い水準ではなく，ヨーロッパ人権条約と適合すべきものとされている。住宅法や医事法のような一部の法分野は，EUの権限がそこまで拡張されていないため，EU法の影響をほとんど受

けていない。

　要約すると，英国の EU 離脱に起因する人権への影響は，安易に誇張されている。現実には，Brexit によって失われる権利は人権ではなく，単一市場や 1957 年のローマ条約によって設定された 4 つの大きな自由（商品，サービス，資本，人の自由移動）の結果として，特に EU 市民に付与されている権利である。EU 司法裁判所によって認められ，発展させられてきた基本権は，今では全構成国の国内法の一部となっており，大部分がヨーロッパ人権条約にも反映されている。もちろん，Brexit が実施されれば，英国は EU 市民への権利の拡大に対して抗することができるようになる。しかし，同時に，英国国内の人々に対して，自前の権利を付与するより広い自由を得ることになるであろう。


2016 年 10 月 16 日

ブライス・ディクソン<br>
（補遺翻訳　佐々木亮）

# 索　引

# 事項索引

AU　　→アフリカ連合
Brexit　　357-360
EU　　→ヨーロッパ連合
GATT　　→関税と貿易に関する一般協定
LGBT　　33, 40, 226-228, 234, 236-239
OECD　　→経済協力開発機構
OSCE　　→ヨーロッパ安全保障協力機構
SOGI（Social Orientation and Gender Identity）　32-33, 225-241
TV 決議　→「人類の伝統的価値観」決議
UNESCO　　→国連教育科学文化機関
WTO　　→世界貿易機関

## ア行

アイデ，アスビョルン（EIDE, Asbjørn）　21, 64, 74
アイデンティティの権利　198, 217, 219
アイデンティティを確立する権利　213
アイヌ　25-27, 30, 69
アイヌ文化振興法（アイヌ文化の振興並びにアイヌの伝統等に関する知識の普及及び啓発に関する法律）　26
アイルランド　225, 331, 339, 341, 346
アジア的価値　9-10
悪しき文化　68
アフリカ司法・人権裁判所　296, 298
アフリカ人権裁判所　296
アフリカ連合（AU）　275-300
AU（アフリカ連合）総会決議　276, 278, 280-281, 283-284, 288, 290-291, 293, 296
アムステルダム条約　80
アメリカ／アメリカ合衆国　11, 16, 66-67, 121, 126, 137, 202, 211, 301-304, 308, 318, 322, 324-326
アメリカ法　302, 320, 327
あらゆる形態の人種差別の撤廃に関する条約（人種差別撤廃条約）　23, 36, 40, 94
安全保障と少数者の人権保障　108, 120
アンナイム，アブドゥル・アフメド（AN-NA'IM, Abdullahi Ahmed）　267
安保理決議（国連安全保障理事会決議）　282-283, 299
域外適用否定の推定則　312, 314, 318-320, 322, 326
生きた文書（living instrument）　96, 332
移住労働者　5, 31, 41
移住労働者の権利条約（全ての移住労働者及びその家族の権利の保護に関する条約）　16, 47
イスラーム協力機構（OIC）　228, 232
イスラーム諸国（イスラム諸国）　9, 33, 228, 236
イスラム教　31, 38, 252, 258-259, 263-264, 266
イタリア　202, 215, 225, 348
一事不再理　289
一般的意見 21（社会権規約委員会）　23-24, 44, 46-48, 54, 58-59, 62-63, 69, 71
インド　6, 36, 229, 233-234

事項索引　363

ウィーン人権宣言及び行動計画（ウィーン人権宣言）　9, 10, 57-59, 247-248
ウェストファリア体制　6
ウガンダ　227, 233, 275, 280
疑わしい事由　74, 83-84, 86, 88, 90, 95
ウルグアイ・ラウンド　148-149
ウルラ（Ullah）原則　329, 351-352, 354, 356-357
運用指針（実施指令）（文化多様性条約）　113, 117-118, 120, 148, 155-161, 163, 165-168
英国／イギリス　32, 84, 86, 92, 202, 216, 218, 223, 329-360
英国最高裁判所　329-360
エヴァンス，キャロリン（EVANS, Caroline）　263
エングル，カレン（ENGLE, Karen）　246, 267
オーストラリア　6, 16, 155, 164, 347
オーディオ・ビジュアル産業・産品　12, 148-149, 165
オーフス条約　171, 187
沖縄／琉球　25, 27-30
親子関係　198, 201-202, 206, 210-213, 215, 217-219, 223
親の権利　212-214

**カ　行**

外国人不法行為法（ATS）　301-327
概念の行列　140
開発　11-12, 14-16, 24-26, 36, 41, 101-122, 125-127, 135-136, 138-143, 145-147, 152-153, 158-159, 163-165, 168, 306
開発の国際法　125, 127, 135, 137, 141-142, 147, 159
開発の文化的側面　103, 110, 112, 114-116
家族生活の尊重　20, 22, 84, 200, 211-213, 215, 217, 219
「家族の保護」決議（家族決議）（国連人権理事会）　233
カトリック　67, 86, 225
カナダ　11-12, 16, 18, 76, 149, 155, 238
環境影響評価　170, 175, 187-189
環境と開発に関する世界委員会　101, 104
環境と開発に関するリオ宣言　119, 307
慣習国際法　282-284, 302-327
関税および貿易に関する一般協定　148-149
間接差別　95
カンボジア　16
気候変動枠組条約　104-106
貴族院上訴委員会（英国）　333, 337-338, 341-342, 344, 349, 351
キムリッカ，ウィル（KYMLICKA, Will）　16, 76
客観的かつ合理的な正当化（ヨーロッパ人権条約）　83-84, 88, 90, 93
キャメロン，デイビッド（CAMERON, David）　339, 348, 353
共通基盤（ヨーロッパ人権条約）　79, 90-93, 96
共通だが差異ある責任　104, 107
クマラスアミ，ラディカ（COOMARASWAMY, Radhika）　245
グラスハウザー，アレックス（GLASHAUSSER, Alex）　319-320, 322-323
グローバル化　4, 8-9, 11-13, 15, 29, 41, 49, 123
グローバル市場　11, 146-147

グローバル・スタンダード　11
景観　169-190
経済的, 社会的及び文化的権利に関する国際規約（社会権規約）　17, 20, 22-23, 40-41, 43, 45-46, 50, 52, 61, 63-65, 70, 306
ケニア　164, 229, 234, 275-276, 284-289, 293
権限委譲問題　341
建設的（な）対話　34, 70, 238
顕著な普遍的価値　179, 182, 184
憲法的権利　333
権利と義務の「不均衡性」　150
権利による承認　128
コア・クライム　275, 281-282, 294-296, 298-299
公共の場所で顔を覆うことを禁止する法律（フランス）　253, 259
公衆参加　171, 183, 186-187
公序（ordre public）　193, 208-209, 211-212, 215-216, 220
構成主義的方法論　129-133
拷問等禁止条約　304
拷問被害者保護法（TVPA）（アメリカ）　304
コーラン　253, 255-256, 264-265
国際環境法　102, 104
国際経済法　11, 133-135, 141
国際刑事裁判所（ICC）　275-300
────ベンソーダ（Bensouda, 検察官）　287, 290, 300
国際司法裁判所　96, 104, 282
国際人権規約　23, 301-302
国際人権法　3, 5, 8, 10, 16-19, 23-24, 26, 32-33, 35-37, 40, 50, 58-59, 67, 71, 226
国際的な子の奪取の民事上の側面に関するハーグ条約　347
国際文化協力　163-164, 166

国際文化法　→文化の国際法
国際連合憲章／国連憲章　8, 12, 50, 150, 283, 286
国内モデル思考　137
国連環境開発会議　101, 104, 106
国連教育科学文化機関（ユネスコ）　3-5, 10, 12, 14, 40, 43, 44, 66, 94, 102-103, 108-109, 112, 120-121, 123, 127-128, 145-146, 149-151, 196-197, 243-245, 269
国連人権高等弁務官　227-228
国連世界女性会議　248
（国連総会）人権と文化多様性決議　43, 55, 66
国連ミレニアム開発目標（MDGs）　106, 119
子どもの権利条約　→児童の権利に関する条約
子どもの最善の利益　211-212
コボ, マルチネス（COBO, Martinez）　25
コモン・ロー　302, 306-308, 315-318, 321, 323, 325, 333-334, 340, 355, 357
婚姻制度　33, 219
婚外子　84-85, 92
コンゴ民主共和国（DRC）　229, 233-234, 275, 277, 280, 282
コンセイユ・デタ（フランス国務院）　214, 251, 252, 260, 261

## サ　行

サーシオレイライ（certiorari）　312
最恵国待遇　134
最低限の中核的義務　50, 52, 62-63, 65, 70-71
裁判によらない処刑　313-314
差別禁止原則　40, 73, 78, 93
差別事由の階層化　73, 79, 82-90
ジェンダー　5, 18, 23, 31-32, 39, 50,

52, 78, 106, 193, 249, 262, 270
シーク教徒　　253
自己決定権　　28-29
私生活の尊重の権利　　212, 215
自然遺産　　172-173, 176, 178-179
自然の保全と景観の保護に関するベネルクス条約　　173
持続可能な開発　　13-15, 24, 40-41, 101-122, 126, 137, 139-143, 145, 152, 165, 180-181, 186, 189, 306
───の文化的側面　　103, 105, 107-112, 119-120, 140, 145
───目標（SDGs）　　106, 119
───のための2030アジェンダ　　106
持続可能な発展　　→持続可能な開発
児童の権利に関する条約（子どもの権利条約）　　20, 46, 211
ジブチ　　227, 233, 280
市民的及び政治的権利に関する国際規約（自由権規約）　　22, 25, 32-33, 35, 40, 45-46, 51, 94, 268, 311
市民的自由　　333
社会権規約　　→経済的, 社会的及び文化的権利に関する国際規約
社会権規約委員会　　23-24, 35-36, 47, 52, 238-239
社会文脈的アプローチ　　89
弱者・マイノリティの文化　　147
シャヒード, ファリダ（SHAHEED, Farida）　　43, 270
シャリア　　266
自由権規約　　→市民的及び政治的権利に関する国際規約
自由権規約委員会　　22, 32-33, 36, 38-39, 230, 237, 239, 243
自由保護法（2012年, 英国）　　345
儒教　　10, 31, 249
受刑者の選挙権　　348-349, 359

少数者の国際的保護　　74
少数者の権利宣言　　47, 56
少数民族　　4-5, 8, 13, 20, 22-24, 26, 41, 82, 109, 196-197, 199
承認　　16, 19, 54-55, 57, 76, 123-144, 200-201, 220
承認の国際法　　123-144
ジョグジャカルタ原則　　230, 235-236
女子に対するあらゆる形態の差別の撤廃に関する条約（女性差別撤廃条約）　　31, 38, 40, 58, 246-247
女性器切除（FGM）　　37, 58-59, 69
女性差別撤廃委員会　　32, 37, 39, 238-239, 246-247
女性差別撤廃条約　　→女子に対するあらゆる形態の差別の禁止に関する条約
女性に対する暴力の撤廃に関する宣言　　247-248
人格権　　219
信教の自由　　19, 38, 76, 78, 200, 257, 261
人権委員会（国連）　　227, 229, 231-232, 245, 266
人権及び基本的自由の保護に関する条約　　→ヨーロッパ人権条約
人権基盤型アプローチ　　14
人権の普遍性　　7, 10, 55-57, 60, 233, 236, 241, 245, 270
人権の文化的次元　　47
人権法（1998年, 英国）　　329, 332-333, 335, 337, 349-359
人権理事会（国連）　　33, 43-44, 55, 58, 67, 226-227, 231, 233, 238-239, 241, 269, 301
人種・民族的出自に基づく差別　　87, 91
人種差別撤廃委員会　　28, 30
人種差別撤廃条約　　→あらゆる形態

の人種差別の撤廃に関する条約
人身保護令状　354
人体の尊重（フランス）　204, 206
身体の不可処分性　203, 207-209
身体の不可侵性　206-207
人類の共同遺産　3, 109-110, 243
人類の伝統的価値観　269
「人類の伝統的価値観」決議（TV決議）
　　（国連人権理事会）　233-234,
　　236, 241
スイス連邦裁判所　255-256
スーダン　267, 275-277, 279, 282-
　　283, 291
スタジ報告書　252
西欧的人権観　8
性自認　33, 226-227, 229-232
生殖補助医療　193-194, 202-203,
　　205-206, 214, 217-221
性的指向およびジェンダー自認
　　→ SOGI
性的マイノリティ　234-235, 240
性同一性障害者特例法　238
生物多様性　3, 102, 104-105, 108,
　　110, 114, 116, 172, 188-189
生命倫理法（フランス）　202-206,
　　208, 221
世界遺産委員会　173, 176, 179,
　　184-185
世界遺産条約　→ 世界の文化遺産と
　　自然遺産の保護に関する条約
世界遺産条約履行のための作業指針（作
　　業指針）　173, 177, 180, 184
世界人権宣言　8, 17, 22-23, 35,
　　46-47, 53, 80, 197, 236, 268, 306, 311
世界の文化遺産と自然遺産の保護に関
　　する条約（世界遺産条約）　105,
　　110, 172-173, 176, 178-182, 184-
　　186, 197
世界貿易機関（WTO）　11-12, 104,

　　134, 142, 149, 151, 159, 167
世俗主義　76, 78, 95, 250
世代間・世代内衡平　104
積極的な義務　19, 24, 36, 332
セン，アマルティア（SEN, Amartya）
　　10
先住民族　13-18, 24-29, 36, 40-41,
　　56, 114, 120, 126, 128, 150, 246
先住民族の権利に関する国際連合宣言
　　18, 25, 27, 29, 47
総括所見　28, 30, 34, 230, 246

## タ 行

待婚期間　31-32
ダイシー流の仮説　334
代理懐胎　198, 201-203, 206-211,
　　214-217, 223
ダウリー（dowly）　37
多元主義　15, 19, 74, 79, 83, 87, 93,
　　95, 258, 261
他者の権利および自由の保護　260
ダスプルモン，ジャン（D'ASPREMONT,
　　Jean）　130-132
脱開発の国際法　142
多文化主義　16, 38, 57, 75-76, 122,
　　253, 262
多様性　3-4, 15-16, 18, 24, 31-33, 56,
　　61, 74, 78, 87, 90, 95-96, 108, 110,
　　193-195, 197-201, 219-222, 234,
　　276, 291, 294-297
ダルフール　275, 277, 291, 293
地域的秩序　275, 295
チャド　280, 297
中国　5-7, 69, 153, 164, 227, 229,
　　233-234
テイラー，チャールズ（TAYLOR,
　　Charles）（政治哲学者）　76
テイラー，チャールズ（TAYLOR,
　　Charles）（元リベリア大統領）

281, 297
伝統的知識　　14, 24-25, 112, 114
統合原則　　104, 107
同性愛　　85, 201-202, 226, 234-235
同性婚　　32, 206, 214, 225, 240
動物愛護法（日本）　　69
トゥルサール，グザヴィエ
　　（TROUSSARD, Xavier）　　154,
　　160
トゥルメ=ジュアネ，エマニュエル
　　（TOURME-JOUANNET,
　　Emmanuelle）　　123-144
特別かつ異なる待遇　　167
特別報告者　　25, 33, 43-46, 48, 58, 60,
　　66-67, 71, 230, 266, 270
独立国における先住民及び種族民に関
　　する条約（ILO169号条約）　　25,
　　47
特恵待遇　　111, 145, 147-148, 151-168
トランスジェンダー　　226, 235
トルコ　　7, 73, 199, 223, 257-258, 263,
　　266

ナ　行

内国民待遇　　11, 134
フレイザー，ナンシー（FRASER, Nancy）
　　126, 136-137
難民　　4-5, 18, 29-31, 62
日本政府　　28, 40, 50, 121, 236-237,
　　239-240, 246
ニューバーガー卿（NEUBERGER, Lord
　　David）　　336, 339, 341-342, 351,
　　356
ニュージーランド　　18, 121, 155, 164,
　　228, 231
人間開発報告書　　57
人間の尊厳　　10, 204, 206, 260, 268
ネオリベラル世界秩序　　134, 136

ハ　行

パートナーシップ　　32-33, 106, 225
パートナーシップ証明書　　225,
　　238-239
バクレンコ，アナスタシア
　　（VAKULENKO, Anastasia）　　262,
　　264
潘基文　　228
非差別原則　　134
評価の余地　　20, 38, 76, 78-79, 90-96,
　　195-196, 201-202, 216-221, 262,
　　337, 348
比例性／比例性の原則　　36, 201, 216,
　　219, 334
ヒンドゥー教　　249
夫婦別姓　　39-40
不処罰（impunity）　　291, 294-297, 299
不便宜法廷　　306-307, 309, 311, 322
普遍的管轄権　　294, 296
普遍的正義　　9, 291, 294-295
普遍的定期審査（国連人権理事会）
　　238-239, 241
フランス　　102, 193-223, 249-254,
　　259-263
ブルカ（burka）　　20, 38, 249, 253-254,
　　259-260, 262, 265
文化遺産　　14-16, 21, 45, 49, 172-173,
　　176, 178-179, 188, 190, 196, 269
文化活動へのアクセス　　62
文化活動に参加する権利　　268
文化間（の）対話　　12, 14, 49, 59, 60,
　　66-67, 70-71
文化享有権　　5, 17-23, 25-26, 40-41,
　　269
文化財　　110, 171-173, 179, 182
文化政策　　15, 64-65, 118-119, 146-
　　147, 167, 196
文化相対主義　　5-6, 8-10, 57, 245

文化多様性　　3-7, 14-19, 22-24, 30,
　　35-37, 40-41, 44, 49-50, 54-60, 63,
　　65-68, 71, 75, 102, 108-119, 120-
　　121, 133-134, 146, 186, 196-198,
　　200, 216, 221, 226, 230, 243-245,
　　249, 262, 268, 270
文化多様性基金　　155
文化多様性条約　　→文化的表現の多
　　様性の保護及び促進に関する条約
文化多様性宣言　　→文化多様性に関
　　するユネスコ世界宣言
文化多様性と開発　　116, 147
文化多様性に関する法　　127
文化多様性に関するユネスコ世界宣言
　　（文化多様性宣言）　　3, 12, 43-45,
　　56, 58-59, 66-67, 72, 109, 120-121,
　　197, 245
文化的アイデンティティ　　54, 118,
　　196, 261, 264
文化的慣行　　23, 36-37, 45, 51, 58-60,
　　63, 66, 68-72
文化的景観　　176-180, 182, 184, 186
文化的権利　　4, 7, 13, 16, 21, 40-41,
　　43-48, 50, 52-53, 55-72, 120, 244,
　　267-270
文化的権利に関するフライブルク宣言
　　45
文化的交渉　　59
文化的存在としての人間の存続
　　108, 120
文化的多元主義　　109
文化的脱構築の国際法　　142
文化的な生活に参加する権利　　19,
　　20, 22, 44, 46, 48-51, 58-59, 61, 63,
　　65, 69
文化的表現　　12-14, 24, 35, 49-51, 56,
　　63, 66, 111-119, 123, 135, 146-147,
　　150-152, 161, 168, 197
文化的表現の多様性の保護及び促進に

関する条約（文化多様性条約）
　　10-12, 24, 35, 40-41, 43-44, 50, 58,
　　66, 67, 103, 109, 111-121, 123, 128,
　　135, 142, 145-151, 161-165, 167-
　　168, 197, 220, 243-245, 269
―― 2条1項　　12, 35, 56, 58,
　　66-67, 110, 197
―― 2条5項　　110, 112, 114-115,
　　152
―― 2条6項　　13, 103, 110, 112,
　　115-117, 152
―― 2条7項　　135
―― 2条8項　　135
―― 13条　　117-119
―― 16条　　151-155, 161-165
―― 21条　　161-162
文化的保守主義　　243
文化的例外　　11-12, 128, 149
文化と開発　　110, 152, 163, 165
文化の画一化　　136
文化の国際法　　123-125
文化の多重性　　52, 54
文明国標準主義　　7
米州人権裁判所　　105, 301
米州人権条約　　301
米州人権条約追加議定書（サンサルバド
　　ル議定書）　　21
ヘイトクライム　　30, 33
ヘイトスピーチ　　30
ヘイトスピーチ解消法（本邦外出身者に
　　対する不当な差別的言動の解消に
　　向けた取組の推進に関する法律）
　　30
北京行動綱領　　248
北京宣言　　248
ヘッドスカーフ　　250, 255-259,
　　263-264
ベノウネ，カリマ（Bennoune, Karima）
　　43

ヘルシンキ宣言　311
ヘンキン，ルイス（Louis Henkin）
　322-323, 325
法実証主義　129, 131
包摂的グローバル化　4, 15, 41
法文化　196, 198, 325-326, 334
補完性（subsidiarity）　181, 216,
　219-221, 351
補完性（complementarity）　114, 152,
　285, 297
北海道旧土人保護法　26

## マ　行

マラウイ　277, 280-283
民族的出自　77, 79, 81-83, 86-88,
　93-95
無形文化遺産　45, 197
無差別原則　47, 52
免除（immunity）　276-277, 279-284,
　298

## ヤ　行

有害な伝統的慣行　243
有害な文化　15, 36-37, 40-41, 59
ユダヤ教徒　69, 253, 264
良い統治　107, 330
ヨーロッパ安全保障協力機構（OSCE）
　94
ヨーロッパ共同体　78, 80, 93
ヨーロッパ景観条約　169, 180-189
ヨーロッパ公序　199
ヨーロッパ公法　6
ヨーロッパ人権委員会　86, 330-331
ヨーロッパ人権裁判所　20, 38, 67,
　73, 78, 83, 92, 94-96, 194-195,
　197-201, 210-213, 215-216, 218-
　219, 254, 257, 262, 329-332, 335,
　337, 343-357
ヨーロッパ人権条約　20, 32, 38, 73,
　78-79, 90-91, 93, 194-195, 197-200,
　221, 260, 329-331, 342, 358-360
――8条（私生活および家族生活の尊
　重）　201-202, 211, 213, 218, 259
――9条（信教の自由）　254-255,
　257, 259
――12条（婚姻の権利）　32
――14条（差別の禁止）　82, 84,
　95, 201-202, 216, 255
――第1議定書1条（財産権）　85,
　216, 330
――第1議定書2条（教育に対する権
　利）　20, 88
ヨーロッパ評議会　21, 92-94, 180-
　181, 188, 196, 199, 215, 246, 255,
　331, 358-359
ヨーロッパ連合（EU）　12, 15, 66, 73,
　78-82, 90, 93-94, 111-112, 145, 149,
　164, 175-176, 184-185, 187-189,
　198, 357-360
――ヨーロッパ連合運営条約　15,
　80, 175
――ヨーロッパ連合基本権憲章（EU
　基本権憲章）　359
――ヨーロッパ連合条約　15, 358
――人種平等指令（2000/43/EC）
　80-82, 95
――枠組指令（2000/78/EC）　80-
　82

## ラ　行

ライシテ（laïcité）　250-252, 258, 261
琉球王国　27
ルクセンブルク　66, 201, 225
歴史的被害に対する補償　127-128
レディ・ヘイル（Lady Hale）　339-
　340, 346-347, 350-353, 356
連邦最高裁判所（アメリカ）　225,
　303, 305-309, 312-319, 322, 325

連邦不法行為法(アメリカ)　308
ロシア　33, 215, 226, 232-233, 337

ロマ　20, 87-88, 94

# 判例索引

## ヨーロッパ人権裁判所

| 裁判所名 | 判決年月日 | 該当ページ |
|---|---|---|
| アブドゥラジス・カバレス・バルカンダリ対英国事件（Abdulaziz, Cabales and Balkandali v. the United Kingdom） | 1985,5,28 | *84, 92, 201, 255* |
| アル・カワジャ及びタヘリィ対英国事件（Al-Khawaja and Tahery v. the United Kingdom, [GC]） | 2011,12,15 | *343* |
| アル・スケイニ他対英国事件（Al-Skeini and Others v. the United Kingdom, [GC]） | 2011,7,7 | *354* |
| ベルギー言語事件（Case relating to certain aspects of the laws on the use of languages in education in Belgium v. Belgium） | 1967,2,9 | *83, 91, 199* |
| チャプマン対英国事件（Chapman v. the United Kingdom, [GC]） | 2001,1,18 | *20, 94, 200* |
| コッセイ対英国事件（Cossey v. the United Kingdom） | 1990,9,27 | *218* |
| D.H. ほか対チェコ事件（D.H. and Others v. the Czech Republic [GC]） | 2007,11,13 | *88, 94* |
| ダフラブ対フランス事件（Dahlab v. Switzerland） | 2001,2,15 | *255-256, 258-259, 263-265* |
| ドグル対フランス事件（Dogru v. France） | 2008,12,4 | *262* |
| エヴァンス対英国事件 (Evans v. the United Kingdom, [GC]) | 2007,4,10 | *217-219* |
| ギャグスツ対オーストリア事件（Gagusuz v. Austria） | 1996,9,16 | *85, 92* |
| グリーンズ及び M.T. 対英国事件（Greens and M.T. v. the United Kingdom） | 2010,11,23 | *348* |
| ハースト対英国（第2）事件（Hirst v. the United Kingdom (No. 2) [GC]） | 2005,10,6 | *348, 349, 359* |
| ホフマン対オーストリア事件（Hoffmann v. Austria） | 1993,6,23 | *86* |
| インゼ対オーストリア事件（Inze v. Austria） | 1987,10,28 | *85, 92* |
| カーナー対オーストリア事件（Karner v. Austria） | 2003,7,24 | *85, 92-93* |
| クルツルムス対トルコ事件（Kurtulmus v. Turkey） | 2006,1,24 | *262* |
| レイラ・サヒン対トルコ事件（Leyla Şahin v. Turkey, [GC]） | 2005,11,10 | *257-259, 263-264* |

371

| | | |
|---|---|---|
| メネッソン対フランス事件（Mennesson v. France） | 2014,6,26 | *202, 210-218* |
| ナチョヴァほか対ブルガリア事件（Nachova and Others v. Bulgaria, [GC]） | 2005,7,6 | *87, 88, 94* |
| ノイリンガー及びシュルク対スイス事件（Neulinger and ShurUnited Kingdom v. Switzerland） | 2010,7,6 | *347* |
| オープンドア対アイルランド事件（Open Door and Dublin Well Woman v. Ireland） | 1992,10,29 | *218* |
| ラスムセン対デンマーク事件（Rasmussen v. Denmark） | 1984,11,28 | *60-61, 92* |
| リーズ対英国事件（Rees v. the United Kingdom） | 1986,10,17 | *218* |
| S及びマーパー対英国事件（S and Marper v. the United Kingdom [GC]） | 2008,12,4 | *344-345* |
| S.A.S. 対フランス事件（S.A.S. v. France, [GC]） | 2014,7,1 | *38, 254, 259-261, 263* |
| S.H. ほか対オーストリア事件（S.H. and Others v. Austria, [GC]） | 2011,11,3 | *217, 218* |
| スコッポラ対イタリア（第3）事件（Scoppola v. Italy (No. 3), [GC]） | 2012,5,22 | *348* |
| シリフ対スロヴェニア事件（Šilih v. Slovenia, [GC]） | 2009,4,9 | *346* |
| ティミシェフ対ロシア事件（Timishev v. Russia） | 2005,12,13 | *87, 94* |
| ヴォー対フランス（Vo v. France, [GC]） | 2004,7,8 | *218* |
| X対ラトヴィア事件（X v. Latvia [GC]） | 2013,11,26 | *347* |

## 旧ヨーロッパ人権委員会

| | | |
|---|---|---|
| East Afriacan Asian 対英国事件（East African Asian v. the United Kingdom） | 1973,12,15 | *86* |

## 国際刑事裁判所

| | | |
|---|---|---|
| バシール事件（The Prosecutor v. Omar Hassan Ahmad Al Bashir）予審第一裁判部・マラウイ非協力決定 | 2011,12,12 | *280-282* |
| バシール事件（The Prosecutor v. Omar Hassan Ahmad Al Bashir）予審第二裁判部・コンゴ民主共和国非協力決定 | 2014,4,9 | *282-283* |
| ケニヤッタ事件（Procecutor v.Uhuru Muigai Kenyatta）検察官・起訴取下げ申立 | 2014,12,5 | *288* |
| ケニヤッタ事件（Procecutor v.Uhuru Muigai Kenyatta）第一審第5（B）裁判部・手続終了および召喚取消決定 | 2015,3,15 | *288-289* |

|  |  |  |
|---|---|---|
| ルト事件（Prosecutor v. William Samoei Ruto and Joshua Arap Sang）第一審第5（A）裁判部・手続終了および召喚取消決定 | 2016,4,5 | *289-290* |

## 日本

|  |  |  |
|---|---|---|
| 二風谷ダム事件（札幌地方裁判所平成5年（行ウ）第9号） | 1997,3,27 | *26* |
| 夫婦別姓違憲訴訟最高裁判所大法廷判決（平成26年（オ）第1023号） | 2015,12,16 | *39* |

## 英国

（貴族院上訴委員会）

|  |  |  |
|---|---|---|
| ウルラ対特別裁判官事件（R (Ullah) v. Special Adjudicator） | 2004,6,17 | *350* |

（最高裁判所）

|  |  |  |
|---|---|---|
| A対エセックス州参事会事件（A (Appellant) v. Essex County Council (Respondent)） | 2010,7,14 | *352* |
| マッコーニー事件（McCaughey and Another, Re application forJudicial Review） | 2011,5,18 | *346* |
| ケネディ対慈善団体委員会事件（Kennedy (Appellant) v The Charity Commission. (Respondent)） | 2014,3,26 | *355* |
| マンチェスター市参事会対ピノック事件（Manchester City Council (Respondent) v. Pinnock (Appellant)） | 2010,11,3 | *352* |
| マクゴーワン対B事件（McGowan (Procurator Fiscal, Edinburgh) (Appellant) v. B (Respondent) (Scotland)） | 2011,11,23 | *343* |
| チェスター対法務大臣事件（(on the application of Chester) (Appellant) v. Secretary of State for Justice (Respondent)） | 2013,10,16 | *347, 349* |
| R(F)子ども対内務大臣事件（R (on the application of F (by his litigation friend. F)) and Thompson (FC) (Respondents) v. Secretary of State for the Home Department (Appellant)） | 2010,4,21 | *352, 358* |
| フォークナー対司法大臣事件（R (on the application of Faulkner) (FC) (Appellant) v. Secretary of State for Justice and another (Respondents)） | 2013,5,1 | *355* |

| | | |
|---|---|---|
| R（GC）対メトロポリス警察長官事件<br>(R (on the application of GC) (FC) (Appellant) v. The Commissioner of Police of the Metropolis (Respondent)) | 2011,5,18 | *344* |
| スミス対オックスフォード州検死官助手事件（R (on the application of Smith) v. Oxfordshire Assistant Deputy Coroner） | 2010,6,30 | *354* |
| R対ホーンカッスル事件（R v. Horncastle and others (Appellants) (on appeal from the Court of Appeal Criminal Division)） | 2009,12,9 | *342* |
| スミス対国防省事件（Smith and others (FC) (Appellants) v. The Ministry of Defence (Respondent)） | 2013,6,19 | *353, 357* |

**アメリカ合衆国**

（第2巡回区連邦控訴裁判所）

| | | |
|---|---|---|
| Abdullahi v. Pfizer 事件 | 2009,1,30 | *309-311, 325-326* |
| Flores v. S. Peru Copper Corp. 事件 | 2003,4,29 | *304, 305-307, 325-326* |

（連邦最高裁判所）

| | | |
|---|---|---|
| Kiobel v. Royal Dutch Petroleum Co. 事件 | 2013,4,17 | *312-314, 318-319, 322, 325-326* |
| Mohamad v. Palestinian Authority 事件 | 2012,4,18 | *312, 314-315* |
| Obergefell v. Hodges 事件 | 2015,6,26 | *225* |
| Sosa v. Alvarez-Machain 事件 | 2004,6,29 | *307-309, 315-318, 320, 322, 325* |

## 執筆者紹介 (50音順)

※各執筆者の氏名(よみがな),所属,最近の業績(2点)を記載した。

稲木徹(いなき　とおる)華僑大学外国語学院外籍教師
　「ウィーン人権宣言の再評価―『人権に関する文化間対話』の視角から」『法学新報』第120巻9・10号(2014年)81-109頁。「ユネスコの文化事業に占める芸術の位置づけと意義」伊藤裕夫・藤井慎太郎編『芸術と環境―劇場制度・国際交流・文化交流』論創社(2012年)271-284頁。

兼頭ゆみ子(かねとう　ゆみこ)中央大学法学部兼任講師
　「河川保護条約とEU水枠組指令―規範の階層化か新たな関係性の発現か―」『法学新報』120巻9・10号(2014年)135 159頁。ベルトラン・マチュー(共訳)『フランスの事後的違憲審査制』日本評論社(2015年)。

編著者・北村泰三(きたむら　やすぞう)中央大学法科大学院教授
　「ヨーロッパ人権裁判所の判例にみる人権と多文化主義との相克」『世界法年報』第29号(2010年)86-123頁。「国際人権法における『補完性原則』の意義」『国際人権』第25号(2014年)18-24頁。

久保庭慧(くぼにわ　さとし)中央大学法学部助教・中央大学大学院法学研究科博士課程後期課程
　「ユネスコの活動における文化多様性概念の展開―その多面的把握に向けて―」『法学新報』第120巻9・10号(2014年)237-260頁。「国際法における間領域的『文化』概念の構築―文化多様性世界宣言,文化多様性条約を手がかりに―」『中央大学大学院研究年報(法学研究科篇)』第42号(2013年)25-47頁。

小寺智史(こでら　さとし)西南学院大学法学部准教授
　『WTO・FTA法入門―グローバル経済のルールを学ぶ―』(共著,法律文化社,2016年)。「国際法と国際経済法の関係―断片化と統合をめぐるポリティクス―」『国際法外交雑誌』第115巻3号(2016年)27-45頁。

小沼史彦(こぬま　ふみひこ)東京電機大学理工学部講師
　「幕末日本に対する武力を伴う国際請求」『法学新報』第120巻9・10号(2014年)291-314頁。共著書『高校から大学への法学(第2版)』(法律文化社,2016年)。

佐々木亮(ささき　りょう)跡見学園女子大学マネジメント学部兼任講師
　「マイノリティに対する教育機会の保障と文化的多様性―ヨーロッパ人権裁判所の判例に見られる差異の承認」『比較法研究』第78号(2017年)近刊。「欧州人権条約における差別禁止規範の発展とEU法の影響―間接差別を中心として」『法学新報』第120巻9・10号(2014年)401-430頁。

高崎理子(たかさき　まさこ)中央大学大学院法学研究科博士課程後期課程
　「国際司法裁判所判例プレア・ビヒア寺院事件の文化的側面」『中央大学大学院研究年報(法学研究科篇)』第44号(2015年)23-44頁。「芸術大学における法教育―芸術作品で教える法教育概念と法教育教材―」『沖縄県立芸術大学紀要』第22号(2014年)35-46頁。

建石真公子(たていし　ひろこ)法政大学法学部教授
　「EU法およびヨーロッパ人権裁判所判決による法形成における『補完性原則』強化と国内議会の役割」川﨑政司・大沢秀介編『現代統治構造の動態と展望―法形成をめぐる政治と法』(尚学社,2016年)。「生殖補助医療における法の役割―『権利』と『公序』の選択―」憲法理論研究会編『対話的憲法理論の展開』(敬文堂,2016年)。

谷口洋幸(たにぐち　ひろゆき)高岡法科大学法学部准教授
　「国際人権法における性的指向・性自認の人権」『自由と正義』第67巻8号,15-19頁。「『同性婚』は国家の義務か」『現代思想』43巻16号(2015年)46-59頁。編著『性的マイノリティ判例解説』(信山社,2011年)。

妻木伸之(つまき　のぶゆき)中央大学法学部兼任講師
　「『国際刑事裁判所(ICC)』の非当事国国民に対する管轄権―その行使の実効性・『国際刑事裁判所規程』第98条からの検討――」『国連研究』第5号(2004年)243-263頁。「『国際刑事裁判所に対する協力等に関する法律』における『重大犯罪』に関する特別な取扱い―その法的性格への示唆―」『法学新報』第116巻3・4号(2009年)549-580頁。

ディクソン,ブライス(Brice Dickson)クィーンズ大学(ベルファースト)教授
　*Human Rights and UK Supreme Court*, Oxford University Press, 2013. *The European Convention on Human Rights and the Conflict in Northern Ireland*, Oxford University Press, 2010.

編著者・西海真樹(にしうみ　まき)中央大学法学部教授
　『現代国際法論集　開発・文化・人道』中央大学出版部,2016年。共著書『変容する地球社会と平和への課題』中央大学出版部,2016年。

## 文化多様性と国際法
### 人権と開発を視点として
日本比較法研究所研究叢書（112）

2017年3月30日　初版第1刷発行

編著者　北村泰三
　　　　西海真樹

発行者　神﨑茂治

発行所　中央大学出版部
〒192-0393
東京都八王子市東中野742-1
電話 042-674-2351　FAX 042-674-2354
http://www2.chuo-u.ac.jp/up/

© 2017　北村　泰三　ISBN978-4-8057-0812-5　㈱千秋社

本書の無断複写は，著作権法上での例外を除き，禁じられています。
複写される場合は，その都度，当発行所の許諾を得てください。

## 日本比較法研究所研究叢書

| № | 著者 | タイトル | 判型 | 価格 |
|---|---|---|---|---|
| 1 | 小島武司 著 | 法律扶助・弁護士保険の比較法的研究 | A5判 | 2800円 |
| 2 | 藤本哲也 著 | CRIME AND DELINQUENCY AMONG THE JAPANESE-AMERICANS | 菊判 | 1600円 |
| 3 | 塚本重頼 著 | アメリカ刑事法研究 | A5判 | 2800円 |
| 4 | 小島武司／外間寛 編 | オムブズマン制度の比較研究 | A5判 | 3500円 |
| 5 | 田村五郎 著 | 非嫡出子に対する親権の研究 | A5判 | 3200円 |
| 6 | 小島武司 編 | 各国法律扶助制度の比較研究 | A5判 | 4500円 |
| 7 | 小島武司 著 | 仲裁・苦情処理の比較法的研究 | A5判 | 3800円 |
| 8 | 塚本重頼 著 | 英米民事法の研究 | A5判 | 4800円 |
| 9 | 桑田三郎 著 | 国際私法の諸相 | A5判 | 5400円 |
| 10 | 山内惟介 編 | Beiträge zum japanischen und ausländischen Bank- und Finanzrecht | 菊判 | 3600円 |
| 11 | 木内宜彦／M・ルッター 編著 | 日独会社法の展開 | A5判 | (品切) |
| 12 | 山内惟介 著 | 海事国際私法の研究 | A5判 | 2800円 |
| 13 | 渥美東洋 編 | 米国刑事判例の動向 I | A5判 | (品切) |
| 14 | 小島武司 編著 | 調停と法 | A5判 | (品切) |
| 15 | 塚本重頼 著 | 裁判制度の国際比較 | A5判 | (品切) |
| 16 | 渥美東洋 編 | 米国刑事判例の動向 II | A5判 | 4800円 |
| 17 | 日本比較法研究所 編 | 比較法の方法と今日的課題 | A5判 | 3000円 |
| 18 | 小島武司 編 | Perspectives on Civil Justice and ADR: Japan and the U.S.A. | 菊判 | 5000円 |
| 19 | 小島・渥美・清水・外間 編 | フランスの裁判法制 | A5判 | (品切) |
| 20 | 小杉末吉 著 | ロシア革命と良心の自由 | A5判 | 4900円 |
| 21 | 小島・渥美・清水・外間 編 | アメリカの大司法システム(上) | A5判 | 2900円 |
| 22 | 小島・渥美・清水・外間 編 | Système juridique français | 菊判 | 4000円 |

## 日本比較法研究所研究叢書

|  |  |  |  |
|---|---|---|---|
| 23 | 小島・渥美・清水・外間 編 | アメリカの大司法システム(下) | A5判 1800円 |
| 24 | 小島武司・韓相範 編 | 韓国法の現在(上) | A5判 4400円 |
| 25 | 小島・渥美・川添・清水・外間 編 | ヨーロッパ裁判制度の源流 | A5判 2600円 |
| 26 | 塚本重頼 著 | 労使関係法制の比較法的研究 | A5判 2200円 |
| 27 | 小島武司・韓相範 編 | 韓国法の現在(下) | A5判 5000円 |
| 28 | 渥美東洋 編 | 米国刑事判例の動向 III | A5判(品切) |
| 29 | 藤本哲也 著 | Crime Problems in Japan | 菊判(品切) |
| 30 | 小島・渥美・清水・外間 編 | The Grand Design of America's Justice System | 菊判 4500円 |
| 31 | 川村泰啓 著 | 個人史としての民法学 | A5判 4800円 |
| 32 | 白羽祐三 著 | 民法起草者 穂積陳重論 | A5判 3300円 |
| 33 | 日本比較法研究所 | 国際社会における法の普遍性と固有性 | A5判 3200円 |
| 34 | 丸山秀平 編著 | ドイツ企業法判例の展開 | A5判 2800円 |
| 35 | 白羽祐三 著 | プロパティと現代的契約自由 | A5判 13000円 |
| 36 | 藤本哲也 著 | 諸外国の刑事政策 | A5判 4000円 |
| 37 | 小島武司他 編 | Europe's Judicial Systems | 菊判(品切) |
| 38 | 伊従寛 著 | 独占禁止政策と独占禁止法 | A5判 9000円 |
| 39 | 白羽祐三 著 | 「日本法理研究会」の分析 | A5判 5700円 |
| 40 | 伊従・山内・ヘイリー 編 | 競争法の国際的調整と貿易問題 | A5判 2800円 |
| 41 | 渥美・小島 編 | 日韓における立法の新展開 | A5判 4300円 |
| 42 | 渥美東洋 編 | 組織・企業犯罪を考える | A5判 3800円 |
| 43 | 丸山秀平 編著 | 続ドイツ企業法判例の展開 | A5判 2300円 |
| 44 | 住吉博 著 | 学生はいかにして法律家となるか | A5判 4200円 |

## 日本比較法研究所研究叢書

|  |  |  |  |
|---|---|---|---|
| 45 | 藤本哲也 著 | 刑事政策の諸問題 | A5判 4400円 |
| 46 | 小島武司 編著 | 訴訟法における法族の再検討 | A5判 7100円 |
| 47 | 桑田三郎 著 | 工業所有権法における国際的消耗論 | A5判 5700円 |
| 48 | 多喜 寛 著 | 国際私法の基本的課題 | A5判 5200円 |
| 49 | 多喜 寛 著 | 国際仲裁と国際取引法 | A5判 6400円 |
| 50 | 眞田・松村 編著 | イスラーム身分関係法 | A5判 7500円 |
| 51 | 川添・小島 編 | ドイツ法・ヨーロッパ法の展開と判例 | A5判 1900円 |
| 52 | 西海・山野目 編 | 今日の家族をめぐる日仏の法的諸問題 | A5判 2200円 |
| 53 | 加美和照 著 | 会社取締役法制度研究 | A5判 7000円 |
| 54 | 植野妙実子 編著 | 21世紀の女性政策 | A5判（品切） |
| 55 | 山内惟介 著 | 国際公序法の研究 | A5判 4100円 |
| 56 | 山内惟介 著 | 国際私法・国際経済法論集 | A5判 5400円 |
| 57 | 大内・西海 編 | 国連の紛争予防・解決機能 | A5判 7000円 |
| 58 | 白羽祐三 著 | 日清・日露戦争と法律学 | A5判 4000円 |
| 59 | 伊従・山内・ヘイリー・ネルソン 編 | APEC諸国における競争政策と経済発展 | A5判 4000円 |
| 60 | 工藤達朗 編 | ドイツの憲法裁判 | A5判（品切） |
| 61 | 白羽祐三 著 | 刑法学者牧野英一の民法論 | A5判 2100円 |
| 62 | 小島武司 編 | ADRの実際と理論Ⅰ | A5判（品切） |
| 63 | 大内・西海 編 | United Nation's Contributions to the Prevention and Settlement of Conflicts | 菊判 4500円 |
| 64 | 山内惟介 著 | 国際会社法研究 第一巻 | A5判 4800円 |
| 65 | 小島武司 編 | CIVIL PROCEDURE and ADR in JAPAN | 菊判（品切） |
| 66 | 小堀憲助 著 | 「知的(発達)障害者」福祉思想とその潮流 | A5判 2900円 |

## 日本比較法研究所研究叢書

|  |  |  |  |
|---|---|---|---|
| 67 | 藤本哲也 編著 | 諸外国の修復的司法 | A5判 6000円 |
| 68 | 小島武司 編 | ADRの実際と理論 II | A5判 5200円 |
| 69 | 吉田豊 著 | 手付の研究 | A5判 7500円 |
| 70 | 渥美東洋 編著 | 日韓比較刑事法シンポジウム | A5判 3600円 |
| 71 | 藤本哲也 著 | 犯罪学研究 | A5判 4200円 |
| 72 | 多喜寛 著 | 国家契約の法理論 | A5判 3400円 |
| 73 | 石川・エーラース・グロスフェルト・山内 編著 | 共演 ドイツ法と日本法 | A5判 6500円 |
| 74 | 小島武司 編著 | 日本法制の改革：立法と実務の最前線 | A5判 10000円 |
| 75 | 藤本哲也 著 | 性犯罪研究 | A5判 3500円 |
| 76 | 奥田安弘 著 | 国際私法と隣接法分野の研究 | A5判 7600円 |
| 77 | 只木誠 著 | 刑事法学における現代的課題 | A5判 2700円 |
| 78 | 藤本哲也 著 | 刑事政策研究 | A5判 4400円 |
| 79 | 山内惟介 著 | 比較法研究 第一巻 | A5判 4000円 |
| 80 | 多喜寛 編著 | 国際私法・国際取引法の諸問題 | A5判 2200円 |
| 81 | 日本比較法研究所 編 | Future of Comparative Study in Law | 菊判 11200円 |
| 82 | 植野妙実子 編著 | フランス憲法と統治構造 | A5判 4000円 |
| 83 | 山内惟介 著 | Japanisches Recht im Vergleich | 菊判 6700円 |
| 84 | 渥美東洋 編 | 米国刑事判例の動向 IV | A5判 9000円 |
| 85 | 多喜寛 著 | 慣習法と法的確信 | A5判 2800円 |
| 86 | 長尾一紘 著 | 基本権解釈と利益衡量の法理 | A5判 2500円 |
| 87 | 植野妙実子 編著 | 法・制度・権利の今日的変容 | A5判 5900円 |
| 88 | 畑尻剛・工藤達朗 編 | ドイツの憲法裁判 第二版 | A5判 8000円 |

## 日本比較法研究所研究叢書

|  |  |  |  |
|---|---|---|---|
| 89 | 大村雅彦 著 | 比較民事司法研究 | A5判 3800円 |
| 90 | 中野目善則 編 | 国際刑事法 | A5判 6700円 |
| 91 | 藤本哲也 著 | 犯罪学・刑事政策の新しい動向 | A5判 4600円 |
| 92 | 山内惟介／ヴェルナー・F・エブケ 編著 | 国際関係私法の挑戦 | A5判 5500円 |
| 93 | 森勇／米津孝司 編 | ドイツ弁護士法と労働法の現在 | A5判 3300円 |
| 94 | 多喜寛 著 | 国家（政府）承認と国際法 | A5判 3300円 |
| 95 | 長尾一紘 著 | 外国人の選挙権 ドイツの経験・日本の課題 | A5判 2300円 |
| 96 | 只木誠／ハラルド・バウム 編 | 債権法改正に関する比較法的検討 | A5判 5500円 |
| 97 | 鈴木博人 著 | 親子福祉法の比較法的研究 I | A5判 4500円 |
| 98 | 橋本基弘 著 | 表現の自由 理論と解釈 | A5判 4300円 |
| 99 | 植野妙実子 著 | フランスにおける憲法裁判 | A5判 4500円 |
| 100 | 椎橋隆幸 編著 | 日韓の刑事司法上の重要課題 | A5判 3200円 |
| 101 | 中野目善則 著 | 二重危険の法理 | A5判 4200円 |
| 102 | 森勇 編著 | リーガルマーケットの展開と弁護士の職業像 | A5判 6700円 |
| 103 | 丸山秀平 著 | ドイツ有限責任事業会社（UG） | A5判 2500円 |
| 104 | 椎橋隆幸 編 | 米国刑事判例の動向 V | A5判 6900円 |
| 105 | 山内惟介 著 | 比較法研究 第二巻 | A5判 8000円 |
| 106 | 多喜寛 著 | STATE RECOGNITION AND *OPINIO JURIS* IN CUSTOMARY INTERNATIONAL LAW | 菊判 2700円 |
| 107 | 西海真樹 著 | 現代国際法論集 | A5判 6800円 |
| 108 | 椎橋隆幸 編著 | 裁判員裁判に関する日独比較法の検討 | A5判 2900円 |
| 109 | 牛嶋仁 編著 | 日米欧金融規制監督の発展と調和 | A5判 4700円 |
| 110 | 森光 著 | ローマの法学と居住の保護 | A5判 6700円 |

**日本比較法研究所研究叢書**

111 山内惟介 著 　比　較　法　研　究　第三巻　　A5判 4300円

＊価格は本体価格です。別途消費税が必要です。